为读者提供有价值的阅读

典·藏·版

国学的盛宴

梁启超　等著
高敬　编

新世界出版社
NEW WORLD PRESS

图书在版编目（CIP）数据

国学的盛宴：典藏版 / 梁启超等著；高敬编 . --
北京：新世界出版社，2020.7（2022.10 重印）
ISBN 978-7-5104-7037-0

Ⅰ . ①国… Ⅱ . ①梁… ②高… Ⅲ . ①国学—文集
Ⅳ . ① Z126.27-53

中国版本图书馆 CIP 数据核字 (2020) 第 014721 号

国学的盛宴（典藏版）

作　　者：梁启超等
编　　者：高　敬
责任编辑：丁　鼎
责任校对：宣　慧
责任印制：王宝根　苏爱玲
出版发行：新世界出版社
社　　址：北京西城区百万庄大街 24 号（100037）
发 行 部：（010）6899 5968　（010）6899 8705（传真）
总 编 室：（010）6899 5424　（010）6832 6679（传真）
http://www.nwp.cn
http://www.nwp.com.cn
版 权 部：+8610 6899 6306
版权部电子信箱：nwpcd@sina.com
印　　刷：北京亚通印刷有限责任公司
经　　销：新华书店
开　　本：880mm × 1230mm　1/32
字　　数：410 千字　　印　　张：18.5
版　　次：2020 年 7 月第 1 版　2022 年 10 月第 2 次印刷
书　　号：ISBN 978-7-5104-7037-0
定　　价：65.00 元

目录

辜鸿铭

（1857—1928），名汤生，字鸿铭，号立诚，别号汉滨读易者，福建同安（今属厦门市）人。近代著名学者、翻译家。生于英属马来亚之槟榔屿（威尔斯太子岛），十岁左右赴英国读书，1877 年获爱丁堡大学文学硕士学位。后又赴德、法、意大利、奥地利诸国游学，获哲学博士、土木工程博士等文凭，曾为英国在新加坡的殖民政府工作。1883 年前后前往香港，苦读四书五经等中国典籍。1885 年回到内地，担任湖广总督张之洞的幕僚，并随张之洞学习中国文化。民国成立后曾任国会议员，1917 年应蔡元培之聘任北京大学英文研究所主任，晚年应日本东方文化学会聘，赴日讲学三年。他受西方系统教育，精通英、法、德、希腊、拉丁等多种语言文字，后致力于中国传统文化研究，将《大学》《中庸》《论语》诸典籍译成英文，著有《读易草堂文集》二卷、《张文襄幕府纪闻》等汉文著作，及《中国人的精神》《清流传：中国的牛津运动》等英文著作。后人编为《辜鸿铭文集》。

中国古典的精髓

我曾经在我的论文《中国问题》中，就这样一个问题作了论述，即中国文化的目的、中国教育的精神就在于创造新的社会。

欧美的许多无识之辈动辄断言，中国的学说里缺少“进步”的概念。然而，我的看法恰恰相反，我深信，表现在中国古典学说中的中国文化的精髓正是“秩序和进步”。四书里的《中庸》一篇，若我将其英译就是“Universal order”（普遍的秩序），《中庸》有这样一句：

致中和，天地位焉，万物育焉。

因此，依照孔子的教义，即便将此句解释为“文化的目的，不仅在于人类，而且在于使所有被创造的事物都能得到充分地成长和发展”，也并不算过分。在这里，难道看不出真正的发展、进步的精神吗？只有先确立秩序（道德秩序），然后，社会的发展就会自然地发生，在无秩序（无道德秩序）的地方，真正的或实际的进步是不可能有的。

欧洲人以前犯过，至今仍在犯的错误就在于他们抛开道德秩序去追求进步。就像建造巴比伦塔的古代人一样，他们一心将他们摩天大楼式的文明往高处一个劲地筑，而无视自然法则的存在，结果正如我们现在所看到的，他们的那种摩天楼式的文明正在走向崩溃。

在中国古代经典中，“进步”这个明确而贴切的概念是俨然存在着的，如果看看《大学》，就能得到证明：

> 大学之道，在明明德。

所谓大学，并不像理雅各博士所译成的那样是“伟大的学问”，而实际上指的是高等的教育。无独有偶，法国的孟德斯鸠也讲了这样一段相同意义的话：“我们学习知识的主要目的在于增进我们本性的美好，并使我们变得更加理智。”

纽约《国民报》的记者，艾曼·艾奇·赫斯奇黑恩先生在批评美国教育界的现状时说：

> 我有一朋友，他在大学里当教授。他曾告诉我这样一件事，他有一次问学生，为什么对哲学，尤其是对美国土生土长的哲学——实用主义不太关心？学生回答说，哲学

与人生的主要追求，即同对金钱的追求没有太大的关系，由此我们可以知道，他们认为有价值的研究在于产业和工艺的东西那一面。

在这里我们可以看出古代中国和近代欧洲在“进步”这个概念上所表现出来的不同。

近代欧洲的进步重点放在产业和机械工业的发达，而古代中国则侧重于人的进步，人的灵魂的、理智的进步，《大学》中尤其强调创造一个新的更美好的社会是高级教育的最终目的。若引用公元前一千七百六十年前后的皇帝成汤的《盘铭》中“苟日新，日日新，又日新”，就可以加深对《大学》的理解。并且，这段铭文以文王说的“作新民”来结束全文。如此一来，就不会再有人讲在中国的经典中缺少进步这一概念的话语了吧。有关欧美各大学高等教育的目的，我少时不太清楚，以至于一个欧洲人问我，将来最好成为一个什么样的人时，我当即不假思索地回答为当绅士。实际上，欧美各大学教育的目的在于使人能够生存而不在于让人们如何去创造一个新的更好的社会，它所给予人们的教育是让人们怎样在社会上谋取一个职位。

伊顿公学校长奥斯卡·布拉乌尼格先生在其著述《教育论》中，有如下的文字：“受过完好教育的人在充满物质欲的财界是找不到自己位置的。”想想看，受过完好教育的人居然在财界找不到自己的位置，那么，这是一个怎样的世界呢？由此，我们就能容易地看出欧洲文明的致命缺陷在什么地方。

在古代中国，受过完好教育的人必能在社会上得到相应的地位。因为我们明白，高等教育的目的无论如何也不单是为了能够使人们得到怎样生存的知识，不像爱默生所说的那样仅仅“为了糊口”，而是为了创造一个新的更美好的社会。在这篇文章的结尾，我要再重复说一下我的看法，在中国古代经典里，“文明”的真正含义在于“秩序与发展”，教育不在于知识的积蓄而在于知性的发达。有知性就有了秩序，有秩序——道德秩序，就有了社会的进步，中国语言中“文明”虽没有明确的定义，但从其文字构成来看，它由“美好和智慧”组合而成，即美好和智慧的东西就是文明。

只有心胸狭窄、目光短浅的人才会认为中国古代经典思想中缺乏进步的概念，而认为西方摩天大楼式的文明才是唯一的最高级的文明。他们并没有透彻地理解“进步与发达”的真正含义。不把教育的目的放在社会的改造与进步的欧美教育，同汽车驾驶员训练学校没有什么差别，它虽然培养出了驾驶员，但却没有培养出一个人格完善的人，没有培养出使社会得到真正的进步与发展的人。一个不能使人们得到完美教育的文明，在本质上是不能和中国文明同日而语的。

（选自黄兴涛等译《辜鸿铭文集》下册，海南出版社 1996 年版）

宋恕

(1862—1910)，原名存礼，字燕生，后改名为恕，字平子，号六斋，晚年改名为衡，清浙江平阳人，近代改良派思想家。出身于一个儒学世家，自幼聪颖，少年时有“神童”之称，十六岁即被取为县诸生。后得浙江瑞安学者孙衣言、孙锵鸣兄弟赏识，收入门下，并常向孙衣言之子、经学大师孙诒让学文学，学问大进。1887起曾在上海龙门书院、南京钟山书院任教。1889年后随孙锵鸣游历湖北、南京、山东、上海等地，广交海内名流，博览各种典籍及欧美著作，自成一家之学。1895年在上海求志书院任教，1901年任杭州求是书院汉文总教习，介绍西学，传播新思想，时人称为“浙东三杰”之一，颇得时人推重，如梁启超称他为“(黄)梨洲以后一天民”，谭嗣同称他为“后王师”，李鸿章赞其为“海内奇才”。当代学者李泽厚认为他是一位“一向被人忽视但实际却是很值得研究的改良派思想家”。著有《六斋卑议》《六斋高议》《浙学史》和《永嘉先辈学案》等。

国粹论

于论理学，凡名词，有平对，有反对。国粹哉！国粹哉！于文，粹与糠为反对，是故宋衡敢创立其反对之名词为国糠矣。

粹之界说，以有益于其社会者为断。糠之界说，以有损于其社会者为断。粹糠者，苦乐之因；苦乐者，粹糠之果。故以度量衡先较其粹糠，则其社会之苦乐必可得而较也。此于数理学为因求果，以度量衡先较其苦乐，则其社会之粹糠亦必可得而较也。此于数理学为果求因。（因果常互易，例如山水胜境，因盗贼多而游人少，因游人少而寺观荒。则游人少本为盗贼多之果，寺观荒本为游人少之果也。然因寺观荒而游人愈少，因游人愈少而盗贼愈多，则游人少转为寺观荒之果，盗贼多转为游人少之果矣。）茫茫世界，既尚未有纯乐无苦之社会，自尚未有纯粹无糠之社会，学者方寸中，固不可不悬国粹之一名词，然岂可不兼悬国粹之反对之国糠之一名词欤？

若夫国粹之平对之名词，则等而上之，有种粹焉，有人粹焉。种粹者，人类中一种或数种之所共有之粹是也。如支那种人有支那种粹，印度种人有印度种粹，拉丁若日耳曼种人有拉丁若日耳曼种粹之类是也。（例如今之日本、朝鲜、安南皆在我大清帝国圈限之外，其为异国昭然也。然而同为支那种人又昭然也。故如有一粹焉，而为我与日本、朝鲜、安南之所共有，则所谓支那种粹者矣。又如有一粹焉，而为我支那种人与印度若拉丁若日耳曼种人之所共有，则所谓支印、若支拉、若支曰种粹者矣。）人粹者，世界人类之所共有之粹是也，如仁义忠信非耶？盖虽极野蛮之种人，安有全无仁义忠信之性者哉。所异于文明之种人者，乃合此性浅深之问题耳。故仁义忠信者，人粹也。好学深思者，种粹也。苟以人粹、种粹为国粹焉，则于论理学为犯以广为狭之病矣。（例如：易卜、围棋、毫笔书画等粹为我支那种人之所共有，则皆非我大清国人之所独有之粹也。苟以为国粹，则陋矣！）等而下之，有族粹焉，有盟旗粹焉，有省、道、府、厅、州、县乃至一城一乡之粹焉。族粹者，一国中一族或数族之所共有之粹是也。如我大清之为帝国也。非合满、蒙、汉、回、苗、藏六族而成者乎，故如有一粹焉而为六族之所共有，则真我大清帝国之国粹矣。如其粹局于一族也，则止可目为我国中某族之粹耳。即其粹遍于五族矣，而但使一族尚缺，则亦不可目为我国中某某族之粹耳，岂可目为国粹哉！苟以族粹为国粹焉，则于论理学为犯以狭为广之病矣。（例如：兵即民、文即武、乡官行政、敬礼女子等粹，则国中满族之粹也。善趋避、巧言语、勤于农工、长于商贾等粹，则国中汉族之族粹也。皆属于族粹者也。）金乡卫者，温之平之一城也。温有温语，北不通台，南不通闽，除泰顺一县外，虽上流社会，鲜能粗作普通语者。而金乡卫独人人语普通语。温有七昼夜闹新房之蛮俗，府县城皆然，而金乡卫独不染。则语普通语、不闹新房二者，金乡卫一地之城粹也。苟以为平之县粹焉，则狭而广之矣！故如但举造字之一名词，则种粹也。以黄、白二色种人造者皆盛，红、黑二色种人亦有造者，而棕色种人未有；故造字者非人粹也。黄、白种人曾造字者，自古迄今，无虑数百千国，所异者，造有工拙耳。故造字者又非国粹也。若举造字而及于敬惜字纸之一名词，则殆所谓国粹者欤！虽然，此粹遍于六族否耶，如遍也，则真国粹也。如否也，则族粹耳。

认粹宜然，认糠亦宜然。故如但举抑女之一名词，则非国糠，非种糠，乃人糠也。何也？以今诸色种人皆尚抑女故，所异者抑有重轻耳。若举抑女而及于令女缠足之一名词，则非人糠，非种糠，且非国糠，乃族糠耳。何也？以我大清帝国中六族，有此糠者独汉之一族耳，岂可妄指为国糠以冤满、蒙、回、苗、藏五族哉！然但曰令女缠足者为我大清帝国中汉族之族糠，则于论理学犹犯有宇界、无宙界之病。（宇界、宙界之名词，为光绪二十一年宋衡著《宋氏论理学》时所创立。）必于“汉族”二字下、“之族糠”三字上，增“宋代后”三字，乃为宇、宙皆确，而不鄙于论理学家矣。盖汉族中令女缠足之一糠，为宋代后所独有者也，岂可不立宙界，而但曰“族糠”以冤宋代前之汉族哉！

且今之人有恒言，皆曰“保粹”“保粹”，夫对于粹之尚存者之一方面则可言保，若对于粹之已亡者之一方面，则所谓“保”者无着落，而非言“复”不可矣！故对于粹，应有二主义焉：则保也，复也。（粹之尚存者，例如我国中族粹之易卜、占梦、相人、相地、毫笔书画、围棋、柔术之类；粹之已亡者，例如士必习射御、无故不去琴瑟，为周代族粹；儒者佩剑、文官骑马、上流社会女子皆寓体操于秋千，为宋代以前族粹之类。）

对于糠，亦应有二主义焉：则谋弃也，谋弃尽也。谋弃者，所以对于糠之众未谋弃者也。（例如国糠之讼：跪审，族糠之童养媳之类，今谋弃者未众者也。）谋弃尽者，所以对于糠之众已谋弃者也。（例如国糠之刑审逼供，族糠之令女缠足之类，今谋弃者已众者也。）

或曰：“子之说粹、糠信美矣，然物质之粹、糠，人目所共见者也，事理之粹、糠则非人目共见者也，吾恐各粹其所粹、各糠其所糠之终无解决之一日也。”宋衡曰：“解决哉！解决哉！亦解决于众而已矣！”

或曰：“众乎众乎！吾恐众之所粹者未必真粹，众之所糠者未必真糠也。即就抑女一事评之，子以为人糠，吾亦以为诚哉人糠也。然使以投票法求公解决此问题于众，则吾恐以为粹者必居最大多数焉！”宋衡曰：“惜哉！以子之贤而犹未识‘众’字之真也。今子所谓‘众’，意殆专指男众。夫男众曷尝非众哉？虽然，局部之众而非通部之众也。夫求公解决此问题，而投票权乃限于男一部，则宜乎以为粹者之必居最大多数矣。然使投票权普及于男、女二部，则当何如耶？”

今夫置民选议员者，至浅至显之政治之粹也。而乃者宦海之会议，否认者每居最大多数焉。当其否决也，未尝不自以为从众也；其众也，宦海之众也，所谓局部之众耳。然则否认者每居最大多数，固其所也。假令乃者会议权曾普及于通部之众欤，则可决久矣！是故各粹其所粹，各糠其所糠，非所患也。宋衡曰：“亦解决于众而已矣！”

（选自胡珠生编《宋恕集》上册，中华书局 1993 年版）

范吅诲

（1865—1939），名祎，字子美，号皕诲，又号古懽，江苏苏州人，近现代著名书报编辑人、学者。1895年移居上海，曾担任《苏报》《实学报》《中外日报》记者，后协助美国传教士林乐知办《万国公报》。1911年参与创办并主编《进步》杂志，1917年起主编《青年进步》杂志。范皕诲著作甚丰，主要有《少年弦章》《东西文化一贯》《青年国学的需要》《二千五百年来之国学》《国文之研究》《林乐知传》等；主编有《阳明文选》《适道篇》《道之桴》等。

青年国学的需要

世界文化两大潮流，一是东方文化，一是西方文化。西方文化，分为两支，一是希腊文化，一是希伯来文化。东方文化，也分为两支，一是印度文化，一是中华文化。西方文化，自从文艺复兴之后，益益进步，希腊文化的科学哲学思想，和希伯来文化的宗教思想，一方面冲突，一方面调和，在这冲突与调和的中间，显出西方全部的文化。东方文化，自从魏晋六朝而后，中华文化的伦理哲学，接纳了印度文化的宗教哲学，两种文化，各呈异相，合成了东方全部的文化。海通以来，西方文化，侵入亚陆。我们拿出国民性中固有的容受量，竭诚的欢迎。不到五十年，西方文化，差不多已弥漫于我们的知识界，像印度文化进入中华的魏晋六朝时代了。由现在推将来，西方文化，既和东方文化接触，在我们东方文化里面，必能产生一种异样的新文化，是物理和历史的经验所明白表示的。那末[①]，发展东方旧文化，预备与西方文化梳剔融洽，以创造将来

① 现写作“那么”。

的新文化，不是今日我们的责任吗？

国学是什么？便是东方全部文化的代表。我们要研究东方文化，自然还有其他种种，而必以国学为之总库。东方文化的精神，与其沿革变迁之迹，除掉国学，更往何处寻求。国学沦亡，即是东方文化的沦亡。我们生于东方，而且生于东方的中华，是东方文化荟萃之区。我们的先民，曾把这种文化，发扬光大，积累四千多年的久长岁月，在国学中留贻于后人。我们对于这些祖宗的遗产，不思整理，一任他烟飞灰灭，我们将何以自立于天地之间。我们艳羡西方文化，惊骇其学府的完备和优美，返观自己东方文化的国学，觉得不值一顾。岂知西方文化所以到这地步，为了他们的后人能够做忠心勤力的整理工夫，方才继长增高，蒸蒸日上。东方文化的本身，何讵不如西方，可惜我们的忠心勤力，不像他们，那就差得远了。从前西方人，不很知道东方文化是怎样，现在早已渐渐觉得东方文化里头，自有天国了。欧战以后，他们的物质文明破产，所以渴望尤甚，要把我们的国学移译过去，作为他们研究东方文化的资料。若然我们不整理自己的，却待他们来整理好了，我们想凑现成，不晓得这时候还有我们存在吗？今天我们把自己所有的整理出来，做世界学术上的贡献，表显东方民族的光荣，在世界需要这种文化时，是一个最好的机会。

有人说："现代青年，求现代的学问，尚且患日力的不足，顾此失彼。国学是古学，在现代为无用的，不急的，青年有限光阴，何苦要枉费在这种东西上面呢？”但是我以为世界新学问，那一种不是从旧学问中出来的。青年求学，倘然以学问为目的的，须知研究旧学问，就是要创造新学问。不论什么用不用，也没有什么急不急。倘然以学问为手段的，读医药的书，为要做医生，读法律的书，为要做律师，但求应用的必需，恐怕世界上无用不急的新学问，正好多得很，岂但中国的古学呢？至于更下等的见识，他的意思：“学外国文若然好，可以出洋留学，可以得博士回国，回国之后，无论在那一界，莫不名利双收，出人头地。请问国学，研究既难，即使研究有成，这种好处，又从何处得来？看那些迷恋骸骨的老学究，不是榜样吗？”不错，不错，著者也是老学究之一，自己迷了，还要拿骸骨来迷人，说什么“青年国学的需要”。不过把学问做钓名弋利的器具，就像科举时代，把四书五经，做举人进士的敲门砖一样。这是我国最近史上人才腐败国事糜烂的唯一根源，最当深恶痛绝的。我想凡是有志气的青年，他的思想，决不这样的卑劣。那末，国学的中兴和东方新文化的发见[①]，正在那里等待他呢。

复次，一国人民的爱国心，在教育方面，应当怎样的提倡呢？南洋的华侨，进外国语言的学堂，读外国语言的书籍，他们不知道祖国的语言，不识得祖国的文字，自然不爱祖国。近年一般有志之士，在南洋提倡讲中国语读中国书的学校，大受

① 现写作“发现”。

他们殖民政府的妒忌，就设立种种苛例，严加取缔。这是什么缘故？我们晓得国学是国民爱国心的原动力，提倡国学，就是提倡国民的爱国心。不必说到南洋，多少内地的学校，很有几个，外国文的程度尽高，但是差不多把那些中国学生，造成了外国式的。他只能看外国书，不能看中国书。他和外国的社会很接近，很亲切，和中国的社会很疏远，很隔膜。他从什么地方，发动他的爱国心呢？著者十年以前，曾充某教会学校的国文教习。当时亲身实验，凡是注重国学的学生，他的爱国心，一定比较的强盛。所以要栽培学生的爱国心，当先使之立于国学旗帜之下。一是使之尊重国学，一是使之爱好国学。而且使他的尊重和爱好，并非因为爱国之故，才低首下心勉强去学的。必使他见得国学，实在可尊重，实在可爱好，含丝毫为爱国而勉强的意思，便是国学已受了侮辱，他的口头禅，是完全不中用的。这样看来，学校中的国文教习，总要觉得国文一科，乃是担当学生爱国心的重责，不容敷衍了事。而一般青年，其于国学和东方文化的前途，也当慨然自任，作“舍我其谁”之想。否则爱国爱国的呼声，不过有口无心，要问你的国到底怎样的国，恐怕也不知所以答了。

读了前文的，定必提出一问题，说：“我们很愿意研究国学，但是没有门径可寻。”这话果然是的。国学浩如烟海，虽然古人常示我们以为学门径，无如到了现在时代，已是不适用了。加以青年在学校之中，普通的功课，只有国文读本。这读本的所有，无论是陈旧的古文，或浅近的新编，总之都算不得国学。当然的，要研究国学，先从通达国文入手，不过仅仅通达国文，于国学的津涯，何尝望见一线呢。那末，我们是不是翻开《四库全书》，把经史子集，一部一部读去呢？只怕头发白了，还读不得几多。我以为国学里面，我们可以分开为若干类，取其重大者列举之。如语言文字，如伦理哲学，如政治经济，如风俗制度，如文艺美术，等等，都有相传之系统，可考的书籍。我们普通应略知其大概，精研则都可成为专门。进一层讲，古人这些学问，是表示在他们的时代，所已到的进步。我们在现在的时代，应有的学问，自当比他们愈有进境。譬如登山，古人斩棘披榛，已开之道，我们只消循行而上。我们的天职，却更在前头未辟的天荒。可是你要上前，古人已走的路，总须得耐心的[①]重走一遍。惜乎现在许多人，对于国学，只想躐等，嫌古人所开的路太长了，没有预备一条捷径。世界学问，是没有捷径可走的。要研究西方哲学，倘然不从希腊到最近，一个一个的哲学家学说，详详细细研究过，决不能明白哲学的。何以研究国学，就每每要想在一本小册子上，破费他宝贵光阴数小时的工夫，把所有国学，尽数装入脑袋之中，否则他就嫌为麻烦，说中国书难读呢！所以国学门径，只有“你要”两字，孟夫子说：“求则得之”，耶稣说：“敲门的与你

① 本书“的地得”用法及其他个别字词均尊重当时的用字习惯，不按现行语言文字规范进行修改。

开”。若是施用其卤莽灭裂之心于学问，像拿起十多页的哲学纲要，略略翻阅，记得几个什么论什么主义的名词，随意使用，便为研究哲学，我们国学界，不许有这种的学者！

国学有两派，一派是重知的，一派是重行的。大约说来，所谓汉学家，大概属于知的方面。所谓宋学家，大概是属于行的方面。汉学家终身孳孳于声音训诂名物的考订，但是这种学问，无论怎样淹博，返诸自己的身心，没有什么益处。宋学家以为那是玩物丧志，为学须鞭辟入里，作身心上的工夫，方是圣贤学问。汉宋冲突，已非一日。其实国学是兼知兼行的，即知即行的，而儒家的看行尤重于知。孔夫子说：“君子博学于文，约之以礼。”博文是知，约礼是行。又说：“文莫吾犹人也，躬行君子，则吾未之有得。”可见行难于知，所以更应该注重了。孟夫子亦说：“博学而详说之，将以反守约也。”守约就是约礼，就是行，博学详说，都是为了要行的缘故。《中庸》亦说：“博学之，审问之，慎思之，明辨之，笃行之。”国学的总意，不是主知的，乃是主行的。所以他的哲学，是道德，是伦理，是做人的轨范，是处世的方法。这种学说，在现代人心中，或者可以嫌他迂腐。但是中国数千年立国的根基，全靠着他的陶融成一种和平忠厚，克己自修的国民心理，与世界人类以共见。这便是东方最高贵的文化的结晶，虽然不免于积弱，而文化的优劣，决非从国势或民俗的强弱，可以判断的。我们研究国学，自然首先求知，那末，汉学家已经开了一条求知的大路，我们可以拾级而登，再求精进。但是我们更要做一个躬行的君子，有宋学家所说的，“知得一分，行得一分”（朱晦庵）和“知行合一”（王阳明）的一种精神，实在贯澈[①]于立身处世之间，不做一个“明知故犯”或“假冒为善”的人。须知我国今日，并不缺少知识方面，博通今古，淹贯中西，那些十分漂亮的时髦，却是缺少道德方面，身体力行，刻苦自励，确实能够富贵不淫、贫贱不移、威武不屈的强汉和笨伯。国学造就人才的可能性，没有比这个更大了。

研究国学，我们不可不知道他[②]的缺点。国学的缺点是什么？最大的有三样：一是静的，二是无科学化的，三是无平民化的。

关于第一样毛病，适和西方的弊病相反。西方文明，动得太过了，物质发达的过分，转而文化屡受其破坏。最近的欧战，便是明证。我们东方文化，却是内蕴的多，然而过分收敛，久久反至于枯瘠萎缩。譬如人的筋力，愈用则愈出，若惮于习劳，专求安逸，后来手足悉成为委废，虽然是孟贲宋育，能“举百钧之重”的，到此也要“力不能胜一匹雏”了。中国的所以为东方病夫，就是为了他的文化，静止过甚，像俗语所说的“睡了待病”，这病那得不一天深似一天呢？在我们以前

① 现写作“贯彻”。

② 本书“他”“它”的用法尊重当时的语言文字习惯，不按现行语言文字规范进行修改。

的人，未曾看见西方动的文化，所以他们跳不出古老的范围，没有救济的方法。现在两种文化，都在我们眼前，挹彼注此，保存我们静的本来，却把动的精神发挥之。两弊都去，两利全收，岂非最好的事情？倘是只知觊觎别人家的产业，就先将自己所有的，抛掷毁弃，这产业究竟因种种的不适合，无法过户，遂至进退失据，这不是今日已显露的现象吗？

关于第二样毛病，有人说：我们中国不是无科学的。国学里面，时时发见古代科学的萌芽，如《尔雅》的博物，《墨经》的物理，《考工》的制造，不可枚举。《大学》之教，既把格物致知，列于诚意正心之先。宋学家程朱，也提出穷理二字，作为学者入手工夫。至于汉学家博闻强识，尤于度数名物，考订明确，实事求是。然而这种是不是科学，即使指为中国式的科学，能不能澈底[①]。恐怕我们断不肯像一般格致古微派，以为外国的科学，我们国学中多有呢。中国古代的科学萌芽，为什么不发达，推演得像西方一样？其故是由于自汉以后，学者只求考古，不屑知今，只喜守旧，不图开新。他的意思，差不多承认学问是古人专制的，今人能够细细的考究，牢牢的守着，做他的一个功臣，也就罢了。把“述而不作，信而好古”两句话，奉为金科玉律。这种说法，便与科学原理，有最大的枘凿。科学要怀疑，我们只许信，不许疑。科学要独创，我们只许因，不许创。经典上所说的，你今日已明明见得错误了，但

① 现写作“彻底”。

是你不准下一疑问，并且必须多方回护。圣贤所讲的道理，你今日明明觉得有多少不满意的地方了，但是你若推翻了他，创一种特别的见解，定要受着不可避免的攻击。我们在历史中，总可看见有许多怀疑派和独创派，他们的结果，不过挨人的痛骂，甚而至于祸及其身。——就是渎乱不经，非圣无法的罪名。如此，怎能使进化的科学，发达于这种环境以内呢？所以“农服先畴之畎畝，工用高曾之规矩”，反以永无进步，为可夸的盛事。这是国学腐败可怕的撇微黴菌。我们研究国学，当以科学的血清——怀疑，独创——从速注射的。

关于第三样毛病，中国的学问，不但古人专制，而且是贵族专制。古代四民，士农工商，士在农工商的上头，士族便是贵族。士没有别种职业，他的职业，不过学问。学问出于士，士必须学问，做农做工做商的，不必有学。换句话说，士的学问，不是农工商，农学工学商学，做士的或许明白一些，但这不是他的学问。士的学问是道，农工商是艺，《乐记》上说：“德成而上，艺成而下。”《论语》上说：“君子上达，小人下达。”士的将来，要“坐而论道”做王公的，那[①]屑做农工商的事情，所以樊迟请学稼圃，孔子就申斥他为小人。现代所说的平民，便是古代的小人，——君子在位者之通称，小人谓细民，见朱子《论语注》——便是农人工人商人。学问不许施到他们身上，所以中国纵然有高深的学问，却只限于贵族。“民

① 本书个别“那”的意思同“哪”。

可使由，不可使知”这种话头，竟出于圣人之口，这是中国堕落到今朝的本原。老实说来，中国人的心思才力，未必输于世界其他民族。国家所以至此，就是为了教育不普及，平民无教育。平民既无教育，一国那里会富，那里会强，那里会文明。只剩了几个贵族的士，却把他的学问卖与专制的皇帝，替他歌功颂德，粉饰太平。国学到此田地，真真可怜。所以我们唯一的改良，要谋教育的普及，要把国学普及平民，要变为平民化的国学。这是国家兴衰存亡的大关系，也是国学兴衰存亡的大关系。

以上三个缺点，自然是不到现时代，没有西方文化相比较，不会显露出来，所以要改良进步，不是古人的责任，乃是今后青年的责任。须知世界文化，没有一种，不靠后来的人，一代一代，逐渐去修整，而且这修整工作，并无止境。青年啊！国学是你的！新工作是你的！

（选自《青年国学的需要》，青年协会书局 1933 年版）

要研究国学者的读书法

原　函

酾诲先生鉴：

顷闻发起国学研究社，生非常赞成。从前亦读过几部梁任公的书，如《先秦政治思想史》《清代学术概论》等等。然读毕之后，返诸己心，觉得仍旧茫然无把握。所谓中国文化，是否再有内面的？请先生告我，不吝为幸……

云石敬上

……浩如烟海之四部书，读几本兔园册子，算的什么？近人多有以中国古书太多，欲为一种有系统的叙述，使人容易贯通。梁任公此数书之动机，皆由于此。但是青年误认，以为此种书已将国学包举无遗；研究国学者，读此已足。至多再加上胡适、谢无量之大作，则更充满有余矣。实则此非国学也，不过国学之索引耳。古人向有“钱与钱串子”之比：索引书，乃是钱串子；有此钱串子，便当辛辛苦苦，每日积钱穿上。今但从钱店里要得数条钱串子，什袭珍藏之，而钱却分文俱无。如此，可以称为有钱之人乎？有大富翁营业甚多，所设店铺，至数十家，其室内有总账簿一大册，载明某处某店，或某处某铺，资本若干，货物若干，营业情状，纤屑无遗。某君身无长物，窃取此账簿而有之，遂以富翁自命。梁任公之书，梁任公所读之书之一本总账簿也；不读梁氏所读之书，而仅有其账簿，是何益其人学问之贫富哉？画饼不可以充饥，坐拥百城，非只开列一本书目之谓也。

云石君：研究国学，要有把握，要寻中国文化之内面，还请埋头于故纸堆中！坟墓内古人之著作，多读几本；舞台上现代人之著作，少读几本！或不读亦无害也。若为“四部书既是浩如烟海，吾人尽毕生之力，尚读不完。青年应求的学问尚多，光阴甚短，所以不得不望洋兴叹。国学之废止，大概为此”。其实正自不然，人只苦无志耳！世界却无一种学问是容易的！要读多少科学书与试验，方可以算一科学家；要读多少哲学书与研究，方可以算一哲学家？而吾人已将全副精力专注于其他，却剩些余力，垂顾到国学，想容容易易，不费事不劳力而得。其实世上岂有此种便宜之事？所以买得数本梁任公胡适之之书随手翻过，便欲从中掠取国学全部；讵料等于拾汁捞空耶？至于真求学者，则中国书籍固多；而吾人读之，自有次序。譬如积钱者，从一钱上串起。不闻因世界之钱数太多，遂惊骇辟易，缩手去之也。

云石君！积学如积钱，朝夕孳孳，十年二十年三十年，以至于终身。吾人要钱，是不为时间限止的；吾人读书，亦是无时间限止。能如是，则中国书籍尚嫌其少，何至畏多乎？孔子自谓“发愤忘食，乐以忘忧，不知老之将至”。愿诵之以为云石勗！……

酉诲

（选自《青年国学的需要》，青年协会书局1933年版）

国学非国故

原　函

近读《时事新报》，因澄衷学校之注重国学，遂引起《学生》杂志“国故毒”之批评；此事谅亦先生所注意。彼曹（澄衷校长）、杨（《学生》编辑）二位负气争辩，本无价值，但目今中等学校，对于国学方面，应取何种教育态度，确为急宜解决之问题。先生于此，有何意见？公余敬请赐示，无任感盼之至！

顷函，嘱鄙人发表对于中等学校国学方面之意见，此论似非简单所能说明，姑举大略，鄙意以为国故与国学不同。中等学校应知国学大概，无须研究国故。所谓国故者，即旧时之训诂学、考据学、掌故学等等，大约清代汉学家，完全是国故学家。所谓国学者不然，研究古代学说渊源、思想系统，及其精神所表现，与吾侪今日人生之关系，是谓国学。所以国故是冷的，是陈死的；国学是热的，是生活的。现代有一般人，本是清代汉学家之后裔，既误以国故当国学；反对者亦误以攻国故之故，连国学一概抹煞，殊属非是。中等学校学生，宜知上文所谓国学之大概，不须再钻国故的牛角尖。国故不是不当研究，却以俟之专门名家之大学教学。鄙见如是，未知是否。再如中等学校之国学教学课本，只许完全介绍，案而不断。姑举其例：若近人所著《上古哲学史大纲》，截去太古一时代，直从老孔二人起，于老学出于黄帝、孔子祖述唐虞，绝不一加叙述，使学者知道。自然是由于著者反对此种传说，然如此办法，只可视为作者宣扬自己的主张，不是介绍前人所原有，即非适合中学教学之课本也。又如是书于《墨子经说》之研究，可称非常深邃。然此亦为著者一人之墨学发微，可以备专门研究墨家者参考之用，非普通中等教学读本所宜也。观以上两例，则鄙人中学教学之意见，大略可以推知矣。辱承下问殷殷，聊贡其愚，老迈不合时趋，乞谅之。

陌诲

（选自《青年国学的需要》，青年协会书局 1933 年版）

我之国粹保存观

人之物质的生命，以血统而传。

人之精神的生命，以品行道德功业言语文字工作美术而传。

精神生命不传血统而传道统。

人之精神意态品格，在他人之心目中，其人虽死，而数十年后，他人犹能记忆之，则其人精神的生命尚未全死也。品行道德功业言语文字工作美术，为吾人精神团结物，可以独立而不死。圣贤豪杰，文士诗人，历数千年，而恍惚遇之于羹墙之外者，皆其精神生命不死之证也。

传道统的精神生命，不注重于血统生命，此从来之第一问题也。孔氏之鲤，不必及颜曾，故传道统者颜曾，而非鲤也。自是以来，无不皆然。施雠易学，独授孟喜，中郎书籍，尽与王粲，此汉学也。程门立雪，乃属游扬，朱氏易箦，独私黄李，此宋学也。释尊景宗，俱无血统之传，而以门徒肩承其道统，皆可证也。

道统之义，发明于孟子，汉儒传经，谓之师说，其在文学，谓之宗派，此皆一种精神生命，随世界之进化而不泯。即有改革扩充，亦如血肉生命之子孙，因体育或他种原因之结果，而长大逾其祖父耳。

人家谱牒，历数十世而不甚分明，惟道统之传，互古今而未尝有紊乱之虞，且往往续绝于数百年数千年之后，如宋人继续六朝之伦理哲学，清人继续两汉之考据训诂，均自谓远绍古先焉。然则宇宙之间，充满磅礴，不可磨灭者，惟此精神生命而已。

一种言语文字，湮灭之，则其寄托于此言语文字之精神生命死，一种古迹或美术，破坏之，则寄托于此古迹此美术之精神生命死，一国之精神生命皆死，而留此血肉的生命之国，其精神则已久为他民族之奴隶矣。是故国粹保存者，即一国精神命脉之保存也。

国粹保存，无伤于进化，且保存之界限，决不至拒绝他文化之采用。深一层言之，非采用他文化，亦无以保存其国粹。于血肉的生命，有明例焉，即娶妻生子是也。夫血肉的生命，必得他血统之调和，而后嗣续勿绝。男女同姓，其生不蕃，上古时人已有其经验，而著为禁例。即精神的生命，何独欲以纯壹的，孤另的，而求其永远之延长耶。

从来一族之血统，无以单独而能传衍者。故甲乙两种文化，既并立于世界，甲之女当嫁于乙，乙之女当嫁于甲，甲得乙女而传衍甲统，乙得甲女而传衍乙统，甲统以甲为主，保存甲之固有，以乙调和之而去其偏，乙统以乙为主，保存乙之固有，以甲调和之而去其偏，此文化之所以能不绝而益进也。吾国文化，周秦以来，为南北之大调和，六朝以来，为东西（指印度哲学）之大调和。一度调和，必昌盛而发达，故南北调和之结果，为两汉之经学，绵绵千余年，至唐中叶而始衰，伏流而复兴于清。东西调和之结果，为宋之理学，亦绵绵七百余年，至清之中叶，汉学复兴而始衰，其支流余裔犹在也。清之一代，为南北与东西古代两大文化潮流之结束，而为输入欧美新文化之起点，如印度哲学之在六朝及初唐时，虽已亲迎，而尚未牉合。新妇三日，待以客礼，顾世界潮流，愈后愈速，断不必如印度哲学得子之迟。自后汉以逮宋初，氤氲涵育，几一千年。则欧亚文化调和之结果，而产生最新中国之文化，其期殆不远也。

今之论者，或抱残守缺，以古为足，而拒绝新文化，谬袭国粹保存之名。其反对此而过者，以本国固有之文化，为毫无价值，必欲毁灭之，使无遗种，而完全易以新文化，是二者愈激而愈偏。由前之说，似家有不肖子而愿其世世象贤，由后之说，弃其亲生而育他人之子为后，皆惑之甚者也。

推而言之，吾国之国粹，不但关系于吾国，亦关系于世界人类精神之绝续也。世界文化，东西两大系，为人类全体文明之代表。人类文明之发源地，以帕密尔高原为中点，一系踰喜马拉耶而西北走，是为巴比仑埃及与希腊罗马之文明，是为西系，一系踰昆仑而东南行，是为华夏与印度之文明，是为东系。东西两系文明之性质不同，而同为人类精神命脉之所寄，于历史上初无轩轾，各自传衍，经过五千余载，而光华不灭。忽焉相遇于今日，自外方之形势观之，阳刚阴柔，西系之动性的文明，与东系之静性的文明，暂时间不无强弱之分。而自内涵之精神观之，则互相灌输，互相调剂，将为孕育世界将来大同新文明之预备，人类文化，而犹有进步，两者固不可相无也。世徒见东系文明今日之现象，遽以劣败目之，而归优胜于西系，譬见女子今日之巽懦，而料其当永伏于男子强权之下，谓不如率全球女子而自杀之为愈，恐稍有世界历史的知识者，决不出此也。

故中国国粹而灭亡，不啻灭亡人类精神的系统之半，中国国粹而保存，不啻保存人类精神的系统之半矣。我之国粹保存，作如是观。

至于何者为国粹，何者当名之曰国痼，不能混入国粹之列，非本论所能详，俟诸异日。

（选自《青年进步》杂志第26册，1919年10月）

章太炎

（1869—1936），原名学乘，字枚叔，后易名为炳麟，字太炎，浙江余杭人，清末民初思想家、国学大师，旧民主主义革命领导人之一。少时随外祖父朱有虔学习，11岁开始读经。青年时期师从清末朴学大师俞樾。甲午战争后深受刺激，毅然走出书斋，担任维新派创办的《时务报》编务，鼓吹维新变法。百日维新失败后，他的“变法自强梦”破灭，1899年东渡日本，逐渐转向排满革命。1903年发表《驳康有为论革命书》，名扬四海，被清政府逮捕入狱三年。1906年6月出狱后东渡日本，加入中国同盟会，主编中国同盟会机关报《民报》，同时讲授国学。民国时期参与过反袁、护法等活动，但以讲学著述为主。研究范围极其广泛，涉及小学、历史、哲学、政治、佛学、医学等多方面，著作有《章氏丛书》三编、《太炎先生自定年谱》等，后人编为《章太炎全集》。

东京留学生欢迎会演讲（节录）

……以上所说，是略讲兄弟平生的历史。

至于近日办事的方法，一切政治、法律、战术等项，这都是诸君已经研究的，不必提起。依兄弟看，第一要在感情，没有感情，凭你有百千万亿的拿破仑、华盛顿，总是人各一心，不能团结。当初柏拉图说："人的感情，原是一种醉病"，这仍是归于神经的了。要成就这感情，有两件事是最（要）的：第一，是用宗教发起信心，增进国民的道德；第二，是用国粹激动种性，增进爱国的热肠。

先说宗教。近来像宾丹、斯宾塞尔那一流人崇拜功利，看得宗教都是漠然。但若没有宗教，这道德必不得增进。生存竞争，专为一己，就要团结起来，譬如一碗的麸子，怎能团得成面？欧、美各国的宗教，只奉耶苏基督，虽是极其下劣，若没有这基督教，也断不能到今日的地位。那伽得《社会学》中，已把斯宾塞（尔）的话，驳辩一过。只是我们中国的宗教，应该用哪一件？若说孔教，原有好到极处的。就是各种宗教，都有神秘难知的话杂在里头，惟有孔教，还算干净，但他也有极坏的。因为孔子当时，原是贵族用事的时代，一般平民，是没有官做的，孔子心里，要与贵族竞争，就教化起三千弟子，使他成就做官的材料。从此以后，果然平民有官做了。但孔子最是胆小，虽要与贵族竞争，却不敢去联合平民，推翻贵族政体。他《春秋》上虽有“非世卿”的话，只是口诛笔伐，并不敢实行的，所以他教弟子，总是依人作嫁，最上是帝师王佐的资格，总不敢觊觎帝位。及到最下一级，便是委吏乘田，也将就去做了。诸君看孔子生平，当时摄行相事的时候，只是依傍鲁君，到得七十二国周游数次，日暮途穷，回家养老，那时并且依傍季氏，他的志气，岂不一日短一日么？所以孔教最大的污点，是使人不脱富贵利禄的思想。自汉武帝专尊孔教以后，这热中于富贵利禄的人，总是日多一日。我们今日想要实行革命，提倡民权，若夹杂一点富贵利禄的心，就像微虫霉菌，可以残害全身，所以孔教是断不可用的。若说那基督教，西人用了，原是有益；中国用了，却是无益。因中国人的信仰基督，并不是崇拜上帝，实是崇拜西帝。最上一流，是借此学些英文、法文，可以自命不凡；其次就是饥寒无告，要借此混日子的；最下是凭仗教会的势力，去鱼肉乡愚，陵轹同类。所以中国的基督教，总是伪基督教，并没有真基督教。但就是真基督教，今日还不可用。因为真基督教，若野蛮人用了，可以日进文明；若文明人用了，也就退入野蛮。试看罗马当年，政治学术，何等灿烂，及用基督教后，一切哲学，都不许讲，使人人自由思想，一概堵塞不行，以致学问日衰，政治日敝，罗马也就亡了。那继起的日耳曼种，本是野蛮贱族，得些基督教的道德，把那强暴好杀的心，逐渐化去，就能日进文明，这不是明白的证据么？今日的中国，虽不能与罗马并称，却还可称伯仲，断不是初起的日耳曼种可相比例。所以真正的基督教，于中国也是有损无益。再就理论上说，他那谬妄可笑，不合哲学之处，略有学问思想的人，决定不肯信仰，所以也无庸议。孔教、基督教，既然必不可用，究竟用何教呢？我们中国，本称为佛教国。佛教的理论，使上智人不能不信；佛教的戒律，使下愚人不能不信。通彻上下，这是最可用的。但今日通行的佛教，也有许多的杂质，与他本教不同，必须设法改良，才可用得。因为净土一宗，最是愚夫愚妇所尊信的。他所求的，只是现在的康乐，子孙的福泽，以前崇拜科名的人，又将那最混账的《太上感应篇》《文昌帝君阴骘文》等，与净土合为一气，烧纸、拜忏、化笔、扶箕，种种可笑可丑的事，内典所没有说的，都一概附会进去。所以信佛教的，只有那卑鄙恶劣的神情，并没有勇猛无畏的气概。我们今日要用华严、法相二宗改良旧法。这华严宗所说，要在普度众生，头目脑髓，都可施舍与人，在道德上最为有益。这法相宗所说，就是万法惟心。一切有形的色相，无形的法尘，总是幻见幻想，并非实在真有。近来康德、索宾霍尔诸公，在世界上称为哲学之圣。康德所说

“十二范畴”，纯是“相分”的道理。索宾霍尔所说“世界成立全由意思盲动”，也就“是十二缘生”的道理，却还有许多哲理，是诸公见不到的。所以今日德人，崇拜佛教，就是为此。在哲学上今日也最相宜。要有这种信仰，才得勇猛无畏，众志成城，方可干得事来。佛教里面，虽有许多他力摄护的话，但就华严、法相讲来，心佛众生，三无差别。我所靠的佛祖仍是靠的自心，比那基智教人依傍上帝，扶墙摸壁，靠山靠水的气象，岂不强得多吗?

有的说中国佛教，已经行了二千年，为甚没有效果？这是有一要点。大概各教可以分为三项：一是多神教；二是一神教；三是无神教。也如政体分为三项：一是贵族政体；二是君主政体；三是共和政体。必要经过君主政体的阶级，方得渐入共和政体；若从这贵族政体，一时变成共和政体，那共和政体必带种种贵族的杂质。必要经过一神教的阶级，方得渐入无神教，若从这多神教一时变成无神教，那无神教必带种种多神教的杂质。中国古代的道教，这就是多神教。后来佛教进来，这就是无神教。中间未经一神教的阶级，以致世人看佛，也是一种鬼神，与那道教的种种鬼神，融化为一。就是刚才所说的烧纸、拜忏、化笔、扶箕等类，是袁了凡、彭尺木、罗台山诸人所主张的。一般社会，没有一人不堕这坑中，所以佛教并无效果。如今基督教来，崇拜一神，借摧陷廓清的力，把多神教已经打破，所以再行佛教，必有效果可见的了。

有的说印度人最信佛教，为甚亡国？这又是一要点。因为印度所有，只是宗教，更没什么政治法律。这部《摩拏法典》，就是婆罗门所撰定。从来没有政治法律的国，任用何教，总是亡国。这咎不在佛教，在无政治法律。我中国已有政治法律，再不会像印度一样。若不肯信，请看日本可不是崇信佛教的国么？可像那印度一样亡国么？

有的说佛教看一切众生，皆是平等，就不应生民族思想，也不应说逐满复汉。殊不晓得佛教最重平等，所以妨碍平等的东西，必要除去，满洲政府待我汉人种种不平，岂不应该攘逐？且如婆罗门教分出四姓阶级，在佛教中最所痛恨。如今清人待我汉人，比那刹帝利种虐待首陀（罗）更要利害十倍。照佛教说，逐满复汉，正是分内的事。又且佛教最恨君权，大乘戒律都说："国王暴虐，菩萨有权，应当废黜。"又说："杀了一人，能救众人，这就是菩萨行。"其余经论，王贼两项，都是并举。所以佛是王子，出家为僧，他看做王就与做贼一样，这更与恢复民权的话相合。所以提倡佛教，为社会道德上起见，固是最要；为我们革命军的道德上起见，亦是最要。总望诸君同发大愿，勇猛无畏。我们所最热心的事，就可以干得起来了。

次说国粹。为甚提倡国粹？不是要人尊信孔教，只是要人爱惜我们汉种的历史。这个历史，是就广义说的，其中可以分为三项：一是语言文字；二是典章制度；三是人物事迹。

近来有一种欧化主义的人，总说中国人比西洋人所差甚远，所以自甘暴弃，说中国必定灭亡，黄种必定剿绝。因为他不晓得中国的长处，见得别无可爱，就把爱国爱种的心，一日衰薄一日。若他晓得，我想就是全无心肝的人，那爱国爱种的心，必定风发泉涌，不可遏抑的。兄弟这话，并不像做《格致古微》的人，将中国同欧洲的事，牵强附会起来；又不像公羊学派的人，说什么“三世”就是进化，“九旨”就是进夷狄为中国，去仰攀欧洲最浅最陋的学说，只是就我中国特别的长处，略提一二。

先说语言文字。因为中国文字，与地球各国绝异，每一个字，有他的本义，又有引申之义。若在他国，引申之义，必有语尾变化，不得同是一字，含有数义。中国文字，却是不然。且如一个天字，本是苍苍的天，引申为最尊的称呼，再引申为自然的称呼。三义不同，总只一个天字。所以有《说文》《尔雅》《释名》等书，说那转注、假借的道理。又因中国的话，处处不同，也有同是一字，彼此声音不同的；也有同是一物，彼此名号不同的。所以《尔雅》以外，更有《方言》，说那同义异文的道理。这一种学问，中国称为“小学”，与那欧洲“比较语言”的学，范围不同，性质也有数分相近。但是更有一事，是从来小学家所未说的，因为造字时代先后不同，有古文大篆没有的字，独是小篆有的；有小篆没有的字，独是隶书有的；有汉时隶书没有的字，独是《玉篇》《广韵》有的；

有《玉篇》《广韵》没有的字，独是《集韵》《类篇》有的。因造字的先后，就可以推见建置事物的先后。且如《说文》兄、弟两字，都是转注，并非本义，就可见古人造字的时代，还没有兄弟的名称。又如君字，古人只作尹字，与那父字，都是从手执杖，就可见古人造字的时代，专是家族政体，父权君权，并无差别。其余此类，一时不能尽说。发明这种学问，也是社会学的一部。若不是略知小学，史书所记，断断不能尽的。近来学者，常说新事新物，逐渐增多，必须增造新字，才得应用，这自然是最要，但非略通小学，造出字来，必定不合六书规则。至于和合两字，造成一个名词，若非深通小学的人，总是不能妥当。又且文辞的本根，全在文字，唐代以前，文人都通小学，所以文章优美，能动感情。两宋以后，小学渐衰，一切名词术语，都是乱搅乱用，也没有丝毫可以动人之处。究竟什么国土的人，必看什么国土的文，方觉有趣。像他们希腊、梨俱的诗，不知较我国的屈原、杜工部优劣如何？但由我们看去，自然本种的文辞，方为优美。可惜小学日衰，文辞也不成个样子。若是提倡小学，能够达到文学复古的时候，这爱国保种的力量，不由你不伟大的。

第二要说典章制度。我们中国政治，总是君权专制，本没有什么可贵，但是官制为什么要这样建置？州郡为什么要这样分划？军队为什么要这样编制？赋税为什么要这样征调？都有一定的理由，不好将专制政府所行的事，一概抹杀。就是将来建设政府，哪项须要改良？哪项须要复古？必得胸有成竹，才可以见诸施行。至于中国特别优长的事，欧、美各国所万不能及的，就是均田一事，合于社会主义。不说三代井田，便从魏、晋至唐，都是行这均田制度。所以贫富不甚悬绝，地方政治容易施行。请看唐代以前的政治，两宋至今，那能仿佛万一。这还是最大最繁的事，其余中国一切典章制度，总是近于社会主义，就是极不好的事，也还近于社会主义。兄弟今天，略举两项，一项是刑名法律。中国法律，虽然近于酷烈，但是东汉定律，直到如今，没有罚钱赎罪的事，惟有职官妇女，偶犯笞杖等刑，可以收赎。除那样人之外，凭你有陶朱、猗顿的家财，到得受刑，总与贫人一样。一项是科场选举。这科举原是最恶劣的，不消说了，但为甚隋、唐以后，只用科举，不用学校？因为隋、唐以后，书籍渐多，必不能像两汉的简单。若要入学购置书籍，必得要无数金钱。又且功课繁多，那做工营农的事，只可搁起一边，不能像两汉的人，可以带经而锄的。惟有律赋诗文，只要花费一二两的纹银，就把程墨可以统统买到，随口咿唔，就像唱曲一般，这做工营农的事，也还可以并行不悖，必得如此，贫人才有做官的希望。若不如此，求学入官，不能不专让富人，贫民是沉沦海底，永无参预[1]政权的日子。这两件事，本是极不好的，尚且带几分社会主义的性质，况且那好的么？我们今日崇拜中国的典章制度，

① 现写作“参与”。

只是崇拜我的社会主义。那不好的，虽要改良；那好的，必定应该顶礼膜拜，这又是感情上所必要的。

第三要说人物事迹。中国人物，那建功立业的，各有功罪，自不必说。但那俊伟刚严的气魄，我们不可不追步后尘。与其学步欧、美，总是不能像的；何如学步中国旧人，还是本来面目。其中最可崇拜的，有两个人：一是晋末受禅的刘裕，一是南宋伐金的岳飞，都是用南方兵士，打胜胡人，可使我们壮气。至于学问上的人物，这就多了。中国科学不兴，惟有哲学，就不能甘居人下。但是程、朱、陆、王的哲学，却也无甚关系。最有学问的人，就是周秦诸子，比那欧洲、印度，或者难有定论；比那日本的物茂卿、太宰纯辈，就相去不可以道里计了。日本今日维新，那物茂卿、太宰纯辈，还是称颂弗衰，何况我们庄周、荀卿的思想，岂可置之脑后？近代还有一人，这便是徽州休宁县人，姓戴名震，称为东原先生，他虽专讲儒教，却是不服宋儒，常说“法律杀人，还是可救；理学杀人，便无可救”。因这位东原先生，生在满洲雍正之末，那满洲雍正所作朱批上谕，责备臣下，并不用法律上的说话，总说：“你的天良何在？你自己问心可以无愧的么？”只这几句宋儒理学的话，就可以任意杀人。世人总说雍正待人最为酷虐，却不晓是理学助成的。因此那个东原先生，痛哭流涕，做了一本小册子，他的书上，并没有明骂满洲，但看见他这本书，没有不深恨满洲。这一件事，恐怕诸君不甚明了，特为提出。照前所说，若要增进爱国的热肠，一切功业学问上的人物，须选择几个出来，时常放在心里，这是最紧要的。就是没有相干的人，古事古迹，都可以动人爱国的心思。当初顾亭林要想排斥满洲，却无兵力，就到各处去访那古碑古碣传示后人，也是此意。

以上所说，是近日办事的方法，全在宗教、国粹两项，兄弟今天，不过与诸君略谈，自己可以尽力的，总不出此两事。所望于诸君的，也便在此两事。总之，要把我的神经病质，传染诸君，更传染与四万万人。至于民族主义的学理，诸君今日，已有余裕；发行论说刊刻报章的事，兄弟是要诸君代劳的了。

（选自《民报》第六号，1906 年 7 月出版）

论教育的根本要从自国自心发出来

本国没有学说，自己没有心得，那种国，那种人，教育的方法，只得跟别人走。本国一向有学说，自己本来有心得，教育的路线自然不同。几位朋友，你看中国是属于那一项？中国现在的学者，又属于那一项呢？有人说，中国本来没有学说，那种话，前几篇已经驳过。还有人说，中国本来有学说，只恨现在的学者没有心得，这句话虽然不合事实，我倒愿学者用为药石之言。中国学说，历代也有盛衰，大势还是向前进步，不过有一点儿偏胜。只看周朝的时候，礼、乐、射、御、书、数，唤作六艺，懂得六艺的多。却是历史政事，民间能够理会的很少。哲理是更不消说得。后来老子、孔子出来，历史、政事、哲学三件，民间渐渐知道了。六艺倒渐渐荒疏。汉朝以后，懂六艺的人虽不少，总不如懂历史政事的多。汉朝人的懂六艺，比六国人要精许多。哲理又全然不讲。魏、晋、宋、齐、梁、陈这几代，讲哲理的，尽比得上六国。六艺里边的事，礼、乐、数是一日明白一日。书只有形体不正一点，声音训诂仍旧没有失去，历史政事自然是容易知道的，总算没有什么偏胜。隋、唐时候，佛教的哲理，比前代要精审，却不过几个和尚。寻常士大夫家，儒道名法的哲理就没有。数学、礼学，唐初都也不坏，从中唐以后就衰了。只剩得历史、政事，算是唐人擅场。

宋朝人分做几派：一派是琐碎考据的人，像沈括、陆佃、吴曾、陆游、洪适、洪迈都是。王应麟算略略完全些，也不能见得大体。在六艺里面，不能成就得那一种；一派是好讲经世的人，像苏轼、王安石、陈亮、陈傅良、叶适、马端临都是。陈、马还算着实，其余不过长许多浮夸的习气，在历史既没有真见，在当时也没有实用；一派是专求心性的人，就是理学家了。比那两家，总算成就。除了邵雍的鬼话，其余比魏、晋、宋、齐、梁、陈的学者，也将就攀得上。历史只有司马光、范祖禹两家。司马光也还懂得书学。此外像贾昌朝、丁度、毛居正几个人，也是一路。像宋祁、刘敛、刘奉世、曾巩又是长于校勘，原是有津逮后学的功。但自己到底不能成就小学家。宋、元之间，几位算学先生出来，倒算是独开蹊径。大概宋朝人还算没有偏胜，只为不懂得礼，所以大体比不上魏、晋几朝。中国有一件奇怪事，老子明说："礼者，忠信之薄"，却是最精于礼，孔子事事都要请教他。魏晋人最佩服老子，几个放荡的人，并且说："礼岂是为我辈设"，却是行一件事，都要考求典礼。晋朝末年，礼论有八百卷，到刘宋朝何承天，删并成三百卷；梁朝徐勉集五礼，共一千一百七十六卷；可见那时候的礼学，发达到十分。现在《通典》里头，有六十卷的礼，大半是从那边采取来，都是精审不磨，可惜比照原书，只存二十分之一了。那时候人，非但在学问一边讲礼，在行事一边，也都守礼。且看宋文帝已做帝王，在三年服里头生太子，还瞒着人不敢说，像后代的帝王，那里避这种嫌疑，可见当时守礼的多，就帝王也不敢公然逾越。更有怪的，远公原是个老和尚，本来游方以外，却又精于《丧服》。弟子雷次宗，也是一面清谈，一面说礼，这不是奇怪得很么？宋朝的理学先生，都说服膺儒术，规行矩步，到得说礼，不是胡涂，就是谬妄。也从不见有守礼的事。只是有一个杨简（通称杨慈湖），在温州做官，遇着钦差到温州来，就去和他行礼，主人升自阼阶，宾升自西阶，一件一件，都照着做，就算奇特非常，到底不会变通，也不算什么高。照这样看来，理学先生，远不如清谈先生。

明朝时候，一切学问，都昏天黑地，理学只袭宋儒的唾余，王守仁出来，略略改变些儿，不过是沟中没有蛟龙，鲵鳅来做雄长，连宋朝人的琐碎考据，字学校勘都没有了。典章制度，也不会考古，历史也是推开一卷。中间有几位高的，音韵算陈第，文字训诂算黄生，律吕算朱载堉，攻《伪古文尚书》算梅鷟，算学也有个徐光启，但是从别处译来，并不由自己思索出来，所以不数。到明末顾炎武，就渐渐成个气候。

近二百年来，勉强唤做清朝，书学、数学、礼学，昏黑了长久，忽然大放光明，历史学也比得上宋朝。像钱大昕、梁玉绳、邵晋涵、洪亮吉，都着实可以名家。讲政事的颇少，就有也不成大体。或者因为生非其时，不犯着讲政事给他人用，或者看穿讲政事的，总不过是浮夸大话，所以不愿去讲。至于哲理，宋、明的理学，已经搁起一边了，却想不出一种道理去代他。中间只有戴震，做几卷《孟子字义疏证》，自己以为比宋儒高，其实戴家的话，只好用在政事一边，别的道理，也并没得看见。宋儒在《孟子》里头翻来翻去，戴家也在《孟子》里头翻来翻去。宋儒还采得几句六朝话，（大概皇侃《论语疏》里头的话，宋儒采他的意颇多。）戴家只会墨守《孟子》。孟子一家的话，戴家所发明的，原比宋儒切实，不过哲理不能专据孟子。（阮元的《性命古训》，更不必评论了。）到底清朝的学说，也算十分发达了。只为没有讲得哲理，所以还算一方偏胜。若论进步，现在的书学、数学，比前代都进步。礼学虽比不上六朝，比唐、宋、明都进步。历史学里头，钩深致远，参伍比校，也比前代进步。经学还是历史学的一种，近代比前代进步。本国的学说，近来既然进步，就和一向没有学说的国，截然不同了。但问进步到这样就止么，也还不止。六书固然明了。转注、假借的真义，语言的缘起，文字的孳乳法，仍旧模糊，没有寻出线索，可不要向前去探索么！礼固然明了，在求是一边，这项礼为什么缘故起来？在致用一边，这项礼近来应该怎样增损？可不要向前去考究么！历史固然明了，中国人的种类，从那一处发生？历代的器具，是怎么样改变？各处的文化，是那一方盛？那一方衰？盛衰又为什么缘故？本国的政事，和别国比较，劣的在那一块？优的在那一块？又为什么有这样政事？都没有十分明白，可不要向前去追寻么？算学本是参酌中外，似乎那边盛了。这边只要译他就够。但以前有徐光启采那边的，就有梅文鼎由本国寻出头路来；有江永采那边的，就有钱大昕、焦循由本国寻出头路来。直到罗士琳、徐有壬、李善兰，都有自己的精思妙语，不专去依傍他人。后来人可不要自勉么！近来推陈出新的学者，也尽有几个。若说现在学者没有心得，无论不能概全国的人，只兄弟自己看自己，心得的也很多。到底中国不是古来没有学问，也不是近来的学者没有心得，不过用偏心去看，就看不出来。怎么叫做偏心？只佩服别国的学说，对着本国的学说，不论精粗美恶，一概不采，这是第一种偏心。

在本国的学说里头，治了一项，其余各项，都以为无足重轻，并且还要诋毁。就像讲汉学的人，看见魏晋人讲的玄理，就说是空言，或说是异学；讲政事的人，看见专门求是，不求致用的学说，就说是废物，或说是假古玩；仿佛前人说的，一个人做弓，一个人做箭，做弓的说："只要有我的弓，就好射，不必用箭。"做箭的说："只要有我的箭，就好射，不必用弓。"这是第二种偏心。（这句话，并不是替许多学者做调人，一项学术里头，这个说的是，那个说的非，自然要辩论驳正，不可模棱了就算数。至于两项学术，就不该互相菲薄。）

这两项偏心去了，自然有头绪寻出来。但听了别国人说，本国的学说坏，依着他说坏，固然是错；就听了别国人说，本国的学说好，依着他说好，仍旧是错；为什么缘故呢？别国人到底不明白我国的学问，就有几分涉猎，都是皮毛，凭他说好说坏，都不能当做定论。现在的教育界，第一种错，渐渐打消几分；第二种错，又是接踵而来。比如日本人说阳明学派，是最高的学派，中国人听了，也就去讲阳明学，且不论阳明学是优是劣，但日本人于阳明学，并没有什么发明，不过偶然应用，立了几分功业，就说阳明学好。原来用学说去立功业，本来有应有不应，不是板定的。就像庄子说："能不龟手一也，或以侯，或不免于洴澼絖。"（不龟手，说手遇了冷不裂；洴澼絖，就是打绵。）本来只是凑机会儿，又应该把中国的历史翻一翻。明末东南的人，大半是讲阳明学派，如果阳明学一定可以立得功业，明朝就应该不亡。又看阳明未生以前，书生立功的也很不少，远的且不必说，像北宋种师道，是横渠的弟子，用种师道计，北宋可以不亡。南宋赵葵是晦庵的再传弟子，宋末保全淮蜀，都亏赵葵的力。明朝刘基（就是人人称刘伯温的），是参取永嘉、金华学派的人，明太祖用刘基的策，就打破陈友谅。难道看了横渠、晦庵，和永嘉、金华学派的书，就可以立得功业么？原来运用之妙，存乎其人。庄子说得好："豕零桔梗，是时为帝。"（豕零，就是药品里头的猪苓，意思说贱药也有大用。）如果着实说去，学说是学说，功业是功业，不能为立了功业，就说这种学说好，也不能为不立功业，就说这种学说坏。（学说和致用的方术不同，致用的方术，有效就是好，无效就是不好；学说就不然，理论和事实合才算好，理论和事实不合就不好，不必问他有用没用。）现在看了日本人偶然的事，就说阳明学好，真是道听途说了。

又像一班人，先听见宋儒谤佛，后听见汉学人谤佛，最后又听见基督教人也谤佛，就说佛学不好；近来听见日本人最信佛，又听见欧洲人也颇有许多信佛，就说佛学好；也不论佛学是好是坏。但基督教人，本来有门户之见，并说不出自己的理论来；汉学人也并不看佛书，这种话本可以搁起一边；宋儒是看过佛书了，固然有许多人谤佛，也有许多人直用佛书的话，没有讳饰。本来宋儒的学说，是从禅宗脱化，几个直认不讳的，就是老实说直话。又有几个里面用了佛说，外面排斥佛说，不过是装潢门面，难道有识的人，就被他瞒过么？日本人的佛学，原是从中国传去，有几种书，中国已经没有了，日本倒还有原版，固是可宝。但日本人自己的佛学，并不能比中国人深，那种华严教、天台教的话，不过把中国人旧疏敷衍成篇。他所特倡的日莲宗、真宗，全是宗教的见解，并没有关系学说的话。尽他说的好，也不足贵。欧洲人研究梵文，考据佛传，固然是好；但所见的佛书，只是小乘经论，大乘并没有几种。有意讲佛学的人，照着他的法子，考求言语历史，原是不错。（本来中国玄奘、义净这班人，原是注意在此，但宋朝以后就绝了。）若说欧洲人是文明人，他既学佛，我也依他学佛，这就是下劣的见解了。

胡乱跟人，非但无益，并且有害。这是什么缘故？意中先看他是个靶子，一定连他的坏处也取了来。日本出家人都有妻，明明是不持戒律，既信日本，就与佛学的本旨相反。欧洲人都说大乘经论，不是释迦牟尼说的，（印度本来有这句话。）看不定的人，就说小乘好，大乘不好，那就弃菁华取糟粕了。佛经本和周公、孔子的经典不同：周、孔的经典，是历史，不是谈理的，所以真经典就是，伪经典就不是；佛经是谈理的，不是历史，只要问理的高下，何必问经是谁人所说？佛经又和基督教的经典不同：基督教是纯宗教，理的是非，并不以自己思量为准，只以上帝耶稣的所说为准；佛经不过夹杂几分宗教，理的是非，要以自己思量为准，不必以释迦牟尼所说为准。以前的人学佛，原是心里悦服，并不为看重印度国，推爱到佛经；现在人如果要讲佛学，也只该凭自己的心学去，又何必借重日本、欧洲呢？

又像一班无聊新党，本来看自国的人，是野蛮人；看自国的学问，是野蛮学问；近来听见德国人颇爱讲支那学，还说中国人民，是最自由的人民；中国政事，是最好的政事；回头一想，文明人也看得起我们野蛮人，文明人也看得起我们野蛮学问。大概我们不是野蛮人，中国的学问，不是野蛮学问了。在学校里边，恐怕该添课国学汉文。有这一种转念，原说他好，并不说他不好，但是受教的人，本来胸中像一块白绢，惟有听受施教的话，施教的人却该自己有几分注意，不该听别人的话。何不想一想，本国的学问，本国人自然该学，就像自己家里的习惯，自己必定应该晓得，何必听他人的毁誉？别国有几个教士穴官，粗粗浅浅的人，到中国来，要知这一点儿中国学问，向下不过去问几个学究，向上不过去问几个斗方名士，本来那边学问很浅，对外人说的，又格外浅，外人看中国自然没有学问。古人说的，“以管窥天，以蠡测海。”（蠡本来应写蠃，俗写作螺。意思说用蠃壳去舀海水，不能晓得海的深浅。）一任他看成野蛮何妨。近来外人也渐渐明白了，德国人又专爱考究东方学问，也把经典史书略略翻去，但是翻书的人，能够把训诂文义真正明白么？那个口述的中国人，又能够把训诂文义真正明白么？你看日本人读中国书，约略已有一千多年，究竟训诂文义，不能明白。他们所称为大儒，这边看他的话，还是许多可笑。（像山井鼎、物观校勘经典，却也可取，因为只案字比较，并不多发议论。其余著作，不过看看当个玩具，并没有可采处。近来许多目录家，看得日本有几部旧书，就看重日本的汉学家，是大错了。皇侃《论语疏》《玉烛宝典》《群书治要》几部古书，不过借日本做个书簏子。）这个也难怪他们，因为古书的训诂文义，从中唐到明代，一代模糊一代，到近来才得真正明白。以前中国人自己尚不明白，怎么好责备别国人！

后来日本人也看见近代学者的书，但是成见深了，又是发音极不正当，不晓得中国声音，怎么能晓得中国的训诂？既然不是从师讲授，仍旧不能冰释理解，所以日本人看段注《说文》、王氏《经传释词》，和《康熙字典》差不多。几个老博士，翻腾几句文章学说，不是支离，就是汗漫。日本人治中国学问，这样长久，成效不过如此，何况欧洲人只费短浅的光阴，怎么能够了解？

有说日本人欢喜附会，德国人倒不然，总该比日本人精审一点，这句话也有几分合理。日本人对着欧洲的学说，还不敢任意武断。对着中国的学说，只是乱说乱造，或者徐福东来，带了许多燕、齐怪迂之士，这个遗传性，至今还在？欧洲人自然没有这种荒谬，到底时候太浅，又是没有师授，总是不解，既然不解，他就说是中国学问，比天还要高，中国人也不必引以为荣。古人说，“一经品题，声价十倍”，原是看品题人是什么，若是没有品题的资格，一个门外汉，对着我极口称赞，又增什么声价呢？听了门外汉的品题，当作自己的名誉，行到教育一边，也有许多毛病。往往这边学究的陋话，斗方名士的谬语，传到那边，那边附会了几句，又传到这边，这边就看作无价至宝；也有这边高深的话，传到那边，那边不能了解，任意胡猜，猜成了，又传到这边，这边又看作无价至宝，就把向来精深确实的话，改作一种浅陋荒唐的话。这个结果，使学问一天堕落一天。

几位朋友，要问这种凭据，兄弟可以随意举几件来。

（一）日本人读汉字，分为汉音、吴音、唐音各种。却是发音不准，并不是中国的汉音、唐音、吴音本来如此，不过日本人口舌倔强，学成这一种奇怪的音。现在日本人说，他所读的，倒是中国古来的正音，中国人也颇信这句话。我就对那个人说，中国的古音，也分二十几韵，哪里像日本发音这样简单？古音或者没有凭据，日本人所说的古音，大概就是隋唐时候的音。你看《广韵》现在，从《广韵》追到唐朝的《唐韵》、隋朝的《切韵》，并没有什么大变动。照《广韵》的音切切出音来，可像日本人读汉字的声音么？那个人说，怎么知道《广韵》的声音不和日本声音一样？我说，一项是声纽，（就是通称字母的。）两项是四声，从隋唐到现在，并没有什么大改，日本可有四声么？可有四十类细目么？至于分韵，元明以来的声音，比《广韵》减少，却比日本还多。日本人读汉字，可能像《广韵》分二百六韵么？你看从江苏沿海到广东，小贩做工的人，都会胡乱说几句英语，从来声音没有读准，假如几百年后，英国人说，“我们英国的旧音失去了，倒是中国沿海的人，发得出英国的旧音”，你想这句话，好笑不好笑？

（二）日本人常说：“日本人读中国的古文就懂得，读中国的现行的文就不懂得，原来中国文体变了，日本人作的汉文，倒还是中国的古文。"这句话，也颇有人相信，我说：日本的文章，用助词非常的多，因为他说话里头助词多，所以文章用助词也多。中国文章最爱多用助词的，就是宋、元、明三朝，所以日本人拿去强拟，真正隋唐以前的文章，用助词并不多。日本可能懂得么？至于古人辞气，和近来不很相同，就中国人粗称能文的，还不能尽解，更何论日本人？自从王氏做《经传释词》，近来马建忠分为八品，做了一部《文通》，原是用法文比拟，却并没有牵强，大体虽不全备，中国的词，分起来，总有十几品，颇还与古人辞气相合，在中国文法书里边，也算铮铮佼佼了！可笑有个日本人儿岛献吉，又做一部《汉文典》，援引古书，也没有《文通》的完备，又拿日本诘诎聱牙的排列法去硬派中国文法，倒有许多人说儿岛的书，比马氏好得多，因为马氏不录宋文，儿岛兼录宋文。不晓中国的文法，在唐朝早已完备了，宋文本来没有持别的句调，录了有什么用？宋文也还可读，照着儿岛的排列法，语势蹇涩，反变成文理不通，比马氏的书，真是有霄壤之隔，近来中国反有人译他的书，唉！真是迷了。日本几个老汉学家，做来的文字，总有几句不通，何况这位儿岛学士。现在不用拿两部书比较，只要请儿岛做一篇一千字长的文章，看他语气顺不顺，句调拗不拗？再请儿岛点一篇《汉书》，看他点得断点不断？就可以试验得出来了！

（三）有一个英国人，说中国的言语，有许多从外边采，就像西瓜、芦菔、安石榴、蒲桃（俗写作葡萄）是希腊语，师子是波斯语，从那边传入中国。这句话，近来信的虽不多，将来恐怕又要风行。要晓得这种话，也有几分近理。却是一是一非，要自己检点过。中国本来用单音语，鸟兽草木的名，却有许多是复音语。但凡有两字成一个名的，如果两字可以分解得开，各自有义，必不是从外国来。如果两字不能分解，或者是从外国来。蒲桃本不是中国土产，原是从西域取来，枝叶既不像蒲，果实也不像桃，唤做蒲桃，不合中国语的名义，自然是希腊语了。师子、安石榴，也是一样。像西瓜就不然，瓜是蓏物的通名，西瓜说是在西方的最好。两个都有义，或者由中国传到希腊去，必不由希腊传到中国来。芦菔也是中国土产，《说文》已经列在小篆，两个字虽则不能分解，鸟兽草木的名，本来复音语很多，也像从中国传入希腊，不像从希腊传入中国。至于彼此谈话，偶然一样，像父母的名，全地球没有大异。中国称兄做昆，转音为哥；鲜卑也称兄为阿干。中国称帝王为君，突厥也称帝王为可汗。中国人自称为我，拉丁人也自称为爱伽。中国吴语称我辈为阿旁（《洛阳伽蓝记》，自称阿依，语则阿旁），梵语也称我辈为阿旁。中国称彼为他，梵语也称彼为多他。中国叹词有呜呼，梵语也是阿蒿。这种原是最简的语，随口而出，天籁相符，或者古来本是同种，后来分散，也未可知。必定说甲国的语，从乙国来；乙国的话，从甲国去，就是全无凭据的话了。（像日本许多名词，大半从中国去，蒙古的黄台吉，就是从中国的皇太子变来；满洲的福晋，就是从中国的夫人变来，这种都可以决定。因为这几国都近中国，中国文化先开，那边没有名词，不得不用中国的话，所以可下断语；若两国隔绝得很远的，或者相去虽近，文化差不多同时开的，就不能下这种断语。）有人说中国象形文字从埃及传来；也有说中国的干支二十二字，就是希腊二十二个字母，这种话全然不对。象形字就是画画，任凭怎么样草昧初开的人，两个人同对着一种物件，画出来总是一样。何必我传你，你传我？干支二十二字，甲、己、庚、癸是同纽，辛、戌是同纽，戊、卯、未，古音也是同纽，譬如干支就是字母，应该各字各纽，现在既有许多同纽的音，怎么可以当得字母？这种话应该推开。

（四）法国人有句话，说中国人种，原是从巴比伦来。又说中国地方，本来都是苗人，后来被汉人驱逐了。以前我也颇信这句话，近来细细考证，晓得实在不然。封禅七十二君，或者不纯是中国地方的土著人，巴比伦人或者也有几个。因为《穆天子传》里面谈的，颇有几分相近；但说中国人个个是从巴比伦来，到底不然。只看神农姜姓，姜就是羌，到周朝还有姜戎，晋朝青海有个酋长，名叫姜聪，看来姜是羌人的姓。神农大概是青海人；黄帝或者稍远一点，所以《山海经》说在身毒（身毒就是印度），又往大夏去采竹，大夏就是唐代的睹货逻国，也在印度西北，或者黄帝是印度人。到底中国人种的来源，远不过印度、新疆，近就是西藏、青海，未必到巴比伦地方。至于现在的苗人，并不是古来的三苗；现在的黎人，并不是古来的九黎。三苗、九黎，也不是一类。三苗在南，所以说左洞庭，右彭蠡；九黎在北，所以《尚书》《诗经》，都还说有个黎侯，黎侯就在山西。蚩尤是九黎的君（汉朝马融说的），所以黄帝从西边来，蚩尤从东边走，赶到涿鹿，就是现在直隶宣化府地界，才决一大战。如果九黎、三苗，就是现在的黎人、苗人，应该在南方决战，为什么到北方极边去，难道苗子与鞑子杂处？三苗是缙云氏的子孙（汉朝郑康成说的），也与苗子全不相干。近来的苗人、黎人，汉朝称为西南夷，苗字本来写髳字，黎字本来写俚字，所以从汉朝到唐初，只有髳俚的名，从无苗黎的名。后来人强去附会《尚书》，就成苗黎，别国人本来不晓得中国的历史，听中国人随便讲讲，就当认真。中国人自己讲错了，由别国去一翻，倒反信为确据，你说不要笑死了么？

（五）法国又有个人说，《易经》的卦名，就是字书，每爻所说的话都是由卦名的字，分出多少字来。这句话，颇像一百年前焦循所讲的话。有几个朋友也信他。我说，他举出来的字，许多小篆里头没有，岂可说文王作《周易》的时候，已经有这几个字？况且所举的字，音也并不甚合，在别国人想到这条路上，也算他巧思，但是在中国人只好把这种话做个谈柄，岂可当他实在？如果说他说的巧合，所以可信，我说明朝人也有一句话，比法国人更巧：他说《四书》本来是一部书，《论语》后边说，“不知命”，接下《中庸》，开口就说："天命之谓性"；《中庸》后边说，"予怀明德"；接下《大学》，开口就说："在明明德"；《大学》后边说："不以利为义，以义为利也"，接下《孟子》开口就说："王何必曰利，亦曰仁义而已矣。"这倒是天然凑合，一点没有牵强。但是信得这句话么？明末人说了，就说他好笑，法国人说了，就说他有理，不是自相矛盾的么？

上面所举，不过几项，其余也举不尽。可见别国人的支那学，我们不能取来做准，就使是中国人不大深知中国的事，拿别国的事迹来比附，创一种新奇的说，也不能取来做准。强去取来做准，就在事实上生出多少支离，学理上生出多少谬妄，并且捏造事迹。（捏造事迹，中国向来没有的，因为历史昌明，不容他随意乱说；只有日本人，最爱变乱历史，并且拿小说的假话，当作实事。比如日本小说里头，说源义经到蒙古去，近来人竟说源义经化做成吉思汗，公然形之笔墨了。中国下等人，相信《三国志演义》里头许多怪怪奇奇的事，当做真实，但在略读书的人，不过付之一笑。日本人竟把小说的鬼话，踵事增华，当作真正事实，好笑极了。因为日本史学，本来不昌，就是他国正史，也大半从小说传闻的话翻来，所以前人假造一种小说，后来人竟当作真历史，这种笑柄，千万不要风行到中国才好！）舞弄条例，都可以随意行去，用这个做学说，自己变成一种庸妄子；用这个施教育，使后生个个变成庸妄子，就使没有这种弊端，听外国人说一句支那学好，施教育的跟着他的话施，受教育的跟着他的话受，也是不该！上边已经说了，门外汉极力赞扬，并没有增什么声价，况且别国有这种风尚的时候，说支那学好；风尚退了，也可以说支那学不好。难道中国的教育家，也跟着他旅进旅退么？现在北京开经科大学，许欧洲人来游学，使中国的学说，外国人也知道一点儿，固然是好；但因此就觉得增了许多声价，却是错了见解了。大凡讲学问施教育的，不可像卖古玩一样，一时许多客人来看，就贵到非常的贵；一时没有客人来看，就贱到半文不值，自国的人，该讲自国的学问，施自国的教育，像水火柴米一个样儿，贵也是要用，贱也是要用，只问要用，不问外人贵贱的品评。后来水越治越清，火越治越明，柴越治越燥，米越治越熟，这样就是教育的成效了。至于别国所有中国所无的学说，在教育一边，本来应该取来补助，断不可学《格致古微》的口吻，说别国的好学说，中国古来都现成有的。要知道凡事不可弃己所长，也不可攘人之善。弃己所长，攘人之善，都是岛国人的陋见，我们泱泱大国，不该学他们小家模样！

（选自吴齐仁编《章太炎的白话文》，上海泰东书局 1917 年版）

国学之统宗

无锡乡贤，首推顾、高二公。二公于化民成俗，不无功效，然于政事则疏阔。广宁之失，东林之掣肘，不能辞其咎。叶向高、王化贞、邹元标、魏大中等主杀熊廷弼，坐是长城自坏，国势日蹙，岂非东林诸贤化民成俗有余，而论道经邦不足乎？今欲改良社会，不宜单讲理学，坐而言，要在起而能行。周、孔之道，不外修己治人，其要归于六经。六经散漫，必以约持之道，为之统宗。余友桐城马通伯，主张读三部书，一《孝经》，二《大学》，三《中庸》。身于三书，均有注解。余寓书正之，谓三书有不够，有不必。《孝经》《大学》固当，《中庸》则不必取。盖《中庸》者，天学也。自“天命之谓性”起，至“上天之载无声无臭”止，无一语不言天学。以佛法譬之，佛法五乘：佛法以内者，有大乘、小乘、声闻独觉乘；佛法以外者，有天乘、人乘。天乘者，婆罗门之言也。人乘者，儒家之言也。今言修己治人，只须阐明人乘，不必涉及天乘，故余以为《中庸》不必讲也。不够者，社会腐败，至今而极。救之之道，首须崇尚气节。五代之末，气节扫地，范文正出，竭力提倡，世人始知冯道之可耻。其后理学家反以气节为不足道，以文章为病根，此后学之过也。专讲气节之书，于《礼记》则有《儒行》。《儒行》所述十五儒，皆以气节为尚。宋初，尚知尊崇《儒行》，赐新进士以皇帝手书之《儒行》。南宋即不然，高宗信高闶之言，以为非孔子之语，于是改赐《中庸》。大概提倡理学之士，谨饬有余，开展不足。两宋士气之升降，即可为是语之证。今欲卓然自立，余以为非提倡《儒行》不可。《孝经》《大学》《儒行》之外，在今日未亡将亡，而吾辈亟须保存者，厥惟《仪礼》中之《丧服》。此事于人情厚薄，至有关系。中华之异于他族，亦即在此。余以为今日而讲国学，《孝经》《大学》《儒行》《丧服》，实万流之汇归也，不但坐而言，要在起而行矣。

先讲《孝经》。

学者谓《孝经》为门内之言，与门外无关。今取《论语》较之，有子之言曰："其为人也孝弟，而好犯上者鲜矣。不好犯上，而好作乱者，未之有也。"与《孝经》"先王有至德要道，民用和睦，上下无怨"意义相同。所谓"犯上作乱"，所谓"民用和睦，上下无怨"，均门外之事也，乌得谓之门内之言乎？宋儒不信《孝经》，谓其非孔子之书。《孝经》当然非孔子之书，乃出于曾子门徒之手，然不可以其不出孔子之手而薄之。宋儒于《论语》"孝弟也者，其为仁之本与"一章，多致反驳，以为人之本只有仁，不有孝弟。其实仁之界说有广狭之别，克己复礼，狭义也；仁者爱人，广义也。如云“孝弟也者，其为爱人之道之本与”，则何不通之有？后汉延笃著《仁孝先后论》，谓孝在事亲，仁施品物。孟子谓亲亲而仁民，由此可知孝弟固为仁之本矣。且此语古已有之，非发自有子也。《管子·戒》第二十六：“孝弟者，仁之祖也。”“祖”与“本”同，有子乃述管子之语耳。宋人因不愿讲《论语》此章，故遂轻《孝经》，不知汉人以《孝经》为六经总论，其重之且如此。以余观之，《尧典》“克明俊德，以亲九族。九族既睦，平章百姓。百姓昭明，协和万邦，黎民于变时雍”，即《孝经》“先王有至德要道以顺天下，民用和睦，上下无怨”之意。孔子之说，实承《尧典》而来。宋人疑之，可谓不知本矣。且也儒、墨之分，亦可由《孝经》见之。墨子长处尽多，儒家之所以反对者，即在“兼爱”一端。今之新学小生，人人以爱国为口头禅，此非墨子之说而似墨子。试问如何爱国？爱国者，爱一国之人民耳。爱国之念，由必爱父母兄弟而起。父母兄弟不能爱，何能爱一国之人民哉！由此可知孝弟为仁之本，语非虚作。《孝经》一书，实不可轻。《孝经》文字平易，一看便了，而其要在于实行，平时身体发肤不敢毁伤，至于战阵则不可无勇，临难则不可苟免。此虽有似矛盾，其实吾道一贯，不可非议。于此而致非议，无怪日讲《墨子》兼爱之义，一旦见敌，反不肯拼命矣。昔《孟子》讲爱亲敬长，为人之良能。其后阳明再传弟子罗近溪，谓良知良能，祇有爱亲敬长，谓孔门弟子求学，求来求去，才知孝弟为仁之本。此语也，有明理学中之一线光明，吾侪不可等闲视之者也。诸君试思，《孝经》之有关立身如此，宋人乃视为一钱不值，岂为平情之言乎？《孝经》讲孝，分列为五。其所云天子之孝，爱亲者不敢恶于人，敬亲者不敢慢于人，与墨子之道为近。民国人人平等，五种阶级，不必全依经文，但师其意而活用之，由近及远，逐项推广可矣。

次讲《大学》。

《大学》为宋人所误解者不少，不仅误解，且颠倒其本文。王阳明出，始复古本之旧，其精思卓识，实出宋人之上。今按《大学》之言，实无所不包，若一误解，适足为杀人之本。宋人将“在亲民”改作“在新民”，以“穷至事物之理”解释“格物”。彼辈以为，《康诰》有“作新民”之语，下文又有“苟日新”“天命维新”诸语，故“在亲民”之“亲”，非改作“新”不可。不知《汤盘》之“新”，乃洁清身体发肤之谓。其命维新者，新其天命也，皆与亲民无关，不可据之以改经文。夫《书经》人所共读，《孟子》亦人所共读，孟子明言三代之学皆所以明人伦也，人伦明于上，小民亲于下。《尚书》尧命契作司徒，敬敷五教，其结果则百姓相亲。《大学》“亲民”之说，前与《尚书》相应，后与《孟子》相应，不知宋人何以改字也？格物之说，有七十二家之歧异，实则无一得当。

试问物理学之说，与诚意正心何关？故阳明辟之，不可谓之不是。然阳明所云“致良知以正物”，语虽可喜，然加一“良”字，且语句与原意颠倒。应说致知而后物格，不应说物格而后致知也。阳明之前，郑康成训“格”为“来”，谓“所知于善深，则来善物；所知于恶深，则来恶物”，颇合《论语》“我欲仁，斯仁至矣”之义，亦与阳明知行合一之说相符，但文义亦与原文不合，虽能言之成理，胜于晦庵，但均颠倒原文，不足以服人之心。其余汉、宋大儒讲格物者，不计其数，而皆讲之不通。明人乃有不读书之灶丁王心斋，以为格物即物有本末，致知即知所先后。千载疑窦，一朝冰释，真天下快事。盖《大学》所讲，为格物、诚意、正心、修身、齐家、治国、平天下。诚意为正心、修身之本，此为知本，此为知之至也。上所云云，尤为根本之根本。心斋不曾读书，不知格字之义。《仓颉篇》:“格，量度也。”能量度即能格物，谓致知在于量度物之本末。此义最通，无怪人之尊之信之，称为“淮南格物论”也。刘蕺山谓王阳明远不如心斋，此语诚非无故。其后假道学先生李光地，亦知采取心斋，可见是非之心，人心有同然矣。阳明生时骂朱文公为“洪水猛兽”，阳明读书不多，未曾遍观宋人之说，故独骂朱子，实则伊川、象山均如此讲。朱子治学，亦未身能穷知事物之理，无可奈何，敷衍了事，而作此说。今之新学小生，误信朱子之言，乃谓道德而不能根据科学者，不是道德。夫所谓道德，将以反抗自然也。若随顺自然，则杀人放火，亦何不可以科学为之根据者？信斯言也，真洪水猛兽之比矣。朱子有知，不将自悔其言之孟浪乎？殷周革命之际，周人称忠殷抗周之民曰“殷顽”，思有以化之，故《康诰》有“作新民”之言。所谓“新民”者，使殷民思想变换，移其忠于殷者，以忠于周室耳。“新民”云云，不啻顺民之谓已，此乃偶然之事，非天下之常经，不可据为典要。夫社会之变迁以渐，新学小生，不知斯义，舍其旧而新是谋，以为废旧从新，便合“作新民”之旨，不知其非《大学》之意也。要之，《大学》之义，当以古本为准，格物之解，当以心斋为是，不当盲从朱子。《孝经》乃一贯之道，《大学》亦一贯之道。历来政治不良，悉坐《大学》末章之病。所谓“好人之所恶，恶人之所好”，一也；“人之彦圣，娼疾以恶之”，二也；“长国家而务财用”，三也。三者亡国之原则，从古到今，二三千年，无有不相应者。反之，即可以平天下。是故《大学》者，平天下之原则也。从仁义起，至平天下止，一切学问，皆包括其中。治国学者，应知其总汇在此。

讲明《孝经》《大学》，人之根本已立，然无勇气，尚不能为完人，此余之所以必标举《儒行》也。《儒行》十五儒，未必皆合圣人之道，然大旨不背于《论语》。《论语》子贡问：“何如斯可谓之士矣？”子曰：“行己有耻，使于四方，不辱君命，可为士矣。”子路问“成人”，子曰：“见利思义，见危授命，久要不忘平生之言，亦可以为成人矣。”士与成人，皆是有人格之意。反之，不能为人，即等于禽兽。《论语》所言，正与《儒行》相符。《儒行》“见死不更其守”，即《论语》“见危授命”之义。“久不相见，闻流言不信”，即《论语》“久要不忘平生之言”之意。可见道理不过如此。《论语》《儒行》初无二致，宋人以“有过可微辨而不可面数也”一语，立意倔强，与子路“人告之以有过即喜”殊异，即加反对。不知骂《儒行》者，自身即坐此病。朱、陆为“无极”“太极”之枝节问题，意见相反，书函往复，互相讥弹，几于绝交，不关过失，已使气如此，何况举其过失乎？有朱、陆之人格，尚犹如此，何况不如朱、陆者乎？不但此也，孟子之为人，亦恐其“有过可微辨而不可面数”者。何以言之？淳于髡言“是故无贤者也，有则髡必识之”以讥孟子。孟子引孔子之事，谓：“君子之所为，众人固不识也。”其悻悻然之辞气，见于文字间，可知其非胸无芥蒂者。余以为自孔、颜外，其余贤者恐皆如此。然而两汉人之气节，即是《儒行》之例证。苏武使于匈奴，十九年乃返，时人重之，故宣帝为之图象。至宋，范文正讲气节，倡理学，其后理学先生却不甚重视气节。洪迈之父皓，使于金，十五年乃返，其事与苏武相类，而时人顾不重之。宋亡，而比迹冯道者，不知凡几。此皆轻视气节之故。如今倭人果灭中国，国人尽如东汉儒者，则可决其必不服从。如为南宋诸贤，吾知其服从者必有一半。是故欲求国势之强，民气之尊，非提倡《儒行》不可也。《儒行》之是否出于孔子，不必论，但论吾侪行己应否如此可矣。其为六国时人作欤？抑西汉时人作欤？都可不问。若言之成理，即非孔子之语，或儒者托为孔子之语，均无碍也。况以事实论之，哀公孱弱，孔子对证发药，故教之以强毅，决非他人伪造者也。

《丧服》经不过《仪礼》十七篇之一。《仪礼》十七篇，诸侯大夫礼不必论，冠礼不行于今，婚礼六礼，徒有其名而已。士相见礼、乡饮酒礼、特牲馈食礼，亦不行于今，惟士丧礼与《丧服》有关。然讲《丧服》，不必讲士丧礼也。《丧服》至今仍行，通都大邑，虽只用黑纱缠臂，然内地服制尚存其意。形于文字者，尚有讣闻“遵礼成服”之语。虽是告朔之饩羊，犹有礼意存焉。周代有诸侯、世卿之分，故丧服有尊降、压降之名。政治改变，诸侯、世卿之名已去。汉代虽提倡《丧服》，即不讲尊降、压降，此亦礼文损益之义也。汉儒于《仪礼》尽注十七篇者，惟郑康成一人。其余马融、王肃，只注一篇。三国、晋、宋间人，注《丧服》者十余家，蜀蒋琬亦曾注《丧服》，可见《丧服》之重要。诸君翻阅杜佑《通典》，即可知丧服、丧礼之大概。顾亭林言六朝人尚有优点，诚然。六朝人不讲节义，却甚重《丧服》。古人在丧服中，不能入内，不能见女人。陈寿遭父丧，有疾，使婢丸药，乡党以为贬议，坐是沉滞者累年。此事明载《晋书》。又晋惠帝之子愍怀太子适，被贾后毒死，事白，惠帝为之下诏追复丧礼，反葬京畿，服长子斩衰三年，以《丧服》中本有“父为长子斩衰三年”之文故也。晋惠无道尚如此，可见晋人之重视《丧服》矣。晋以后，唐人亦重《丧服》。宋代理学先生，亦知维持《丧服》。明人则恐不甚看《丧服》经，然皇帝皆以孝字为号，尚知遵行《丧服》，胜于清人。《丧服》代有变迁，尊降、压降，不适宜于郡县时代。自汉至隋，全遵《仪礼》。唐人稍加修改，尚称近理。如“父在为母齐衰期，父没为母齐衰三年”，唐人均改为三年。其余修改者尚有四五条，皆几微而不甚要紧。唯经文“妇为舅姑斩衰不杖期”，宋人改“妇为舅姑与子为父母同”，盖因唐末人不明礼意，有妇为舅姑如子为父母之事实。五代时，刘岳作《书仪》，即改“妇为舅姑等于子为父母”。至宋初，魏仁浦乃谓夫处苫块之中，妇服纨绮之服，是为不当，乃径改礼文。不知苫块在未葬之前，既葬，即不在苫块。《丧服》有变除之义，期年入外寝，再期大祥，然后除服。妇已除服，虽不可著有花之纨绮，尚可著无花之青缣（如今之蓝纺绸）。仁浦不知此意，故疑其不当。当时在官者，大抵不学无术，又翕然从之，改妇为舅姑等于子为父母，此宋人之陋也。至明代，只有斩衰三年。古礼，妇人不二斩，男子亦然。为人后者，为本生父母降，为父母斩衰，为长子亦斩衰，明太祖改之。明人不知古斩衰三年与齐衰三年惟在无缝、有缝之别，本不甚相远也。（古人持服，有正服、降服、义服之别。降服者承继，出嫁之子女，为本生父母也；义服者，恩轻而不得不重服，如臣之为君是也。）降至清代，遂为一切误谬之总归宿。今若除去尊降、压降一条，其余悉遵《开元礼》，则所谓遵礼成服者，庶不致如告朔之饩羊矣。

上来所讲，一《孝经》、二《大学》、三《儒行》、四《丧服》，其原文合之不过一万字，以之讲诵，以之躬行，修己治人之道，大抵在是矣。

（选自《制言》月刊第五十四期，1936 年出版）

治国学之方法

A. 辨书籍真伪

对于古书没有明白哪一部是真，哪一部是伪，容易使我们走入迷途，所以研究国学第一步要辨书籍的真伪。

四部的中间，除了集部很少假的，其余经、史、子三部都包含着很多的伪书，而以子部为尤多。清代姚际恒《古今伪书考》，很指示我们一些途径。

先就经部讲：《尚书》现代通行本共有五十八篇，其中只有三十三篇是汉代时的"今文"所有，另二十五篇都是晋代梅颐所假造。这假造的《尚书》，宋代朱熹已经怀疑他，但没曾寻出确证；直到清代，才明白地考出，却已雾迷了一千多年。经中尚有为明代人所伪托，如《汉魏丛书》中的《子贡诗传》系出自明丰坊手。诠释经典之书，也有后人伪托，如孔安国《尚书传》《郑氏孝经注》《孟子孙奭疏》之类，都是晋代的产品。不过"伪古文尚书"和"伪孔传"，比较的有些价值，所以还引起一部分人一时间的信仰。

以史而论：正史没人敢假造；别史中就有伪书。《越绝书》，汉代袁康所造，而托名子贡。宋人假造《飞燕外传》《汉武内传》，而列入《汉魏丛书》。《竹书纪年》本是晋人所得，原已难辨真伪，而近代通行本，更非晋人原本，乃是明人伪造的了。

子部中伪书很多，现在举其最著者六种，前三种尚有价值，后三种则全不足信。

（一）《吴子》 此书中所载器具，多非当时所有；想是六朝产品。但从前科举时代把他当作“武经”，可见受骗已久。

（二）《文子》《淮南子》 为西汉时作品，而《文子》里面大部分抄自《淮南子》，可见本书系属伪托，已有人证明他是两晋、六朝人做的。

（三）《列子》 信列子的人很多，这也因本书做得不坏，很可动人的原故[①]。须知列子这个人虽见于《史记·老庄列传》中，但书中所讲，多取材于佛经，佛教自东汉时始入中国，那能提前就说到？我们用时代证他，已可水落石出。并且列子这书，汉人从未有引用一句，这也是一个明证。造列子的也是晋人。

（四）《关尹子》 这书无足论。

（五）《孔丛子》 这部书是三国时王肃所造。《孔子家语》一书也是他所造。

① 现写作“缘故”。

（六）《黄石公三略》 唐人所造。又《太公阴符经》一书，出现在《黄石公三略》之后，系唐人李筌所造。

经、史、子三部中的伪书很多，以上不过举个大略。此外，更有原书是真而后人参加一部分进去的，这却不能疑他是假。《四子书》中有已被参入的。《史记》中也有，如《史记》中曾说及扬雄，扬在太史公以后，显系后人加入，但不能因此便疑《史记》是伪书。

总之，以假为真，我们就要陷入迷途，所以不可不辨别清楚。但反过来看，因为极少部分的假，就怀疑全部分，也是要使我们徬徨无所归宿的。如康有为以为汉以前的书都是伪的，都被王莽、刘歆改窜过，这话也只有他一个人这样说。我们如果相信他，便没有可读的古书了。

B．通小学

韩昌黎说：“凡作文章宜略识字。”所谓“识字”，就是通小学的意思。作文章尚须略通小学，可见在现在研究古书，非通小学是无从下手的了。小学在古时，原不过是小学生识字的书，但到了现代，虽研究到六七十岁，还有不能尽通的。何以古易今难至于如此呢？这全是因古今语言变迁的缘故。现在的小学，是可以专门研究的，但我所说的“通小学”，却和专门研究不同，因为一方面要研究国学，所以只能略通大概了。

《尚书》中《盘庚》《洛诰》，在当时不过一种告示，现在我们读了，觉得“佶屈聱牙”，这也是因我们没懂当时的白话，所以如此。《汉书·艺文志》说：“《尚书》直言也。”直言就是白话。古书原都用当时的白话，但我们读《尚书》，觉得格外难懂，这或因《盘庚》《洛诰》等都是一方的土话，如殷朝建都在黄河以北，周朝建都在陕西，用的都是河北的土话，所以比较不能明白。《汉书·艺文志》又说：“读《尚书》应用《尔雅》。”这因《尔雅》是诠释当时土话的书，所以《尚书》中于难解的地方，看了《尔雅》就可明白。

总之，读唐以前的书，都非研究些小学，不能完全明白；宋以后的文章和现在差不多，我们就能完全了解了。

研究小学有三法：

一、通音韵。古人用字，常同音相通，这大概和现在的人写别字一样。凡写别字都是同音的，不过古人写惯了的别字，现在不叫他写别字罢了。但古时同音的字，现在多不相同，所以更难明白。我们研究古书，要知道某字即某字之传讹，先要明白古时代的音韵。

二、明训诂。古时训某字为某义，后人更引伸[①]某义转为他义。可见古义较狭而少，后义较广而繁。我们如不明白古时的训诂，误以后义附会古义，就要弄错了。

三、辨形体。近体字中相像的，在篆文未必相像，所以我们要明古书某字的本形，以求古书某字的某义。

---

① 现写作“引申”。

历来讲形体的书，是《说文》；讲训诂的书，是《尔雅》；讲音韵的书，是《音韵学》。如能把《说文》《尔雅》《音韵学》都有明确的观念，那么，研究国学就不至犯那“意误”“音误”“形误”等弊病了。

宋朱熹一生研究《五经》《四子》诸书，连寝食都不离，可是纠缠一世，仍弄不明白：实在他在小学方面没有工夫，所以如此。清代毛西河事事和朱子反对，但他也不从小学下手，所发反对的论调，也都错了。可见通小学对于研究国学是极重要的一件事了。清代小学一门，大放异彩，他们所发见的新境域，着实不少！

三国以下的文章，十之八九我们能明了，其不能明了的部分，就须借助于小学。唐代文家如韩昌黎、柳子厚的文章，虽是明白晓畅，却也有不能了解的地方。所以我说：看唐以前的文章，都要先研究一些小学。

桐城派也懂得小学，但比较的少用工夫，所以他们对于古书中不能明白的字，便不引用，这是消极的免除笑柄的办法，事实上总行不通的。

哲学一科，似乎可以不通小学，有人专凭自我的观察，由观察而发表自我的意思，和古人完全绝缘，那才可以不必研究小学。倘仍要凭藉古人，或引用古书，那么，不明白小学就要闹笑话了。比如朱文公研究理学（宋之理学即哲学），释“格物”为“穷至事物之理”，便召非议。在朱文公原以“格”可训为“来”，“来”可训为“至”，“至”可训为“极”，“极”可训为“穷”，就把“格物”训为“穷物”。可是训“格”为“来”是有理，辗转训“格”为“穷”，就是笑话了。又释“敬”为“主一无适”之谓（这原是程子说的），他的意思是把“适”训作“至”，不知古时“适”与“敌”通，《淮南子》中的主“无适”，所谓“无适”实是“无敌”之谓，“无适”乃“无敌对”的意义，所以说是“主一”。

所以研究国学，无论读古书或治文学、哲学，通小学都是一件紧要的事。

C. 明地理

近顷所谓地理，包含地质、地文、地志三项，原须专门研究的。中国本来的地理，算不得独立的科学，只不过是子、史、经的助手，也没曾研究到地质、地文的。我们现在要研究国学，所需要的也只是地志，且把地志讲一讲。

地志可分两项：天然的和人为的。天然的就是山川脉络之类；山自古至今，没曾变更；大川若黄河，虽有多次变更，我们在历史上可以明白考出；所以关于天然的，比较地容易研究。人为的就是郡县建置之类；古来封建制度至秦改为郡县制度，已是变迁极大，数千年来，一变再变，也不知经过多少更张；如秦汉时代所置的郡，现在还能大略考出，所置的县就有些模糊了；战国时各国的地界，也还可以大致考出，而各国战争的地点和后来楚汉战争的地点，却也很不明白了。所以人为的比较地难以研究。

历来研究天然的，在乾隆时有《水道提纲》一书。书中讲山的地方甚少，关于水道，到现在也变更了许多，不过大致是对的。在《水道提纲》以前，原有《水经注》一书，这书是北魏人所著，事实上已用不着，只文采丰富，可当古董看罢了。研究人为的，有《读史方舆纪要》和《乾隆府厅州县志》。民国代兴，废府留县，新置的县也不少，因此更大有出入。在《方舆纪要》和《府厅州县志》以前，唐人有《元和郡县志》，也是研究人为的，只是欠分明。另外还有《大清一统志》《李申耆五种》，其中却有直截明了的记载，我们应该看的。

我们研究国学，所以要研究地理者，原是因为对于地理没有明白的观念，看古书就有许多不能懂。譬如看到春秋战国的战争和楚汉战争，史书上已载明谁胜谁败，但所以胜所以败的原因，关于形势的很多，就和地理有关了。

二十四史中，古史倒还可以明白，最难研究的，要推《南北史》和《元史》。东晋以后，五胡闯入内地，北方的人士多数南迁。他们数千人所住的地，就侨置一州，侨置的地方，大都在现在镇江左近，因此有南通州、南青州、南冀州等地名产生。我们研究《南史》，对于侨置的地名，实在容易混错。元人灭宋，统一中国，在二十四史就有《元史》的位置。元帝成吉思汗拓展地域很广，关于西伯利亚和欧洲东部的地志，《元史》也有阑入，因此使我们读者发生困难。关于《元史地志》

有《元史译文证补》一书，因著者博证海外，故大致不错。

不明白地理而研究国学，普通要发生三种谬误。南北朝时南北很隔绝。北魏人著《水经注》，对于北方地势，还能正确；记述南方的地志，就错误很多。南宋时对于北方大都模糊，所以福建人郑樵所著《通志》，也错得很多。——这是臆测的谬误。中国土地辽阔，地名相同的很多，有人就因此纠缠不清。——这是纠缠的错误。古书中称某地和某地相近，往往考诸实际，相距却是甚远。例如：诸葛亮“五月渡泸”一事，是大家普遍知道的，泸水就是现今金沙江，诸葛亮所渡的地方，就是现在四川宁远。后人因为唐代曾在四川建泸州，大家就以为诸葛亮五月渡泸是在此地，其实相去千里，岂非大错吗？——这是意会的错误。至于河阴、河阳当在黄河南北，但水道已改，地名还是仍旧，也容易舛错的。

我在上节曾讲过“通小学”，现在又讲到“明地理”，本来还有“典章制度”也是应该提出的，所以不提出者，是因各朝的典章制度，史书上多已载明，无以今证古的必要。我们看哪一朝史知道哪一朝的典章制度就够了。

D．知古今人情的变迁

社会更迭地变换，物质方面继续地进步，那人情风俗也随着变迁，不能拘泥在一种情形的。如若不明白这变迁之理，要产生两种谬误的观念。

一、道学先生看做道德是永久不变，把古人的道德，比做日月经天，江河行地，墨守而不敢违背。

二、近代矫枉过正的青年，以为古代的道德是野蛮道德。原来道德可分二部分：普通伦理和社会道德。前者是不变的，后者是随着环境变更的。当政治制度变迁的时候，风俗就因此改易，那社会道德是要适应了这制度这风俗才行。古今人情的变迁，有许多是我们应该注意的！

第一，封建时代的道德，是近于贵族的；郡县时代的道德，是近于平民的。这是比较而说的。《大学》有“欲治其国者，先齐其家”一语，《传》第九章里有“其家不可教而能教人者，无之”一语，这明是封建时代的道德。我们且看唐太宗的历史，他的治国，成绩却不坏，世称贞观之治；但他的家庭，却糟极了，杀兄、纳弟媳。这岂不是把《大学》的话根本打破吗？要知古代的家和后世的家大不相同。古代的家，并不只包含着父子夫妻兄弟……这一辈人，差不多和小国一样，所以孟子说：“千乘之家百乘之家。”在那种制度之下，《大学》里的话自然不错，那不能治理一县的人，自然不能治理一省了。

第二，古代对于保家的人，不管他是否尸位素餐，都很恭维。史家论事，对于那人因为犯事而灭家，不问他所做的是否正当，都没有一句褒奖。《左传》已是如此，后来《史》《汉》也是如此。晁错创议灭七国，对于汉确是尽忠，但因此夷三族，史家就对他苛责了。大概古代爱家和现代爱国的概念一样，那亡家也和亡国一样，所以保家是大家同情的。这种观念，到汉末已稍稍衰落，六朝又复盛了。

第三，贵族制度和现在土司差不多，只比较的文明一些。凡在王家的人，和王的本身一样看待。他的兄弟在旧王去位的时代都有承袭的权利。我们看《尚书》到周公代成王摄政，那一件事，觉得很可怪。他在摄政时代，也俨然称王。在《康诰》里有“王若曰：孟侯！朕其弟小子封”的话，这王明是指周公。后来成王年长亲政，他又可以把王号取消。《春秋》记隐公、桓公的事，也是如此。这种摄政可称王，退位可取消的情形，到后世便不行。后世原也有兄代弟位的，如明英宗被掳、景泰帝代行政事等。但代权几年，却不许称王；既称王，却不许取消的。宋人解释《尚书》，对于这些没有注意到，强为解释，反而愈解释愈使人不能解了。

第四，古代大夫的家臣，和天子的诸侯一样，凡是家臣对于主人有绝对服从的义务。这种制度，西汉已是衰落一些，东汉又复兴盛起来。功曹、别驾都是州郡的属官。这种属官，既要奔丧，还要服丧三年，俨有君臣之分。三国时代的曹操、刘备、孙权，他们虽未称王，但他们属下的官对于他们都是皇帝一般看待的。

第五，丁忧去官一件事在汉末很通行，非但是父母三年之丧要丁忧，就是兄弟姊妹期功服之丧也要丁忧。陶渊明诗有说及奔妹丧的，潘安仁《悼亡诗》也有说及奔丧的，可见丁忧的风在那时很盛。唐时此风渐息，到明代把他定在律令，除了父母丧不必去官。

总之，道德本无所谓是非，在那种环境里产生相适应的道德，在那时如此便够了。我们既不可以古论今，也不可以今论古。

E. 辨文学应用

文学的派别很多，梁刘勰所著《文心雕龙》一书，已明白罗列，关于这项，将来再仔细讨论，现在只把不能更改的文体讲一讲。

文学可分二项：有韵的谓之诗，无韵的谓之文。文有骈体、散体的区别，历来两派的争执很激烈：自从韩退之崛起，推翻骈体，后来散体的声势很大。宋人就把古代经典都是散体，何必用骈体，来做宣扬的旗帜。清代阮芸台起而推倒散体，抬出孔老夫子来，说孔子在《易经》里所著的文言系辞，都是骈体的。实在这种争执，都是无谓的。

依我看来，凡简单叙一事不能不用散文，如兼叙多人多事，就非骈体不能提纲。以《礼记》而论，同是周公所著，但《周礼》用骈体，《仪礼》却用散体，这因事实上非如此不可的。《仪礼》中说的是起居跪拜之节，要想用骈也无从下手。更如孔子著《易经》用骈，著《春秋》就用散，也是一理。实在，散、骈各有专用，可并存而不能偏废。凡列举纲目的以用骈为醒目，譬如我讲演“国学”列举各项子目，也便是骈体。秦汉以后，若司马相如、邹阳、枚乘等的骈文，了然可明白。他们用以序叙繁杂的事，的确是不错。后来诏诰都用四六，判案亦有用四六的（唐宋之间，有《龙筋凤髓判》），这真是太无谓了。

凡称之为诗，都要有韵，有韵方能传达情感。现在白话诗不用韵，即使也有美感，只应归入散文，不必算诗。日本和尚娶妻食肉，我曾说他们可称居士等等，何必称做和尚呢？诗何以要有韵呢？这是自然的趋势。诗歌本来脱口而出，自有天然的风韵，这种风韵，可表达那神妙的心意。你看，动物中不能言语，他们专以幽美的声调传达彼等的感情，可见诗是必要有韵的。“诗言志，歌永言，声依咏，律和声”，这几句话，是大家知道的。我们仔细讲起来，也证明诗是必要韵的。我们更看现今戏子所唱的二黄西皮，文理上很不通，但彼等也能感致力人，就因有韵的原故。

白话记述，古时素来有的，《尚书》的诏诰全是当时的白话，汉代的手诏，差不多亦是当时的白话，经史所载更多照实写出的《尚书·顾命篇》有“奠丽陈教则肄肄不违”一语，从前都没能解这两个“肄”字的用意，到清代江艮庭始说明多一肄字，乃直写当时病人垂危舌本强大的口吻。《汉书》记周昌“臣期期不奉诏”“臣期期知其不可”等语，两“期期”字也是直写周昌口吃。但现在的白话文只是使人易解，能曲传真相却也未必。“语录”皆白话体，原始自佛家，宋代名儒如二程、朱、陆亦皆有语录，但二程为河南人，朱子福建人，陆象山江西人，如果各传真相，应所纪各异，何以语录皆同一体例呢？我尝说，假如李石曾、蔡孑民、吴稚晖三先生会谈，而令人笔录，则李讲官话，蔡讲绍兴话，吴讲无锡话，便应大不相同，但记成白话文却又一样。所以说白话文能尽传口语的真相，亦未必是确实的。

（选自章太炎演讲、曹聚仁编辑《国学概论》，
上海泰东书局 1923 年版）

蔡元培

（1868—1940），字鹤卿，又字仲申、民友、孑民，浙江绍兴人，旧民主主义革命家、教育家、学者。清代曾中进士、点翰林，甲午战争后开始接触西学，同情维新，1898 年辞官回绍兴，任中西学堂监督。1903 年创办光复会，从事反清革命活动。1905 年光复会并入中国同盟会，担任上海分会负责人。辛亥革命后任教育总长，致力于改革封建教育，1916 年至 1927 年担任北京大学校长期间，革新北大，开创“学术”与“自由”之风，推动了新文化运动。国民党上台后历任国民政府委员兼监察院院长、中央研究院院长等职。在哲学、文学、美学、心理学和文化史等领域均有建树，著有《中国伦理学史》《石头记索隐》等，主要著述编为《蔡元培全集》。

《北京大学月刊》发刊词

北京大学之设立，既二十年于兹，向者自规程而外，别无何等印刷品流布于人间。自去年有《日刊》，而全校同人始有联络感情、交换意见之机关，且亦借以报告吾校现状于全国教育界。顾《日刊》篇幅无多，且半为本校通告所占不能载长篇学说，于是有《月刊》之计划。

以吾校设备之不完全，教员之忙于授课，而且或于授课以外，兼任别种机关之职务，则夫《月刊》取材之难，可以想见。然而吾校必发行《月刊》者，有三要点焉：

一曰尽吾校同人力所能尽之责任。所谓大学者，非仅为多数学生按时授课，造成一毕业生之资格而已也，实以是为共同研究学术之机关。研究也者，非徒输入欧化，而必于欧化之中为更进之发明；非徒保存国粹，而必以科学方法，揭国粹之真相。虽曰吾校实验室、图书馆等，缺略不俱；而外界学会、工场之属，无可取资，求有所新发明，其难固倍蓰于欧美学者。然十六七世纪以前，欧洲学者，其所凭借，有以逾于吾人乎？即吾国周、秦学者，其所凭借，有以逾于吾人乎？苟吾人不以此自馁，利用此简单之设备、短少之时间，以从事于研究，要必有几许之新义，可以贡献于吾国之学者，及世界之学者。使无月刊以发表之，则将并此少许之贡献，而靳而不与，吾人之愧歉当何如耶？

二曰破学生专己守残之陋见。吾国学子，承举子、文人之旧习，虽有少数高才生知以科学为单纯之目的，而大多数或以学校为科举，但能教室听讲，年考及格，有取得毕业证书之资格，则他无所求；或以学校为书院，媛媛姝姝，守一先生之言，而排斥其他。于是治文学者，恒蔑视科学，而不知近世文学，全以科学为基础；治一国文学者，恒不肯兼涉他国，不知文学之进步，亦有资于比较；治自然科学者，局守一门，而不肯稍涉哲学，而不知哲学即科学之归宿，其中如自然哲学一部，尤为科学家所需要；治哲学者，以能读古书为足用，不耐烦于科学之实验，而不知哲学之基础不外科学，即最超然之玄学，亦不能与科学全无关系。有《月刊》以网罗各方面之学说，庶学者读之，而于专精之余，旁涉种种有关系之学理，庶有以祛其褊狭之意见，而且对于同校之教员及学生，皆有交换知识之机会，而不至于隔阂矣。

三曰释校外学者之怀疑。大学者，"囊括大典，网罗众家"之学府也。《礼记》《中庸》曰："万物并育而不相害，道并行而不相悖。"足以形容之。如人身然，官体之有左右也，呼吸之有出入也，骨肉之有刚柔也。若相反而实相成。各国大学，哲学之唯心论与唯物论，文学、美术之理想派与写实派，计学之干涉论与放任论，伦理学之动机论与功利论，宇宙论之乐天观与厌世观，常樊然并峙于其中，此思想自由之通则，而大学之所以为大也。吾国承数千年学术专制之积习，常好以见闻所及，持一孔之论。闻吾校有近世文学一科，兼治宋、元以后之小说、曲本，则以为排斥旧文学，而不知周、秦、两汉文学，六朝文学，唐、宋文学，其讲座固在也；闻吾校之伦理学用欧、美学说，则以为废弃国粹，而不知哲学门中，于周、秦诸子，宋、元道学，固亦为专精之研究也；闻吾校延聘讲师，讲佛学相宗，则以为提倡佛教，而不知此不过印度哲学之一支，借以资心理学、论理学之印证，而初无与于宗教，并不破思想自由之原则也。论者知其一而不知其二，则深以为怪。今有《月刊》以宣布各方面之意见，则校外读者，当亦能知吾校兼容并收之主义，而不至以一道同风之旧见相绳矣。

以上三者，皆吾校所以发行《月刊》之本意也。至《月刊》之内容，是否能副此希望，则在吾校同人之自勉，而静俟读者之批判而已。

（选自《北京大学月刊》第一卷第一号，1919 年 1 月出版）

吾国文化运动之过去与将来

吾人一说到文化运动，就不能不联想到欧洲的文艺复兴，因为他实在是文化运动上最显著的一个例证。在空间上发起于意大利，次第到英、法、德诸国，渐渐的普及于全欧。在时间上发端于十三、十四世纪之间，极盛于十六世纪，对于最近几世纪，也还有不少的影响。在内容上，以思想自由为原则，所以产生适合人情的文艺，注重实证的科学，提倡人权的理论。后来宗教改革，美、法共和，也是要推源于此的。

因而观察我国的文化运动，也可用欧洲的文艺复兴，作一种参证。我国当战国时代，诸子百家，同时并起；可以当欧洲的希腊。后来汉武帝用董仲舒议，罢黜百家，儒家言俨然有国教的资格，与欧洲中古时代的基督教相当。此后由印度输入佛教，民间的多神信仰，又仿佛教而编为道教，然亦不能夺儒家之席，而渐被其同化。到宋、明时代，儒者又把佛道两家抽象的理论，融合到儒家学说里面去，就叫理学，这正与欧洲中古时代的烦琐哲学相当。直至清代，学者始渐悟空谈理义之无谓，乃用归纳法，治诂训考订，名曰汉学，即含有复古的意义；而经子并治，恢复到董仲舒以前的状况了。到戊戌政变时代，有昌言改制利用西学的运动，但仍依托孔教，正如文艺复兴时代，美术的形式，虽融入希腊风，但所取材料，还不脱基督教经典，也是过渡时期所不能免的现象。

直至辛亥革命，思想开放，政治上虽并不能实行同盟会的主张，而孙先生重科学、扩民权的大义，已渐布潜势力于文化上。至《新青年》盛行，五四运动勃发，而轩然起一大波，其波动至今未已。那时候以文学革命为出发点，而以科学及民治为归宿点（《新青年》中称为赛先生与德先生就是英文中 Science 与 Democracy 两字简译）。文学革命的工作，是语体文，语体诗，古代语体小说的整理与表彰，西洋小说的翻译，传说、民歌的搜集，话剧的试验，都是以现代的人说现代的话，打破摹仿盲从的旧习，正犹民族复兴以后，意、法、英、德各民族，渐改拉丁文著书的习惯，而用本民族的语言。正是民族思想解放的特征。在这个时候，知识阶级，已觉悟单靠得学位，图饭碗，并不算是学者，渴望有一种研究的机关。十几年来，次第成立的，有中央研究院、北平研究院，最近有中山文化教育馆的研究部。各大学如北京、清华、燕京等亦往往设研究所，最近教育部且通令各大学建设研究机关；而其他学术团体除科学社成立在先外，如普通性质的中华学艺社，专门性质的地质、生物、物理、化学、农学、工程、经济、社会等学会，都在这个时间次第成立了。一方面那时候的学者都感觉到我们四万万同胞中识字的有常识的人实在太少了，有这些没有受过教育的大多数人，无论有何等完善的宪法，是不过供少数知识阶级的工具，于全民是没有关系的。大家认孙先生于宪政时期以前设一个训政时期，是最妥当的；而且自命为知识阶级的，尤不可不负训政的责任。除各级党部尽力于民众训练外，其他特别组织如河北的定县，山东的邹平，江苏的徐公桥、黄墟、无锡、善人桥等，均以开通民智改良敝俗为全民政治的准备。这种运动的方向，是很对的。

我们读孙先生的三民主义，完全用语体文记录出来，是给我们一种作文的标准。孙先生说："我们要学外国，是要迎头赶上去，不要向后跟着他。譬如学科学，迎头赶上去，便可以减少两百多年的光阴。"孙先生又说："以人民管理政事，便是民权……现在是什么世界呢，就是民权世界。"我们用这两种标准，来检点十余年来的文化运动，明明合于标准的，知道没有错误，我们以后还是照这方向努力运动，也一定不是错误，我们可以自信的了。

（选自高平叔编《蔡元培全集》第六卷，中华书局 1989 年版）

高梦旦

（1870—1936），名凤谦，字梦旦，福建长乐人，近现代教育家、出版家，近代中国编辑新型教科书的先驱之一。戊戌变法前曾以《议废除跪拜逸事论》一文受梁启超的赏识。清末曾任浙江大学堂总教习，后任留学监督，随选派的学生赴日，期间考察日本兴盛的原因，认为在于教育，而教育的根本在小学，遂立志从事小学教科书的编辑工作。1903年冬回国后被张元济聘至商务印书馆，主持国文部，与张元济、庄俞、陆费逵等编辑小学国文教科书，后扩至中学、师范教科书，并倡议翻译日本法规大全，创编《新字典》和《辞源》，在商务印书馆编辑所设辞典部，倡议编印新字典，并刊行《辞源》，又为《康熙字典》创部首法以利于检索。著有《十三个月历法》《泰西格言集》等。

论保存国粹

今之言保存国粹者，大抵有积极、消极二主义。其持消极主义者，曰禁用新名词，以绝莠言也；其持积极主义者，曰设立存古学堂，以保旧学也。二说皆言之成理，诚忧世之苦心而不可轻议也。虽然，吾窃有疑焉。请先论消极主义。

今之所谓新名词者，大抵出自翻译，或径用东邻之成语。其扞格不通者，诚不可胜数，然欲一切屏弃[①]不用，则吾又以为甚难。何也？世界之变迁益甚，则事物之孳乳益多，此不可逃之定例也。其后起之事物，既为古之所无，势不能无以名之。此正新名词之所由起，固不必来自外国，而始得谓之新也。以设官言之，唐虞官百，夏商官倍，则新增之官，在夏商视之，不谓之新名词，不可也。由此例推，今之所谓旧，皆古之所谓新。充类至尽，即谓昨日之新，为今日之旧，亦无不可。新旧二字，本对待之词，其界说孰能从而画之。或谓《孝经》有言，非先王之法言不敢道。昌黎有言，非三代先秦之

① 现写作“摒弃”。

书不敢读。所谓新旧者，以此为断，斯已矣。吾又以为不然。《十三经》字数不过五千余，至许氏《说文》则九千余，流衍以及本朝之《康熙字典》，竟增至四万余，然则《说文》《字典》所采新字，为经传所未见者，遽谓之非先王之法言，得乎？或谓所恶乎新名词者，谓其来自外国也。然如可汗阏氏，如恒河沙无量数等，亦自外国翻译而来，何文人皆习见而不之怪乎？吾谓世界交通，文明互换，外来之事物，苟有益于我国者，既不能拒绝之，而独计较于区区之名词，无乃失本末轻重之分乎？今者译本之流行，报章之传布，上至于奏定之章程，钦颁之谕旨，所用新名词，既数见不鲜，又乌得从而禁之？平心言之，新名词之不可通者，勿用可也。既已习用，必从而禁之，不可也。治古学者不用新名词，可也。必以责通常之人，不可也。且谋教育之普及，不能不设学堂，设学堂不能不教科学，教科学不能不用新名词。由此言之，持消极主义，以保存国粹，其无丝毫之效果，固不待再计矣。又况国粹，新名词也，新名词，亦新名词也，反唇相稽，未有不哑然失笑者矣。

消极主义之不可通如是，请更论积极主义。

近来各省多设存古学堂，以治旧学，使古圣贤之微言大义，不至失坠，其策比持消极主义者，为进矣。存古学堂之学生，必其旧学素有根柢，方足以与其选。其科目大抵以经史词章为主。以经学言之，兼治群经，则学生力有不及，专治一经，则讲堂必多，教员必众，经费又复甚巨，恐非一省之力所能及。且学堂之期限，不过数年，每日上课，不过数时，由教员讲授乎，既已不胜其繁，令学生自行点阅乎，则不如听其闭户潜修，何必限之以时刻，齐之以进退，仆仆往返，徒乱人意乎？且存古之功课，但求其粗者，则旧学有根柢之学生，既已优为之，无所用教授也。若必责以精深，则竭毕生之精力，果有成就与否，尚在不可知之数，断非数年之期限，数时之研究，遂足以尽之。由此言之，积极主义之成效，亦略可睹矣。（阳湖陆炜士语余曰："存古"二字，不成名词。遍稽载籍，就耳目之所睹记，曰好古、嗜古、尊古、重古、修古、考古、师古、法古之属多矣，从未闻有所谓存古者也。若夫存之云者，所谓存而不论而已，得非学堂所宜有事者乎。《说文》存恤问也，礼存诸孤。今学堂以存古为名，不啻等之如敬节育婴之属，其亦大可哀也。是说也，或亦言正名者所有取乎。故附录之。）

然则国粹果不能保存，遂任其消灭净尽而已乎？是又不然。吾非谓国粹之不可保存，不必保存也，特保存要有其道耳。保存国粹之道，奈何？曰：建设图书馆，为保存国粹之唯一主义是矣。今者新学初萌，旧学渐废，通都大邑之书肆，欲求经史，往往不可遽得，诚大可寒心。为今之计，苟不设立图书馆，则旧学之书，可立待其尽也。

图书馆之设，规模务宏，版本务精，固矣。然必京师或省会之力，始足兴办，而不能普及于全国也。求普及之道，宜于各州县先设一小图书馆。开办之初，以二三千金为率（此系约计之数，余拟编《最小图书馆书目表》，匆匆未就），但求经史子集之最要者，略具规模，年更筹四五百金，为添购图书及管理之经费。如此则无论如何瘠苦之地方，其力皆能及之。其房屋可假公共地方用之，或附设于学堂之中，尤为省费。俟城镇乡自治既已成立，则更令每镇每乡各设其一，如此，则普通应用之书，无地无之。其附近之秀民有志向学者，就馆中翻阅，所裨甚大。夫以区区二三千金之图书，即尽读之，原不足以称淹博，然为普及计，则范围不能不狭。况有力之州县镇乡，固不限以此数也。其京师省会之图馆，规模既大，经费既充，延聘二三通儒，以主其事，俾阅书之人，得以就正，较之存古学堂，区区为数十百人计者，相去不可以道里也。或并设月课以奖励稽古之士，更拔其尤者，使任编辑（如阮氏《经籍纂诂》之类），以便后学，收效当更宏也。

抑吾更有言者，图书馆之设，固以收藏旧学之书为主，而新学各书，亦不可不备，使人得就其性之所近者求之。然则是举也，谓之保存国粹也可，谓之推广新学也亦可。

（选自《教育杂志》第一年第七期，1908 年 7 月出版）

梁启超

（1873—1929），字卓如，号任公，又号饮冰室主人，广东新会人，近代著名政治家、思想家、教育家、学者。是“公车上书”的参与者，戊戌变法的领导者，护国战争的策划者。1918年底他游历欧洲，认为西方文明已经破产，呼吁用中国文明来拯救世界。1925年起，任清华国学研究院导师。精通国学，著述丰富，其文章涉及政治、法律、经济、历史、宗教、地理等诸多领域，达1400多万字，大部分被收录于《饮冰室合集》中。

国学入门书要目及其读法

两月前，《清华周刊》记者以此题相属，蹉跎久未报命。顷居翠微山中，行箧无一书，而记者督责甚急，乃竭三日之力，专凭忆想所及草斯篇。漏略自所不免，且容有并书名篇名亦记忆错误者，他日当更补正也。

十二年四月二十六日，启超作于碧摩岩揽翠山房

（甲）修养应用及思想史关系书类

《论语》《孟子》

《论语》为两千年来国人思想之总源泉。《孟子》自宋以后势力亦与相埒。此二书可谓国人内的外的生活之支配者，故吾希望学者熟读成诵。即不能，亦须翻阅多次，务略举其辞，或摘记其身心践履之言以资修养。

《论语》《孟子》之文，并不艰深，宜专读正文，有不解处方看注释。注释之书，朱熹《四书集注》为其生平极矜慎之作，可读。但其中有堕入宋儒理障处，宜分别观之。清儒注

本，《论语》则有戴望《论语注》，《孟子》则有焦循《孟子正义》最善。戴氏服膺颜习斋之学，最重实践，所注似近孔门真际，其训诂亦多较朱注为优，其书简洁易读。焦氏服膺戴东原之学，其《孟子正义》清儒诸经新疏中为最佳本，但文颇繁。宜备置案头，遇不解时或有所感时则取供参考。

戴震《孟子字义疏证》，乃戴氏一家哲学，并非专为注释《孟子》而作。但其书极精辟，学者终须一读。最好是于读《孟子》时并读之，既知戴学纲领，亦可以助读《孟子》之兴味。

焦循《论语通释》，乃摹仿《孟子字义疏证》而作，将全部《论语》拆散，标举重要诸义，如言仁，言忠恕……等，列为若干目通观而总诠之，可称治《论语》之一良法，且可应用其法以治他书。

右两书篇页皆甚少，易读。

陈澧《东塾读书记》中读《孟子》之卷，取孟子学说分项爬梳，最为精切。其书不过二三十页，宜一读以观前辈治学方法，宜于修养亦有益。

《易经》

此书为孔子以前之哲学书。孔子为这注解，虽奥衍难究，然总须一读。吾希望学者将《系辞传》《文言传》熟读成诵，其《卦象传》六十四条，则用别纸抄出，随时省览。

后世说《易》者，言人人殊。为修养有益起见，则程颐之《程氏易传》差可读。

说《易》最近真者，吾独推焦循。其所著《雕菰楼易学》三书（《易通释》《易图略》《易章句》），皆称精诣。学者如欲深通此经，可取读之。否则可以不必。

《礼记》

此书为战国及西汉之“儒家言”丛编，内中有极精纯者，亦有极破碎者。吾希望学者将《中庸》《大学》《礼运》《乐记》四篇熟读成诵。《曲礼》《王制》《檀弓》《礼器》《学记》《坊记》《表记》《缁衣》《儒行》《大传》《祭义》《祭法》《乡饮酒义》诸篇多浏览数次，且摘录其要语。若欲看注解，可看《十三经注疏》内《郑注孔疏》。《孝经》之性质与《礼记》同，可当《礼记》之一篇读。

《老子》

道家最精要之书。希望学者将此区区五千言熟读成诵。注释书未有极当意者。专读白文自行寻索为妙。

《墨子》

孔、墨在先秦时两圣并称，故此书非读不可。除《备城门》以下各篇外，余篇皆宜精读。注释书以孙诒让《墨子间诂》为最善，读《墨子》宜即读此本。《经上》下、《经说》上下四篇，有张惠言《墨子经说解》及梁启超《墨经校释》两书可参观，但皆有未精惬处。《小取篇》有胡适《新诂》可参观。梁启超之《墨子学案》，属通释体裁，可参观助兴味；但其书为临时讲义，殊未精审。

《庄子》

《内篇》七篇及《杂篇》中之《天下篇》最当精读。注释书有郭庆藩之《庄子集释》差可。

《荀子》

《解蔽》《正名》《天论》《正论》《性恶》《礼论》《乐论》诸篇最当精读。余亦须全篇浏览。注释书王先谦《荀子集注》甚善。

《尹文子》《慎子》《公孙龙子》

今存者皆非完书。但三子皆为先秦大哲，虽断简亦宜一读；篇帙甚少，不费力也。《公孙龙子》之真伪尚有问题。三书皆无善注。《尹文子》《慎子》易解。

《韩非子》

法家言之精华。须全部浏览。（其特别应精读之诸篇，因手边无原书，胪举恐遗漏，他日补列。）注释书王先慎《韩非子集释》差可。

《管子》

战国末年人所集著者，性质颇杂博，然古代各家学说存其中者颇多，宜一浏览。注释书戴望《管子校正》甚好。

《吕氏春秋》

此为中国最古之类书。先秦学说存其中者颇多，宜浏览。

《淮南子》

此为秦汉间道家言荟萃之书，宜稍精读。注释书闻有刘文典《淮南鸿烈集解》颇好。

《春秋繁露》

此为西汉儒家代表的著作。宜稍精读。注释书有苏舆《春秋繁露义证》颇好。康有为之《春秋董氏学》，为通释体裁，宜参看。

《盐铁论》

此书为汉代儒家、法家对于政治问题对垒抗辩之书，宜浏览。

《抱朴子》

此书为晋以后道家言代表作品，宜浏览。

《列子》

晋人伪书，可作魏晋间玄学书读。

右所列为汉晋以前思想界之重要著作。

六朝隋唐间思想界最著光彩者为佛学，其书目当别述。

以下举宋以后学术之代表书。但为一般学者节啬精力计，不愿多举也。

《近思录》，朱熹著，江永注。

读此书可见程、朱一派之理学其内容何如。

《朱子年谱》，附《朱子论学要语》，王懋竑著。

此书叙述朱学全面目，最精要有条理。若欲研究程、朱学派，宜读《二程遗书》及《朱子语类》。非专门斯业者可置之。南宋时与朱学对峙者尚有吕东莱之文献学一派，陈龙川、叶水心之功利主义一派，及陆象山之心学一派。欲知其详，宜读各人专集。若观大略，可求诸《宋元学案》中。

《传习录》王守仁语，徐爱、钱德洪等记。

读此可知王学梗概。欲知其详，宜读《王文成公全书》。因阳明以知行合一为教，要合观学问事功，方能看出其全部人格。而其事功之经过，具见集中各文。故《阳明集》之重要，过于朱、陆诸集。

《明儒学案》，黄宗羲著；《宋元学案》，黄宗羲初稿，全祖望、王梓材两次续成。

此二书为宋、元、明三朝理学之总记录，实为创作的学术史。《明儒学案》中姚江、江右王门、泰州、东林、蕺山诸案最精善。《宋元学案》中象山案最精善，横渠、二程、东莱、龙川、水心诸案亦好。晦翁案不甚好。百源（邵雍）、涑水（司马光）诸案失之太繁，反不见其真相。末附（王安石）《荆公新学略》最坏。因有门户之见，故为排斥。欲知荆公学术，宜看《王临川集》。

此二书卷帙虽繁，吾总望学者择要浏览，因其为六百年间学术之总汇，影响于近代甚深。且汇诸家为一编，读之不甚费力也。

清代学术史可惜尚无此等佳著。唐鉴之《国朝案小识》以清代最不振之程朱学派为立脚点，褊狭固陋，万不可读。江藩之《国朝汉学师承记》《国朝宋学渊源记》，亦学案体裁，较好。但江氏学识亦凡庸，殊不能叙出各家独到之处。万不得已，姑以备参考而已。启超方有事于《清儒学案》，汗青尚无期也。

《日知录》《亭林文集》，顾炎武著。

顾亭林为清学开山第一人。其精力集注于《日知录》，宜一浏览。读文集中各信札，可见其立身治学大概。

《明夷待访录》，黄宗羲著。

黄梨洲为清初大师之一。其最大贡献在两学案。此小册可见其政治思想之大概。

《思问录》，王夫之著。

王船山为清初大师之一。非通观全书，不能见其精深博大。但卷帙太繁，非别为系统的整理，则学者不能读。聊举此书发凡，实不足以代表其学问之全部也。

《颜氏学记》，戴望编。

颜习斋为清初大师之一。戴氏所编学记，颇能传其真。徐世昌之《颜李学》，亦可供参考。但其所集《习斋语要》《恕谷（李塨）语要》，将攻击宋儒语多不录，稍失其真。

顾、黄、王、颜四先生之学术，为学者所必须知，然其著述皆浩博，或散佚，不易寻绎。启超行将为系统的整理记述，以饷学者。

《东原集》戴震著；《雕菰楼集》，焦循著。

戴东原、焦理堂为清代经师中有清深之哲学思想者。读其集可知其学，并知其治学方法。启超所拟著之《清儒学案》，《东原》《里堂》两案正在属稿中。

《文史通义》，章学诚著。

此书虽以文史标题，实多论学术流别，宜一读。胡适著《章实斋年谱》，可供参考。

《大同书》，康有为著。

南海先生独创之思想在此书。曾刊于《不忍》杂志中。

《国故论衡》，章炳麟著。

可见章太炎思想之一斑。其详当读《章氏丛书》。

《东西文化及其哲学》，梁漱溟著。

有偏宕处，亦有独到处。

《中国哲学史大纲》（上卷），胡适著；《先秦政治思想史》，梁启超著。

将读先秦经部子部书，宜先读此二书。可引起兴味，并启发自己之判断力。

《清代学术概论》，梁启超著。

欲略知清代学风，宜读此书。

（乙）政治史及其他文献学书类

《尚书》

内中惟二十八篇是真书，宜精读。但其文佶屈聱牙，不能成诵亦无妨。余篇属晋人伪撰，一浏览便足。（真伪篇目，看启超所著《古书真伪及其年代》，日内当出版。）此书非看注释不能解，注释书以孙星衍之《尚书今古文注疏》为最好。

《逸周书》

此书真伪参半。宜一浏览。注释书有朱右曾《逸周书集训校释》颇好。

《竹书纪年》

此书现通行者为元、明人伪撰。其古本，清儒辑出者数家。王国维所辑最善。

《国语》《春秋左氏传》

此二书或本为一书，由西汉人析出，宜合读之。《左传》宜选出若干篇熟读成诵，于学文甚有益。读《左传》宜参观顾栋高《春秋大事表》，可以得治学方法。

《战国策》

宜选出若干篇熟读，于学文有益。

《周礼》

此书西汉末年晚出。何时代人所撰，尚难断定。惟书中制度，当有一部分为周代之旧；其余亦战国、秦、汉间学者理想的产物。故总宜一读。注释书有孙诒让《周礼正义》最善。

《考信录》，崔述著。

此书考证三代史事实最严谨，宜一浏览，以为治古史之标准。

《资治通鉴》

此为编年政治史最有价值之作品。虽卷帙稍繁，总希望学者能全部精读一过。若苦干燥无味，不妨仿《春秋大事表》之例，自立若干门类。标治摘记，作将来著述资料。（吾少时曾用此法，虽无成书，然增长兴味不少。）

王船山《读通鉴论》，批评眼光，颇异流俗，读《通鉴》时取以并读，亦助兴之一法。

《续资治通鉴》

毕沅著。此书价值远在司马光原著之下，自无待言；无视彼更优者，姑以备数耳。或不读《正续资治通鉴》，而读《九种纪事本末》亦可。要之非此则彼，必须有一书经目者。

《文献通考》《续文献通考》《皇朝文献通考》

三书卷帙浩繁。今为学者摘其要目：《田赋考》《户口考》《职役考》《市籴考》《征榷考》《国用考》《钱币考》《兵考》《刑考》《经籍考》《四裔考》，必须读，《王礼考》《封建考》《象纬考》……绝对不必读。其余或读或不读随人。（手边无原书，不能具记其目，有漏略当校补。）各人宜因其所嗜，择类读之。例如，欲研究经济史财政史者，则读前七考。余仿此。马氏《文献通考》，本依仿杜氏《通典》而作，若尊创作，应举《通典》。今舍彼取此，取其资料较丰富耳。吾辈读旧史，所贵者惟在其原料，炉锤组织，当求之在我也。

《两汉会要》《唐会要》《五代会要》可与《通考》合读。

《通志二十略》

郑渔仲央识，史才，皆迈寻常。《通志》全书卷帙繁，不必读。《二十略》则其精神所聚，必须浏览。其中与《通考》

门类同者或可省。最要者《氏族略》《六书略》《七音略》《校雠略》等篇。

《二十四史》

《通鉴》《通考》，已浩无涯矣，更语及庞大之《二十四史》，学者几何不望而却步！然而《二十四史》终不可不读。其故有二：（一）现在既无满意之通史，不读《二十四史》，无以知先民活动之遗迹。（二）假令虽有佳的通史出现，然其书自有别裁，《二十四史》中之原料，终不能全行收入。以故，《二十四史》终久仍为国民应读之书。

书既应读，而又浩繁难读，则如之何？吾今试为学者拟摘读之法数条。

一曰就书而摘。《史记》《汉书》《后汉书》《三国志》，俗称四史。其书皆大史家一手著述，体例精严；且时代近古，向来学者诵习者众，在学界之势力与六经诸子埒。吾辈为常识计，非一读不可。吾希望学者将此四史之列传，全体浏览一过，仍摘出若干篇稍为熟诵以资学文之助。因四史中佳文最多也。（若欲吾举其目亦可，但手边无原书，当以异日。）四史之外，则《明史》共认为官修书中之最佳者，且时代最近，亦宜稍为详读。

二曰就事分类而摘读志。例如欲研究经济史财政史，则读《平准书》《食货志》；欲研究音乐，则读《乐书》《乐志》；欲研究兵制，则读《兵志》；欲研究学术史，则读《艺文志》《经籍志》，附以《儒林传》；欲研究宗教史，则读《魏书 · 释老志》（可惜他史无之）。……每研究一门，则通各史此门之志而读之，且与《文献通考》之此门合读。当其读时，必往往发见许多资料散见于各传者，随即跟踪调查其传以读之。如此引申触类，渐渐便能成为经济史宗教史……等等之长编，将来荟萃而整理之，便成著述矣。

三曰就人分类而摘读传。读名人传记，最能激发人志气，且于应事接物之智慧增长不少，古人所以贵读史者以此。全史各传既不能遍读（且亦不必），则宜择伟大人物之传读之，每史亦不过二三十篇耳，此外又可就其所欲研究者而择读：如欲研究学术史，则读《儒林传》及其他学者之专传；欲研究学术史，则读《文苑传》及其他文学家之专传。……用此法读去，恐只患其少，不患其多矣。

又各史之《外国传》《蛮夷传》《土司传》等，包含种族史及社会学之原料最多，极有趣，吾深望学者一读之。

《廿二史札记》，赵翼著。

学者读正史之前，吾劝其一浏览此书。《记》“称属辞比事，《春秋》之教”，此书深得“比事”之诀，每一个题目之下其资料皆从几十篇传中零零碎碎觅出，如采花成蜜，学者能用其法以读史，便可养成著述能力。（内中校勘文字异同之部约占三分之一，不读亦可。）

《圣武记》，魏源著；《国朝先正事略》，李元度著。

清朝一代史迹，至今尚无一完书可读，最为遗憾。姑举此书充数。魏默深有良史之才，《圣武记》为纪事本末体裁，叙述绥服蒙古、戡定金川、抚循西藏……诸役，于一事之原因、结果及其中间进行之次序，若指诸掌，实罕见之名著也。李次青之《先正事略》，道光以前人物略具，文亦有法度，宜一浏览，以知最近二三百年史迹大概。日本人稻叶君山所著《清朝全史》尚可读（有译本）。

《读史方舆纪要》，顾祖禹著。

此为最有组织的地理书。其特长在专论形势，以地域为经，以史迹为纬，读之不感干燥。此书卷帙虽多，专读其叙论（至各府止），亦不甚费力，且可引起地理学兴味。

《史通》，刘知几著。

此书论作史方法，颇多特识，宜浏览。章氏《文史通义》性质略同，范围较广，已见前。

《中国历史研究法》，梁启超著。

读之可增史学兴味，且知治史方法。

（丙）韵文书类

《诗经》

希望学者能全部熟读成诵。即不尔，亦须一大部分能举其词。注释书陈奂《诗毛氏传疏》最善。

《楚辞》

屈、宋作，宜熟读，能成诵最佳。其余不可读。注释书朱熹《楚辞集注》较可。

《文选》

择读。

《乐府诗集》，郭茂倩编。

专读其中不知作者姓名之汉古辞，以见汉、魏、六朝乐府风格。其他不必读。

魏晋六朝人诗宜读以下各家：曹子建、阮嗣宗、陶渊明、谢康乐、鲍明远、谢玄晖。无单行集者，可用张溥《汉魏百三家集》本或王闿运《八代诗选》本。

《李太白集》《杜工部集》《王右丞集》《孟襄阳集》《韦苏州集》《高常侍集》《韩昌黎集》《柳河东集》《白香山集》《李义山集》《王临川集》（诗宜用李壁注本）《苏东坡集》《元遗山集》《陆放翁集》。

以上唐宋人诗文集。

《唐百家诗选》，王安石选。《宋诗钞》，吕留良抄。

以上唐宋诗选本。

《清真词》，周美成。《醉翁琴趣》，欧阳修。《东坡乐府》，苏轼。《屯田集》，柳永。《淮海词》，秦观。《樵歌》，朱希真。《稼轩词》，辛弃疾。《后村词》，刘克庄。《白石道人歌曲》，姜夔。《碧山词》，王沂孙。《梦窗词》，吴文英。

以上宋人词集。

《西厢记》《琵琶记》《牡丹亭》《桃花扇》《长生殿》。

以上元明清人曲本。

本门所列书，专资学者课余讽诵陶写情趣之用，既非为文学专家说法，尤非为治文学史者说法，故不曰文学类，而曰韵文类。

文学范围，最少应包含古文（骈、散文）及小说。吾以为苟非欲作文学专家，则无专读小说之必要。至于古文，本不必别学。吾辈总须读周秦诸子、《左传》《国策》《四史》《通鉴》及其关于思想、关于记载之著作，苟能多读，自能属文，何必格外举一种名曰古文耶？故专以文鸣之文集不复录（其与学问有关系之文集散见各门）。《文选》及韩、柳、王集聊附见耳。学者如必欲说文求文，无已，则姚鼐之《古文辞类纂》、李兆洛之《骈体文抄》、曾国藩之《经史百家杂抄》可用也。

清人不以韵文见长，故除曲本数部外，其余诗词皆不复列举。无已，则于最初期与最末期各举诗词家一人，吴伟业之《梅村诗集》与黄遵宪之《人境庐诗集》，成德之《饮水词》与文焯之《樵风乐府》也。

（丁）小学书及文法书类

《说文解字注》，段玉裁著；《说文通训定声》，朱骏声著；《说文释例》，王筠著。

段著为《说文》正注。朱注明音与义之关系。王著为《说文》通释。读此三书，略可通《说文》矣。

《经传释词》，王引之著；《古书疑义举例》，俞樾著；《文通》，马建忠著。

读此三书，可知古人语法文法。

《经籍纂诂》，阮元编。

此书汇集各字之义训，宜置备检查。

文字音韵，为清儒最擅之学，佳书林立。此仅举入门最要之数种。若非有志研究斯学者，并此诸书不读亦无妨耳。

（戊）随意涉览书类

学问固贵专精，又须博涉以辅之。况学者读书尚少时，不甚自知其性所近者为何。随意涉猎，初时并无目的，不期而引起问题，发生趣味，从此向某方向深造研究，遂成绝业者，往往而有也。吾故杂举有用或有趣之各书，供学者自由翻阅之娱乐。读此者不必循页次，亦不必求终卷也。（各书亦随忆想所及杂举，无复诠次。）

《四库全书总目提要》

清乾隆间四库馆，董其事者皆一时大学者，故所作提要，最称精审，读之可略见各书内容（中多偏至语，自亦不能免）。宜先读各部类之叙录，其各书条下则随意抽阅。有所谓“存目”者，其书被屏，不收入四库者也。内中颇有怪书，宜稍注意读之。

《世说新语》

将晋人谈玄语分类纂录，语多隽妙，课余暑假之良伴侣。

《水经注》，郦道元撰，戴震校。

六朝人地理专书。但多描风景，记古迹，文辞华妙，学作小品文最适用。

《文心雕龙》，刘勰著。

六朝人论文书。论多精到，文亦雅丽。

《大唐三藏慈恩法师传》，慧立撰。

此为玄奘法师详传。玄奘为第一位留学生，为大思想家，读之可以增长志气。

《徐霞客游记》

霞客晚明人，实一大探险家，其书极有趣。

《梦溪笔谈》，沈括。

宋人笔记中含有科学思想者。

《困学纪闻》，王应麟撰，阎若璩注。

宋人始为考证学者，顾亭林《日知录》颇仿其体。

《通艺录》，程瑶田撰。

清代考证家之博物书。

《癸巳类稿》，俞正燮撰。

多为经学之外之考证，如考棉花来历，考妇女缠足历史，辑李易安事迹等。又多新颖之论，如论妒非妇人恶德等。

《东塾读书记》，陈澧撰。

此书仅五册，十余年乃成。盖合数十条笔记之长编乃成一条笔记之定稿，用力最为精苦，读之可识搜集资料及驾驭资料之方法。书中论郑学、论朱学、论诸子、论三国诸卷最善。

《庸庵笔记》，薛福成。

多记清咸丰、同治间掌故。

《张太岳集》，张居正。

江陵为明名相，其信札益人神智，文章亦美。

《王心斋先生全书》，王艮。

吾常名心斋为平民的理学家，其人有生气。

《朱舜水遗集》，朱之瑜。

舜水为日本文化之开辟人，唯一之国学输出者，读之可见其人格。

《李恕谷文集》，李塨。

恕谷为习斋门下健将，其文劲达。

《鲒埼亭集》，全祖望。

集中记晚明掌故甚多。

《潜研堂集》，钱大昕。

竹汀为清儒中最博洽者，其对伦理问题亦颇有新论。

《述学》，汪中。

容甫为治诸子学之先登者，其文格在汉晋间，极遒美。

《洪北江集》，洪亮吉。

北江之学长于地理，其小品骈体文描写景物，美不可言。

《定庵文集》，龚自珍。

吾少时醉心此集，今颇厌之。

《曾文正公全集》，曾国藩；《胡文忠公集》，胡林翼。

右二集信札最可读，读之见其治理条理及朋友风义。曾涤生文章尤美，集桐城派之大成。

《苕溪渔隐丛话》，胡仔。

诗话中资料颇丰富者。

《词苑丛谈》，徐釚。

唯一之词话，颇有趣。

《语石》，叶昌炽。

以科学方法治金石学，极有价值。

《书林清话》，叶德辉。

论刻书源流及藏书掌故，甚好。

《广艺舟双辑》，康有为。

论写字，极精博，文章极美。

《剧说》，焦循；《宋元戏曲史》，王国维。

二书论戏剧，极好。

即谓之涉览，自然无书不可涉，无书不可览，本不能胪举书目；若举之，非累数十纸不可。右所列不伦不类之寥寥十余种，随杂忆所及当坐谈耳。若绳以义例，则笑绝冠缨矣。

附录一：最低限度之必读书目

右所列五项，倘能依法读之，则国学根柢略立，可以为将来大成之基矣。

惟青年学生校课既繁，所治专门别有在，恐仍不能人人按表而读。今再为拟一真正之最低限度如下：

《四书》《易经》《书经》《诗经》《礼记》《左传》；《老子》《墨子》《庄子》《荀子》《韩非子》；《战国策》《史记》《汉书》《后汉书》《三国志》《资治通鉴》（或《通鉴纪事本末》）、宋元明史《纪事本末》；《楚辞》《文选》《李太白集》《杜工部集》《韩昌黎集》《柳河东集》《白香山集》。其他词曲集随所好选读数种。

以上各书，无论学矿、学工程学……皆须一读。若并此未读，真不能认为中国学人矣。

附录二：治国学杂话

学生做课外学问是最必要的，若只求讲堂上功课及格，便算完事，那么，你进学校，只是求文凭，并不是求学问你的人格，先已不可问了。再者，此类人一定没有“自发”的能力，不特不能成为一个学者，亦断不能成为社会上治事领袖人才。课外学问，自然不专指读书。如试验，如观察自然界……都是极好的。但读课外书，最少要算课外学问的主要部分。

一个人总要养成读书兴味。打算做专门学者，固然要如此，打算做事业家，也要如此。因为我们在工厂里、在公司里、在议院里……做完一天的工作出来之后，随时立刻可以得着愉快的伴侣，莫过于书籍，莫便于书籍。

但是将来这种愉快得着得不着，大概是在学校时代已经决定，因为必须养成读书习惯，才能尝着读书趣味。人生一世的习惯，出了学校门限，已经铁铸成了，所以在学校中，不读课外书，以养成自己自动的读书习惯，这个人，简直是自己剥夺自己终身的幸福。

读书自然不限于读中国书，但中国人对于中国书，至少也该和外国书作平等待遇。你这样待遇他，他给回你的愉快报酬，最少也和读外国书所得的有同等分量。

中国书没有整理过，十分难读，这是人人公认的，但会做学问的人，觉得趣味就在这一点。吃现成饭，是最没有意思的事，是最没有出息的人才喜欢的。一种学问，被别人做完了，四平八正的编成教科书样子给我读，读去自然是毫不费力，但是从这不费力上头结果，便令我的心思不细致不刻入。专门喜欢读这类书的人，久而久之，会把自己创作的才能汨没哩。在纽约、芝加哥笔直的马路、崭新的洋房里舒舒服服混一世，这个人一定是过的毫无意味的平庸生活。若要过有意味的生活，须是哥伦布初到美洲时。

中国学问界，是千年未开的矿穴，矿苗异常丰富，但非我们亲自绞脑筋绞汗水，却开不出来。翻过来看，只要你绞一分脑筋一分汗水，当然还你一分成绩，所以有趣。

所谓中国学问界的矿苗，当然不专指书籍，自然界和社论实况，都是极重要的，但书籍为保存过去原料之一种宝库，且可以为现在实测各方面之引线，就这点看来，我们对于书籍之浩瀚，应该欢喜谢他，不应该厌恶他。因为我们的事业比方要开工厂，原料的供给，自然是越丰富越好。

读中国书，自然像披沙拣金，沙多金少，但我们若把他作原料看待，有时寻常人认为极无用的书籍和语句，也许有大功用。须知工厂种类多着呢，一个厂里头得有许多副产物哩，何止金有用，沙也有用。

若问读书方法，我想向诸君上一个条陈：这方法是极陈旧极笨极麻烦的，然而实在是极必要的。什么方法呢？是抄录或笔记。

我们读一部名著，看见他征引那么繁博，分析那么细密，动辄伸着舌头说道："这个人不知有多大记忆力，记得许多东西，这是他的特别天才，我们不能学步了。"其实那里有这回事。好记性的人不见得便有智慧；有智慧的人比较的倒是记性不甚好。你所看见者是他发表出来成果，不知这种成果原是从铢积寸累困知勉行得来。大抵凡一个文学者平日用功，总是有无数小册子或单纸片，读书看见一段资料觉其有用者，即刻抄下。（短的抄全文，长的摘要记书名卷数页数。）资料渐渐积得丰富，再用眼光来整理分析它，便成一篇名著，想看这种痕迹，读赵瓯北的《二十二史札记》、陈兰甫的《东塾读书记》，最容易看出来。

这种工作，笨是笨极了，苦是苦极了。但真正做学问的人，总离不了这条路。做动植物的人，懒得采集标本，说他会有新发明，天下怕没有这种便宜事。

发明的最初动机在注意。抄书便是促醒注意及继续保存注意的最好方法。当读一书时，忽然感觉这一段资料可注意，把他抄下，这件资料，自然有一微微的印象印入脑中，和滑眼看过不同。经过这一番后，过些时碰着第二个资料和这个有关系的，又把他抄下，那注意便加浓一度，经过几次之后，每翻一书，遇有这项资料，便活跳在纸上，不必劳神费力去找了。这是我多年经验得来的实况。诸君试拿一年工夫去试试，当知我不说谎。

先辈每教人不可轻言著述。因为未成熟的见解公布出来，会自误误人，这原是不错的。但青年学生“斐然有述作之誉”，是实际上鞭策学问的一种妙用。譬如同是读《文献通考》的《钱币考》、各史《食货志》中钱币项下各文，泛泛读去，没有什么所得。倘若你一面读一面便打主意做一篇中国货币沿革考，这篇考做的好不好另一问题，你所读的自然加几倍受用了。

譬如同读一部《荀子》，某甲泛泛读去，某乙一面读一面打主意做部《荀子学案》，读过之后，两个人的印象深浅，自然不同。所以我很奖励青年好著书的习惯。至于所著的书，拿不拿给人看，什么时候才认做成功，这还不是你的自由吗？

每日所读之书，最好分两类：一类是精读的，一类是涉览的。因为我们一面要养成读书心细的习惯，一面要养成读书眼快的习惯。心不细则毫无所得，等于白读；眼不快则时候不够用，不能博搜资料。诸经、诸子《四史》《通鉴》等书，宜入精读之部，每日指定某时刻读他，读时一字不放过，读完一部才读别部。想抄录的随读随抄。另外指出一时刻，随意涉览。觉得有趣，注意细看；觉得无趣，便翻次页。遇有想抄录的，也俟读完再抄，当时勿窒其机。

诸君勿因初读中国书，勤劳大而结果少，便生退悔。因为我们读书，并不是想专向现时所读这一本书里现钱现货的得多少报酬，最要紧的是涵养成好读书的习惯，和磨炼出善读书的脑力。青年期所读各书，不外借来做达这两个目的的梯子。我所说的前提倘若不错，则读外国书和读中国书当然都各有益处。外国名著，组织得好，易引起趣味，他的研究方法，整整齐齐摆出来，可以做我们模范，这是好处；我们滑眼读去，容易变成享现成福的少爷们，不知甘苦来历，这是坏处。中国书未经整理，一读便是一个闷头棍，每每打断趣味，这是坏处；逼着你披荆斩棘，寻路来走，或者走许多冤枉路（只要走路断无冤枉，走错了回头，便是绝好教训），从甘苦阅历中磨炼出智慧，得苦尽甘来的趣味，那智慧和趣味却最真切，这是好处。

还有一件，我在前项书目表中，有好几处写“希望熟读成诵”字样。我想诸君或者以为甚难，也许反对说我顽旧。但我有我的意思，我并不是奖励人勉强记忆。我所希望熟读成诵的有两种类。一种类是最有价值的文学作品；一种类是有益身心的格言。好文学是涵养情趣的工具，做一个民族的分子，总须对于本民族的好文学十分领略。能熟读成诵，才在我们的“下意识”里头，得着根柢，不知不觉会“发酵”。有益身心的圣哲格言，一部分久已在我们全社会上形成共同意识，我既做这社会的分子，总要彻底了解它，才不至和共同意识生隔阂。一方面我们应事接物时候，常常仗它给我们的光明。要平日摩得熟，临时才用得着。我所以有些书希望熟读成诵者在此。但亦不过一种格外希望而已，并不谓非如此不可。

最后还专向清华同学诸君说几句话：我希望诸君对于国学的修养比旁的学校学生格外加功。诸君受社会恩惠，是比别人独优的。诸君将来在全社会上一定占势力，是眼看得见的。诸君回国之后对于中国文化有无贡献，便是诸君功罪的标准。

任你学成一位天字第一号形神毕肖的美国学者，只怕于中国文化没有多少影响。若这样便有影响，我们把美国蓝眼睛的大博士抬一百几十位来便够了，又何必诸君呢？诸君须要牢牢记着你不是美国学生，是中国留学生。如何才配叫做中国留学生，请你自己打主意罢。

附录三：评胡适之的“一个最低限度的国学书目”

胡君这书目，我是不赞成的，因为他文不对题。胡君说：

“并不为国学有根柢的人设想，只为普通青年人想得一点系统的国学知识的人设想。”依我看，这个书目，为“国学已略有根柢而知识绝无系统”的人说法，或者还有一部分适用。我想，《清华周刊》诸君，所想请教胡君的并不在此，乃是替那些“除欲读商务印书馆教科书之外没有读过一部中国书”的青年们打算。若我所猜不错，那么，胡君答案，相隔太远了。

胡君致误之由：第一在不顾客观的事实，专凭自己主观为立脚点。胡君正在做《中国哲学史》《中国文学史》，这个书目正是表示他自己思想的路径，和所凭的资料（对不对又另是一问题，现在且不讨论）。殊不知一般青年，并不是人人都要做哲学史家、文学史家。不是做哲学史家、文学史家，这里头的书什有七八可以不读。真要做哲学史、文学史家，这些书却又不够了。

胡君第二点误处，在把应读书和应备书混为一谈，结果不是个人读书最低限度，却是私人及公共机关小图书馆之最低限度（但也不对，只好说是哲学史、文学史家私人小图书馆之最低限度）。殊不知青年学生（尤其清华），正苦于跑进图书馆里头不知读什么书才好，不知如何读法，你给他一张图书馆书目，有何用处？何况私人购书，谈何容易？这张书目，如何能人人购置？结果还不是一句空话吗？

我最诧异的：胡君为什么把史部书一概屏绝？一张书目名字叫做“国学最低限度”，里头有什么《三侠五义》《九命奇冤》，却没有《史记》《汉书》《资治通鉴》，岂非笑话？若说

《史》《汉》《通鉴》是要“为国学有根柢的人设想”才列举，恐无此理。若说不读《三侠五义》《九命奇冤》，便够不上国学最低限度，不瞒胡君说，区区小子便是没有读过这两部书的人。我虽自知学问浅陋，说我连国学最低限度都没有，我却不服。

平心而论，做文学史（尤其做白话文学史）的人，这些书自然应该读，但胡君如何能因为自己爱做文学史，便强一般青年跟着你走？譬如某人喜欢金石学，尽可将金石类书列出一张系统的研究书目；某人喜欢地理学，尽可以将地理类书列出一张系统的研究书目，虽然只是为本行人说法，不能应用于一般。依我看，胡君所列各书，大半和《金石萃编》《恪斋集古录》《殷墟书契考释》（金石类书）、《水道提纲》《朔方备乘》《元史释文证补》（地理类书）等等同一性质，虽不是不应读之书，却断不是人人必应读之书。胡君复《清华周刊》信说：“我的意思是要一班留学生，知道《元曲选》等，是应该知道的书。”依着这句话，留学生最少也该知道《殷墟书契考释》《朔方备乘》……是应该知道的书。那么将一部《四库全书总目》搬字过纸，更列举后出书千数百种便了，何必更开最低限度书目？须知“知道”是一件事，“必读”又别是一件事。

我的主张，很是平淡无奇。我认定史部书为国学最主要部分，除先秦几部经书几部子书之外，最要紧的便是读正史、《通鉴》、宋元明《纪事本末》和九《通》中一部分，以及关系史学之笔记文集等，算是国学常识，凡属中国读书人都要读的。有了这种常识之人不自满足，想进一步做专门学者时，你若想做哲学史家、文学史家，你就请教胡君这张书目；你若想做别一项专门家，还有许多门我也可以勉强照胡君样子，替你另开一张书目哩。

胡君对于自己所好的两门学问，研究甚深，别择力甚锐，以为一般青年也该如此，不必再为别择，所以把许多书目胪列出来了。试想一百多册的《正谊堂全书》千篇一律的“理气性命”，叫青年何从读起？何止《正谊堂》，即以浙刻《二十二子》论，告诉青年说这书该读，他又何从读起？至于其文学史之部，所列《全上古三代秦汉三国六朝文》《全汉三国晋南北朝诗》《古文苑》《续古文苑》《唐文粹》《全唐诗》《宋文鉴》《南宋文范》《南宋文录》《宋诗钞》《宋六十家词》《四印斋宋元词》《疆邨所刻词》《元曲选百种》《金文最》《元文类》《明文在》《列朝诗集》《明诗综》《六十种曲》等书，我大略估计，恐怕总数在一千册以上，叫人从何读起？青年学生因我们是为“老马识途”，虚心请教，最少也应告诉他一个先后次序，例如唐诗该先读某家，后读某家，不能说你去读《全唐诗》便了。宋词该先读某家，后读某家，不能说请你把王幼霞、朱古微所刻的都读。若说你全部读过后自会别择，诚然不错，只怕他索性不读了。何况青年若有这许多精力日力来读胡君指定的一千多册文学书，何如用来读二十四史、九通呢？

还有一层，胡君忘却学生若没最普通的国学常识时，有许多书是不能读的。试问连《史记》没有读过的人，读崔适

《史记探源》，懂他说的什么？连《尚书》《史记》《礼记》《国语》没有读过的人，读崔述《考信录》，懂他说的什么？连《史记·儒林传》《汉书·艺文志》没有读过的人，读康有为《新学伪经考》，懂他说的什么？这不过随手举几个例，其他可以类推。假如有一位学生（假定还是专门研究思想史的学生），敬谨遵依胡君之教，顺着他所列书目读去，他的书目明明没有《尚书》《史记》《汉书》这几部书，你想这位学生，读到崔述、康有为、崔适的著述时，该怎么样狼狈呢？

胡君之意，或者以这位学生早已读过《尚书》《史记》《汉书》为前提，以为这样普通书，你当然读过，何必我说？那么，《四书》更普通，何以又列入呢？总而言之，《尚书》《史记》《汉书》《资治通鉴》为国学最低限度不必要之书，《正谊堂全集》《缀白裘》《儿女英雄传》，反是必要之书，真不能不算石破天惊的怪论（思想史之部，连《易经》也没有，什么原故，我也要求胡君答复）。

总而言之，胡君这篇书目，从一方面看，嫌他罣漏太多，从别方面看，嫌他博而寡要，我认为是不合用的。

附：致《清华周刊》记者书

《清华周刊》记者足下：

《国学入门书要目及其读法》一篇呈上，别属开留美应带书目，颇难着笔。各书内容，拙著中已简单论及，诸君一读后，可择所好者购携。大学普通重要诸书，各校图书馆多有，自不必带，所带者总是为自己随时讽诵或用功时任意批注而设。试择其最普通者：《四书集注》，石印正续《文献通考》，相台本《五经单注》，石印《文选》，石印浙刻《二十二子》《李太白集》《墨子间诂》《杜工部集》《荀子集解》《白香山集》，铅印《四史》《柳柳州集》，铅印正续《资治通鉴》《东坡诗集》。若欲带选本，诗则《古诗源》，《唐诗别裁》，勉强可用。欲带选本词，则张皋文词选，周止庵《宋四家词选》，谭中修《箧中词》，勉强可用（此五书原目皆未列）。其余涉览书类，择所喜者带数种亦可。因此等书外国图书馆或无有也。

（选自《（乙丑重编）饮冰室文集》，中华书局1926年版）

治国学的两条大路

（上）

诸君，我对于贵会，本来预定讲演的题目，是《古书之真伪及其年代》。中间因为有病，不能履行原约。现在我快要离开南京了，那个题目不是一回可以讲完，而且范围亦太窄。现在改讲本题，或者较为提纲挈领于诸君有益罢。

我以为研究国学有两条应走的大路：

一、文献的学问。应该用客观的科学方法去研究。

二、德性的学问。应该用内省的和躬行的方法去研究。

第一条路，便是近人所讲的“整理国故”这部分事业。这部分事业最浩博最繁难而且最有趣的，便是历史。我们是有五千年文化的民族，我们一家里弟兄姊妹们，便占了全人类四分之一，我们的祖宗世世代代在“宇宙进化线”上头不断地做他们的工作，我们替全人类积下一大份遗产，从五千年前的老祖宗手里一直传到今日没有失掉。我们许多文化产品，都用我们极优美的文字记录下来。虽然记录方法不很整齐，虽然所记录的随时散失了不少，但即以现存的正史、别史、杂史、编年、纪事本末、法典、政书、方志、谱牒，以至各种笔记、金石刻文等类而论，十层大楼的图书馆也容不下。拿历史家眼光看来，一字一句，都藏有极可宝贵的史料。

又不独史部书而已，一切古书，有许多人见为无用者，拿他当历史读，都立刻变成有用。章实斋说："六经皆史。"这句话我原不敢赞成，但从历史家的立脚点看，说"六经皆史料"，那便通了。既如此说，则何止只六经皆史，也可以说诸子皆史，诗文集皆史，小说皆史。因为里头一字一句都藏有极可宝贵的史料，和史部书同一价值。我们家里头这些史料，真算得世界第一个丰富矿穴。从前仅用土法开采，采不出什么来，现在我们懂得西法了，从外国运来许多开矿机器了。这种机器是什么？是科学方法。我们只要把这种方法运用得精密巧妙而且耐烦，自然会将这学术界无尽藏的富源开发出来，不独对得起先人，而且可以替世界人类恢复许多公共产业。

这种方法之应用，我在我去年所著的《历史研究法》和前两个月在本校所讲的《历史统计学》里头，已经说过大概。虽然还有许多不尽之处，但我敢说这条路是不错的，诸君倘肯循着路深究下去，自然也会发出许多支路，不必我细说了。但我们要知道，这个矿太大了，非分段开采不能成功，非一直开到深处不能得着宝贝。我们一个人一生的精力，能够彻底开通三几处矿苗，便算了不得的大事业。因此我们感觉着有发起一个合作运动之必要，合起一群人，在一个共同目的共同计划之下，各人从其性之所好以及平时的学问根底，各人分担三两门作窄而深的研究，拼着一二十年工夫下去，这个矿或者可以开得有点眉目了。

此外，和史学范围相出入或者性质相类似的文献学还有许多，都是要用科学方法研究去。例如：

一、文字学。我们的单音文字，每一个字都含有许多学问意味在里头。若能用新眼光去研究，做成一部《新说文解字》，可以当作一部民族思想变迁史或社会心理进化史读。

二、社会状态学。我国幅员广漠，种族复杂。数千年前之初民的社会组织，与现代号称最进步的组织，同时并存。试到各省区的穷乡僻壤，更进一步入到苗子番子居住的地方，再拿二十四史里头蛮夷传所记的风俗来参证，我们可以看见现代社会学者许多想象的事项，或者证实，或者要加修正。总而言之，几千年间一部竖的进化史，在一块横的地平上可以同时看出，除了我们中国以外，恐怕没有第二个国了。我们若从这方面精密研究，真是最有趣味的事。

三、古典考释学。我们因为文化太古，书籍太多，所以真伪杂陈，很费别择；或者文义艰深，难以索解。我们治国学的人，为节省后人精力而且令学问容易普及起见，应该负一种责任，将所有重要古典，都重新审定一番，解释一番。这种工作，前清一代的学者已经做得不少，我们一面凭借他们的基础，容易进行；一面我们因外国学问的触发，可以有许多补他们所不及。所以从这方面研究，又是极有趣味的事。

四、艺术鉴评学。我们有极优美的文学美术作品。我们应该认识他的价值，而且将赏鉴的方法传授给多数人，令国民成为“美化”。这种工作，又要另外一帮人去做。我们里头有性情近于这一路的，便应该以此自任。

以上几件，都是举其最重要者。其实文献学所包含的范围还有许多，就是以上所讲的几件，剖析下去，每件都有无数的细目。我们做这类文献学问，要悬着三个标准以求到达：

第一求真。凡研究一种客观的事实，须先要知道他“的确是如此”，才能判断他“为什么如此”。文献部分的学问，多属过去陈迹，以讹传讹失其真相者甚多，我们总要用很谨严的态度，仔细别择，把许多伪书和伪事剔去，把前人的误解修正，才可以看出真面目来。这种工作，前清乾嘉诸老也曾努力做过一番，有名的清学正统派之考证学便是。但依我看来，还早得很哩。他们的工作，算是经学方面做得最多，史学、子学方面便差得远，佛学方面却完全没有动手呢。况且我们现在做这种工作，眼光又和先辈不同，所凭借的资料也比先辈们为多。我们应该开出一派“新考证学”，这片“大殖民地”，很够我们受用咧。

第二求博。我们要明白一件事物的真相，不能靠单文孤证便下武断，所以要将同类或有关系的事情网罗起来贯串比较，愈多愈妙。比方做生物学的人，采集各种标本，愈多愈妙。我们可以用统计的精神作大量观察。我们可以先立出若干种假定，然后不断的搜罗资料，来测验这假定是否正确。若能善用这些法门，真如韩昌黎说的“牛溲马勃，败鼓之皮，兼收并蓄，待用无遗”。许多前人认为无用的资料，我们都可以把他废物利用了。但求博也有两个条件。荀子说：“好一则博。”又说：“以浅持博。”我们要做博的工夫，只能择一两件专门之业为自己性情最近者做去，从极狭的范围内生出极博来。否则件件要博，便连一件也博不成。这便是“好一则博”的道理。又，“满屋散钱”穿不起来，虽多也是无用。资料越发丰富，则驾驭资料越发繁难，总须先求得个“一以贯之”的线索，才不至“博而寡要”，这便是“以浅持博”的道理。

第三求通。“好一”固然是求学的主要法门，但容易发生一种毛病，这毛病我替他起个名，叫做“显微镜生活”。镜里头的事物看得纤悉周备，镜以外却完全不见。这样子做学问，也常常会判断错误。所以我们虽然专门一种学问，却切不要忘记别门学问和这门学问的关系；在本门中，也常要注意各方面相互之关系。这些关系，有许多在表面上看不出来的，我们要用锐利眼光去求得他。能常常注意关系，才可以成通学。

（下）

以上关于文献学，算是讲完，两条路已言其一。此外则为德性学。此学应用内省及躬行的方法来研究，与文献学之应以客观的科学方法研究者绝不同。这可说是国学里头最重要的一部分，人人应当领会的。必走通了这一条路，乃能走上那一条路。

近来国人对于知识方面，很是注意，整理国故的名词，我们也听得纯熟。诚然，整理国故，我们是认为急务，不过若是谓除整理国故外，遂别无学问，那却不然。我们的祖宗遗予我们的文献宝藏，诚然足以傲世界各国而无愧色，但是我们最特出之点，仍不在此。其学为何？即人生哲学是。

欧洲哲学上的波澜，就哲学史家的眼光看来，不过是主智主义与反主智主义两派之互相起伏。主智者主智，反主智者即主情、主意。本来人生方面，也只有智、情、意三者。不过欧人对主智特别注重，而于主情、主意，亦未能十分贴近人生。盖欧人讲学，始终未以人生为出发点。至于中国先哲则不然。无论何时代何宗派之著述，夙皆归纳于人生这一途，而于西方哲人精神萃集处之宇宙原理、物质公例等等，倒都不视为首要。故《荀子·儒效》篇曰："道，仁之隆也。……非天之道，非地之道，人之所以道也。"儒家既纯以人生为出发点，所以以"人之所以为道"为第一位，而于天之道等，悉以置诸第二位。

而欧西则自希腊以来，即研究他们所谓的形而上学，一天到晚，只在那里高谈宇宙原理，凭空冥索，终少归宿到人生这一点。苏格拉底号称西方的孔子，很想从人生这一方面做工夫，但所得也十分幼稚。他的弟子柏拉图，更不晓得循着这条路去发挥，至全弃其师传，而复研究其所谓天之道。亚里士多德提出，于是又反趋于科学。后人有谓道源于亚里士多德的话，其实他也不过仅于科学方面有所创发，离人生毕竟还远得很。迨后斯端一派，大概可与中国的墨子相当，对于儒家，仍是望尘莫及。一到中世纪，欧洲全部统成了宗教化。残酷的罗马与日耳曼人，悉受了宗教的感化，而渐进于迷信。宗教方面，本来主情意的居多，但是纯以客观的上帝来解决人生，终竟离题尚远。后来再一个大反动，便是“文艺复兴”，遂一变主情、主意之宗教，而代以理智。近代康德之讲范畴、范围，更过于严谨，好像我们的临“九宫格”一般。所以他们这些，都可说是没有走到人生的大道上去。直到詹姆士、柏格森、倭铿等出，才感觉到非改走别的路不可，很努力地从体验人生上做去，也算是把从前机械的唯物的人生观，拨开几重云雾。但是真果拿来与我们儒家相比，我可以说仍然幼稚。

总而言之，西方人讲他的形而上学，我们承认有他独到之处。换一方面，讲客观的科学，也非我们所能及。不过最奇怪的，是他们讲人生也用这种方法，结果真弄到个莫名其妙。譬如用形而上学的方法讲人，绝不想到是从人生的本体来自证，却高谈玄妙，把冥冥莫测的上帝来对喻。再如用科学的方法讲，尤为妙极。试问人生是什么？是否可以某部当几何之一角、三角之一边？是否可以用化学的公式来化分、化合，或是用几种原质来造成？再如达尔文之用生物进化说来讲人生，征考详博，科学亦莫能摇动，总算是壁垒坚固；但是果真要问他人之所以异于禽兽者安在？人既自猿进化而来，为什么人自人而猿终为猿？恐怕他也不能给我们以很有理由的解答。

总之，西人所用的几种方法，仅能够用之以研究人生以外的各种问题，人，绝不是这样机械易懂的。欧洲人却始终未彻悟到这一点，只盲目地往前做，结果造成了今日的烦闷，彷徨莫知所措。盖中世纪时，人心还能依赖着宗教过活；及乎今日，科学昌明，赖以醉麻人生的宗教，完全失去了根据。人类本从下等动物蜕化而来，哪里有什么上帝创造？宇宙一切现象，不过是物质和他的运动，还有什么灵魂？来世的天堂，既不可凭，眼前的利害，复日相肉搏。怀疑失望，都由之而起，真正是他们所谓的世纪末了。

以上我等看西洋人何等可怜！肉搏于这种机械唯物的枯燥生活当中，真可说是始终未闻大道。我们不应当导他们于我们祖宗这一条路上去吗？以下便略讲我们祖宗的精神所在。我们看看是否可以终身受用不尽，并可以救他们西人物质生活之疲敝。

我们先儒始终看得知行是一贯的，从无看到是分离的。后人多谓知行合一之说，为王阳明所首倡，其实阳明也不过是就孔子已有的发挥。孔子一生为人，处处是知行一贯。从他的言论上，也可以看得出来。他说“学而不厌”，又说“为之不厌”，可知“学”即是“为”，“为”即是“学”。盖以知识之扩大，在人努力的自为，从不像西人之从知识方法而求知识。所以王阳明曰："知而不行，是谓不知。"所以说这类学问，必须自证，必须躬行，这却是西人始终未看得的一点。

又儒家看得宇宙人生是不可分的，宇宙绝不是另外一件东西，乃是人生的活动。故宇宙的进化，全基于人类努力的创造。所以《易经》曰："天行健，君子以自强不息。"又看得宇宙永无圆满之时，故易卦六十四，始《乾》而以《未济》终。盖宇宙"既济"，则乾坤已息，还复有何人类！吾人在此未圆满的宇宙中，只有努力地向前创造。这一点，柏格森所见的，也很与儒家相近。他说宇宙一切现象，乃是意识流转所构成，方生已灭，方灭已生，生灭相衔，方成进化。这些生灭，都是人类自由意识发动的结果。所以人类日日创造，日日进化。这意识流转，就唤作精神生活，是要从内省直觉得来的。他们既知道变化流转，就是宇宙真相，又知道变化流转之权，操之在我。所以孔子曰："人能弘道，非道弘人。"儒家既看清了以上各点，所以他的人生观，十分美渥，生趣盎然。人生在此不尽的宇宙当中，不过是蜉蝣、朝露一般，向前做得一点是一点，既不望其成功，苦乐遂不系于目的物，完全在我，真所谓"无人而不自得"。有了这种精神生活，再来研究任何学问，还有什么不成？

那么，或有人说，宇宙既是没有圆满的时期，我们何不静止不做，好吗？其实不然。人既为动物，便有动作的本能，穿衣吃饭，也是要动的。既是人生非动不可，我们就何妨就我们所喜欢做的、所认为当做的做下去？我们最后的光明，固然是远在几千万年几万万年之后，但是我们的责任，不是叫一蹴而就地达到目的地，是叫我们的目的地，日近一日。我们的祖宗，尧，舜，禹，汤，孔，孟……在他们的进行中，长的或跑了一尺，短的不过跑了数寸，积累而成，才有今日。我们现在无论是一寸半分，只要往前跑才是。为现在及将来的人类受用，这都是不可逃的责任。孔子曰："士不可以不弘毅，任重而道远，仁以为己任，不亦重乎？死而后已，不亦远乎？"所以我们虽然晓得道远之不可致，还是要努力地到死而后已。故孔子是"知其不可而为之者"。正为其知其不可而为，所以生活上才含着春意。若是不然，先计较他可为不可为，那么，情志便系于外物，忧乐便关乎得失；或竟因为计较利害的原故，使许多应做的事，反而不做。这样，还哪里领略到生活的乐趣呢？

再其次，儒家是不承认人是单独可以存在的。故"仁"的社会，为儒家理想的大同社会。"仁"字，从二人，郑玄曰："仁，相人偶也"。(《礼记注》) 非人与人相偶，则"人"的概念不能成立。故孤行执异，绝非儒家所许。盖人格专靠各个自己，是不能完成。假如世界没有别人，我的人格，从何表现？譬如全社会都是罪恶，我的人格受了传染和压迫，如何能健全？由此可知人格是个共同的，不是孤零的。想自己的人格向上，唯一的方法，是要社会的人格向上。然而社会的人格，本是各个自己化合而成。想社会的人格向上，唯一的方法，又是要自己的人格向上。明白这个，意力和环境提携，便成进化的道理。所以孔子教人“己欲立，而立人；己欲达，而达人”。所谓立人、达人，非立、达别人之谓，乃立、达人类之谓。彼我合组成人类，故立、达彼，即是立、达人类。立、达人类，即是立、达自己。更用“取譬”的方法，来体验这个“达”字，才算是“仁之方”。其他《论语》一书，讲“仁”字的，屡见不一见。

儒家何其把仁字看得这么重要呢？即上面所讲的，儒家学问，专以研究“人之所以道”为本，明乎仁，人之所以道自见。孟子曰：“仁也者，人也；合而言之，道也。”盖仁之概念，与人之概念相涵，人者，通彼我而始得名。彼我通，乃得谓之仁。知乎人与人相通，所以我的好恶，即是人的好恶。我的精神中，同时也含有人的精神。不徒是现世的人为然，即如孔孟远在二千年前，他的精神，亦浸润在国民脑中不少。可见彼我相通，虽历百世不变。儒家从这一方面看得至深且切，而又能躬行实践，“无终食之间违仁”。这种精神，影响于国民性者至大。

即此一份家业，我可以说真是全世界唯一无二的至宝。这绝不是用科学的方法可以研究得来的，要用内省的工夫，实行体验。体验而后，再为躬行实践，养成了这副美妙的仁的人生观，生趣盎然地向前进。无论研究什么学问，管许是兴致勃勃。

孔子曰“仁者不忧”，就是这个道理。不幸汉以后这种精神便无人继续的弘发，人生观也渐趋于机械。八股制兴，孔子的真面目日失。后人日称“寻孔颜乐处”，究竟孔颜乐处在哪里，还是莫名其妙。我们既然诵法孔子，应该好好保存这份家私——美妙的人生观，才不愧是圣人之徒啊！

此外我们国学的第二源泉，就是佛教。佛，本传于印度，但是盛于中国，现在大乘各派，五印全绝。正法一派，全在中国。欧洲人研究佛学的甚多，梵文所有的经典，差不多都翻出来。但向梵文里头求大乘，能得多少？我们自创的宗派，更不必论了。像我们的禅宗，真可算得应用的佛教，世间的佛教，的确是印度以外才能发生，的确是表现中国人的特质，叫出世法与入世法并行不悖。他所讲的宇宙精微，的确还在儒家之上。说宇宙流动不居，永无圆满，可说是与儒家相同。曰：“一众生不成佛，我誓不成佛。”即孔子立人、达人之意。盖宇宙最后目的，乃是求得一大人格实现之圆满相，绝非求得少数个人超拔的意思。儒、佛所略不同的，就是一偏于现世的居多，一偏于出世的居多。至于他的共同目的，都是愿世人精神方面，完全自由。

现在“自由”二字，误解者不知多少。其实人类外界的束缚，他力的压迫，终有方法解除，最怕的是“心为形役”，自己做自己的奴隶。儒、佛都用许多的话来教人，想叫把精神方面的自缚，解放净尽，顶天立地，成一个真正自由的人。这点，佛家弘发得更为深透，真可以说佛教是全世界文化的最高产品。这话，东西人士，都不能否认。此后全世界受用于此的正多。我们先人既辛苦地为我们创下这份产业，我们自当好好地承受。因为这是人生唯一安身立命之具。有了这种安身立命之具，再来就性之所近的，去研究一种学问，那么，才算尽了人生的责任。

诸君听了我这夜的演讲，自然明白我们中国文化，比世界各国并无逊色。那一般沉醉西风，说中国一无所有的人，自属浅薄可笑。《论语》曰：“人虽欲自绝，其何伤于日月乎？多见其不知量也！”这边的诸同学，从不对于国学轻下批评，这是很好的现象。自然，我也闻听有许多人讽刺南京学生守旧，但是只要旧的是好，守旧又何足诟病？所以我很愿此次的讲演，更能够多多增进诸君以研究国学的兴味！

（选自东南大学、南京高师国学研究会编辑《国学研究会演讲录》第 1 集，商务印书馆 1923 年 8 月出版）

在中国公学演说

其固有基础与中国不同，故中国不能效法。欧洲在此百年中可谓在一种不自然之状态中，亦可谓在病的状态中。中国效法此种病态，故不能成功。

此次游欧，为时短而历地多，故观察亦不甚清切。所带来之土产固不甚多，唯有一件可使精神大受影响者，即悲观之观念完全扫清是已。因此精神得以振作，换言之即将暮气一扫而空。此次游欧所得止此。何以能至此？则因观察欧洲百年来所以进步之故，而中国又何以效法彼邦而不能相似之故，鄙人对于此且有所感想。

考欧洲所以至此者，乃因其社会上政治上固有基础，而自然发展以成者也。其固有基础与中国不同，故中国不能效法。欧洲在此百年中可谓在一种不自然之状态中，亦可谓在病的状态中。中国效法此种病态，故不能成功。

第一以政治论。例如代议制乃一大潮流，亦十九世纪唯一之实物。各国皆趋此途，稍有成功，而中国独否。此何故？盖代议制在欧洲确为一种阶级，而在中国则无可能性。盖必有贵族地主，方能立宪，以政权集中于少数贤人之手，以为交付于群众之过渡。如英国确有此种少数优秀之人，先由贵族扩至中产阶级，再扩至平民，以必有阶级始能次第下移，此少数人皆有自任心。日本亦然，以固有阶级之一少数优秀代表全体人民。至于中国则不然。自秦以来，久无阶级，故欲效法英日，竟致失败，盖因社会根底完全不同故也。中国本有民意政治之雏形，全国人久已有舆论民岩之印象，但其表示之方法，甚为浑漠为可憾耳。如御史制度，即其一例。其实自民本主义而言，中国人民向来有不愿政府干涉之心，亦殊合民本主义之精神。对于此种特性，不可漠视。往者吾人徒作中央集权之迷梦，而忘却此种固有特性。须知集权与中国民性最不相容，强行之，其结果不生反动，必生变态。此所以吾人虽欲效法欧洲，而不能成功者也。但此种不成功，果为中国之不幸乎？抑幸乎？先以他国为喻，如日德究竟其效法于美者为成功欤？抑失败欤？日本则因结果未揭晓，悬而勿论。且言德国，其先本分两面派，一为共和统一派，一为君主统一派，迨俾士麦出，君主统一乃成。假定无俾氏，又假定出于共和统一之途，吾敢断言亦必成功，特不过稍迟耳。又假定其早已采用民本主义，吾敢决其虽未能发展如现在之速，然必仍发达如故，则可见五十年乃绕道而走，至今须归原路，则并非幸也可知矣。总之，德国虽学英而成，然其价值至今日则仍不免于重新估定。如中国虽然为学而失败者，然其失败未必为不幸。譬如一人上山，一人走平路，山后无路，势必重下，而不能上山者则有平路可走。可知中国国民此次失败不过小受波折，固无伤于大体，且将来大有希望也。

第二论社会亦然。中国社会制度颇有互助精神，竞争之说，素为中国人所不解，而互助则西方人不甚了解。中国礼教及祖先崇拜，皆有一部分出于克己精神与牺牲精神者。中国人之特性不能抛弃个人享乐，而欧人则反之。夫以道德上而言，决不能谓个人享乐主义为高，则中国人之所长，正在能维持社会的生存与增长。故中国数千年来经外族之蹂躏，而人数未尝减少。职此之故，因此吾以为不必学他人之竞争主义，不如就固有之特性而修正与扩充之也。

第三论经济。西方经济之发展，全由于资本主义，乃系一种不自然之状态，并非合理之组织。现在虽十分发达，然已将趋末路，且其积重难返，不能挽救，势必破裂。中国对于资本集中，最不适宜，数十年欲为之效法，而始终失败。然此失败未必为不幸。盖中国因无贵族地主，始终实行小农制度；法国自革命后始得之，俄多数派亦主张此制。而中国则固有之现代经济，皆以农业经济为基础，则中国学资本主义而未成，岂非天幸！将来大可取新近研究所得之制度而采用之。鄙人觉中国之可爱，正在此。

总之，吾人当将固有国民性发挥光大之，即以消极变为积极是也。如政治本为民本主义，惜其止在反对方面，不在组织方面；社会制度本为互助主义，亦惜止限于家庭方面，若变为积极，斯佳矣。鄙人自作此游，对于中国甚为乐观，兴会亦浓，且觉由消极变积极之动机，现已发端。诸君当知中国前途绝对无悲观，中国固有之基础亦最合世界新潮，但求各人高尚其人格，励进前往可也。以人格论，在现代以列宁为最，其刻苦之精神，其忠于主义之精神，最足以感化人，完全以人格感化全俄，故其主义能见实行。惟俄国国民极端与中国人之中庸性格不同。吾以为中国人亦非设法调和不可，即于思想当为彻底解放，而行为则当踏实，必自立在稳当之地位。学生诸君当人人有自任心，极力从培植能力方面着想，总须将自己发展到圆满，方可对于中国不必悲观，对于自己则设法养成高尚人格，则前途诚未可量也。

（选自《梁启超选集》，上海人民出版社 1984 年版）

黄节

（1873—1935），原名晦闻，字玉昆，号纯熙，别署晦翁、佩文、黄史氏、蒹葭楼主等，广东顺德人。因鄙夷同宗黄士俊的变节行为，易名“节”，取号“甘竹滩洗石人”。我国进步报业的开创人之一，也是著名的教育学者，生平擅长诗文和书法，其诗人称“唐面宋骨”。与梁鼎芬、罗瘿公、曾习经并称“岭南近代四大家”。著有《蒹葭楼诗》《汉魏乐府风笺》《诗旨纂辞》等。

国粹保存主义

析六洲黄色、白色、黑色、铜色、棕色人种，而成一社会。一社会之独立，而成一国家。一国家有一国家之土地之人民之宗教政治，于是其风俗气质习惯遂各有特别之精神焉。夫有特别之精神，则此国家与彼国家，其土地人民宗教政治与其风俗气质习惯相交通相调和，则必有宜于此而不宜于彼，宜于彼而不宜于此者。知其宜而交通调和之，知其不宜则守其所自有之宜，以求其所未有之宜，而保存之。如是，乃可以成一特别精神之国家。

夫国粹者，国家特别之精神也。昔者日本维新，欧化主义浩浩滔天，乃于万流澎湃之中，忽焉而生一大反动力焉，则国粹保存主义是也。当是时，入日本国民思想界而主之者，纯乎泰西思想也。如同议一事焉，主行者以泰西学理主行之，反对者亦以泰西学理反对之，未有酌本邦之国体民情为根据而立论者也。文部大臣井上馨特倡此义，大呼国民，三宅雄次郎、志贺重昂等和之。其说以为，宜取彼之长，补我之短，不宜醉心外国之文物，并其所短而亦取之，并我所长而亦弃之。其说颇允，虽然以论理上观之，不能无缺点焉。

夫执一名一论、一事一物、一法一令，而界别之曰“我国之粹”。曰“我国之粹”，非国粹也。发现于国体，输入于国界，蕴藏于国民之原质，具一种独立之思想者，国粹也。有优美而无粗觕，有肚旺而无稚弱，有开通而无锢蔽，为人群进化之脑髓者，国粹也。天演家之择种留良，国粹保存之义也。譬如有地焉，蓬蒿棘榛，郁勃蹊径，甚矣其荒也，有人焉为之芟夷，而蕴崇之，缭以周垣，树以嘉木，不数年葱茏蔚森矣。夫地之宜于植也，其生是嘉木，犹其生是棘榛也。是宜于植者，地之粹也。因其宜于植，而移嘉木以植之，或滋兰焉，或树橘焉，则焕然秀发者，虽非前日之所有，而要之有是地，然后有是华，不得谓非是地之华也。是故本我国之所有，而适宜焉者，国粹也。取外国之宜于我国，而吾足以行焉者，亦国粹也。井上之言，是知我国之所有者为国粹，而不知外国之宜于我国而吾足以行焉者，亦为国粹也。

马路曰：“政治之良否，关于人民之德智，以空理组织之政体，虽如何巧妙，亦不适于实用，而无永续之力。永续之力为何？曰宗旨也、地位财产也、善良政治之习惯思想也、尊崇历史怀远追旧之情也。”加藤弘之曰：“欧洲各国宪法之精神，大抵无异。至政府之权力，议会之权限，则宽严大小皆有所宜。所以然者，各国之风俗历史不可苟同也。”夫研究我国与外国之异同，取其适用而未能永续者，如马氏所举数端，皆国粹也；如加藤氏所谓，各有所宜，而不可苟同，皆保存也。夫粹者，人人之所欲也。我不保存之，则人将攘夺之，还以我之粹而攻我之不粹，则国不成其为国矣。险哉！美人灵绶之言也，曰："欧人欲在中国扶植其势力，当无伤其风俗之感情。"险哉！美人灵绶之言也。

（选自《壬寅政艺丛书》，1902年出版）

《国粹学报》叙

吾国得谓之国矣乎？曰：不国也。社会莫不始于图腾，继以宗法，而成于国家者也。吾学得谓之学矣乎？曰：不学也。万汇莫不统于逻辑，阐为心理，而致诸物质者也。呜呼！悲夫！四彝交侵，异族入主，然则吾国犹图腾也，科学不明，域于无知。然则吾学犹未至于逻辑也，奚以国奚以学为？呜呼！悲夫！溯吾称国之始，则肇自唐虞，蚩尤作甲兵，始伐黄帝。至于夏殷周，而苗祸亘千百年。然则唐虞之称国也，吾以见民族之棼焉。呜呼！悲夫！溯吾学派之衰，则源于嬴秦。始皇烧诗书百家语，藏书博士，窒塞民智。至于汉武立博士于学官，罢黜百家，以迄刘歆，则假借君权，窜乱经籍，贼天下后世。然则秦皇汉武之立学也，吾以见专制之剧焉，民族之界夷。专制之统一而不国，而不学，殆数千年。呜呼！奚至于今而始悲也！春秋楚人执宋公以伐宋，宋公谓公子目夷曰："子归守国矣，国子之国也。"公子目夷复曰："君虽不言国，国固臣之国也。"是故对于外族则言国，对于君主则言国，此国之界矣。

国界不明，诸夏乃衰。简书不恤，京师吴楚，以至会申楚伯，淮夷不殊，则吾国对外族之界亡矣。汉兴，黄生与辕固生论汤武受命而曰：“冠虽敝，必加于首。履虽新，必贯于足。”申桀纣而屈汤武，孝景知其非。然犹曰：言学者毋言汤武受命不为愚，则吾国对君主之界亦亡矣。呜呼！国界亡则无学，无学则何以有国也？吾登高西望，帕米尔高原而东，喜马拉山脉而北，滔滔黄河，悠悠大江，熙熙乎田畴都市，宅于是间者，乃不国乎，而吾巴克之族，犹足以自立。黄帝尧舜禹汤文武周公孔子之学，犹足以长存。则奈何其不国也？奈何其不学也？

悲夫痛哉！风景依然，举目有江河之异。吾中国之亡也，殆久矣乎！栖栖千年间，五胡之乱，十六州之割，两河三镇之亡，国于吾中国者，外族专制之国，而非吾民族之国也。学于吾中国者，外族专制之学，而非吾民族之学也。而吾之国之学之亡也，殆久矣乎。是故以张宾为长史，而执大法于石胡之朝。以许衡为祭酒，而定朝仪于蒙古之族。识者痛焉，以其以中国民族而外族专制之奴，而又出所学以媚之也。国界亡而学界即亡也。持是以往，萃汉宋儒者之家法，而蝇蝇于十三经、二十四史、诸子百家之文，罔亦谈博焉，而国日蹙，而民日艰，而种族日淆，而伦理日丧乱。一睨乎泰西诸国之政之法之艺之学，则以为非先王之道，而辞而辟之，辟之而不足以胜之也。一袭乎泰西诸国之政之法之艺之学，则以为非中国所有面貌而袭之。袭之而仍不足以敌之也，则还而质诸吾国何以无学，吾学何以不国，而吾之国之学，何以逊于泰西之国之学，则懵然而皆莫能言。呜呼！微论泰西之国之学，果足以裨吾与否？而此懵然莫能言之故，则足以自亡其国而有余，是亦一国之人之心死也。

立乎地寰而名一国，则必有其立国之精神焉，虽震撼掺杂而不可以灭之也。灭之则必灭其种族而后可，灭其种族则必灭其国学而后可。昔者英之墟印度也，俄之裂波兰也，皆先变乱其言语文学，而后其种族乃凌迟衰微焉。迄今过灵水之滨，瓦尔省之郭，婆罗门之贵种，斯拉窝尼之旧族，无复有文明片影，留曜于其间，则国学之亡也。学亡则亡国，国亡则亡族。吾国之国体，则外族专制之国体也；吾国之学说，则外族专制之学说也。以外族专制，自宋季以来频繁复杂，绵三四纪，学者忘祖宗杀戮之惨，狃君臣上下之分，习而安之，为之润饰乎经术，黼黻乎史裁，数百年于兹矣。一旦海通，泰西民族群至，以吾外族专制之黑暗，而当共和立宪之文明，相形之下优劣之胜败立见也，则其始慕泰西。甲午创后，骇于日本。复以其同文地迩，情洽而收效为速也，日本遂夺泰西之席，而为吾之师，则其继尤慕日本。呜呼！亡吾学者不在泰西而在日本乎！何也？日本与吾同文而易淆也。譬之生物焉，异种者虽有复杂，无害竞争。惟同种而异类者，则虽有竞争，而往往为其所同化。泰西与吾异种者也，日本与吾同种而异类者也，是故不别日本，则不足以别泰西。然不别吾累朝外族专制之朝廷，则又何以别日本？夫吾累朝外族专制之朝廷，固皆与吾同种而异类者也，亡吾国吾学者也。《易》曰："其亡其亡，系于苞桑。"又曰："樽酒簋贰用缶，纳约自牖。"呜呼！今日黄冠草履，空山歌苦，语吾国语，文吾国文，哀声悲吟，冀感发吾同族者，盖仅仅见也。过此以往，声消响绝，虽复布福音，兴豪摩尼司脱、习希塞洛瓦其儿之文字而已，非吾巴克之族，黄帝尧舜禹汤文武周公孔子之学矣。悲夫！虽然，巴克之族，黄帝尧舜禹汤文武周公孔子之学，其为布帛菽粟，而无待于他求者伙矣。其为夏鼎商彝，而无资于利用者，庸讵乏焉？则是吾学界不能无取诸日本泰西亦势也。有地焉，莲蒿棘榛，郁勃蹊径，甚矣其荒也。而吾为之芟夷而蕴崇之，缭以周垣，树以嘉木，不数年葱茏蔚森矣。夫地之宜于植也，其生是嘉木，犹其生是棘榛也。盖宜于植者是地也，固其宜于植而移嘉木以植之，或滋兰焉，或树橘焉，则焕然秀发者，虽非前日之所有，而要之有是地然后有是华，不得谓非是地之华也。何也？国固吾国也，学即吾学也，海波沸腾，宇内士夫，痛时事之日亟，以为中国之变，古未有其变，中国之学，诚不足以救中国。于是醉心欧化，举一事革一弊，至于风俗习惯之各不相侔者，靡不惟东西之学说是依。慨谓吾国固奴隶之国，而学回奴隶之学也。呜呼！不自主其国，而奴隶于人之国，谓之国奴；不自主其学，而奴隶于人之学，谓之学奴。奴于外族之专制固奴，奴于东西之学说，亦何得而非奴也！

同人痛国之不立，而学之日亡也，于是瞻天与火，类族辨物，创为《国粹学报》一编，以告海内曰：昔者欧洲十字军东征，驰贵族之权，削封建之制，载吾东方之文物以归。于时意大利文学复兴，达泰氏以国文著述，而欧洲教育遂进文明。昔者日本维新，归藩复幕举国风靡，于时欧化主义，浩浩滔天。三宅雄次郎、志贺重昂等，撰杂志，倡国粹保全，而日本主义，卒以成立。呜呼！学界之关系于国界也如是哉。宋之季也，其民不务国学，而好为蒙古文字语言，至名其侈辞以为美，于是而宋亡。普之败于法也，割雅丽司、来罗因以和，而其遗民，眷眷故国，发为诗歌，不忘普音，于是而普兴。国界之兴亡于学界也又如是哉。夫国学者，明吾国界以定吾学界者也。痛吾国之不国，痛吾学之不学，凡欲举东西诸国之学，以为客观，而吾为主观，以研究之，期光复乎吾巴克之族，黄帝尧舜禹汤文武周公孔子之学而已。然又慕乎科学之用宏，意将研究为实施之因，而以保存为将来之果，悬界说以定公例。而又悲乎言之无文行而不远，意将矫象胥之失，而不苟同伊缓大卤之名，期光复乎吾巴克之族，黄帝尧舜禹汤文武周公孔子之学而已。呜呼！雄鸡鸣而天地白，晓钟动而魂梦苏。天下志士其有哀国学之流亡者乎？庶几披涕以读而为之舞。

（选自《国粹学报》第一期，1905 年 2 月出版）

孙德谦

（1873—1935），字受之，又字寿芝，号益庵，晚号隘堪居士，江苏元和（今江苏苏州）人。自幼“性好读书，于学则无所不窥”，早年服膺高邮王念孙父子之学，治声韵学、训诂学；后改事章学诚，习《文史通义》，兼治诸子百家。曾任江苏通志局纂修，后任教于江苏存古学堂、东吴大学、大夏大学、交通大学、国立政治大学等。1912年参与创立孔教会，发表《孔家大一统论》，日本、德国汉学家多闻名求教。著有《太史公书义法》《古书读法略列》《孙卿子通检》《吕氏春秋通谊》《古书录辑存》《补南北史艺文志》《文选学通谊》《六朝丽指》《诸子要略》《诸子通考》《汉书艺文志举例》《刘向校雠学纂微》《金史艺文略》等，编辑《杜善夫文集》《全金词》等。

评今之治国学者

谓中国无学术乎？吾不敢言也。谓中国而有学术乎？吾又不能言也。夫以中国地广人众，贤杰代兴，至今日而遂无学术之可言，不亦轻天下羞当世之士哉？然人之为学，相率而出于无用者，比比皆然，特无有默观而细审者耳。如使默观而细审之，盖有约略可尽者焉。

昔钟嵘品诗，分为三等。吾谓今之治国学者试一加评品，亦不能越乎三者以外。三者维何，曰好古，曰风雅，曰游戏，如斯而已矣。圣人有言，曰信而好古，又曰好古敏以求之，是好古诚学者所有事也。然昌黎不云乎，所志于古者，不惟其辞之好，好其道焉尔。夫道成而上，艺成而下。今之好古者，非好其道也，艺也。是故得一古器焉，晨夕摩挲，诠释文字，若殷之龟甲，周之毛公鼎散氏盘，以及汉镜晋砖，且视经典为贵矣。得一古碑焉，详其舆地，考其职官，有为前史所要删者，谓可订史文之阙误矣。墓碑之作，中郎不能无愧，韩子称之为谀，则非所问也。得一古籍焉，宋刻元刊，计其行款，辨其纸色，倘编次部目，极至藏弃之源流，亦必据图印以为证，而于此书之意指，则无所知也。如此以好古，不几玩物而丧志乎。不宁唯是，彼方谓自我取之，不妨自我去之，于是韫匮而藏者，往往善贾而沽，则其所以好古者，直世之所谓骨董家矣，然人多以好古推之。今之治国学者，此一流也。

《诗》有六义，风雅居其二。自汉而后，诗人踵起，故班志艺文，以诗赋自为一略。及唐而设科取士，诗家由是为极盛焉，迨至有宋，则又一变而为词。词固诗之余也，然则诗词二者，皆为风雅之遗矣。吾观昔之为诗词者，吟咏性情，长于讽谕，有风人陈古刺今之意。即论近世，其一二名家，要不离乎是。然而不多得也，或良辰佳节，或登山临水，莫不出其篇章，以自命乎风雅。甚者趋承显要，而借以交联声气，下至倡优卑贱之人，公然投赠而不之顾。有识者在旁，从而嗤鄙之，彼且诩诩焉以为此风雅之事，无伤于行诣矣。又有少不知书，平昔未一握管，并诗词而不能为，特其处境丰裕，一室之中，罗列珍笈，法书名画，亦复藏之箧衍，以备美观，若而人者，盖又窃附于风雅之林矣。今之治国学者，此又一流也。

昔司马子长作《史记》，有《滑稽列传》，而刘彦和《文心雕龙》，则别撰为《谐瑟篇》，文人游戏，偶焉为之，何足深责？然刘向父子，著《别录》《七略》，其部次诸子，则以小说列其末，史书经籍志，不但辞曲一家，置于诗文集后，名不雅驯者，且削而不录也，可见小说辞曲非学之先务矣。今则不然，能文之士，乐为小说，烟墨不言，任其驱染，而诲盗诲淫，在所不计，不知以吾一时游戏之作，其间败坏风俗，而贻害人心者何可胜言。昧者不察，犹谓小说之书感人最易，岂不悖乎。曲始于元，其时张小山辈，特造为新声，以补词之不足耳，顾以其可被诸管弦，久目为游戏之具。近虽有识其渊源，校其音律者，然不加考索，善于歌唱滥吹其中，此类为多，亦以此本游戏之事，非国学问也。乃明知其为游戏，偏欲夸大其事，谓曲者国粹之所存，夫国粹固若是其小乎。他如悬灯而作隐书，叩钟而成联语，瘁其心力，以炫思虑之奇巧，作此游戏者，时有所闻。今之治国学者，此又一流也。

由是而观，名为学者，而足以三涂概之。吾中国之学术，犹得以昌明乎哉。或曰：今之世，将一无研治国学者乎？曰：彼以汉学家言，而谓合于科学方法者，则考据之学是也。虽然，言乎考据，何得即称为国学乎？夫考据亦甚难矣，非通乎小学，识其字方形声，而尤洞悉乎六书假借之义，则释解有时而穷。余往者亦尝治此学，久之而病其繁琐，故决然去之。但考据之弊，则知之实深。其弊若何？求之形声，而用假借之法，已不免穿凿而附会，乃又专辄臆断，不曰衍文，则曰脱文，无可如何，则归之传写者之误。审如是，读古人书，一任我之所为，殆无难矣。吾非欲废斥考据也，以此不过为学之初径耳。况其一字一句，或尚怡然理顺，而旁审上下，则不能贯彻，犹失之小焉者也。若务为新奇，而不守旧说，必与前人立异，于是春秋之邹氏，班孟坚言其无师者，可强合于战国之邹衍，而阴阳五行，一若有口说之流传矣；作大篆之史籀，或不信其为字体，谓当从本义说，训为讽诵，而许叔重籀文之言，从此可破矣。《鲁论》所云“多闻阙疑”“慎言”“寡尤”之道，则无人能明之。

不特此也，为考据者，必取于征引之富。治群经也，孔子已删之《诗》《书》，未修之《春秋》，势所不可得者，而思有以见之。以史部之材料，不足供我甄采，注意于地下之发掘，期其有如敦煌石室者，再显出于世。读所未见，则彼心为之始快。窃尝譬之：吾国良田充积，苟天时无愆，人力勤于耕种，蒸民粒食，取给无虞；今必舍而不芸，悬想荒土而重谋开垦，且无论事之难易，万一成熟难期，岂非劳而少功乎？夫考据家之“实事求是”，苟善为之，学者何尝不可从事于此？当乾嘉时，治考据者，亦云盛矣，诂经而外，兼及子、史、音韵、校雠，确有心得，洵可与宋学之迂疏，别树一帜也。然如东原、怀祖诸贤，吾极受之敬之，惟戴氏之于《书》“光被四表”、必易“光”为“横”；王氏之于《老子》“夫佳兵者不祥之器”，必改“佳”为“隹”。其说虽持之有故，言之成理，由吾论之，《书》“光被四表”，是甚言其德之远播耳；《老子》“佳兵者不祥之器”，是欲人不可以黩武耳。其义皆皦然易知，不待一辞之赘。姑援二者以为例，凡有志于学者，当探索其义理；而寻章摘句，繁称博引，要为不贤识小。所贵乎考据者，岂詹詹在此哉？乃世之崇尚考据者，奉高邮为大帅，如既得其门，不必升堂而入室，侈然号于众曰："国学之止境，在于是矣！"夫国学而仅以考据当之，陋孰甚焉！

今夫学亦求其有用耳，宣圣赞述六经，为万世治术之本。即周秦道墨诸家，亦何尝空言无用，不足见之行事哉。呜呼，今天下之乱至矣，彼非圣无法者，日出其奇谬之学说，以隳弃纲常，铲灭轨物，世风之愈趋而愈下，正不知伊于何底。然悠悠者不识国学为何事，则亦已耳，使果于国学而深造有得，好古三者之失，宜力戒而弗为，支离破碎之考据，亦无事疲耗其精神，有可得时则驾。惟本此经世之志，以措之事业。倘终其身穷老在下，守先待后，砥柱中流，庶几于名教有所裨益。若徒硁硁自好，处此儒术既绌，而不能为孟荀之润色，纵使著书立说，未始非潜心国学者，而识量褊隘矣。吾之为此评也，吾盖睪然尤有望于世之深于国学者。

（选自吴兴，沈熔编《近世文选》第四集，
大东书局 1933 年版）

王国维

（1877—1927），字静安、伯隅，号礼堂、观堂、永观，谥忠悫，浙江省嘉兴市海宁人，近现代著名学者。在教育、哲学、文学、戏曲、美学、史学等方面均有深诣和创新，著有《人间词话》《曲录》《观堂集林》等。

《国学丛刊》序

学之义不明于天下久矣。今之言学者，有新旧之争，有中西之争，有有用之学与无用之学之争。余正告天下曰：学无新旧也，无中西也，无有用无用也。凡立此名者，均不学之徒。即学焉，而未尝知学者也。

学之义广矣。古人所谓学，兼知行言之。今专以知言，则学有三大类：曰科学也，史学也，文学也。凡记述事物，而求其原因，定其理法者，谓之科学；求事物变迁之迹，而明其因果者，谓之史学；至出入二者间，而兼有玩物适情之效者，谓之文学。然各科学，有各科学之沿革。而史学又有史学之科学（如刘知幾《史通》之类），若夫文学，则有文学之学（如《文心雕龙》之类）焉，有文学之史（如各史《文苑传》）焉。而科学、史学之杰作，亦即文学之杰作。故三者非斠然有疆界，而学术之蕃变，书籍之浩瀚，得以此三者括之焉。

凡事物必尽其真，而道理必求其是，此科学之所有事也。而欲求知识之真，与道理之是者，不可不知事物道理之所以存在之由与其变迁之故，此史学之所有事也。若夫知识、道理之不能表以议论，而但可表以情感者，与夫不能求诸实地，而但可求诸想象者，此则文学之所有事。古今东西之为学，均不能出此三者。唯一国之民，性质有所毗，境遇有所限，故或长于此学而短于彼学。承学之子，资力有偏颇，岁月有涯涘，故不能不主此学，而从彼学。且于一学之中，又择其一部而从事焉。此不独治一学当如是，自学问之性质言之，亦固宜然。然为一学，无不有待于一切他学，亦无不有造于一切他学。故是丹而非素，主入而奴出，昔之学者或有之，今日之真知学、真为学者，可信其无是也。

夫然，故吾所谓学无新旧，无中西，无有用、无用之说，可得而详焉。何以言学无新旧也？夫天下之事物，自科学上观之与自史学上观之，其立论各不同。自科学上观之，则事物必尽其真，而道理必求其是。凡吾智之不能通而吾心之所不能安者，虽圣贤言之有所不信焉。虽圣贤行之有所不慊焉。何则圣贤所以别真伪也，真伪非由圣贤出也。所以明是非也，是非非由圣贤立也。自史学上观之，则不独事理之真与是者，足资研究而已，即今日所视为不真之学说，不是之制度风俗，必有所以成立之由，与其所以适于一时之故。其因存于邃古，而其果及于方来，故材料之足资参考者，虽至纤悉不敢弃焉。故物理学之历史，谬说居其半焉。哲学之历史，空想居其半焉。制度、风俗之历史，弃髦居其半焉。而史学家弗弃也。此二学之异也。然治科学者，必有待于史学上之材料。而治史学者，亦不可无科学上之知识。今之君子，非一切蔑古，即一切尚古。蔑古者，出于科学上之见地，而不知有史学。尚古者，出于史学上之见地，而不知有科学。即为调停之说者，亦未能知取舍之所以然，此所以有古今新旧之说也。

何以言学无中西也？世界学问，不出科学、史学、文学。故中国之学，西国类皆有之。西国之学，我国亦类皆有之。所异者，广狭、疏密耳。即从俗说而姑存中学、西学之名，则夫虑西学之盛之妨中学，与虑中学之盛之妨西学者，均不根之说也。中国今日，实无学之患，而非中学、西学偏重之患。京师号学问渊薮，而通达诚笃之旧学家，屈十指以计之，不能满也。其治西学者，不过为羔雁禽犊之资，其能贯串精博，终身以之如旧学家者，更难举其一二。风会否塞，习尚荒落，非一日矣。余谓中、西二学，盛则俱盛，衰则俱衰。风气既开，互相推助。且居今日之世，讲今日之学，未有西学不兴，而中学能兴者；亦未有中学不兴，而西学能兴者。特余所谓中学，非世之君子所谓中学；所谓西学，非今日学校所授之西学而已。治《毛诗》《尔雅》者，不能不通天文博物诸学；而治博物学者，苟质以《诗》《骚》草木之名状而不知焉，则于此学固未为善。必如西人之推算日食，证梁虞邝、唐一行之说，以明《竹书纪年》之非伪，由《大唐西域记》以发见释迦之支墓，斯为得矣。故一学既兴，他学自从之，此由学问之事，本无中、西，彼鳃鳃焉虑二者之不能并立者，真不知世间有学问事者矣！

故新旧、中西之争，世之通人，率知其不然，惟有用、无用之论，则比前二说为有力。余谓凡学皆无用也，皆有用也。欧洲近世农、工、商业之进步，固由于物理、化学之兴。然物理、化学高深普遍之部，与蒸气、电信有何关系乎？动植物之学，所关于树艺、畜牧者几何？天文之学所关于航海、授时者几何？心理社会之学，其得应用于政治、教育者亦鲜。以科学而犹若是，而况于史学、文学乎？

然自他面言之，则一切艺术，悉由一切学问出。古人所谓不学无术，非虚语也。夫天下之事物，非由全不足以知曲，非致曲不足以知全。虽一物之解释，一事之决断，非深知宇宙人生之真相者，不能为也。而欲知宇宙、人生者，虽宇宙中之一现象，历史上之一事实，亦未始无所贡献。故深湛幽渺之思，学者有所不避焉；迂远繁琐之讥，学者有所不辞焉。事物无大小，无远近，苟思之得其真，纪之得其实，极其会归，皆有裨于人类之生存福祉，己不竟其绪，他人当能竟之；今不获其用，后世当能用之，此非苟且玩愒之徒，所与知也。学问之所以为古今、中西所崇敬者，实由于此。凡生民之先觉，政治教育之指导，利用厚生之渊源，胥由此出，非徒一国之名誉与光辉而已。世之君子可谓知有用之用，而不知无用之用者矣。

以上三说，其理至浅，其事至明，此在他国所不必言，而世之君子犹或疑之，不意至今日而犹使余为此哓哓也。

适同人将刊行《国学杂志》，敢以此言序其端。此志之刊，虽以中学为主，然不敢蹈世人之争论，此则同人所自信，而亦不能不自白于天下者也。

（选自《王国维遗书》，上海商务印书馆 1940 年版）

《国学丛刊》序（代罗叔言参事）

宣统辛亥，某始创《国学丛刊》于京师，遭遇国变，中道而辍。今年春，海上友人乞赓续之，亟允其请，编类既竟，乃书其端曰：秦汉以还，迄于近世，学术兴替，可得而言。自九流之学，并起衰周，六艺之传，独出孔氏。战国以为迂阔，强秦燔其《诗》《书》，而诸儒偃蹇戎马之间，崛强刀锯之下。鲋、腾父子，藏其家书。高、赤师弟，嬗其口说。犹闻制氏之乐，不废徐生之容。偶语之诛不能加，挟书之律无所用。既乎中阳受命，王路小亨。柱下御史，独明律历。咸阳博士，还定朝仪。乃孝武之表章，兼河间之好古，古文间出，绝学方兴。山岩甫出之书，遽登秘府。太常未立之学，或在民间。旋校中秘之文，并增博士之数。此一盛也。建武以降，群籍颇具。子春笃老，始通《周官》之读。康成晚出，爰综六艺之文。赵张问难于生前，孙王辨证于身后。此又一盛也。黄初君臣，雅擅词翰。正始贵胄，颇尚清谈。洎于六朝，此风犹盛。竭神思于五言，罄辩论于二氏。然而崔、皇特起于江南，徐、熊并驰于河北。二刘金声于隋代，孔、贾玉振于唐初。综七经而定正义，历两朝而著功令。此又一盛也。先秦学术，萃于六经。炎汉以还，爰始分道。则有若子长述史，成一家之言。叔重考文，发六书之旨。善长山川之说，君卿制度之书，并自附庸，蔚为大国。义兼于述作，体绝于古今。此又旷世之鸿裁，难语一时之风会者矣。爰逮晚唐，兹音不嗣。天水肇建，文物鼎兴。原父小传，别启说经之途。次道二书，聿新方志之体。长睿余论，存中笔谈，并示考古之准绳，穷格物之能事。至于欧、赵之集金石，宣和之图彝器，南仲释吉金之文，鄱阳录汉碑之字，旨趣既博，扃涂大开。洎于元明，流风稍坠。天道剥复，钟美本朝，顾、阎浚其源，江、戴拓其宇。小学之奥，启于金坛；名物之赜，理于通艺。根柢既固，枝叶遂繁。爰自乾嘉以还，迄于同光之际，大师间出，余裔方滋。专门若西京之师，博综继东都之业，规摹跨唐代之大，派别衍宋人之多，伊古以来，斯为极盛矣。畇畇先畴，巍巍遗构，高曾之所耕获，祖父之所经营，绵延不替，施于今日。保世滋大，责在后人。自顷孟陬失纪，海水横流，大道多歧，小雅尽废。番番良士，劣免儒硎。莘莘胄子，翻从城阙。或乃舍我熊掌，食彼马肝。土苴百王，粃糠三古。闵父知其将落，宣圣谓之不祥。非无道尽之悲，弥切天崩之惧。然而问诸故府，方策如新，瞻彼前修，典刑未沬。重以地不爱宝，天启之心。殷官太卜之所藏，《周礼》盟府之所载，两汉塞上之牍，有唐壁中之书，并出尘埃，丽诸日月。芒洛古冢，齐秦故墟，丝竹如闻，器车踵出。上世礼器之制，殊异乎叔孙，中古衣冠之奇，具存于明器。并昔儒所未见，幸后死之与闻。非徒兴起之资，弥见钻求之亟。至于先人底法，仅就椎轮。历代开疆，尚多瓯脱。作室俟堂构之饰，析薪资负荷之劳。功有相因，道无中止。譬诸注坡之马，造父不能制其势；建瓴之水，神禹不能回其流。观往昔之隆汙，抚今兹之际会。盛衰之数，盖可知矣。某爰始志学，颇识前闻。既乎遁荒，益多暇日。思欲标艺林以寸草，助学海以涓流。乃因同气之求，重续春明之梦。尽发敝箧，聿求友声。聊供研悦之新知，并刊散亡之故籍。先民有作，同惊风雨之晨。来者方多，终冀昌明之日。甲寅五月。

（选自王国维《观堂集林》，上海书店 1990 年影印版）

许之衡

（1877—1935），字守白，号饮流、曲隐道人，别署守白氏、冷道人，自号饮流斋主人，广东番禺人，近代古陶瓷研究家、曲学专家、音律学家和戏曲作家。早年求学于广雅书院，师从康有为，1903年举贡生，后留学日本，毕业于日本明治大学。归国后历任北京大学国文系教授兼研究所国学门导师、北京师范大学讲师。对中国古陶瓷、古典词曲声律颇有研究，亦擅刻印。著有《中国音乐小史》《曲律易知》《守白词》《饮流斋说瓷》等。

国魂与国学[①]

国魂者，立国之本也。彼英人以活泼进取为国魂，美人以门罗主义为国魂，日人以武士道为国魂，各国自有其国魂。吾国之国魂，必不能与人苟同，亦必不能外吾国历史。若是则可为国魂者，其黄帝乎？近日尊崇黄帝之声，达于极盛。以是为民族之初祖，揭民族主义而倡导之，以唤醒同胞之迷梦，论诚莫与易矣。然黄帝之政治，犹有可寻，黄帝之道德，则书阙有间矣。今之标民族主义者，于道德多置未论，识者方为前途惧。抑知民族主义，有重要于道德者乎？愚谓黄帝而外，宜并揭孔子，而国魂始全。盖黄帝为政治之纪元，孔子则为宗教之纪元。种族不始于黄帝，而黄帝实可为种族之代表；宗教不始于孔子，而孔子实可为宗教之代表。彼二圣者皆处吾国自古迄今至尊无上之位，为吾全历史之关键，又人人心中所同有者。以之为国魂，不亦宜乎！

今之所歉于孔子者，以其无尚武主义也，无国家主义也。夫尚武主义，著于儒行；国家主义，著于春秋。穷而绎之，皆

① 节选自许之衡《读〈国粹学报〉感言》。全文共两节，这里节选的是第二节。

有理论可寻，安在其不足为国魂乎？匪直此也，国魂者，原于国学者也。国学苟灭，国魂奚存？而国学又出于孔子者也。孔子以前，虽有国学，孔子以后，国学尤繁。然皆汇源于孔子，沿流于孔子，孔子诚国学之大成也。倡国魂而保国学者，又曷能忘孔子哉！

夫国学即国魂所存，保全国学，诚为最重要之事矣。然尤当亟思改良，不为守旧，俾合于今日情势，而使必不可磨灭。斯真善言国学者矣。国学当首经史。请先言经。六经在当日，诚为孔子之教科书，而今则全解此教科书者绝鲜。无他，昔之教科书，与今之教科书，体例不同故耳。使易以今日教科书之体例，则六经可读，而国学永不废。（教科之说本之《国粹学报》。愚谓以《诗经》为国文学教科书较胜于唱歌教科书也，余从学报。）然今有一最难问题于此，则以训诂章句释经，而愈解愈窒，万无普及义理之效。今者西学潮涌，学者群趋，仍用郑孔程朱之旧法，则必唾弃之。固由世变之大，亦由新旧必不相容之的理也。如是则存经学极难。愚谓欲存经学，惟有节经与编经之二法。一变自来笺疏之面目，以精锐之别择力，排比而演绎之，采其有实用者，去其无用而有弊者，著为成书，勒为教科，除去家法之见，一洗沉闷之旧，如是则经乃可读。吾所见惟近人孙诒让氏，能知此义。后有作者，斯轨可循。至于史，则愚谓后有著者，其体当必祖机仲、君卿一派，宜为别纪。若史公当行其意不当行其法，后之二十三史，皆学史公而误者也。若列传宜别有著录，皇甫“高士”，刘向“列女”，是其前例。夫机仲之识至薄弱，而体最精美；史公之识最卓越，而体至重坠。世愈降则文字愈不及古，而便于浏览则胜于古，此亦文字一定之阶级也。愚谓表志列传、纪事本末，无一不当别为书，沟而合之，则必无良史。而断代一例，尤为史家之大惑。断代者，徒为君主易姓之符号，是朝史而非国史也。谓为二十四朝之家谱，又岂过欤。故今后之作史，必不当断代，而不嫌断世，如上古、中古、近古之类。借以考民族变迁之迹焉。史公固知其意者，故史记不断代，然袭用其体，则大不便。史记自五帝至汉武，卷帙已多，况至今日乎。此所以必不能不用机仲之体，而辅以君卿者也。（余杭章氏拟著之“中国通史”体亦仿史公，改列传为别录，所搜颇挂一漏万。书固未成，体例亦殊未精也。）鄙意之断断于是者，不出一言曰：列传万不能合于历史之内。近人横阳翼天氏之中国历史，深明此义，续而赓之，后必有放大光明于我国史界者，余为之祷祀以求焉。此愚改良经史之管见也。若文学一途，愚谓宜适晚近，不宜返之皇古。虽不必效东瀛之文体，然亦当为智识普及起见，宁失之平易，无失之艰深。盖我国识字者太少，识古字者尤少，必字字返之古义，无亦与文字进化之公例不符，且窒碍滋多耶。若释词之学，用王氏引之，不若用马氏建中为尤允。马氏兼通中西，王氏则但通古训，两者相较，不若后者居胜也。凡此皆愚对于国学保存之意见也。此外诸国学，较为余事，可任人专门，不必强人普通，自由研究可矣。

呜呼！外人之灭我国也，必并灭其宗教，灭其语言，灭其文字。知文字语言之要，而不知宗教之要，非得也。保全国粹诸子，首以国学为倡，其识诚伟大。读其书，标民族之宏义，发神州之鸿秘。其志可哀，其旨可敬，其文辞尤可感而舞也。然而独不及宗教，无亦滞于远藤隆吉、白河次郎二氏之学说乎？近一二年来，有某氏之“论保教”，章氏之论“订孔”，而后生小子，翕然和之，孔子遂几失其故步。彼二子者，其学皆与东洋有渊源。东洋之排斥孔子，则由彼爱国者，恐国人逐于汉化，又恐逐于欧化，故于孔子有微辞，于耶稣亦多议论，以成彼一种东洋之国学，即国粹主义所由来也。论者不省，而据为典要，扬其流而逐其波，不亦误乎！

以愚之不学无术，何敢言国学。虽然，盍言尔志，亦达者之所许也。自愚读国粹学报，即有无限感情，激刺吾脑，而吾感言于以发，不知其言之当与否也。惟若鲠在喉，必尽吐而后快。乃就吾所见，读国粹学报者之感情，则有谓其程度太高者，有谓其崇古之念太过者，有谓其文字太深者。此等评判，于国粹学报固无丝毫之增损，然亦可见今日趋向之涂矣。吾甚愿吾所见之谬误，与所言之荒唐。如其然也，则真为可痛哭者也。达识君子，以为何如？

（选自张枬、王忍之编《辛亥革命前十年间时论选集》

第二卷上册，三联书店 1963 年版）

论国粹无阻于欧化

或曰，今之见晓识时之士，谋所以救中夏之道，莫不同声而出于一途，曰欧化也；兹而倡国粹，毋乃与天择之理相违，而陷于不适之境乎？毋乃袭崇古抑今之故习，阻国民之进步乎？应之曰：否否！不然！夫欧化者，固吾人所祷祀以求者也。然返观吾国，则西法之入中国，将三十年，而卒莫收其效，且更敝焉。毋亦其层累曲折之故，有所未莹者乎？语有之："橘逾淮则为枳。"今日之欧化，枳之类也。彼之良法善制，一施诸我国而弊愈滋。无他，虽有嘉种，田野弗治弗长也；虽有佳实，场圃坪修弗植也；虽有良法，民德弗进弗行也。夫群学公例，文明之法制，恒视一群进化之度以为差。（斯宾塞《群学肄言·宪生篇》曰：群制之于民品，有交相进之功，群制待民品之美而后隆，民品亦待群制之隆而后美，《成章篇》曰：故无论其群之民品为何如，其中制度必其所利，亦无论其群之刑政为何等，其民之情性智识必与相需，夫而后力平而势静也。余多畅发此旨。）我不进吾民德，修吾民习，而兢兢于则效，是犹蒙马之技，而画虎之讥也。所以进吾民德修吾民习者，其为术不一途，而总不离乎爱国心者近是，此国粹之所以为尚也。

国粹者，一国精神之所寄也。其为学，本之历史，因乎政俗，齐乎人心之所同，而实为立国之根本源泉也。是故国粹存则其国存，国粹亡则其国亡。此非余一人之私言也。昔辛有见披发于伊川，而知其不百年为戎；原伯鲁之不悦学，而仲尼断其亡国。（并见《左传》）颜之推谓晋代儿郎，幼效胡语，学为奴隶，而中原沦亡。（见《颜氏家训》）此皆觇之前史而信者也。试觇之外史：意大利之建国也，古罗马之庄严伟烈，日印于国民心脑中，是以一举而大业成。日本之初倡“尊王攘夷”，取大和魂之武风，聚国人而中戒之，而今日遂卒食其报。此又言欧化之士所乐道也。若夫崇古抑今之见，昔之文化未通，隔于时势，故生谬误；若今则车轴大同，地绝天通，波谲云诡，咸驰域内，方如丸之走阪，水之就下，而奚患乎其自封也？

恫夫哉！宇内古国之文明，其存于今者不一二觏也。试征之埃及：埃及为文明之初祖，天文、建筑、美术照烁寰宇；而为问今日，有复见琐罗门、美内士之遗烈者乎？故国粹隳而埃及微矣。征之希腊：希腊诸贤，学派朋兴，沿流溯始，灌溉全欧。而为问今日，犹有梭格拉底、柏拉图、亚里士多德之流风乎？是国粹绝而希腊衰矣。又征之印度：印度以佛为国粹者也，自佛教歧出，蒙古一再侵入，天方之教踵兴，而印度遂为英藩矣。由是观之，四千余年之古国，以声明文物著者，若埃及，若希腊，若印度，皆以失其国粹，或亡或灭，或弱或微。而我中国犹岿然独著于天下，不可谓非天择之独厚也。毋亦我古先哲贤，抱守维持，而得系千钧一发以至于斯乎？以群古国之文明，而独竞胜于我国，其必适于天演之例可知也。其优胜适存如是，其光明俊伟如是，此正爱国保群之士，所宜自雄而壮往者也。

西哲之言曰：今日欧洲文明，由中世纪倡古学之复兴，亚别拉脱洛查诸子之力居多焉。谅哉言乎！夫彼之尊崇古学，固汲汲矣。博士必习拉丁文字而后进。通邑大都设藏书楼，聚古籍恒数十万册。治地文学者，必考上古地层之土石。治史学者，必崇海洛特司之记载。治哲学者，必读德黎七贤之学说。治政治学者，必溯多头寡人之政体。治人种学者，必研挪亚亚当之遗迹。治法律学者，必讲梭伦来格之型典。治兵学者，必读尼巴恺撒之战史。凡是之伦，更仆难数。（斯宾塞《群学肄言·贬愚篇》云：虽文章若狭斯比亚，使无数千年闻见之积累，以富其思，又无数百世修明之文辞，以达其意，吾不知其所为辞曲乌从来也。虽有创物之智如瓦德，使生于不知用铁之世，抑冶炼之事至微浅而不足道，力学之不讲，旋床之未兴，吾不知所谓汽机者何从制也。虽有外籀之精如赖不拉斯，使未有埃及大食以来所积进之算术，则其力理天学之作果遂成乎。

可与此参看。）彼族强盛，实循斯轨。此尤其大彰明著者也。视我神州，则蒙昧久矣，昏瞀久矣。横序之子，不知四礼；衿缨之士，不读群经。盖括帖之学，毒我神州者六百有余年。而今乃一旦廓清，复见天日，古学复兴，此其时矣，此其时矣。欧洲以复古学科学遂兴，吾国至斯，言复古已晚，而犹不急起直追，力自振拔，将任其沦坟典于草莽，坠冠带于涂炭，侪于巫来由红樱夷之列而后快乎？必不然矣。

且吾国之先哲，固恒好翕受外学者也。孔子作《春秋》，集百十二国之宝书，问礼老聃，问官郯子，是固然矣。佛学之来也，宋儒得之，得其意而辟其辞者，为程、朱（程子之论性，朱子之论理，皆参入佛氏说。语录体亦是佛氏文字），用其意而间涉其辞者为陆王（陆子静之良知，王阳明之心学，皆有得于佛学。详见宋明儒学案中）。是佛学入中国，翕受之而成一精妙之哲学也。算学之来也，清儒得之，于前有梅（文鼐）、戴震，于后有李（善兰）、华（蘅芳）。西人谓《几何原本》，独传精蕴，驾乎西本之上。是算学入中国，翕受之而成一精妙之科学也。今译学又然矣。其国学无本，满纸新名者，曾不值通人之一盼，而能治国学者，新译脱稿，争走传诵，奉为瑰宝。若是者，以国学翕受外学之效，其萌芽乎？其萌芽乎？揆之于古既如此，衡之于今又如彼，如是犹谓国粹之说，有阻进化者，不亦卑当世之伦，而羞神州之士也耶？（闻有乡曲之士，姝姝于守故而拒外自大者，不一二年将风靡云从矣，不足以为难也。)

或者又曰：子言国学，则汉宋其一矣，然汉有许郑贾服，而莫救黄巾之危，宋有周程朱张，而莫纾南渡之祸，国学之无益于中国，诚非訾言矣，而子顾倡之乎？应之曰：此所谓知其一而不知其二者也。汉儒虽不能救黄巾，然其学弥漫宇内，至于五胡之乱，文献沦亡，衣冠涂炭，而南北诸儒徐遵明、崔灵恩辈，犹守其学而不为膻风貉俗所易，则汉儒之泽远也。宋儒虽不能救南渡，然其学风靡一世，于夷夏之界，辨之甚严，元窃祚未几，即复反正，而宋濂、薛瑄辈，复昌其说，人咸知伦纪彝叙，而不至终沦左衽，则宋儒之泽远也。是故国有学则虽亡而复兴，国无学则一亡而永亡。何者？盖国有学则国亡而学不亡，学不亡则国犹可再造。国无学则国亡而学亡，学亡而国之亡遂终古矣。此吾国所以屡亡于外族，而数次光复，印度埃及一亡于英，而永以不振者，一则仅亡其国，一则并其学而亡之也。呜呼！正学之儒，以学救国救天下，名岂必在一时，功岂必在一世哉！且彼汉宋儒者，亦非孔学之至，尤非吾国之纯然至粹者也。汉儒之学，传于子夏（子夏遍授六经，传六经于荀卿，荀卿数传而至孔安国，为古文家之源流；又传《春秋》于公羊高，公羊高再传而至胡母生，为今文学家之源流。是今古文两汉之学皆传于子夏也。详见《史记》、前、后《汉书》“儒林传”)。宋儒之学，私淑曾子（宋儒得力全在《大学》《中庸》二书，子思亦曾子门人，故可以曾子括之，曾子所谓“日三省”，所谓“慎独”，及《大戴记》“曾子”“劝学”诸篇，皆宋儒学问所从出也。若孔孟二子，宋儒非真能体察者），是孔学之支流余裔而已，犹未至于孔学，犹未至于孔学之至粹（韩非子谓孔门之后儒分为八，若汉宋儒者，其殆各得其一者欤？），而其效已若是。况彼附于二派者，其后皆破碎支离，门户水火，或以学市而干利禄之途，或以学隐而避文字之祸，非果有悲天悯人救世易俗之宏愿，而仅缘饰文字，以为名高，其去先哲守道卫学之意，固已远乎。夫今日之言国粹，非谓姝姝守一汉宋之家法以自小也。固将集各学之大成，补儒术之偏蔽，蔚然成一完粹之国学，而与向之咕哔其言，咿唔其艺者，固大异其趣，而谓可尽废乎？

要而言之，国粹者，精神之学也；欧化者，形质之学也。欧化亦有精神之学，此就其大端言耳。无形质则精神何以存，无精神则形质何以立。世有被缔绣于刍灵者，似人而不得谓之人也，无精神故也。弃国粹而用欧化者，奚以异是？庄子曰：“古之人，外化而内不化；今之人，内化而外不化。”（《知北游》篇）。今之所谓欧化者，毋亦类于庄子所讥者乎？如其言化也，曷以数十年以来，无一创获之器，无一独造之能，奈端、培根何不诞中土也。观于市，而工之绳墨如故；观于郊，而农之耒耜如故；观于庠序，而士夫之学问如故；观于朝廷，而政府之政策如故。及一衡夫社会之情状，则自达尔文著出，而竞争之说，不以对外而以对内矣；伊耶陵著出，而权利之说，不以为公而以为私矣；弥勒之著出，而自繇之说，不以律人而以律己矣。行欧化之道而乃若是，此正所谓内化而外不化者也。呜呼！糟粕六经，刍狗群籍，放弃道德，掊击仁义，其始不过见快一时，谓功业什伯于言行，不必鰓鰓过计，而其极遂终为天下裂而不可救。此策时之君子，所宜三致意者也。剂其所毗，仍在国粹而已。国粹者，道德之源泉，功业之归墟，文章之灵奥也。一言以蔽之，国粹也者，助欧化而愈彰，非敌欧化以自防，实为爱国者须臾不可离也云尔。

是故国粹以精神而存，服左衽之服，无害其国粹也；欧化以物质而昌，行曾史之行，无害其欧化也。如理弓然，弛而不张则蹶，张而不弛则折；如鼓琴然，独弦不能操缦，一音不能合乐。王仲任曰："知今而不知古，谓之盲瞽；知古而不知今，谓之陆沉。"（见《论衡》）。其今日学者之铭箴乎！《语》曰："温故而知新。"《易》曰："君子多识，前言往行以畜其德。"诚爱之也，诚重之也。昔钟仪居楚，犹歌南音；士会在秦，不忘故国。彼非儒者，而犹若是，而况沐黄帝尧舜禹汤文武周公孔子之遗泽以至于今者乎！顾瞻祖国，可以兴矣。

（选自张枬、王忍之编《辛亥革命前十年间时论选集》第二卷上册，三联书店 1963 年版，本文发表时署名"许守微"）

邓实

（1877—1951），字秋枚，原籍广东顺德，生于上海高昌乡。1902年在上海创办并主编《政艺通报》，1905年在上海创办《国粹学报》，主持成立国学保存会，并任《国粹学报》主编。以“发明国学，保存国粹”为宗旨，积极宣传复兴古学，大力提倡保存国学。大规模地从事古籍的校勘整理工作，先后编辑过《国粹丛书》《国粹丛编》《神州国光集》《国学教科书》《国学讲义》《美术丛书》等。

古学复兴论

故吾人今日对于祖国之责任，惟当研求古学，刷垢磨光，钩玄提要，以发见种种之新事理，而大增吾神州古代文学之声价，是则吾学者之光也。

邓子曰：十五世纪，为欧洲古学复兴之世，而二十世纪，则为亚洲古学复兴之世。夫周秦诸子，则犹之希腊七贤也。土耳其毁灭罗马图籍，犹之嬴秦氏之焚书也。旧宗教之束缚，贵族封建之压制，犹之汉武之罢黜百家也。呜呼！西学入华，宿儒瞠目，而考其实际，多与诸子相符。于是而周秦学派遂兴，吹秦灰之已死，扬祖国之耿光，亚洲古学复兴，非其时邪？考吾国当周秦之际，实为学术极盛之时代，百家诸子，争以其术自鸣。如墨荀之名学，管商之法学，老庄之神学，计然白圭之计学，扁鹊之医学，孙吴之兵学，皆卓然自成一家言，可与西土哲儒并驾齐驱者也。夫周秦诸子之出世，适当希腊学派兴盛之时。（希腊学者如苏格拉底、柏拉图、芝诺、亚里士多德，皆生周末元考安显之间。）绳绳星球，一东一西，后先相映，如铜山崩而洛钟应，斯亦奇矣。然吾即《荀子》之《非十二子篇》观之，则周末诸子之学，其与希腊诸贤，且若合符节。是故它嚣魏牟之纵情性、安恣睢，即希腊伊壁鸠鲁之乐生学派也。陈仲史鳝之忍情性、綦谿利跂，即希腊安得臣之倡什匿克学派也。（什匿克派以绝欲遗世，克己励行为归。）墨翟宋钘之上功用、大险约而谩差等，即希腊芝诺之倡斯多噶学派也。（斯多噶学派尚任果，重犯难，而设然诺。）惠施邓析之好治怪说，玩琦辞，即希腊古初之有诡辩学派，其后亚里士多德以成其名学也。（其详见第二期丛谈门。）

我周末诸子，本其所得，各自为学，波谲而云诡，不可谓非吾国学术史一代之光矣。学之衰也，其自汉武之罢黜百家乎。夫汉武用董仲舒之言，尊儒术而表章六经，则亦已矣。诸子之学，其为神州之所旧有者，听其自存自灭可也，奈何而竟用专制之术，尽绝其道乎？此君子所以不恨于秦火之焚烧，不恨于咸阳之一炬，而独痛恨于天人三策之所陈为无道也。自是以后，诸子之学，遂绝于中国。义疏于隋唐，性理于宋元，帖括于明代，学术之途，愈趋愈狭，学说之传，日远日微。试一按其当时国籍，考之传记，欲求古先哲贤之片影，而亡有一存者，盖古学之亡久矣。虽然，学以立国，无学则何以一日国于天地。于是本国无学，则势不能不求诸外国。而外学之来，有其渐矣。考西学之入中国，自明季始。

（按摩西古教之来华在前汉时，景教之入中国在唐时，为时甚远，然所传者为宗教之经文，不足以官学术。）利玛窦诸人，接踵东来，著书译经，布教之外，旁及历数象器之学。而爱约瑟即以其法理医文四科之学说，传之中土。而士大夫多习其学。（如徐光启、张尔岐、黄宗羲皆深信西学。）至于国初，且用汤若望、南怀仁辈，为之定历明时。而宣城梅文鼎之算学，大兴刘献廷之字学、地文学，江都孙兰之地理学，皆于西土之学有渊源。至若江永、戴震之徒，则非但涉猎其历数之学，且研究其心性，而于彼教中之大义真理，默契冥会，时窃取之，以张汉学之帜，而与宋儒敌，今其所著之书可按也。（如《孟子字义疏证》中，时有天主教之言。）至海宁李善兰出，始集西学之大成，然其面目一变。何者？李氏之前，所习皆偏于历数心性，而李氏则专注重于工艺历史。观制造局之译书，可以见李氏宗主之所在矣。李氏而后，译学日新，时局大变，于是言西学者，又舍工艺而言政法，而西方之学术，于是大输于中华。虽然，外学日进，而本国旧有之古学亦渐兴。乾嘉以还，学者稍稍治诸子之书，如镇洋毕氏之校《墨子》《吕氏春秋》，阳湖孙氏之校《孙子》《吴子》《司马法》《尸子》，江都汪氏之序《墨子》、序贾谊《新书》、撰荀卿子《通论》《年表》。虽仅掇拾丛残，雠正讹伪，然先秦之书，赖此可读。道咸至今，学者之爱读诸子，尊崇诸子，不谋而合，学风所转，各改其旧日歧视之观。其解释诸子之书，亦日多一日，或甄明收诂，或论断得失，或发挥新理，如孙氏之《墨子闲诂》，俞氏之《诸子平议》，刘氏之《周末学术史》其著也。

夫以诸子之学，而与西来之学，其相因缘而并兴者，是盖有故焉。一则诸子之书，其所含之义理，于西人心理、伦理、名学、社会、历史、政法，一切声光化电之学，无所不包，任举其一端，而皆有冥合之处，互观参考，而所得良多。故治西学者，无不兼治诸子之学。一则我国自汉以来，以儒教定一尊，传之千余年，一旦而一新种族挟一新宗教以入吾国，其始未尝不大怪之，及久而察其所奉之教，行之其国，未尝不治，且其治或大过于吾国，于是而恍然于儒教之外复有他教，六经之外复有诸子，而一尊之说破矣。此孔老墨优劣之比较，孟荀优劣之比较，及其他九流优劣之比较，纷然并起，而近人且有订孔之篇，排孔之论也。呜呼！学术至大，岂出一途，古学虽微，实吾国粹。孔子之学，其为吾旧社会所信仰者，固当发挥而光大之；诸子之学，湮殁既千余年，其有新理实用者，亦当勤求而搜讨之。夫自国之人，无不爱其自国之学。孔子之学固国学，而诸子之学亦国学也。同一神州之旧学，乃保其一而遗其一，可乎？

吾闻地球文明之祖国有三，而吾国居其一。（其二曰印度、曰希腊。）近日欧洲学者，谓二十世纪所当求之古学有二：一印度学，而一支那学。以谓此东洋之二古学，其于近世纪，必有大发明，以影响于全球学界者。故法属之阿尔日至有东方博学会之设，以讲求东方古今政教、俗尚、语言、文字。则外人之所以勤求吾学者，何其至也。夫经欧美之藏书楼，无不广贮汉文之典册；入东瀛之书肆，则研究周秦诸子之书，触目而有。乃他人之宝贵吾学如是，而吾乃等之瓦鼎康匏，任其沉埋于尘埃粪土之中，视若无睹。家有至宝，而遗于路人，岂不惜哉！

故吾人今日对于祖国之责任，惟当研求古学，刷垢磨光，钩玄提要，以发见种种之新事理，而大增吾神州古代文学之声价，是则吾学者之光也。学者乎！梦梦我思之，泰山之麓，河洛之滨，大江以南，五岭以北，如有一二书生，好学信古，抱残守缺，伤小雅之尽废，哀风雨于鸡鸣，以保我祖宗旧有之声明之物，而复我三千年史氏之光荣者乎。则安见欧洲古学复兴于十五世纪，而亚洲古学不复兴于二十世纪也。呜呼，是则所谓古学之复兴者矣。

（选自《国粹学报》第一年第九号，1905 年出版）

国学真论

邓子曰：痛夫悲哉，吾中国之无国学也！夫国学者，别乎君学而言之。吾神州之学术，自秦汉以来，一君学之天下而已，无所谓国，无所谓一国之学。何也？知有君不知有国也。近人于政治之界说，既知国家与朝廷之分矣，而言学术，则不知有国学君学之辨，以故混国学于君学之内，以事君即为爱国，以功令利禄之学，即为国学，其乌知乎国学之自有其真哉。是故有真儒之学焉，有伪儒之学焉。真儒之学，只知有国，伪儒之学，只知有君。知有国则其所学者，上上千载，洞流索源，考郡国之利病，哀民生之憔悴，发愤著书，以救万世。其言不为一时，其学不为一人，是谓真儒之学。若夫伪儒者，所读不过功令之书，所业不过利禄之术，苟以颂德歌功，缘饰经术以取媚时君，固宠图富贵而已。邓子曰：悲夫，吾中国国学之真之失，殆久矣乎。

自《周礼》一书，有师儒之名。师以传经，是曰经师，儒以传道，是曰儒家。东周之季，《周礼》在鲁，孔子删定《六经》，彰明四教，兼备师儒，其后弟子一传其六艺之学，流为经师，一传其用世之学，流为儒家。周秦之间，经儒分途，经师抱残守缺，不求利禄，儒家学古入官，志在用世。班固述艺文志，以周秦汉初诸经师，录入儒林传，而以《论语》《孝经》，录入六艺略中，由是经儒始不别，而通经致用之说乃兴。故有谓经义苟明，取青紫如拾芥，有以明经为三公，自矜稽古之荣者。经儒之派既分，于是而国学君学遂一混而不可分。吾观周秦间大师，类能以所学匡正时君之失，裁抑君权，申明大义，无所于畏。漆雕子无严于诸侯，假干木田子方不屈于势利，鲁仲连布衣之士，义不帝秦。此秦以前之学，无愧其为国学之真也。自秦政焚书，以吏为师，骊山种瓜，惨然一压，诸生拜为郎者七百人，终乃无声，而君学之统以成，国学之统以绝。故太史公曰："六艺从此缺焉。"伤经师一派之学微也。汉尊儒术，叔孙通制朝仪，假儒术以尊天子。汉武表章六艺，公孙宏以春秋白衣为天子三公。申公以学显，其弟子行虽不备，而至于大夫郎中掌故以百数，太史公曰："自此以来，公卿大夫士吏斌斌多文学之士矣。"盖自汉武罢黜百家，惟儒家一派，独为时君所尊崇，然而儒家之宗旨，则以求仕待用其职志者也。《荀子·王伯篇》曰："论德使能而官施之者。圣王之道也，儒者之所谨守也。"《儒效篇》曰："大儒者，天子三公也。"（杨注：其才堪王者之佐也。）是儒者之所志，不过入官为三公耳。郑君《三礼目录》曰："儒之言优也，柔也。其与人交接，常能优游。”《艺文志》说儒家曰：“辟者随时俯仰，违离道本，苟以哗众取宠。”是故优游俯仰，而为进身之阶，正辟儒善行之术。叔孙通责弟子，谓若真鄙儒，不知时变。而荀子则曰时绌而绌，时伸而伸，足以知儒之为儒，惟在湛心荣利，苟以趋时而已。时之所尚，利禄之所在，则不惜迁就其生平之所学，以谀媚时君。如以董仲舒之贤，而《春秋》灾异之说，为天子所忌，则不敢复言。儿宽贫时，以治《尚书》，为张汤援古法，决大狱，比为三公，则承意从容，无取匡救。下至公孙宏孔光之徒，无不曲学阿世，以保富贵。则其时君学之盛行可知矣。班固曰：“武帝立五经博士，开弟子员，设科射策，劝以官禄，传业者寝盛，一经说至百余万言，大师众至千余人。”盖利禄之路然也，岂不然哉。降及王莽，引经文以文奸言，而颂莽功德者，至十余万人，剧秦美新，乃出于拟圣之杨雄，甘受莽大夫之恶名而不恤。及光武以符箓受命，崇尚谶纬，颁为功令，一二陋儒，援饰经文，杂糅谶纬，以工谀献媚。贾逵以左氏有刘为尧后之文，遂请立学；何休以公羊获麟，为汉受命之符。而六艺遗文，一若专为颂飓君主之具，又何怪其后之私行金货，改定兰台漆书，以合私文者之纷纷乎！呜呼！盖自秦至汉，神州几尽为君学之天下，然而国学尚有一线之延者，则赖鲁两生征议朝仪而不为屈，郑君比牒并名，早为宰相，毋失其素风。一二在野经生，独抱遗经，甄明古学，故至汉之末造，而党锢独行之徒，乃能维持清议，裁量执政，义形于色，舍命不渝，松柏后凋于岁寒，鸡鸣不已于风雨。别国学于君学之内，而独树一帜，岂非神州之光哉?

顾亭林曰：东京之末，节义衰而文章盛。自蔡邕始，其仕董卓无守，卓死惊叹无识，观其生平滥作碑颂，则平日为人可知。降及三国，王符、崔寔、阮武、姚信之徒，咸以法家辅儒学，崇尚法术，以尊君而抑民，而法家之惨缴寡恩，已开放弃礼法之先路。流至魏晋，士皆慕通达而尚清谈，惟求仕进，不顾廉耻，稽绍被杀父之仇，而山涛荐之入仕，大义不明，以至相率臣于刘聪、石勒。观其故主青衣行酒，而无所动，则人心风俗之坏，至正始而极矣！盖自永嘉之乱，旧经家法尽亡，人师难求，诸儒乃尽弃其经典，而遁于老庄之学。虽其清净寂灭，遗弃事功，殊非热中君学之比，而实则篡弑频仍，争夺无厌，羌戎互僭，君臣屡易，神州陆沉，而国学之销亡亦尽矣。北魏君臣，伪崇儒学，建学宫，用经生，无非为笼络士民之计。隋文统一，因九品中正之弊，官人之法，悉重明经、进士诸科，复建立黉序，征辟儒生，一时承其风者，无不熏心于时王之功令，舍诗赋词章，无所谓学。虽有文中子讲明圣学于野，而其徒则且纡青拖紫，自诩为佐命元勋矣。唐撰《正义》，而中邦学术统一之局成。孔冲远奉一王之令，守一家之说，弃河朔之朴学，尚江左之浮谈。《书》《易》则屏郑家，《春秋》则废服义，举一废百，颁之天下，以为程式。凡试明经，悉衷《正义》，是驱天下士民，群趋于功令之一途。使天下学术非定于一尊不止，岂非学术之专制欤？宋承唐弊，以科举取士，故《朱子语录》谓朝廷欲克复两京，非停止三十年科举不可。可知其时士人沉溺科举之深，故以朱子之隐居读书，闭门讲学，而人主且悬为道学之禁。元儒鬻学，吴、许之徒，靦然享大牢之奉，而受青史之称，则不特曲学以媚时君，而且曲学以媚外族矣。明祖以八股取士，复辑五经四书大全，颁之学官，悬为功令，以守宋儒之学为宗，士之空疏极矣。黄梨洲曰："明人讲学，袭《语录》之糟粕，不以六经为根柢。"钱大昕曰："自宋以经义取士，守一先生之说，而空疏不学者，皆得名为经师。"至明季而极，故《明史·儒林传》谓二百七十余年间，未闻以专门经训名家者，经学非汉唐之专精，性理袭宋元之糟粕。

论者谓科举盛而儒术微，殆其然乎！嗟乎！此科举之学所以至明而极弊也。夫自汉立五经博士，而君学之统开，隋唐以制科取士，而君学之统固，及至宋明，士之所读者，功令之书，所学者，功令之学。遥遥二千年，神州之天下，一君学之天下而已，安见有所谓国学者哉？虽然国无学则国不存，吾国绵绵延延以至于今者，实赖在周有伯夷，在秦有仲连，在汉有两生，在东汉有郑康成，而在晚明有黄梨洲、顾亭林、王船山、颜习斋、孙夏峰、李二曲诸先生之学为一线之系也。今数先生之风日微矣，而天下尚趋于设科射策，营营荣利而未有已。是故汉之博士，一科举也，唐之诗赋，一科举也，明之八比，一科举也，今之学堂考试，亦一科举也。不尽去其富贵利禄、急功近名之见，而为独立远大之学，徒斥斥于朝廷之趋向以为转移，而曰我学也，乌得而冒国学之名而为国士哉？

（选自《国粹学报》第三年第二号，1907 年出版）

国学无用辨

学以为国用者也。有一国之学，即以自治其一国，而为一国之用。无学者非国，无用者亦非学也。今之忧世君子，睹神州之不振，悲中夏之沦亡，则疾首痛心于数千年之古学，以为学之无用而致于此也。邓子曰：悲夫！其亦知吾国之古学，固未尝用，而历代所用者，仅君学乎？夫用之而无效，则谓其学为无用固宜。若夫其学犹未用也，而即嚣然以无用名之，而乌知乎其学之果无用也。是故无用者君学也，而非国学。君学者，经历代帝王之尊崇，本其学说，颁为功令，而奉为治国之大经，经世之良谟者也。其学之行于天下，固已久矣。若夫国学者，不过一二在野君子，闭户著书，忧时讲学，本其爱国之忱，而为是经生之业，抱残守缺，以俟后世而已。其学为帝王所不喜，而亦为举世所不知。学者不察，漫与君学同类而非之，曰无用无用。呜呼！其果真无用欤，抑其不知用也？

自周之季，学失其官，诸子蜂起，各本其术以自鸣。老子之道术、庄子之齐物、墨子之兼爱、申韩之法制、孙吴之兵谋、荀子之名学、管子之经济，用其一皆可以有裨于当世。夫诸子之多为其术，以救人国之急，可谓勤矣。然而当代之君民能用其说者几何也！毋亦信仰其学而从之游者，皆其一派之弟子乎，其于全社会无与也。秦政焚书，骊山一压，不特儒术六艺，从此缺略，而百家之学，亦荡然无存。国且无学，何有于用。汉兴，诸儒收拾灰烬，抱其遗经，亦惟相与伏处于荒墟蔓草之间，私相授受，讲诵不辍耳。其时为之议朝仪、定礼乐者，叔孙通诸生之伦，假儒术以媚人主，所用者君学而非国学也。汉武号尊儒术，然申公以力行对而疾免以归，辕固生年九十矣，以诸谀儒疾毁而亦罢归，则其所用者，公孙弘曲学阿世者耳，亦君学而非国学也。汉之末造，朝政昏浊，而党锢独行之士，风潇雨晦，不已鸡鸣。及其卒也，小人得以合围而猎，君子反以前禽而伤，则其时之君学盛行而国学之罢斥不用可知矣。

夫国学之与君学不两立者也，此盛则彼衰，此兴则彼仆。群阴昼闭，而微阳不现，黄钟毁弃，而瓦釜雷鸣。自唐代义疏之作，宋世科举之兴，明以八股取士，近世承之，其时君所乐用者，皆为君学之一面。故自宋至今，五六百年，国破家亡，外祸迭起，君臣屡易，坐令中区瓦解鱼烂而不可救者，皆君学之无用有以致之，而国学不任咎也。

夫既知君学之无用矣，然而历代帝王，宁使亡国败家相随属，而卒不肯以国学易君学者，其故何哉？夫君学者，以人君之是非为是非者也，其言顺而易入。国学者，不以人君之是非为是非者也，其言逆而难从。古今好谀之君多，而从逆之君少，此君学所由盛而国学所由衰欤。邓子曰：夫使君学之盛行，而国学之不振者，吾民亦与有过焉矣。吾闻泰西学者，创一学说，则全社会为之震动，而其终卒能倡造社会，左右政界。故孟德斯鸠、卢梭之学说出，遂成法国大革命，而全欧响应；斯密亚丹之学说出，而自由放任贸易主义以兴；达尔文、斯宾塞之学说出，而天演之公例大明。此其学不必赖时君之表扬也，而固已飚动云兴，足以转移一世之人心风俗而有余矣。

返而观我国，则历代虽有一二巨儒，精研覃思，自成宗派，其学术非无统系之可言，而空山讲学，所与倡和者，惟其门徒及二三知己耳，而全社会不知尊仰，后人不闻表彰。故其学派遂日远而日微，即其遗书亦湮轶而不可见，不亦悲乎！明之季，国既亡矣，而北有夏峰、习斋，西有二曲，东南有亭林、梨洲、船山，皆思本所学以救故国，著书立说，哭告天下，而天下之人不应，漠然若毋动其中，其言不用，而神州遂至陆沉。夫使数君子之学，得以见施于时，则亭林乡治之说行，而神州早成地方自治之制；梨洲原君原臣之说昌，则专制之局早破；船山爱类辨族之说著，则民族独立之国久已建于东方矣。是故数君子之学说而用，则其中国非如今日之中国可知也。推而老、庄、申、韩、荀、墨之学用于战国，则战国非昔日之战国；伏生、申公、辕固生之学用于汉，则汉非昔日之汉又可知也。惜其学不用，乃以成此晚近衰亡之局，而反以无用诬古人，古之人不更悲乎！

虽然，古人之学，有用之一时者焉，有用之万世者焉，有用之一人者焉，有用之一国者焉。用之一时一人者其效小，用之万世一国者其效大。呜呼！数十百年之后，万有一收其效者，则予言雪矣。然非有命世独立不惧之君子，其亦安能与于斯哉！

（选自《国粹学报》第三年第五号，1907 年出版）

高旭

（1877—1925），字天梅、号剑公，别字慧云、钝剑，江苏金山（今上海金山区）人，近代著名爱国诗人。13岁攻诗文，17岁即以能诗名噪乡里。1903年参与创办觉民社，出版《觉民》杂志，以启发民智、宣扬爱国为宗旨。1904年东渡日本，入日本法政大学学习。1905年在日本创办《醒狮》杂志，宣传革命思想，同年8月加入中国同盟会，是首批入会的成员之一，并担任江苏省主盟人。1906年归国后创办健行公学，成为东南地区的革命活动中心。1909年与柳亚子、陈去病创办南社，并亲撰《南社启》，为南社三大创始人之一。辛亥革命后曾任金山军政府司法长、众议院议员等职，后参加非常国会，反对袁世凯称帝。1912年参与组织国学商兑会，研究国学。著作编为诗文集《天梅遗集》。

学术沿革之概论

国何以立？以有学。无学，则国非其国矣。故一国必有一国之学，谓之国学。虽然，专讲保存国学，亦安能立国哉！国因时势而迁移，则学亦宜从时势而改变。夫惟其能改变也，故学可为珍，而学乃可以常存。不然，国势已变迁矣，而犹死守固有之学，不稍变动，势必为强外族闯入而制其命，而尽废其学。若是，不特国学之不能保也，而国亦因保国学而灭绝。况所谓保国学者，未必真国学。苟真国学，固不依赖人之保存，而能自存于宇宙间矣。顾国学之能自存于宇宙间者，在欢迎新学术以调和之、补助之耳。夫如是也，进步之速率岂有量哉！

师薑曰：中国学术思想不进步，其原因何在乎？在政体之专制。泰西学术思想日以进步，其原因何在乎？在政体之文明。文明国宪法上定有条例，许人民以三大自由，所谓言论自由、思想自由、出版自由是也。此三大自由，惟文明国人民完全无缺，而野蛮国人民则无之。为文明国之人民者，其著书立说，一听其脑筋之电力所至。无今无古，无人无我，纵横六合，惟所创造。故全国人民相争相竞，各出其智力，而文化日以精神。野蛮国则不然，言必古人之所已言者。若古人所未言，而为我所独创，与古人意相反对者，则目之为非圣无法，而诛之、戮之、割剥之、牛马之，以遂其时君私天下之侈心。故秦始皇有坑儒焚书之事（始皇所坑之儒实非儒，而乃与儒为敌者也；所焚之书，乃百家言而非儒书。若果儒书，始皇固引为同调矣），汉武有罢黜百家之举。而满清胡虏兴文字狱，彼固以为学术思想之发达，非君主之利事而异族为中夏君，于此尤竞竞焉。君主既以人民之言论自由悬为厉禁，而士夫遂不敢创立异说，以冀得世界之真理。且于儒学之外，不敢无通他学。即能旁涉他学之藩篱，亦不欲明以诏来者。如宋代诸子之理学是矣。当时理学虽称以儒学为归，实乃包括佛、老而有之。夫包括佛、老，乃宋儒学术之大进步，而偏以为讳，则数千年墨守不变之旧俗使然矣。呜呼，可不伤哉！吾为此而惧。今特将中国历代之学术分为八时代以论之。

一、神学全盛时代

上古之世，人民榛榛狉狉，智识未开。盱盱而睡、嚣嚣而食之外，无特擅技能，亦无远到之理想。仰而见有日也，月也，星辰也，风雨烟霞也，江河之有波浪也，树木之有荣枯也，人类之有疾病死亡也，则以为既非人力所使，必有物以主宰之。然又不知主宰者究为谁，则以为必有神焉。然所谓神者，非空间所能居，其殆居于天乎！故遂以天为神之家，而神为天主人矣。积此种之幻想，人人脑中如是，人人眼中如是，人人口中如是。于是而笔之于书，谓之神书。中国民族从西方迁徙而来，与印度埃及相同，故皆重神权。自伏羲氏出而作《易》，虽其所说天道与人事有绝大之关系，要终不外乎鬼神之界域，不敢稍越雷池一步，中国之哲学实以此为先河。黄帝之时，其官吏即当时之僧侣，大挠作甲子，仓颉作六书，客成作历数，史皇作图，皆是黄帝时之僧侣，中国之科学，始于此时。此外，夏禹之世，继《易》而起者，为《洪范》。九皞所说，亦不外幽明之状。又《书》与《诗》，帝王鬼神，杂出其间。其伸引绵绵，若痴若醉，有一唱三叹之致者，皆科学之遗传也。上古之世，崇信神教，立有专官，称为祝史。全部之术，皆掌于祝史。祝史有统治全部学界之权。祝史者，其墨家之巨子，罗马之教王乎！

此为中国学术第一时代。

二、官学昌明时代

中国之学术，自唐、虞、夏、商以后数千年间，不能超越乎神学之势力范围。迨至西周，而学术遂厘为二，言天事者为一派，言人事者为一派。然学术虽分为二派，而觉力究归一人，则史官是也。斯时也，中国但有官家之学，无私家之学。窃尝考之，中国古时，其学派共分为十，派则虽多，要之，皆官吏掌管之。官吏有无上之威权，而官学有莫大之势力。除官吏外，无威权；除官学外，无势力。官吏与学术盖成为集合体矣。学术之盛，振古无比。亦尝读班固《艺文志》矣，固之言曰：“儒家，从司徒分出者也；道家，从史官分出者也；阴阳家，从羲和分出者也；法家，由理家分出者也；名家，由理官分出者也；墨家，由清庙官分出者也；农家，由农稷官分出者也；纵横家，由行人官分出者也；杂家，由议官分出者也；小说家，由稗官分出者也。”班固立言如是，盖信而有征也。观此，亦可想见，当时官学昌明之状况矣。

此为中国学术第二时代。

三、诸子竞争时代

周室东迁，书籍扫地，古代竹简，荡然无遗。于是，聪明智慧杰出者流，创造学说，表彰其平日所自信者，各思改造其社会，历史上所称为九流者是也。孔子生丁周衰，创立儒教。能传其学者为子思、孟子、荀子三人。儒教最重伦理，而治国平天下之法制，其规划亦复周密。老子所创之教为道家，而道家又分为二派，一为庄、列学派，专讲虚无；一为杨、朱学派，专讲乐利。其宗旨，尚自由，排君主。意至美，识至卓矣。而其弊在遁于空虚，且视痛苦为仇敌，而淫侈放纵，极其口腹之欲以为快；墨子倡教称为墨家。其大目的，在兼爱。与耶稣爱人如己之说同。又时时发表其理想上之民主政体，而更包涵名学、兵学，以及他重学、光学等。其多才多艺如此。墨子诚中国之圣人哉！此外，又有称为名家，如申不害、商鞅、李斯之徒，其学说由儒家分出，得儒家之一部分，而能精加研究，其法制直超儒家而上之。遵其言以行之，国家可得安宁秩序。泰西之陆克孟德斯鸠，岂真有大过人者耶？但申、商以后，无人继起发挥而光大之，是则中国政治之所以日坠于九地之下，而无得见天日之时也。此四家者，于中国当时有大应响，倾动一世。若名家、阴阳家等势力远不逮矣。然亦厉兵秣马，纵横冲突，角胜于诸强之间也。

此为中国学术第三时代。

四、儒学统一时代

儒家之学术，专讲名分，与君主专制政体吻合，故君主每利用之。秦始皇虽焚书坑儒，而于政治亦乐采用儒术，以其大有利于已也。至汉而儒学尤盛，文帝设立五经博士。武帝时，罢斥诸子百家，专尊儒术，后世称之为儒教之大一统矣。当是时也，学士大夫惟有注经而已。注经有古文家说，今文家说。要皆局于典籍，无所表现。咬文嚼字，身殉蠹鱼。自由之乐，梦寐未逢。奴隶之苦，甘如醉酒，亦可怜矣。迨至王莽僭窃之时，一种怪异妖妄之学问又出现。一时聋盲之辈，随风披靡，无不心醉谶纬。虽然，此种学问亦非凭空创造，乃古代巫祝衍支派所遗传也。延至东汉，解说小学者又崛起，其学派区而为二：一释文义，一讲礼经。要而言之，此皆抱残守缺者流，向人鼻息以求生活者耳。虽号为积学之儒，占有泰山北斗之鸿名，如蔡邕、王充，其所著《论衡》《独断》，亦皆一以儒术为昆仑墟，而不敢稍溢儒之界说，别发一新思想，别辟一新境界。盖儒教至东汉，其专制为达于极点矣。不若西汉之犹有申、商、黄、老之学，参入于其间也。

此为中国学术第四时代。

五、佛老混合时代

老学一大而称为道家，故论者谓老子为道家之始祖。道家分为两派，其一王弼、何晏所倡，为玄理派；其一为神仙派，如抱朴子等是。玄理派有崇信虚无者，有实行乐利者；神仙派，有崇尚丹鼎者，有专心符箓者。东汉以后，儒术侵衰，治经之徒，改弦易辙。至两晋，而旷达之风海内大盛，清谈之士门户相高。佛学乃自东汉时传入中国，至晋而盛，至南北朝而大盛。其种类有三，曰教门、宗门、律门。宗门分顿觉、渐觉。律门以修身力行为目的。苟有倡者，岂竟无和！斯时之上官名卿，争趋附之，几几乎成一二教混合之奇观矣。惜乎无巨力深识之彦，收拾三教之精英于一炉中，以冶之，铸成光明异样、灿烂鲜明之学风，为前古所未有，此则六朝时代之大缺点也。盖此时，外夷为乱，迭主中华。而所谓学士大夫者奔走流离拜豺虎。于学问上，无暇加以研求。故虽混合三教，而终不能产出一新学术，使历史黯然无色。可不令人浩然兴叹，嗒然丧气耶！

此为中国学术第五时代。

六、理学发明时代

迨至唐代，佛老之学依然混合于儒。及韩愈出而辟佛，其所辟者乃佛之粗，而非佛之精。愈固不知佛也，其言之无昌于道也亦宜。自是以后，虽士人多称道儒学，而其实，佛老之学已氤氲于斯时。故至宋，而一种理学之名目披露矣。理学者，实采取道家、佛家之长而支配之。周敦颐所倡之学，称为濂学；张横渠所倡之学，称为关学；二程则称为洛学；朱晦庵则称为闽学。陆子静之学，于程、朱、张、周外，别出心裁，独树旗帜。继之而起，为明之王阳明。阳明一生主张致良知之学，开辟草莱，发现新地，诚学界之哥伦布哉！濂学者，咀嚼《易》《中庸》而化之者也。其所阐发，皆天人之原理。而其病也，在少实际；关学之实际，较濂学为多矣，而其病在崇尚《礼经》，泥古不化，此乃专制之余孽也；二程、朱子其立说，主重实践，不重空谈，固为颠扑不破之论。要之，其主静，主敬，使人形如槁木，心如死灰。而人类活泼泼地之真精神，几使历百年而尽行消灭。是则，其立教之过，安得而辞！况三纲之说，毒病四海。推原而论，当以二程、朱子为中坚。扬汉儒董仲舒之妖焰者，非二氏而谁！

此为中国学术第六时代。

七、考据学披猖时代

满虏入关，中原板荡，中流砥柱，一发犹存。自顾亭林、王船山、颜习斋、黄梨洲、吕晚村诸先生死，而汉学绝矣。胤禛、弘历思汉人之心未遽死也，乃迭兴文字之大狱，以逞其一网打尽之毒计。于是而儒雅之士，萃萃济济，歌咏升平，有所谓考据之学出焉。士夫咸殉身于声音、训诂之中，口不谈国事。《说文》《尔雅》两书，尊为天神，重于九鼎。继复支生金石学、校勘学，群焉嚣然附之。中国之学术至弘历僭窃后，而晦盲闭塞极矣！而一、二有志之士，不屑为无用之学，不为金石、校勘所诱者，则或从事典章制度之学，或从事于微言大义之学。治典章制度之学者，以“三礼”为前驱；治微言大义之学者，以《公羊》为先导。虽然，此辈解经，每多附会，局促于蜗角之中，沾沾自喜。至发明先圣之心传，表彰前代之法制，固非其任矣。及康有为、梁启超出，能三致意于此点。其所论述，有至当、至确，而不可易者。然私心妄断，附会滋多。甚矣，其破碎害道也。(《孔子改制考》及《思想变迁之大势论》中，附会之处不可枚举）顾犹或谓其能力张新说，开他人不开之口，发前人未发之谈。其亦爱新觉罗氏朝之才士也夫！

此为中国学术之第七时代。

八、西学输入时代

西学之输入中国也，可分四时期。有明之季，耶教东来。传教之徒，以天文、算学散布中国。而我国人得知天文学者，自此始矣。自嘉靖以降，地理学又经彼教中人传入。我国人研究地理学者渐多。五洲大势，始行发现。再后传入者，为医学、格致学，再后为史学。兵学，至今日乃为大盛。盖政治学、社会学、哲学等无不云蔚霞举，横渡太平洋而咸集于东亚大陆之上矣。我国人本茫然不知世界之大，自英、法起衅，五口通商，始恍然有所悟，知中国以外尚有他国。中学以外，尚有他学。遂乃名其为洋学，称中外交涉事件为洋务，其思想之幼稚如是。夫此四时期中，当以何时期收效果为大？天文、算学、地理、医学、格致学，翻译者，大都彼教中人，故书经印行以后，大人先生每羞道之。至史学、算学乃官立之译书局所印行，而当译员者，又为上流社会中人，故影响稍广。至哲学、政治学、社会学等，译者大半为思想高尚、学问博雅之儒，故一书发行，风动全国。而民权自由主义、尚武主义、种族主义，灌溉国民之脑球，镌印国民之骨髓。“非我族种，其心必异”之观念，既以发生，其气势直欲震荡天地，摇撼山岳。“文字收功日，神州革命潮”，是乃近时学界之一大变象也。

此为中国学术之第八时代。

中国学术分八时代，如上所述。过西学输入时代，将进为何种时代乎？抑其时代由何等主义造成乎？此亦问题也。

师薑曰：闻之开新、守旧两派之言矣。开新者曰：欲造新中国，必将中国一切旧学扫而空之，尽取泰西之学，一一施于我国；守旧者曰：我欲强我国，行我古代圣王之法而余，不必外法。或但取其艺学。二家之见，所谓楚则失矣，齐亦未为得也。夫我国之学可遵守而保持者固多，然不合于世界大势之所趋者，亦不少。故对于外来之学，不可罗致之。他国之学固优美于我国，然一国有一国之风俗习惯，夏裘而冬葛，北辙而南辕，不亦为识者所齿冷乎？然而，对于我国固有之学，不可一概菲薄，当思有以发明而光辉之。对于外国输入之学，不可一概拒绝，当思开户以欢迎之。若是者，对于内有之学，其惟用主观主义乎？对于外来之学，其惟用客观主义乎！我国之学，其至精至微者，经历代群主专制之威权，铲削摧排几丧尽矣。然古籍中时复露其一、二吉光片羽，宜如何珍重保护之，拾其精英，弃其糟粕，此主观主义之作用也。主观主义者，其殆保存主义乎。至于外来之学，其有大利益于我国者，则掠取之，以为补助之资料。其学虽善，而于我国现势不合者，则无宁舍之而勿顾焉。譬人之饮食然，既欲物之适口，又必欲不妨害于卫生。若以多多益善，物物而啖之，急不暇食，必罹腹胀垂毙之患，此客观主义之作用也。客观主义者，殆即吸收主义乎！自今以后，为吸收与保存两主义并行之时代。果能尔尔，于西学，庶免食而不化之讥；于中学，冀呈晦而复明之象。是则，可为中国学界前途贺矣。

（选自郭长海、金菊贞编《高旭集》，
社会科学文献出版社 2003 年版）

南社启

国魂乎，盍归来乎！抑竟与唐虞、姬姒之版图以长逝，听其一往不返乎！恶，是何言，是何言！国有魂，则国存；国无魂，则国将从此亡矣！夫人莫哀于亡国，若一任国魂之飘荡失所，奚其可哉！然则国魂果何所寄？曰：寄于国学。欲存国魂，必自存国学始；而中国国学之尤为可贵者，端推文学。盖中国文学为世界各国冠，泰西远不逮也。而今之醉心欧风者，乃奴此而主彼，何哉？余观古人之灭人国者，未有不先灭其言语文字者也。嗟乎，痛哉！伊吕倭音，迷漫大陆；蟹形文字，横扫神州。此果黄民之福乎！人心世道之优，正不知伊于胡底矣！

或谓：国学固不宜缓，然又奚必社为？曰：一国之事，非一二人所能为，赖多士以赞襄之。华盛顿之倡新国，非一华盛顿之力，乃众华盛顿之力也。社又乌可已哉！然而社以南名，何也？《乐》操南音不忘其旧，其然，岂其然乎！南之云者，以此社提倡于东南之谓。“率土之滨，莫非王臣”，原无分于南北，特以志其始也云尔。鄙人窃尝考诸明季，复社颇极一时之盛。其后，国社既屋矣，而东南之义旗大举，事虽不成，未始非提倡复社诸公之功也。因此知保国之念，郁结于中，人心所同。然岂待有所激而然哉！当是时，主盟者为张天如。余观天如，文学亦未有大过人者，所以能倾倒余子者，徒以其名位而已。一时风气所趋，吴门、金陵两次大会，莅会者，不下数千百辈，似亦可谓壮举。特余所深鄙者，科举痼疾，更甚曩时；门户标榜，在所不免。要其流弊，历史遗羞。艾千子，文学未必过人，而论文之见，实远出张、陈诸子上。千秋论定，当以鄙言为不谬。文章公物，无庸杂私意于其间。阿其所好，君子所大戒。欲知来，先知往。当世得失之林，安能不三致意耶！善哉，吕晚村之言乎："今日文字坏，不在文字，其坏在人心风俗。父以是传子，师以是授弟子。子复为父，弟复为师。所以传授子弟者，无不以躁进躐取为事。"吕氏此言，诚感慨弥穷矣！

今者不揣鄙陋，与陈子巢南、柳子亚卢有南社之结，欲一洗前代结社之积弊，以作海内文学之导师。余惟文学之将丧是忧，几几乎忘其不自量矣！试问今之所谓文学者，何如乎？呜呼，今世之学为文章者、为诗词者，举丧其国魂者也。荒芜榛莽，万方一辙，其将长此终古耶！其即吕氏所谓"其坏在人心风俗"者耶！倘无人也以撑柱之，则乾坤或几乎息矣。此乃不特文学衰亡之患，且将为国家沉沦之忧矣！二三子有同情者乎！深望同声相应，同气相求，与之同步康庄。以挽既倒之狂澜，起坠绪于灰烬。若是者，岂非我辈儒生所当有之事乎！诗有之曰 :“伐木丁丁，鸟鸣嘤嘤……嘤其鸣矣，求其友声。相彼鸟矣，犹求友声。矧伊人矣，不求友生？”鸟声耶，友声耶！世岂有不喜闻鸟鸣之嘤嘤者耶！“溯徊伊人，宛在水中央”。毋金玉尔音，令余踯躅而徬徨也。

（选自郭长海、金菊贞编《高旭集》，
社会科学文献出版社 2003 年版）

顾实

（1878—1956），字惕生，又字铁生，江苏武进（今江苏常州）人，现代著名古文字学家、诸子学学家。早年留学日本，攻读法科，期间曾参加中国同盟会。民国成立后曾任上海《申报》编辑和商务印书馆编辑。后执教于国立东南大学、中央大学、无锡国学专科学校、女子法政学校等学校。1923年与陈钟凡等在东南大学创办并主编《国学丛刊》（1926年9月改名《国学辑林》），亲撰发刊词。通多国语言，在中国文学、史学、目录学、文字学等领域建树颇多。著有《汉书艺文志讲疏》《中国文字学大纲》《重考古今伪书考》《庄子天下篇讲疏》《大学郑注讲疏》《中庸郑注讲疏》《论语讲疏》《杨朱哲学》《中国文字学》《说文解字部首讲疏》《六书解诂及其释例》等。

国学研究会演讲录序

国学研究会诸子以本会成立，甫四越月，而讲演之稿盈帙。在东大、高师两校研究会林立之间，所未有也。方欣欣有喜色，抱甚大之希望。讲演录多有可保存之价值，复欲付剞劂，公诸同好。嘱序于余。余不获辞，谨为序曰：

凡人之生，呱呱坠地之第一声者，即出自母腹之温暖体中，而忽闯入空气之寒冷体中，大吃一惊之呼声也。《诗》曰："其泣喤喤"，喤喤亦呱呱，阴阳声转字也。则得以呼声之洪纤高下，而预卜其将来之吉凶殀寿也。开天辟地第一声，下此惊奇心之种子。由是而好奇心续续发生不已，此好奇心者，即好学心也。自婴儿至幼童，天真烂缦，大概对于外物，无不嬉戏好弄，愈好弄者，将来必愈有成器，如婴儿未知火之烫手，抚之而肌灼呼痛，然后知火之能烫我也。异日且知用火以烫人也。此即人类最初化学教室试验所得之化学的知识也。未知刀之刺手，扪之而血流呼痛，然后知刀之能刺我也。异日且知用刀以刺人也。此即人类最初物理教室试验所得之物理的知识也。更迨长大成人以来，一切饮食兴居服御男女情欲，无一不从环境中得来。是故环境者，人类最初之大学校也，然而此皆不足为学校、不足为学问者，何哉？以此犹皆在天行之范围，而未足以当人治之经略故也。所贵于人类者，为其能以人治征服天行，换言之，即能以人为征服天然，且能利用自然现象而征服自然界者也。此古今文明民族所以咸有种种学校之设备及种种学术之兴作也。

学校学术皆非岁月经久，不能大成，故学校必由小学而中学而大学焉。学术则尤难言矣。孔子曰："吾十有五而志于学，三十而立，四十而不惑，五十而知天命，六十而耳顺，七十而从心所欲不踰矩。"是孔子自十五志学，以迄七十而殁，无一日不在学之中也。是故学术者，终身事业也。年愈高而德愈劭，人愈老而知愈多，生理心理之发达，与年而俱进，加以事非躬自经历，不能真知灼见。故夫张子房之受书于圯上老人也，蒙侮辱而不欲报，诚以亲尝困厄而心知老人之可异也。天人固非无老而不死之贼，亦非无生而睿知之圣。然而老犹童昏、狂妄无耻者，学者之中，盖鲜其人也。且未闻生知之圣而不学者也。是故讲学之难也，莫难于讲者、听者两间之生理心理不相应，往往讲者举其三四十岁而后之极深研究、披肝沥胆、和盘托出以贡献于听者之前，而听者甚或怀五分钟热，席不暇暖，即起去之。加以迩来出身学校者，未尝根本课读古书，平素所习者，数册讲义及时行报章杂志而已。一涉讲者引经据典，便觉莫明所谓，若再从经典着论，更堕入五里雾中矣。反不若讲者本从报章杂志中来，只要几句时行口禅，花样翻新，一挑半剔，联串成篇，便可大受欢迎，千人唱、万人和，几于一哄之市，而不悟其至浅薄也。普通讲演，此病尤深。古人有言“知希我贵”“曲高和寡”，岂不信哉！岂不信哉！惟是国学研究会不然，讲者既多宿学专家，而听者辄能孳孳不倦，其不可与常俗同论明矣。而诸子之学养有素，亦从可知也。

国学之由来远矣哉！大凡人类思想之发达，莫不有空间时间之观念。昔春秋战国之世，百家朋兴，而孔子最为好学，其言曰：“吾说夏礼，杞不足征也。吾学殷礼，有宋存焉。吾学周礼，今用之，吾从周。”曰夏礼、曰殷礼、曰周礼，此孔子为学，截分时间之观念也。又曰：“宽柔以教，不报无道，南方之强也。君子居之，衽金革死而不厌，北方之强也。而强者居之。”又曰：“先王之制音也，奏中声、为中节，流入于南，不归于北。南者生育之乡，北者杀伐之域。夫杀者乱亡之风，奔北之为也。”曰南方、曰北方，此孔子论道、论音划分空间之观念也。后世亦有不期然而然者，姑即挽近而言之：逊清中叶，汉学、宋学之争，甚嚣尘上。江藩著《汉学师承记》《宋学渊源记》二书，略足明一代公案。尚有民族主义隐伏其间者，洪杨之役，义旗所指，地方长官，多拱手听之，故孙鼎臣《畚塘刍议》即言：“粤寇之乱，酿成于汉学。”

而曾国藩《覆颖州府夏教授书》亦言：“国藩一主宋儒，不废汉学。”此曾氏之所以甘为民族枭獍，而殁世不免乎恶名也。今之人或诋“汉学”“宋学”二名词为不通，欲推翻三百年来重重公案，则吾不知其所以沾沾自喜以为通者，果通与否也。此近世学术有截分时间之观念者，一也。海禁洞开，外患荐至，精神文明失其抗拒力，物质文明闯入而横行，于是复有“中文”“西文”；“中学”“西学”相对抗之名词。最近国家观念普及于人人，凡若“国文”“国语”“国乐”“国技”“国粹”“国故”“国宝”种种冠以国字之一类名词，不胫而走，有口皆碑。而“国学”一词亦哇哇坠地以产生，国学专修馆之创设，几遍二十一行省。章君太炎复在苏省教育会讲演国学，为万流之所宗仰，是最高学府之国立大学，咸有国学研究会之揭橥，岂得已哉。今之人或复欲诋“国学”二字为不通，吾亦不知其所以自以为通者，果通与否也。此近世学术有划分空间之观念者，二也。总之，古今人心理不相远，盖周季列国者，一今世万国之雏形也。今世万国者，一周季列国之放大也。其治学俱不能不有“时间”“空间”之观念者，势也。故今之国学研究会者，时世之幸运儿哉！天骄子哉！可无勉乎哉！

虽然，国学一名词，对外之世界，虽为空间之对抗，而对内之历史，仍有时间之包容，曾国藩虽吾族之枭獍也，而不以人废言。其言曰：“学问之途，自汉至唐，风气略同。自宋至明，风气略同。国朝（指清朝）又自成一种风气，其尤著者不过顾亭林、阎百诗、戴东原、江慎修、钱辛楣、秦味经、段茂堂、王怀祖数人，而风会所扇，群彦云兴，别标汉学之名目。”此曾氏可谓粗知治学之门径矣。若张之洞谓“考据之学，亦创于宋儒”。此则张氏之“说官话”也。不知用宋儒之考据法，犹不足以澈底了解先汉之书，惟用清儒之考据法，庶几足以澈底了解先汉之书，故宋儒之考据，只足以为清儒之兴台而已，此清儒汉学之所以足尚也。大抵国学以能了解先汉之书为大本，其余为汉、为宋，了无轩轾，不过成功有难易先后已耳。世有作者，继长增高，踵曩代之成书，开未来之显学，则时贤项背相望，无烦吾人之喋喋矣。

至若有科学之知识，通俗之知识二者，前者完成系统，后者只具片段。教室讲授，穷年累月，率多取有系统者。其余虽学术讲演，亦以时间关系，仅取成片段者，不免多所省略称心而谈，然缩短时间，令人称快，殊有足尚，往往启发之效力，远逾于教室讲授。故今此讲演录之发刊，诚欲公诸同好，非寻常射利之书可比也。

中华民国十二年一月二十八日　武进顾实识于东南大学之六朝松下

（选自东南大学、南京高师国学研究会编辑《国学研究会演讲录》第1集，商务印书馆1923年8月出版）

《国学丛刊》发刊辞

强邻当前而知宗国，童昏塞路而思圣学。《语》曰“见兔顾犬，亡羊补牢”，洵乎犹足以有为也。昔者，隋唐之隆也，华化西被，方弘海涵地负之量。迨及逊清之季，外学内充，大有喧宾夺主之概。曾几何时，事异势殊。自非陈叔宝太无心肝，谁不俯仰增慨？则海宇之内，血气心知之伦，咸莫不嚣然曰“国学”。与夫本会同人，近且出其平素之研究，而有《国学丛刊》之举行，岂有他哉？一言以蔽之曰，爱国也，好学也，人同此心而已矣。念昔先民，周季分崩，天下大乱，九流乃兴。近世似之，环球列强，群龙无首，百学炽昌。是曰自由之隆运。生民懿德，曰惟正直，谁毁谁誉，自尽其力。幼学壮行，老教后生，穷达以之，天下文明。是曰平等之极则。本斯二者，以期孟晋。

夫学无畔岸，囿国而小。然植基于是，推而远之，事半功倍。故括举纲领，藉便来者。一曰，小学类。理董先典，非此莫属。近世王俞，懋绩卓著。音韵训诂，最为奥远。发明形体，求古铭刻。二曰，经学类。先审文字，后明义理。今文古文，汉氏师承。近世考证，曲畅旁通。专精一经，再及其余。三曰，史学类。乙部记载，代有继增。大本《史》《汉》，暨今莫易。三通六续，稍详文化。益以《通鉴》，略观世变。四曰，诸子类。儒墨近取，从周从夏。百家远征，乃言黄帝。二派较然，文质抗衡。下逮方技，一长足录。五曰，佛典类。奘公以前，是曰旧译。从奘公起，是曰新译。一切声量，新译为审。旁及十宗，先难后获。六曰，诗文类。上源风骚，下穷骈古。读书万卷，文章炳彪。优美而弱，壮美而强。毋曰末艺，邦家之光。此六类也，统名曰国学。纲举目张，万端待理。初学循此，终身有序。

盖始基既立，而后广求知识于世界，其积极之造诣不可量，而消极之获益可得而言者。唐行科举，百年而弊，中世毒发，爰有古文。自是而后，骈古分途，止争形式，不问思想。惟治国学者决不争此，其善一也。明清八比，锢蔽益深。今虽废绝，流毒未泯。高谈义理，力追八家，字尚未识，便诩发明。惟治国学者决不出此，其善二也。海禁既开，异学争鸣，截长补短，获益宏多。根柢浅薄，辄言沟通。岂无隔阂，遂至矛盾。惟治国学者盖可免焉，其善三也。复有佥壬，谓他人父，果羸速化，倡废汉字，甘作虎伥，抑何忍心。一切古书，拉杂摧烧。惟治国学者去之若浼，其善四也。然则国学之于今日，岂第犹水火菽粟布帛之于斯民也。不又且扫千年科举之积毒，作一时救世之良药也哉。登高自卑，行远自迩。异时为学有本，则不忘己而循人，不随波而逐流。庶几学融中外，集五洲之圣于一堂。识穷古今，会亿祀之通于俄顷。本刊戋戋之献，曾何足以语此。然而敢贡愚者之一得，倘亦大雅之所乐许也？复系以辞曰：

大道隐兮万化流，瞻四方兮欲何求。研坟典兮阐索丘，植遐基兮乐无忧。陈宝筏兮设慈航，欢众乘兮相徜徉。昭祖德兮辉国光，来无始兮大无疆。

（选自《国学丛刊》第一卷第一期，1923 年 3 月出版）

胡朴安

（1878—1947），名韫玉，字朴安、仲明、颂民，别署有怍、半边翁，安徽泾县人，现代著名语言文字学家、民俗学家、诗人。1906 年加入国学保存会，任《国粹学报》编辑，1909 年加入中国同盟会，次年加入南社，在社中担任庶务与干事之职。辛亥革命前后曾在《民立报》《太平洋报》《中华民报》等媒体任职，兼任中国公学、复旦公学教授。民国时期历任福建省立图书馆馆长，上海《民报》社长，持志大学、暨南大学、上海女子大学等校教授，南京国民政府考试委员，江苏省政府委员兼民政厅长等职。1939 年因患脑溢血而闭门著述。1946 年任上海通志馆馆长，毕生致力于文献学、语言学研究，其著述以宏博详赡著称。著有《俗语典》《中华全国风俗志》《中国文字学史》《中国训诂学史》《古书校读法》《周易古史观》《校雠学》等。

研究国学之方法

猥以浅陋，蒙贵校长曹慕管先生之召，属讲国学概论，或诸子平议，窃以此题太大，非短时间所能尽，且鄙人的学问亦不够，无已，其与诸君一道商榷研究国学之方法。

“国学”二字，作如何解释？即别于国外输入之学问而言：凡属于中国固有之学问范围以内者，皆曰国学。又，此国学的名词，为概括的、通共的，非特指某专门学问也。然则以如此渊浩之国学，欲研究之，应如何入手？鄙人以为第一步方法，须先将国学分类，然后在各类中，寻出一个门径来。

分类之法，行之甚早，孔子已有德行、政治、言语、文学四科之分，但以今日研究国学之眼光观之，此等分类方法，不甚精密。汉人治学之方法，以书籍为分类之标准，譬如：研究《诗经》者，名为诗经学；研究《春秋》者，名为春秋学。而《诗经》又有齐、鲁、韩、毛四家。《春秋》又有左氏、公羊、榖梁三家。到了东汉，古文发见，于是又有今文、古文之分。唐朝文学最盛，研究经学者，不过孔颖达、贾公彦、陆德明等数人，当时并五分类之表示，今日代为分别，亦只能勉强分为经学、文学二类。宋朝学问门类，大概亦分为二：一种以治佛学的方法治儒学者，名为理学；一种祖述韩、柳、李、杜者，名为文学。宋朝学问虽则亦只二类，但是，理学的壁垒，比唐朝的经学坚得多了。明朝学问，无特别采色，大概不出宋人窠臼，即王阳明之学，亦出于陆象山也。

清朝学问，分类比较为多：一曰经学，亦曰汉学，关于声音、训诂、考证等皆属之。二曰理学，亦曰宋学，宋学又分为二派：一派宗朱，一派宗陆。三曰史学。四曰文学。此两种学问，比前朝亦均加发达，此历代学术分类之大概也。

吾人研究国学，关于分类方法，应取以上何种欤？或须另定欤？以鄙人个人之意见，将中国学问分为六类，如下：

（一）哲理类。

（二）礼教类。

（三）史地类。

（四）语言文字类。

（五）文章类。

（六）艺术类。

哲理——凡属于思想一方面，皆为哲理。中国人之思想，发达极早，最初之思想，对于天皆有极端之信仰，迨后知识渐开，知天不足支配一切，于是不以天为神灵之天，而以天为道理之天，验之于天，即验之于人也。如《礼记》《中庸》所谓：“天命之谓性”，《尚书》所谓：“天视是我民视，天听是我民听。”是其不言天者，在儒家为荀子，在法家为商子，但不甚多耳。关于此类应读书：《易》《论语》《孟子》《礼记》中之《大学》《中庸》《二十二子》（浙江书局刊）、《宋儒学案》《明儒学案》《清学案小识》等。

礼教——礼者、礼制。教者、非宗教之教，亦非教育之教，盖含有伦理而兼政治者也。哲理属于思想一方面，礼教属于实行一方面。礼教亦国学中重要之一部分，关于此类应读书：《周礼》《仪礼》《礼记》《荀子》等。又，二十四史中之礼志，亦当读之，以明历朝礼教变迁之大概。

史地——历史舆地，本为两类，但是研究历史者，宜借证于舆地。研究舆地者，断不可脱离历史，故合为一类。研究历史者，如欲知治乱兴衰之迹，须读《资治通鉴》及后编《明鉴》等书，因此等书对于此点，极为注意，但体系编年，不易融会贯穿，更读《九朝纪事本末》，则一事之起讫，可以了然矣。如欲明典章制度，须读九通，若患太多，只读三通考，亦足以识典章制度之大概。至一朝之典章制度，于各史之书志中求之，亦可得也。又如刘知幾之《史通》，章学诚之《文史通义》，二书关于史法，亦为研究史学者不可不读之书。地理一类之书，善本颇少，郦道元之《水经注》，顾祖禹之《读史方舆纪要》，为比较而善也。

语言文字——语言文字，自来未有另立一类者，清朝以前，附于经学，近人或归入文学，但此学确有独立一类之价值。此类可分为三：一曰形，二曰声，三曰义。关于形之部，可读段玉裁之《说文解字注》。关于声之部，可读《广韵》、顾氏炎武之《音学五书》，江氏永之《古音标准》及《音学辨微》。关于义之部，可读戴氏震之《方言疏证》，郝氏懿行之《尔雅义疏》，王氏念孙之《广雅疏证》等。

文章——文章为讲学问之工具，可以发表自己之意思，而纪[①]世界之事物者也。可分为三种：一曰有韵者，二曰无韵而优美者，三曰切实用者。关于有韵者，当读《诗经》《后汉书》《淮南子》《文选》等。关于无韵而优美者，当读《左传》《史记》《新五代史》、唐宋八家集等，关于切实用者，当读《礼记》《前汉书》《荀子》《管子》，陆宣公、陈同甫、顾亭林、包慎伯集等。以上三种，第三种最为有用。盖复杂之事，以简括之语纪之，幽深之理，以浅显之语明之，最为文章之能事。第三种文章，即有此种趋向者也。

艺术——如医、算、雕刻、书、画等是。医算无须研究，雕刻不甚发达，惟书画在中国艺术界中，颇有重要之价值。关于技能一方面，另有专书，须得教师指授。若欲知历代书画变迁之大概，则《佩文斋书画谱》可参考也。

以上所云，并非为专门研究各类学者而设，不过借此可知国学门径耳，不敢自信必合，但提出与诸君商榷，或可引起诸君研究之兴趣耳。

（选自胡道静主编《国学大师论国学》上册，
东方出版中心 1998 年版）

① 现写作“记”。

客观的研究国学方法

余尝有宣言，研究国学之方法有二：其一即以客观的研究，为整理国学之方法。夫国学之范围颇广，欲得详密之整理条例，必将国学分门别类，各定一精严之整理方法而后可。然此方法之决定，断非一人之力所能任，盖学非专门必不能得其精细也。然大要之整理方法，可以预定。兹以个人之意见，定一整理国学之大要方法二条如下：

一、以结账式之整理，以求国学之统系。

二、以摘要式之整理，以求国学之精粹。

何谓结账式整理？——中国各种学问，皆散漫无纪，自有书籍以来，未有一种书籍，可以包括一种学问而无遗者也。兹以小学为例：段、王、朱、桂之书，可谓比较的稍有结束，然而只是一家之学；如语以小学之全，相去奚啻倍蓰？所以关于小学之整理，当合小学之著述，去其重复，合为一编；其是非精粗，姑且置之不问。所谓结账者，必先开账也。迨编纂既成，然后是非精粗，可以凭藉此编，而为一度之结束。其他各种学问之，胥如是也。

何谓摘要式整理？——中国书籍，浩如烟海，然而一书之中，求其最精要者，往往十不获一，或且百不获一，而又糅杂纷乱，律以最近学问门类，鲜有一种书籍专述一种学问者。若不为摘要式之整理，则精粹将埋没于糠粃而不显，读者亦苦其用力多而获益少也。摘要式之整理，即将每一种书，摘其最精要之处，贯穿而条理之。但有最要之条件，须以各书还其本来面目，不可以私意乱之也。

以上二条，特发凡于此，愿与世之抱整理国学之宏愿者加以讨论；然后定一详密精严之方法，以为整理国学之标准。

（选自张少孙编《国学研究法》，上海大华书局 1937 年版）

陈独秀

（1879—1942），字仲甫，号实庵，安徽怀宁人。清末秀才，早年留学日本，曾参加辛亥革命和反袁斗争。1915 年创办《青年杂志》（第二卷起改名《新青年》），1917 年担任北京大学文科学长，是新文化运动的发起人和五四运动的主要领导人，中国共产党创始人和早期领导人之一。1918 年参与创办《每周评论》，1920 年任广东省教育委员会委员长，主持创办《劳动界》周刊、《共产党》月刊。1921 年 7 月至 1927 年 8 月历任中国共产党中央局书记、中央执行委员会委员长、总书记等，1929 年 11 月被开除出党。主要著作收入《独秀文存》《陈独秀文集》《陈独秀著作选编》等。

学术与国粹[①]

学术何以可贵？曰，以牖吾德慧，厚吾生，文明之别于野蛮，人类之别于其他动物也，以此。学术为吾人类公有之利器，无古今中外之别，此学术之要旨也。必明乎此，始可与言学术。盲目之国粹论者，不明此义也。吾人之于学术，只当论其是不是，不当论其古不古；只当论其粹不粹，不当论其国不国；以其无中外古今之别也，中国学术，隆于晚周，差比欧罗巴古之希腊。所不同者，欧罗巴之学术，自希腊讫今，日进不已，近数百年，百科朋兴，益非古人所能梦见；中国之学术，则自晚周而后，日就衰落耳。以保存国粹论，晚周以来之学术，披沙岂不可以得金？然今之欧罗巴，学术之隆，远迈往古；吾人直径取用，较之取法二千年前学术初兴之晚周、希腊，诚劳少而获多。犹之欲得金玉者，不必舍五都之市而远适迂道，披沙以求之也。况夫沙中之金，量少而不易识别；披盲目之国粹论者，守缺抱残，往往国而不粹，以沙为金，岂不更

① 本文原标题为“随感录”，这里的标题是编者加的。

可悯乎？

吾人尚论学术，必守三戒：一曰勿尊圣。尊圣者以为群言必折中于圣人。而圣人岂耶教所谓全知全能之上帝乎？二曰勿尊古。尊古者以为不师古，则卑无足取。岂知古人亦无所师乎？犯此二戒，则学术将无进步之可言。三曰勿尊国。尊国者以为“鄙弃国闻，非励进民德之道”。（用“重组中国学报缘起”之语）夫尊习国闻，曾足以励进民德乎？国闻以外，皆不足以励进民德乎？吾以为此种国粹论，以之励进民德而不足，杜塞民智而有余。（古人以尊国、尊圣故，排斥佛教，致印度要典，多未输入中国，岂非憾事？奈何复以此狭隘之眼光，蔑视欧学哉！）

国粹论者有三派：第一派以为欧洲夷学，不及中国圣人之道；此派人最昏聩不可以理喻。第二派以为欧学诚美矣，吾中国固有之学术，首当尊习，不必舍己而从人也。不知中国学术差足观者，惟文、史、美术而已；此为各国私有之学术，非人类公有之文明；即此亦必取长于欧化，以史不明进化之因果，文不合语言之自然，音乐、绘画、雕刻，皆极简单也，其他益智、厚生之各种学术，欧洲人之进步，一日千里，吾人捷足追之，犹恐不及，奈何自画？第三派以为欧人之学，吾中国皆有之。《格致古微》时代之老维新党无论矣；即今之闻人，大学教授，亦每喜以经传比附科学，图博其学贯中西之虚誉；此种人即著书满家，亦与世界学术，无所增益；反不若抱残守缺之国粹家，使中国私有之文史及伦理学说，在世界学术史上得存其相当之价值也。例如今之妄人，往往举《大学》“生众、食寡、为疾、用舒”之说，以为孔门经济学；不知近世经济学说，“分配论”居重大之部分，《大学》未尝及之，即“生产论”及“消费论”中，资本劳力与时间问题，原则纷繁，又岂“生众、食寡、为疾、用舒”之简单理论所能包括；不但不能包括，且为“生产过剩”之原则所不容；倘执此以为经济学，何异据《难经》以言解剖，据《内经》以言病理，据《墨经》以言理化，据《毛诗》《楚辞》以言动植物学哉？

（选自《新青年》第四卷第四号，1918 年 4 月出版）

谈国学问题两则

一

国学是什么，我们实在不大明白。当今所谓国学大家：胡适之所长是哲学史，章太炎所长是历史和文字音韵学，罗叔蕴所长是金石考古学，王静庵所长是文学，除这些学问以外，我实在不明白什么是国学？不得已还只有承认圣人之徒朱宗熹先生的话："国学者，圣贤之学也，仲尼孟轲之学也，尧舜文武周公之学也。"

现在中国社会思想上堆满了粪秽，急需香水来解除臭气，我们只须赶快制造香水要紧，可是胡适之、曹聚仁这几位先生，妙想天开，要在粪秽里寻找香水，即令费尽牛力寻出少量香水，其质量最好也不过和别的香水一样，并不特别神奇，而且出力寻找时自身多少恐要染点臭气；奇怪，他们好费力寻得点香水，出卖时还不肯舍去粪秽的商标，惹得想专利的圣人之徒朱宗熹先生，因有人假冒招牌，"矍然大惊""夷考宵小之所为""终必申罪以致讨之"。这本是胡、曹诸君自寻烦恼！

曹聚仁先生说："国学一名词虽流行于全国，实际上还含混糊涂，没有明确的观念可得到呢！"我老实说，就是再审订一百年也未必能得到明确的观念，因为"国学"本来是含混糊涂不成的一个名词。

二

曹聚仁先生说："我们的社会，毕竟建筑在东亚大陆上，社会中各个体，毕竟要受旧文化的影响，一切思想决不能离了历史独自存在的。"他这段话我完全赞成，他以这样的精神来研究中国的古董学问，纯粹是把他看作历史的材料来研究，我不但不反对，而且认为必要，尤其是在社会学与考古学。但是用这样精神去研究他，只可称他为"国故"或"中国学"，而不可称他为"国学"；因为国故与中国学，都只表示历史材料的意思，而"国学"便含有特别一种学问的意思。学问无国界，"国学"不但不成个名词，而且有两个流弊：一是格致古微之化身，一是东方文化圣人之徒的嫌疑犯；前者还不过是在粪秽中寻找香水（如适之、行严辛辛苦苦的研究墨经与名学，所得仍为西洋逻辑所有，真是何苦！），后者更是在粪秽中寻找毒药了！

（《陈独秀著作选编》第三卷，上海人民出版社 2009 年版）

柳诒徵

（1880—1956），字翼谋，号劬堂，一号盋山翁，江苏镇江人，著名图书馆事业家、目录学家、历史学家、书法家，中国近现代史学先驱。17岁考中秀才，后就读三江师范学堂。曾任教于江南高等学堂、南京高等师范学校、北京高等师范学校、中山大学等。1927年至1937年任国学图书馆馆长，对馆务进行改革，充实藏书，使之成为“江南藏书之冠”，并编印30巨册《国学图书馆总书目》。正续编所收书达22万多册，期间提倡学术研究，创办《国学图书馆年刊》，把图书馆办成学术研究中心，培养出向达、范希增、缪凤林等知名学者。著有《中国文化史》《中国商业史》《中国教育史》《国学图书馆小史》《国学图书馆概况》《中国版本概说》《国史要义》等。

讲国学宜先讲史学（节录）

现在有许多人都知道要讲国学，但是中国的学问很多，首先应讲哪一种学问，自然各有各的嗜好习惯。喜欢讲某一种学问的，就先讲某一种学问，以为旁的学问都在其次。譬如讲小学，讲经学，讲理学，讲文学，讲考古学等等，都是很重要的。许多专家都认为讲国学莫要于此。我也承认这许多学问都应当讲的。但是我们要讲国学，必须先将各国的学问来比较一下，哪一种学问在世界各国都有的，那就要问某一种学问在中国是特别发达特别完备。自然，中国的小学、经学、理学、文学等等比较他国特别发达，但是最初发达的，无过于史学，后来逐渐进步，尤其完备，所以我说讲国学宜先讲史学。

我们知道，任何国家、任何民族，都有历史，何以说中国的史学特别发达、特别完备呢？大概各国古史多属于神话，后来构成国家，也没有正式设立史官，注重纪载历史，所有史书，大都是私人编纂，得之传闻，或是事后搜辑材料追想得来的。惟有中国，自从黄帝以来即有史官，注重纪载历史，所以纪载神话的历史很少，纪载人事的历史特别的多。比如《世本》《竹书纪年》《尚书》等类的书，都是纪载人事的。我们要知道中国的先民特别注重纪载人事的历史，只须看《礼记》《周礼》上面所讲的各种纪载历史的人特别的多，就知道中国人注重历史非任何民族任何国家可比。大概古时纪载人事的一种人，就叫做史。任何地方，任何机关，都有一个人或若干人纪载地方机关或是个人的经过。《礼记·内则》说有人生子必须报告闾史及州史。大概居民一百家，就有一个史，纪载这一百家的事，叫做闾史。居民二千五百家，也有一个史，纪载这二千五百家的事，叫做州史。合计一州有二十五个闾史和一个州史，所以一乡就有一百三十个史，纪载这一乡的事。比如人之生死以及物产统计或是特别重要的事都有史纪载的。大约方百里的地方就有七百八十个史。再就《周礼》上看，任何机关都有一种史，不下一千数百人。这种史都是管公牍文字，关于官厅的历史的，并不算是职官。至于中央政府建立的官，又有什么太史、小史、内史、外史、御史等职，也有一百多人，掌管全国的各种纪载，所有法律、礼节、统计以及地方的志书，都归这种史官管理。所以一切的学问，在古时候都是史官所管。现在有人不信《周礼》，说不是周朝的书。大约不是周朝，也是战国或是西汉的书，此书上所说的制度，必定总有来历，不是随便说的。我所以说是中国构成国家的时候，特别注重纪载人事的历史，那是各国都没有的。自从汉以后，无论哪一朝，都有史官，纪载一朝的事实，因此累代相传，就有二十四五部正史，合计不下三千多卷，这更是各国之所没有。至于正史之外的史书，那更是不可胜计，下次尚须分类叙述，现在只要先说明正史的来源，就因为从前就注重历史。

注重纪载人事，有何好处？古语云：“前事之不忘，后事之师。”因为人类的知识，都是从经验出来。没有经验，不知道种种事情的利害。有了经验，就知道做某种事有利，做某种事有害，这就是学问。我们要知道，中国有两个最大的学问的人：一个是老子，一个是孔子。这两个大学问家的学问，从何处产生呢？都是从史学产生出来的。老子是周朝的柱下史，管理藏书，就如今日的图书馆，所以他对于周朝以前历朝历代的成败兴亡，以及各种社会人事的利害祸福，都看得烂熟，后来写了五千言，将他的学问经验，归纳起来，说了许多原理以及公式。大概人类的事，都逃不出老子所说的原理和公式。所以老子的学说，自汉以来，就是支配中国政治，以及社会的唯一要书。孔子是删订经书的，其实各种经书也都是史书。明朝王阳明先生，清朝章实斋先生，都说是六经皆是史，所以孔子并不是经学家，孔子是一个史学家。孔子说其事则齐桓、晋文，其文则史，其义则丘窃取之矣。孔于是据史书上的事情，看出道理来，讲明立国和做人的大义。一切人伦道德，所以应当如此，不可如彼的。并非孔子自己要创造一种学说，他是从史书上看出这种道理，是不可违反的。比如孝弟忠信等等德目，行之就与人群有大利，不行就使人群发生大害。所以孔子的学说，支配二千余年的人群，至今还是要信奉的。

现在人不知道讲历史有什么用处，以为今日的事情，与古来不同。不知一切的物质，是时刻变化进步的，惟有人类，依然还是古来的耳目心思，并未变化，也不见得有何等进步。不过倚赖物质的进化，将人事的形式扩大了或是加紧了。至于内容，依然是没有改变。所以现在的人格外要研究历史，才知道应付种种事变的方式。讲历史的好处，不是可以换钱的，也不是可以骗文凭的，主要的好处就是彰往察来，所谓考诸往而知来者。人类如果能考诸往而知来者，自然就晓得支配人群，以何种方法为最适当，不至茫然无主了。普通人常说，少年人少不更事，老年人老成练达，何以少就不更事，老就练达？就因为经验的多少。人的年龄总差仿不多，活到一百多岁的很少，即使活到百多岁，经验也有限。但是有一法，可以使得人有几千年的经验，差不多有几千年的寿数，这个法子就是讲史学。讲史学知道立国和做人的经验，那就叫做历史哲学。中国从前没有历史哲学这个名字，老子和孔子都只讲个道字。什么叫做道呢？就是从历史上看出人类常走的路，因此悟出这个道来。他们所说的道并非神秘，乃是人生的规律。后来《宋史》上纪载许多讲理学的人的事实，题目叫做道学传。其实“道学”两个字，是从老子和孔子讲史学流传下来的，并非宋朝人创造，也不是做《宋史》的人特别想出来的。我们知道，中国人讲理学是从史学产生的，那就不嫌它迂腐了。

（选自柳诒徵著《柳诒徵史学论文集》，
上海古籍出版社 1991 年版）

中国文化西被之商榷

中国文化之传播于欧洲，远起元明，至清代而递演递进。原书译籍，靡国蔑有，盖西人之嗜学术，愈于吾人之趋势利。纵使中国国威坠失，民族陵夷，但令过去之文化有可研寻之价值，彼亦不惮致力于其残编蠹简、遗器剩物之中，不必以强国富民为鹄的也。例如纽曼之译《诗经》，刘贾克之译《书经》，比优之译《周礼》，夏威诺之译《史记》，以及夏德、斯坦因等之演究古史、搜举简书，皆在欧洲鼎盛之时，非以浮慕吾国地大物博而始欲学其学也。顾自欧战以后，研究东方文化之声，益高于前，其因盖有三端：一则交通进步，渐合世界若一国，昔之秦越肥瘠者，今则万里户庭。我之知彼者既增，彼之知我者亦应有相当之比例也。一则欧人国家主义、经济主义、侵略主义、社会主义、个人主义，既多以经验而得其缺点，明哲之士，亟思改弦更张，如患病者之求海上奇方，偶见其所未经服御者，不问其为参苓溲勃，咸思一啜为快也。一则吾国之人对于国际地位，渐亦知武力金钱之外，尚有文化一途。前二者既自视欿然，无所贡献，所可位为野人之芹者，仅赖有此。闻他人之需要，亦亟谋自动之输将，如拟印行《四库全书》及津贴各国中国文化讲座之类，皆其发动之机也。

虽然，中国文化为何？中国文化若何西被？中国文化以何种输出于欧美为最重要？皆今日所宜先决之问题也。苟从自然趋势观之，吾人亦可不必深虑。盖以上述一二两点，加以彼都人士从来吸集中国书籍之历史，吾纵不为之谋，彼亦将尽量以取。俟其机缘既熟，则以皙种治学之眼光，自能判断吾国文化之异于彼族者何在，即彼族所当摄取于吾国文化之要点何在。如自由贸易然，不必采关税保护制度也。虽然，西方学者，固多好学深思旁搜博览之士。然其取求于吾国之文化者，实有数难，一则文字隔阂，非如彼之谐声易识。有志研索者，往往仅通浅易之文理，不能深造而博涉，小书零册，在吾等于刍狗，彼转视为上珍；而真正之中国文化，彼或未能了解焉。一则西人之来华者，以商人教士及外交官吏为多，而所接洽之华人，亦未易判断其学术之优劣，彼所凭以传译者，或占毕腐儒，或无赖名士，或鄙俗商贾，或不学教徒，辗转传述，最易失真。彼以其言，认为华人自信之真义，则有差之毫厘谬以千里者矣。一则中国学生求学彼国者，多以吸受新学为志，而鲜以导扬国学自任。其在中土既未有充分之预备，一涉彼境，益复此事便废，值其学者之咨询，则凭臆说以答复。甚至彼之知我，转较我之自知者为多，则益不敢操布鼓而过雷门，而惟听其自得焉。是故吾国之人，苟不自勉于传播中国之文化，则彼我文化之交换，终不易相得益彰。吾闻美国某大学欲设中国学术讲座，无所得师，不得已而请一日本人承其乏。呜呼！是实吾民之大耻，抑亦吾国学者之大耻也。

吾甚怪今之国内学者及教育家，纯然着眼国内，不敢一议及学术上对外之发展。有之，则侈陈今日之新教育，谓是为吾国之进步，譬之市肆驱贩陈货于大商店之前，曾不知其所炫鬻者，本其邸店所斥卖。吾即陈述以依附末光，彼固鄙夷而不甚重视，惟有开发矿产，运售土货，始可得交易上之平衡也。虽然，此事亦匪甚难，再阅三数年，国交益密，学者益多，以时势之要求，亦可有相当之应付。如大学之交换教授也，西人之来华求学也，华人之自译国籍也，皆可预计其为必有之事，即亦无甚为难。吾人所欲与薄海内外学者商榷者，即何者为中国之文化要点？今日国内学者所预期传播于欧美者为何物？使仅笼统含混名曰“中国文化”，殊非学者之口吻也。

今之治国学者，大别之可区为数类：讲求小学，一也；搜罗金石，二也；熟复目录，三也；专攻考据，四也；耽玩词章，五也；标举掌故，六也。六者之中，各有新旧，旧者墨守陈法，不善傅会，新者则有科学之方法，有文学之欣赏，有中外之参证，有系统之说明。其于学术，不可谓无进步，汇而观之，亦不谓中国之文化不在于是。然吾尝反复思之，一国家一民族之进化，必有与他国家他民族所同经之阶段、同具之心理，亦必有其特殊于他民族他国家。或他民族他国家虽具有此性质，而不如其发展之大且久者，故论中国文化必须着眼于此，否则吾之所有，亦无异于人人。吾人精于训诂，彼未尝不讲声韵文字之变迁。吾人工于考据，彼未尝不讲历史制度之沿革。吾人搜罗金石，彼未尝不考陶土之牍、羊皮之书。吾人耽玩词章，彼未尝不工散行之文、有韵之语。所异者象形之字，骈偶之文。自今观之，即亦无甚关系。不识象形之字，不得谓之不文明；不为骈体之文，亦不得谓之无文学。苟仅持此以贡献于世界，至多不过备他人之一种参考，证明人类共同之心理、必经之阶段，然其所占文化之位置，亦不过世界史中三数页耳。夫欲贡献文化于世界，必须如丝、茶、豆、麦之出口，为各国大多数人之所必需，若仅仅荒货摊古董店之钱刀珠玉，或蒙古之鼍骨、鲜卑之象牙，纵或为人所矜奇，要之无补于现世也。

中国史籍浩繁，彻底研究，殊非易易。微独异域人士，略窥一二书册，不得其全体之真相，即号为中国之学人者，亦未必能了解吾民族演进、国家构成之命脉，媕雅之士，骛于考据校勘，搬演古书，断断争辩汉唐宋明之事迹，或非所屑考，考之亦不赅不遍。浅陋者，则奉凤洲《纲鉴》、了凡《纲鉴》以及《纲鉴易知录》《廿二史约编》之类为鸿宝，稍进则读《御批通鉴》，看《方舆纪要》，已为不可多得之人才，而晚近之但知学校所授一二小册之历史教科书者，更属自郐无讥。故中国人已不知中国历史，更无怪乎外人。近如孟禄之《教育史》、威尔斯之《文化史》，虽皆语及中国，要仅得之于中国浅人之言，未能得中国教育、文化之主脑。夫以历史之背景尚未明了者，遽欲标举文化之主脑，诚未免期之太过。然欲求一说明吾国国家社会真实之现象，极详备而有系统，为中西人所共晓之史书，今兹尚未之有。无已，姑先揭其主脑，再使之求之于历史。

世界各国皆尚宗教，至今尚未尽脱离。吾国初民，亦信多神，而脱离宗教甚早。建立人伦道德，以为立国中心，绵绵数千年，皆不外此，此吾国独异于他国者也。尚宗教则认人类未圆满多罪恶，不尚宗教则认人类有圆满之境，非罪恶之薮，此其大本也。其他枝叶更仆难数，要悉附丽于此，是故吾国文化，惟在人伦道德，其他皆此中心之附属物。训诂，训诂此也；考据，考据此也；金石所载，载此也；词章所言，言此也。亘古及今，书籍碑版，汗牛充栋，要其大端，不能悖是。战国时代，号为学术林立，言论自由之时，然除商鞅反对礼、乐、诗、书、善、修、孝、悌、廉、辩十者之外，其他诸家虽持论不同，而大端无别。儒墨异趣，而墨家仍主君惠、臣忠、父慈、子孝、兄弟和调。老子之学，似不屑屑言伦理，然所谓云“亲不和有孝慈，国家昏乱有忠臣”者，正是嫉多数人之不孝、不慈、不忠，致令此少数人擅孝慈忠臣之名，非谓人应不孝、不慈、不忠也。商鞅之说，于后世绝无影响。惟魏武下令举不仁、不孝而有治国用兵之术者，斯皆偶见于史，不为通则。其他政策禁令，罔或违越圣哲信条，是故西方立国以宗教，震旦立国以人伦。国土之恢，年祀之久，由果推因，孰大乎此。今虽礼教陵迟，然而流风未泯，父子夫妻之互助，无东西南朔皆然。此正西方个人主义之药石也。其于道德，最重义利之辨，粗浅言之，则吾国圣哲之主旨，在不使人类为经济之奴隶。厚生利用，养欲给求，固也视为要图，然必揭所谓义者，以节制人类私利之心，然后可以翕群而匡国，至其精微之处，则不独昌言私利不耻攘夺者，群斥为小人，即躬行正义，举措无尤，而其隐微幽独之中，有一念涉于私图，亦不得冒纯儒之目。故吾国之学，不讲超人之境，而所悬以为人之标准者，最平易亦最艰难。所陈克治省察之功夫，累亿万言而不能尽。由其涂辙，则人格日上，而胸怀坦荡，无怨无尤，无入而不自得。西方人士，日日谋革命，日日谋改造，要之日日责人而不责己，日日谋利而不正义，人人为经济之奴隶而不能自拔经济之上。反之，则惟宗教为依皈，不求之上帝，则求之佛国。欲脱人世而入于超人之境，而于人之本位，漠然不知其定义及真乐，苟得吾国之学说以药之，则真火宅之清凉散矣。

由此而观，吾国之文学，其根本无往不同，无论李杜元白、韩柳欧苏、辛稼轩、姜白石、关汉卿、王实甫、施耐庵、吴敬梓，其作品之精神面目，虽无一人相似，然其所为文学之中心者，君臣、父子、夫妇、兄弟、朋友之伦理也。非赞美教主也，非沉溺恋爱也，非崇拜武士也，非奔走金钱也。太白、长吉之诗，或有虚无飘渺不可理解之同，然其大归仍不外乎人伦道德。故论吾国文学，极其才力感情之所至，发为长篇，累千百万言，戛戛乎独开生面者，或视西方文学家有逊色，而亘古相承，原本道德，务趋和平温厚，不务偏激流荡，使人读之狂惑丧心，则实一国之特色，且以其所重在此，而流连光景，妙悟自然，又别有一种恬适安和之境。凡其审谛物性，模范天机，纯使自我与对象相融，而不徒恃感情之冲动，假物以抒其愤懑，故深于此种文学者，其性情亦因以和厚高尚，不致因环境之逼迫，无聊失望，而自隳其人格，以趋极端之暴行，此在感情热烈意志躁扰之人读之，或且视为太羹玄酒，索然寡味，不若言之激切偏宕者，有极强之激刺力，然果优浸游渍于其中，由狡愤而渐趋平缓，则冲融愉乐之味，亦所以求济人生之苦恼者也。

鄙意以为，中国文化可恃以西被者在此，中国文化在今之世界，具有研究之价值者亦在此。然而今之言学者，率以欧美晚近风尚为至，凡其破坏激烈之论，恶吾国之不如是也，则勿仿效之。举极中和之道德，极高尚之文学，一律视为土苴，深恶痛诋，若惟恐其或存者然。然苟反而自思，脱无此者，吾惟可自署生番野人，直陈其明季以前未接哲人，毫无文化可言。否则彼士询之吾人，吾人何以置对？将举惠施、墨翟、公孙龙之名学乎？零章断句不能敌彼逻辑之精也。将举玄奘、义净，窥道基、道宣之佛学乎？乞灵异域，不能谓为支那所创也。将举顾、惠、钱、王之学乎？则顾、惠、钱、王所考证者何物也？将举关、马、郑、白之词乎？则关、马、郑、白所敷陈者何事也？语曰：“物有本末，事有终始，不揣其本，而齐其末，不可也。”今举国皆嗜新说，不暇究心本原之学。吾独因西人之有须于吾之文化，而粗述所见如右，其言之当否，尚冀大雅君子有以教之。

（选自《学衡》第廿七期，1924 年）

鲁迅

（1881—1936），原名樟寿、树人，字豫山，后改豫才，浙江绍兴人，著名思想家、文学家、革命家，新文化运动的重要参与者，中国现代文学的奠基人。1898 年入江南水师学堂后转路堂，1902 年赴日本留学。初学医学，后决定弃医从文。在东京参加了章太炎主持的革命团体光复会，并师从章太炎学习，积极参与革命宣传活动。1909 年回国后，先后在杭州、浙江两级师范学堂和绍兴府中学堂任教。辛亥革命后应蔡元培之约到教育部任职。1918 年 5 月首次以“鲁迅”的笔名发表我国第一篇白话小说《狂人日记》。1927 年南下到厦门大学任中文系主任、中山大学任教务主任，后定居上海，创作大量杂文，并支持左翼文艺运动。在文学创作、文学批评、思想研究、文学史研究、翻译、美术理论引进、基础科学介绍和古籍校勘与研究等多个领域，做出了重大贡献。主要代表作品有小说集《呐喊》《彷徨》等，散文集《朝花夕拾》《野草》等，杂文集《华盖集》等，文学研究论著《中国小说史略》等。著作编为《鲁迅全集》。

随感录两则

（三五）

从清朝末年，直到现在，常常听人说“保存国粹”这一句话。

前清末年说这话的人，大约有两种：一是爱国志士，一是出洋游历的大官。他们在这题目的背后，各各藏着别的意思。志士说保存国粹，是光复旧物的意思；大官说保存国粹，是教留学生不要去剪辫子的意思。

现在成了民国了。以上所说的两个问题，已经完全消灭。所以我不能知道现在说这话的是那一流人，这话的背后藏着什么意思了。

可是保存国粹的正面意思，我也不懂。

什么叫“国粹”？照字面看来，必是一国独有，他国所无的事物了。换一句话，便是特别的东西。但特别未必定是好，何以应该保存？

譬如一个人，脸上长了一个瘤，额上肿出一颗疮，的确是与众不同，显出他特别的样子，可以算他的“粹”。然而据我看来，还不如将这“粹”割去了，同别人一样的好。

倘说：中国的国粹，特别而且好；又何以现在糟到如此情形，新派摇头，旧派也叹气。

倘说：这便是不能保存国粹的缘故，开了海禁的缘故，所以必须保存。但海禁未开以前，全国都是“国粹”，理应好了；何以春秋战国五胡十六国闹个不休，古人也都叹气。

倘说：这是不学成汤文武周公的缘故；何以真正成汤文武周公时代，也先有桀纣暴虐，后有殷顽作乱；后来仍旧弄出春秋战国五胡十六国闹个不休，古人也都叹气。

我有一位朋友说得好：“要我们保存国粹，也须国粹能保存我们。”

保存我们，的确是第一义。只要问他有无保存我们的力量，不管他是否国粹。

（三六）

现在许多人有大恐惧；我也有大恐惧。

许多人所怕的，是“中国人”这名目要消灭；我所怕的，是中国人要从“世界人”中挤出。

我以为“中国人”这名目，决不会消灭；只要人种还在，总是中国人。譬如埃及犹太人，无论他们还有“国粹”没有，现在总叫他埃及犹太人，未尝改了称呼。可见保存名目，全不必劳力费心。

但是想在现今的世界上，协同生长，挣一地位，即须有相当的进步的智识，道德，品格，思想，才能够站得住脚：这事极须劳力费心。而“国粹”多的国民，尤为劳力费心，因为他的“粹”太多。粹太多，便太特别。太特别，便难与种种人协同生长，挣得地位。

有人说：“我们要特别生长；不然，何以为中国人！”

于是乎要从“世界人”中挤出。

于是乎中国人失了世界，却暂时仍要在这世界上住！——这便是我的大恐惧。

（选自鲁迅著《热风》，人民文学出版社 1956 年版）

所谓“国学”

现在暴发的“国学家”之所谓“国学”是什么?

一是商人遗老们翻印了几十部旧书赚钱，二是洋场上的文豪又做了几篇鸳鸯蝴蝶体小说出版。

商人遗老们的印书是书籍的古董化，其置重不在书籍而在古董。遗老有钱，或者也不过聊以自娱罢了，而商人便大吹大擂的借此获利。还有茶商盐贩，本来是不齿于“士类”的，现在也趁着新旧纷扰的时候，借刻书为名，想挨进遗老遗少的“士林”里去。他们所刻的书都无民国年月，辨不出是元版是清版，都是古董性质，至少每本两三元，绵连，锦帙，古色古香，学生们是买不起的。这就是他们之所谓“国学”。

然而巧妙的商人可也决不肯放过学生们的钱的，便用坏纸恶墨别印什么“菁华”什么“大全”之类来搜括。定价并不大，但和纸墨一比较却是大价了。至于这些“国学”书的校勘，新学家不行，当然是出于上海的所谓“国学家”的了，然而错字迭出，破句连篇（用的并不是新式圈点），简直是拿少年来开玩笑。这是他们之所谓“国学”。

洋场上的往古所谓文豪，“卿卿我我”“蝴蝶鸳鸯”诚然做过一小堆，可是自有洋场以来，从没有人称这些文章为国学，他们自己也并不以“国学家”自命的。现在不知何以，忽而奇想天开，也学了盐贩茶商，要凭空挨进“国学家”队里去了。然而事实很可惨，他们之所谓国学，是“拆白之事各处皆有而以上海一隅为最甚（中略）余于课余之暇不惜浪费笔墨编纂事实作一篇小说以饷阅者想亦阅者所乐闻也”。（原本每句都密圈，今从略，以省排工，阅者谅之。）“国学”乃如此而已乎？

试去翻一翻历史里的儒林和文苑传罢，可有一个将旧书当古董的鸿儒，可有一个以拆白饷阅者的文士？

倘说，从今年起，这些就是“国学”，那又是“新”例了。你们不是讲“国学”的么？

（选自鲁迅著《热风》，人民文学出版社 1956 年版）

忽然想到（五至六）

五

我生得太早一点，连康有为们“公车上书”的时候，已经颇有些年纪了。政变之后，有族中的所谓长辈也者教诲我，说：康有为是想篡位，所以他的名字叫有为；有者，“富有天下”，为者，“贵为天子”也。非图谋不轨而何？我想：诚然。

可恶得很！

长辈的训诲于我是这样的有力，所以我也很遵从读书人家的家教。屏息低头，毫不敢轻举妄动。两眼下视黄泉，看天就是傲慢，满脸装出死相，说笑就是放肆。我自然以为极应该的，但有时心里也发生一点反抗。心的反抗，那时还不算什么犯罪，似乎诛心之律，倒不及现在之严。

但这心的反抗，也还是大人们引坏的，因为他们自己就常常随便大说大笑，而单是禁止孩子。黔首们看见秦始皇那么阔气，捣乱的项羽道：“彼可取而代也！”没出息的刘邦却说：“大丈夫不当如是耶？”我是没出息的一流，因为羡慕他们的随意说笑，就很希望赶忙变成大人，——虽然此外也还有别种的原因。

大丈夫不当如是耶，在我，无非只想不再装死而已，欲望也并不甚奢。

现在，可喜我已经大了，这大概是谁也不能否认的罢，无论用了怎样古怪的“逻辑”。

我于是就抛了死相，放心说笑起来，而不意立刻又碰了正经人的钉子：说是使他们“失望”了。我自然是知道的，先前是老人们的世界，现在是少年们的世界了；但竟不料治世的人们虽异，而其禁止说笑也则同。那么，我的死相也还得装下去，装下去，“死而后已”，岂不痛哉！

我于是又恨我生得太迟一点。何不早二十年，赶上那大人还准说笑的时候？真是“我生不辰”，正当可诅咒的时候，活在可诅咒的地方了。

约翰弥耳说：专制使人们变成冷嘲。我们却天下太平，连冷嘲也没有。我想：暴君的专制使人们变成冷嘲，愚民的专制使人们变成死相。大家渐渐死下去，而自己反以为卫道有效，这才渐近于正经的活人。

世上如果还有真要活下去的人们，就先该敢说，敢笑，敢哭，敢怒，敢骂，敢打，在这可诅咒的地方击退了可诅咒的时代！

四月十四日

六

外国的考古学者们联翩而至了。

久矣夫，中国的学者们也早已口口声声的叫着“保古！保古！保古！……”

但是不能革新的人种，也不能保古的。

所以，外国的考古学者们便联翩而至了。

长城久成废物，弱水也似乎不过是理想上的东西。老大的国民尽钻在僵硬的传统里，不肯变革，衰朽到毫无精力了，还要自相残杀。于是外面的生力军很容易地进来了，真是“匪今斯今，振古如兹”。至于他们的历史，那自然都没我们的那么古。

可是我们的古也就难保，因为土地先已危险而不安全。土地给了别人，则“国宝”虽多，我觉得实在也无处陈列。

但保古家还在痛骂革新，力保旧物地干：用玻璃板印些宋版书，每部定价几十几百元；“涅槃！涅槃！涅槃！！”佛自汉时已入中国，其古色古香为何如哉！买集些旧书和金石，是劬古爱国之士，略作考证，赶印目录，就升为学者或高人。而外国人所得的古董，却每从高人的高尚的袖底里共清风一同流出。即不然，归安陆氏的皕宋，潍县陈氏的十钟，其子孙尚能世守否？

现在，外国的考古学者们便联翩而至了。

他们活有余力，则以考古，但考古尚可，帮同保古就更可怕了。有些外人，很希望中国永是一个大古董以供他们的赏鉴，这虽然可恶，却还不奇，因为他们究竟是外人。而中国竟也有自己还不够，并且要率领了少年，赤子，共成一个大古董以供他们的赏鉴者，则真不知是生着怎样的心肝。

中国废止读经了，教会学校不是还请腐儒做先生，教学生读“四书”么？民国废去跪拜了，犹太学校不是偏请遗老做先生，要学生磕头拜寿么？外国人办给中国人看的报纸，不是最反对五四以来的小改革么？而外国总主笔治下的中国小主笔，则倒是崇拜道学，保存国粹的！

但是，无论如何，不革新，是生存也为难的，而况保古。

现状就是铁证，比保古家的万言书有力得多。

我们目下的当务之急，是：一要生存，二要温饱，三要发展。苟有阻碍这前途者，无论是古是今，是人是鬼，是《三坟》《五典》，百宋千元，天球河图，金人玉佛，祖传丸散，秘制膏丹，全都踏倒他。

保古家大概总读过古书，“林回弃千金之璧，负赤子而趋”，该不能说是禽兽行为罢。那么，弃赤子而抱千金之璧的是什么？

四月十八日

（选自鲁迅著《华盖集》，人民文学出版社 1958 年版）

青年必读书

青年必读书从来没有留心过，所以现在说不出。

附注

但我要趁这机会，略说自己的经验，以供若干读者的参考——

我看中国书时，总觉得就沉静下去，与实人生离开；读外国书——但除了印度——时，往往就与人生接触，想做点事。

中国书虽有劝人入世的话，也多是僵尸的乐观；外国书即使是颓唐和厌世的，但却是活人的颓唐和厌世。

我以为要少——或者竟不——看中国书，多看外国书。

少看中国书，其结果不过不能作文而已。

但现在的青年最要紧的是“行”，不是“言”。只要是活人，不能作文算什么大不了的事。

（二月十日）

（选自鲁迅著《华盖集》，人民文学出版社 1958 年版）

吴承仕

（1884—1939），字检斋，号展成，安徽歙县人，著名学者、经学大师，清末举人。1907年以朝元（朝考一等第一名）资格，分发为大理院主事，辛亥革命后曾任司法部佥事。早年受业于章太炎，治经学、小学，在音韵训诂和古代名物制度考辨方面造诣很深，与黄侃并称为"北吴南黄"。1927年后历任北平师范大学和中国学院国文系主任、北京大学教授等职。1934年自费出版《文史》杂志，次年与齐燕铭等创办了《盍旦》月刊。"一二·九运动"时期投入救亡运动，1936年成为中共北平支部的特别党员。北平沦陷后避居天津租界内，拒绝了日伪政权以北平师范大学校长职位收买的企图。在学术上成就很大，早年以传统方法整理传统文化，章太炎曾称他在音韵学上的成就"洵为精善"，晚年以历史唯物论方法研究传统文化，著述主要有《经籍旧音序录》《布帛名物》《论衡校释》《丧服要略》《淮南旧注校理》《经籍旧音辨证》《六书条例》《三礼名物》等。

我们的认识和实践

诸君来此投考本校的本系，固然有少数无所谓的，也有有认识的。但各人所认识，多少含有主观成分，此种成分，亦由各别环境造成。要之，不一定与客观存在相应，犹之我对诸位之不能认识，是一样的。

诸君的光明前途和新的生命，也许发轫于此。既以本系为给予生命力的策源地，当然非认识本系不可。譬如本系是一座商店，（1）诸君所买者，即为本店所卖者乎？（2）本店所卖者，即诸君所欲买者乎？（3）即令买卖同为一物，果能货真价实乎？（4）即令货真价实，果能适合需要乎？我想诸君对此，观念必甚模糊。是的，认识当由实践而充实、而推进、而转化、而完成。但是本人之于本系，几等于创办，由创办而经过无数曲线式的进展，以讫于现在。其中，各项设施、各项计划，至少当有我个人意志的反映。而我个人意志，至少又为时代环境所反映，这是很明白的事。现在，希望诸君认识本系，最好是由我来介绍，较为近真。假使大家再不认识，或根本上无所谓认识。那末，我们上课下课，你们始业毕业，你们交费，我们领薪，你们将来拿到一张不兑现的支票——文凭，我们每月拿到一张打折扣的支票——聘书。在我们是剥削你们的血汗以养活自己，在你们是剥削你们父兄的血汗来供给我们。（假如你们的父兄是工农。若是有资产者或官吏或教授，则你们父兄是直接剥削，你们是间接剥削。）诸君毕业以后，有幸运的再去剥削别人。（不，幸运是更加渺茫的罢！恐怕将来只有两条出路，一条是黑奴式、印度式的劳动者，又一条是红头阿三、康白度之流罢！）如此则我们的一切，不独无意义，简直是有意作恶！说好听点，是甘心做一辈子寄生虫，说不好听点，是冥冥中做了民族的刽子手。在醉生梦死中，过去四年是很快的，四年中我们的耳官所闻受的不过是上堂下堂的送葬的钟而已。

现在想让你们认识本系，同时也无异于介绍我自己：

本系开办之初，是胡先生当主任。第三年我以旧学者——章门——资格来承其之，当时人数甚少，课程亦模仿国立各大学，大半因人设课，无计划、无体系、无目的。然而，当时毕业者颇有数人能卓然自立，此为混沌时期——第一期。距今七八年前，始有编制大纲，（此时各校之国学系及本校各系，尚无所谓计划书。）大抵分为朴学和文学两部分。因为国学范围甚大，无法遍及，即如道德、伦理、哲学、政治、法律、古骈、散文、诗词、戏曲一切皆可包括在内。不独学者和教者无此能力，并且无此功夫。只有将四年分作两个阶段：一是两方面的通论和工具之部，作为一二年级必修课目；一是两方面的随意举例之部，作为三四年级选修科目，算是比较合理化的办法。这是旧的计划时期——第二期。那时，我个人很喜欢研究哲学、社会学、经济学等，虽无心得，但是认识总较为进步，而是：从前只认识树，现在并认识树是森林的树，森林是树的森林。换言之，已经确切了解，一切科学皆历史科学，一面是自然历史，一面是人类历史。自然史不是我们的范围，此地可以不谈。人是制造工具的、是合群的，因此而有社会的生产和社会的斗争。地上一切语言文字及遗留的东西，地下一切被发掘的东西，无一件不是体现着人类生产和斗争的记录。我们为什么把一切都看成历史呢？正因为从哲学立场观察社会的一切，皆是变化的、错综的、生灭的历史过程，与形而上学的“天不变道亦不变”的观点，完全站在相反的地位。于是我们对于一切的态度，是前进的，不是保守的，是批判的，不是拜物教的，是革命的，不是反动的。既知一切科学皆是史学，于是欲治史学，必须先有历史观，欲有正确的历史观，必须先有进步的世界观。因此，乃排众难，破往例，创设《社会科学概论》一必修科，作为认识的基本知识。这意义显然是：必须认识世界、认识历史阶段，而后才能够认识自己对于世界应负的义务，才能够认识自己对于时代应做的工作。我们固然不能到地洞里去挖煤、挖铁，到工厂里去织布织帛，到田地里去种稻种麦，但是，时代的大神和历史的铁则，宿命的留下好多应该做的艰苦卓绝的工作，重重的压在我们双肩上。实践要靠手和足，认识却要靠一双眼睛。这是依据我的认识而形成的国学系的最近的姿态。算是新的计划时期——第三期。

但是，诸君不要以为上面所说，在现实上是恰如我们所想的，直线的，可一蹴而成的。环境的制约，并不许我们绝对乐观，只有蜗牛似的、尽可能的循着曲线进行，渐渐以求接近而已。最上有统制（今且为二重的），其次为人力所限，其次为财力所限，皆须委曲迁就，以求达目的。委曲迁就是最艰难的事情，亦唯在艰难中努力奋斗，才是有意义的事情。这，也可以说是宿命所定，《诗》云："不自我先，不自我后"，即是说谁叫我们生在这时代呢？

我们所希望于诸君的，第一是认识世界，认识时代——时空本来是不可分的，有正确的认识而后才有正确的路线。就本系而论，在史学方面，应具体的去搜集材料，整理材料，用辩证的观点，作正确的批判。在语言文字学——亦是史学——方面，除以语文作为研究社会史的最有效的材料外，还有时代的任务，即将文字简单化、通俗化，使大众皆享有写、读、作的幸福，得以提高文化水准和促进大众的觉悟。在外国语文方面，应养成诵读及翻译之能力，一面培养自己，一面介绍于别人，使世界最进步的知识，转化为我们大众的知识。在文学方面，应练习写作技术，养成表现的能力。总之，皆是有所为而为的。他们唱和着“为学问而学问”“为文艺而文艺”的高调，那是我们所排斥的，这是积极方面的意义。在旧文艺方面，即现代所谓“文学遗产”问题，依我外行的观察，对于他们的意识是取严重批判的态度，对于它们的技巧，是取融会吸收的态度。但是，我们知道，“内容决定形式”，我们既有我们时代的内容，自然用不着它们古典的形式，那么，我们对于旧的典型技术，只有灵感的去领会它而已。这里还有应注意的一点，假使你们毫无认识，又始终陶醉在某种气氛里，或本无所谓，日濡月染的渐渐的受了陶醉，你会慢慢的吸上鸦片烟，而这种鸦片烟瘾，却是好些遗老遗少们所最欣赏、最希望的。其实你家中有很忠实的祖和父，有很大的田地和财产，一灯独对，“短笛无腔信口吹”的吹一辈子，也不见得大害于世。不过这不是我们所希望的罢了，这是消极方面的意义。总之，认识消极即是认识了积极，而积极方面尤为有效、尤为重要的，是文学的表现能力。

诸君，我以为中院的本系，无著名的偶像，无金元国的博士，无有力量的饭碗权威者，无绅士式、贵女式摩登学生，绝对赶不上北、清、燕、师等。是的，但是他们用以自豪的，正是我们唾弃不要的。我们有我们的新立场，新园地，新工作，新收获。我们应该很自傲的很响亮的对世纪末的逆流的大学教授、大学生们说：“我是中国学院国学系的学生或教习。”

我们现在的口号是：“认识时代，学习表现”，用实践去认识、去学习、去表现，你果真认识了，你就知道要怎样去表现，表现是要表现能力的，所以须要学习。

九月十五日晚清写讫

（选自《吴承仕文录》，北京师范大学出版社 1984 年版）

马瀛

（1883—1961），原字伯年，后改字涯民，笔名古彦、谛僧，浙江定海人，现代学者、编辑家。曾任教于上海明新中学、定海高等小学等。1916年至1922年入商务印书馆参加《辞源》的修订工作，并主编《平民字典》《国音学生字汇》《破音字举例》等工具书，创制“综合检字法”。1933年至1951年间，两度担任鄞县修志馆编纂主任，纂修《鄞县通志》（修成后，被竺可桢先生誉为“古今方志第一”）。1949年后历任宁波市人民政府委员、浙江省文史馆馆员、宁波市人大代表等职。著有《国学概论》《诗的格式》《诗的格调变化统计》《历代文学家年表》等。另有数学著作《微分积分学》。

国学名称的由来

国学之名，何自始乎？秦、汉以前，学术分类，曰“教”、曰“家”，不以学名也。如《礼记·经解篇》之称六艺为“诗教”“书教”“乐教”“易教”“礼教”“春秋教”；《汉书·艺文志》之称诸子曰“儒家”“道家”“阴阳家”“法家”“名家”“墨家”“纵横家”“杂家”“农家”“小说家”，是也。《论语》云：“文学子游、子夏。”是虽有文学之称，然解者皆谓指文章与博学言，与今之所谓“文学”者异义，是古之时，不特无“国学”之名，抑亦不称各种学术曰“学”也。及西汉之末，刘歆作《七略》，始称研究文学训诂之学为“小学”，于是“学”之名以立，厥后遂有“经学”“史学”“理学”“文学”等之称。而古之所谓方技、若数、若医，亦皆缀以学名，曰“算学”“医学”矣。迨清儒以考据之学，与宋、明儒者性理之学，分道扬镳，乃有“汉学”“宋学”之名，然是时犹无“国学”之称也。

道、咸之间，欧风东渐，于是凡由西方迻译而来之学术，概称之曰“西学”；而我国固有之学术，不可无对待之名辞以称之，“中学”之名，于是应运而生焉。光绪中叶，海内学者，虑中国固有学术，因西学之侵入而式微也，群起而保存之，于是遂有“国粹”之名。然中国固有之学术，未必尽为天壤间之精英，则国粹之名，容有不当，于是章太炎特改称之曰“国故”;《国故论衡》一书，即首以“国故”称中国固有之学术者也。“国故”者，盖为中国掌故之简言。“掌故”二字，始见于《史记》，本谓一国之文献，故章氏遂立此名，然国故乃指所研究之对象。不可指研究此对象之科学。于是称此研究对象之科学者，有“古学”“中学”“国故学”“国学”等歧异之名辞，然“古学”本因“新学”之名而生，含义混淆，本不适用。“中学”之名，以西人称我国之学术斯可；若我国人亦自称其固有学术曰“中学”，实嫌赘废，且与学校之称易混，亦未得当，此四名辞之中，自以“国故学”“国学”二名为宜。顾“国故学”之“故”字，限于文献，未能将固有学术包举无遗，微嫌含义窄狭，故不如径称之曰“国学”为较宜。

“国学”之名，始自何人，今已无考，然最早出见于光绪末年，可断言也。当章太炎羁旅日本时，称其研究中国学术机关曰“国学讲习会”，同时刘师培等亦有“国学保存会”设立，国学之名，殆始此欤！

何谓国学？初思之似应声即可以解答；及再三考虑。则解答之困难随之而俱进，五四运动以后，研究国学，整理国故之声浪，弥漫国中，顾谁为立详明适当之定义乎！惟曹聚仁《国故学之意义与价值》一文，始有比较精确之定义，今节录于下：

“国学者，中华民族以文字所表达之结晶思想，用合理的、组织的、系统的方式记载其生灭，分析其性质，罗列其表现形式，考察其因果关系者也。简言之，国学者，以我国固有学术为研究之对象，而以科学方法处理之，使成为一种科学者也。”

此定义语句颇长，不易明了，今详解之：

（甲）结晶思想　思想者，谓由经验与思虑所生意识之现象，顷刻之间可生灭至无量数者也。结晶思想者，不问其以个人或群众为出发点，不问其发之于言语，或见之于篇什；不问其为一己之创见，或沿袭旧有之思想；但以其思想而通过个人或群体之生命，作有意识之容纳，且渗透于生活之内部，具有时间及空间性者为准。

（乙）文字表达　结晶思想表达之形式甚多：或以声音发之，则为语言；或以文字达之，则为篇什；或见之于行为，则为习惯、风俗与制度等。此则专以文字表达者为限。

（丙）记载生灭　亘古今而不惑、放四海而皆准之真理，在今日已先后为吾人所否认；如日月经天江河行地之圣人，亦相继为历史上之僵石，今后吾人唯有以思想为适应时代特别环境而发生，不承认世间有纯粹理想、纯粹理论存在之余地。故国学中所述及之思想，决不凭主观之取舍，为片面之记载；亦不拘拘于一二人之成说，日之为万世纲常，唯于适应时代而发生之思想，及因时代变化而衰老之思想，皆一一为之详述。此国学之第一职务也。

（丁）分析性质　观察思想，不当求之于其表而于其质。孟轲排斥杨、墨，求之形，则孟之学说，似必与杨、墨相径庭；考其实，则孟说有为杨、墨所渗透，而与孔子学说相违反者。朱熹诽议佛、道，而其学说则自佛学变化而来者甚多。故治国学者，必类比求其同，较量明其异。此国学之第二职务也。

（戊）罗列表现形式　思想不通过民族性，则其思想必自生自灭；其通过民族性者，则必影响于生活、制度及组织。中华民族之艺术、风俗及政治组织，迥然与他民族不同，此即思想之表现。国学虽不专为形式表现之记载，而于思想影响所及者，则必为之罗列焉。此国学之第三职务也。

（己）考察因果关系　在某种环境中，乃产生某种思想；某种思想产生，其新环境又随之以造成，此思想与环境之因果关系也。故思想之来，必非空前绝后，无所依据，或以旧有思想为根据而光大之，或取其局部而另辟一蹊径以明之，或取否认态度而反对之；要之，彼此皆息息相关，此思想与思想之因果关系也。胡适谓：“老子亲见那种时势，又受了那些思想的影响；故他的思想，完全是那个时代的反动。”梁启超谓：“墨子少年，也会学儒者之业，受孔子术；既乃以为其礼烦扰，伤生害事，糜财贫民，于是自树一帜。所以墨子创教之动机，直可谓因反抗儒教而起。”皆考察因果关系者也。

（庚）合理的组织的系统的方式　我国先哲之学说，其至理精义，多有可称者；然而如斯汗牛充栋之典籍，欲赖有涯之人生以赴之，终觉力不从心。且各家学说，常于各种典籍，东鳞西爪，散见分载，读者如披沙拣金，用力多而呈功鲜。盖吾国之典籍，罕为有组织之编次，及有系统之记述，其所抱之主张，亦多隐跃于字里行间，未尝以合理的方式明白晓喻之也。如朱熹之哲学思想，卓然有以自异；然其思想，散见于《四书集注》及《语录》中，欲求一可以完全了解其思想之著作，终不可得。戴震清代学术之中心也，学者亦仅能于其各种著作中，窥见其学术之一斑；清代之经学家崇拜戴氏者虽不乏其人，从未闻有汇集戴氏之事实、思想、著作等而成一书者；直至民国十二年冬间，晨报社于戴氏二百年生日纪念，始有《戴东原》一书之刊行。至若《史通》《文史通义》《国故论衡》等书，其立言精警，合乎论理，编次整严，颇有组织，然谓之有系统，则未也。故识者谓我国五千年来，仅有学术之资料，而无独立之学术，非訾言也。国学之使命，即在以合理的、组织的、系统的方式建设一种学术。合理云者，即谓认客观性之存在，不为主观性之附会也。如崔述著《考信录》以经籍中确可依据之资料，次第编录，绝不厕以一己之私见是也。组织云者，以归纳方法求一断案，以演绎方法，合之群义。如王引之

《经传释词》、俞樾《古书疑义举例》等是也。系统云者，或以问题为中心，或以时代为先后。或以宗派相连续，于凌乱无序之资料中为之提纲挈领也。如胡适《中国哲学史大纲》、梁启超《先秦政治思想史》等是也。

（马瀛著《国学概论》，上海大华书局 1934 年版）

国学研究方法

古人治学，曰“不求甚解”，曰“略知大义”，无所谓方法也。《史记·孔子世家》载孔子读《易》，至韦编三绝，似孔子必有其个人学《易》之方法。然遍检典籍，未尝记孔子治学之方法也。见于《论语》者，不过曰“学而时习之”而已，曰“学而不厌”而已，曰“学而不思则罔，思而不学则殆”而已。见于《中庸》者，不过曰“博学之，审问之，慎思之，明辨之，笃行之”而已。《荀子》首载《劝学篇》，然不过言学之当治，而未尝言学之如何治也。唯《墨子·小取篇》专言名学，殆为古人治学之方法，然亦语焉不详。汉承暴秦焚坑以后，掇拾群籍于灰烬之余。因治学之不易也，于是始稍稍有治学之方。毛亨、毛苌之于诗，郑玄之于《三礼》，何休之于《公羊》，许慎之于小学，确有训释之体例。其治学方法，即寓于训释体例之中。然此不过后人就其训释而推论其方法，如王筠之作《说文释例》、刘师培《中国文学教科书》之言汉儒训诂释例及汉儒音读释例等。毛、郑、何、许诸氏固未曾示人以所用之方法。

此元好问诗所谓“鸳鸯绣出从教看，莫把金针度与人”欤？六朝以后，释家因明论传入中国，儒家见彼所谓异端者，反有治学之方法，而吾历圣相传之大道，反无入门之方法，相形见绌。于见宋儒乃于四十九篇《小戴礼记》之中，独决出《大学》一篇，而以其“致知格物”为治学之方，且释之曰：

> 所谓致知在格物者，言欲致吾之知，在即物而穷其理也。盖人心之灵，莫不有知；而于下之物，莫不有理，唯于理有未穷，故其知有未尽也。是以《大学》始教，必使学者即凡天下之物，莫不因其已知之理而益穷之，以求至乎其极，至于用力之久，而一旦豁然贯通焉，则众物之表里精粗无不到，而吾心之全体大用无不明矣。

此足表示程、朱派理学之治学方法。然同时已见讥于陆象山，而王阳明更为不满。洎有清汉学家起，始有精密之治学方法。实不亚于最近之科学方法。胡适论清代汉学家治学之方法，分为四步，其言曰：

> 中国旧有的学术，只有清代的“朴学”，确有科学的精神。他们的方法根本观念，可以分开来说：(1) 研究古书，并不是不许人有独立的见解，但是每立一种新见解，必须有物观的证据。(2) 汉学家的证据，完全是“例证”，例证

就是举例为证。(3) 举例作证，是归纳的方法。倘举的例不多，便是类推的证法；举的例多了，便是正当的归纳法了。而类推与归纳，不过是程度的区别，其实他们的性质是根本相同的。(4) 汉学家的归纳手续，不是完全被动的，是很能用假设的。他们所以能举例作证，正因为他们观察了一些个体的例之后，脑中已有一种假设的通则。然后用这通则所包涵[①]的例，来证同类的例。他们实际上是用个体的例，来证个体的例，精神上实在是把这些个体的例所代表的通则演绎出来。故他们的方法，是归纳和演绎并用的科学方法。

胡氏之言，足包举汉学家治学之方法矣。唯清代汉学家之方法，不过与科学方法暗合，非有意采用之也。迨晚近之整理国故者，则尽用科学方法。其编纂成书者，如陈钟凡之《古书读校法》论文，如梁启超之《国学入门书要目及其读法》与《治国学的两条大路》，胡适之《研究国故的方法》及《清代学者的治学方法》，宫廷璋之《以科学方法整理国故其步骤若何》，皆讨论研究国学之方法者，学者不可不一观者也。今综举诸家之说，并参酌己意，分章叙述如下：

一、观察

古人之治典籍也，曰“看书”，曰“读书”，未有谓之“观

① 现写作“包含”。

察”者也。今曷为称之曰“观察”？按古人之所谓“看书者”，谓目观其文字，而心思其义理也。所有谓“读书”者，“读”之义，《说文》解为“籀书”，“籀”与“抽”古字通，谓抽绎其义蕴至于无穷也。曾国藩《谕儿子纪泽书》云：

> 看者，如尔去年看《史记》《汉书》《韩文》《近思录》，今年看《周易折中》之类是也。读者，如《四书》《诗》《书》《易》《左传》诸经，《昭明文选》，李、杜、韩、苏之诗，韩、欧、曾、王之文，非高声朗诵，不能得其雄伟之概；非密咏恬吟，则不能得其深远之韵，二者不可偏废。

此古人读书看书之精义也。今人则不然，曰读书，则发声而已，与读祭文、读祝词、读告示无异也。曰看书，则涉目而已，与看花、看鱼、看戏无异也。初未尝有得于心，故不如改称之曰观察，俾知顾名思义。况吾人之治学也，目治、口治之外，尚有手治者在，固非“看、读”二字所能包举，故不如改称为当。

（一）选择

我国典籍浩如烟海。清代四库著录之书，凡三千四百五十三部，七万四千九百五十二卷。而存目之书，焚毁之书，不收之书，失收之书及后出之书，不啻一倍，尚不与焉。虽竭毕生之精力，未能遍观者也。故观察之先，当知选择。梁启超、陈钟凡、胡适、李笠等，皆定有国学应读书目，然犹嫌其太繁，非科目繁重之中学学生所能胜任。今参酌梁氏《最低限度之必读书目》及陈钟凡《治经史诸子词章必修之书》，别列一表。学者苟能遍观此数书，则国学当略有门径矣。

《易》《书》《诗》《礼记》《左传》《论语》《孟子》（经学）

《老子》《庄子》《墨子》《荀子》《韩非子》（诸子哲学）

《宋元明清学案》（性理哲学）

《佛学大纲》《佛典泛论》（佛教哲学）

《史记》《汉书》《后汉书》《三国志》《资治通鉴》（史学）

《文选》《古文辞类纂》（文学类，文辞）

《楚辞》《古诗源》《十八家诗钞》（文学类，诗歌）

《词综》《曲谱》（文学类，词曲）

《元曲选》（文学类，戏剧）

《水浒传》《红楼梦》（文学类，小说）

上列之书，不过三十种，减之无可复减矣。然以学者课余光阴研究之，要亦非二三载不克竟全功也。

（二）浏览

学者对于古书，不必篇篇精思熟读，但当先浏览一过，明其大义，知其体例足矣。

（三）圈点及钩识

当浏览之际，即宜随手圈点，俾可字字过目，不至如囫囵吞枣。而一书精华之所萃，与夫疑窦之所在，尤当钩识之，以促注意。

(四) 精读

浏览之后，于钩识之处，当精思熟读。熟读之事，学者必以为甚难，然此节梁启超曾先我言之。今录其言于下：

> 熟读成诵，我想诸君或者以为甚难，也许反对我顽旧。但我有我的意思，我并不是奖励人勉强记忆。我所希望熟读成诵的有两种类：一种类是最有价值的文学作品；一种类是有益身心的格言。好文学是涵养情趣的工具。做一个民族的分子，总须对于本民族的好文学十分领略。能熟读成诵，绕在我们的意识里头，得着根柢，不知不觉会发酵。有益身心的圣哲格言，一部分久已在我们全社会上形成共同意识。我既做社会的分子，总要彻底了解它，才不至和共同意识生隔阂。一方面我们应事接物的时候，常常仗它给我们的光明。要平日观摩得熟，临时才得着用，我所希望熟读成诵者在此。但亦不过一种格外希望而已，并非谓不如此不可。

(五) 钞录[①]

精读之后，宜择其最精要处钞录之。如能用活页本，细分门类钞录，异日汇成类书式或辞典式之册子，则尤便稽考。此

① 现写作“抄录”。

层工夫，学者往往畏难而不肯为，不知实事半功倍也。梁启超亦曾言之，其言曰：

> 若问读书方法，我想向诸君上一个条陈：这方法是极陈旧的，极笨极麻烦的，然而实在是极必要的，什么方法呢？是钞录或笔记。
>
> 我们读一部名著，看见他征引那么繁博，分析那么细密，动辄伸着舌头说道："这个人不知有多大记忆力，记得这许多东西，这是他特别的天才，我们不能学步了。"其实哪里有这回事。好记性的人不见得便用智慧；有智慧的人，比较的倒是记性不甚好。你所看见者，是他发表出来的成果。不知他这成果，原是从铢积寸累，困知勉行得来。大抵凡一个文学者平日用功，总是有无数小册子或单纸片，读书看见一段资料，觉其有用的，立刻钞下。（短的钞全文，长的摘要记书名、卷数、页数）。资料渐渐积得丰富，再用眼光来整理、分析它，便成一部名著。想看这种痕迹，读赵瓯北的《廿二史札记》，陈兰甫的《东塾读书记》最容易看得出来。
>
> 这种工作笨是笨极了，苦是苦极了。但真正做学问的人，总离不了这条路。做动植物的人，懒得采集标本，说他会有新发明，天下怕没有这种便宜事。
>
> 发明的最初动机在注意，钞书便是促醒注意及继续保

存注意的最好方法。当读一书时，忽然感觉这一段资料可注意，把他钞下，这件资料，自然有一微微的印象印入脑中，和滑眼看过不同。经过这一番后，过些时碰着第二个资料和这个有关系的，又把他钞下，那注意便加浓一度。经过几次之后，每翻一书，遇有这项资料，便活跃在纸上，不必劳神费力去找了。这是我多年经验得来的实况。诸君试拿一年工夫去试试，当知我不说谎。

此段之言，梁氏已将其毕生研究学术之方法，披肝沥胆，陈于众前。梁氏以其多年之经历而后得此方法，吾人应用此方法，其获效不更巨乎！

吾尤有言者，此数百页之《国学概论》，不过导诸君以求学之门径，与言国学之概要，不得指此编为即国学。故诸君选此科时，必不可不阅读国学之书。比如家庭之财产，《国学概论》者，财产目录也，收支清册也，非即财产也。财产则大为之四库之书，小之则为前表所列三十种之书。诸君欲享有财产之主权，且果其腹而暖其体者，不可不自读书。否则纵熟读此《国学概论》，不过为一家之佣奴，为人司锁钥、掌契据而已。

诸君疑吾言乎？试取前表所列之书，择性之相近者一二种，用前所言之步骤而研究之。半载之后，吾知必有所获，或且能成立一种有系统、有组织之作品。此亦吾频年经历之所得者，不敢作欺人之谈也。

二、会通

咿唔呻吟，所得者不过片段之智识，仅可谓之常识，不得称为学术也。吾人欲得有系统之学术，不可不知融会贯通之方法。《荀子·劝学篇》曰："论类不通，不足谓善学。"《礼记·学记篇》曰："古之学者，比物丑类。"最故研究学术，必解其纷繁，立之条例，乃能提要钩玄，以标其纲。远绍旁搜，以觇其信。非仅寻章摘句，津津于点识评判之末，所能毕事也。国学条例繁密，举其宏纲，则治经学者，应知群经源流，传授之师承派别，诸经通义及各经大义也。治哲学者应知周、秦诸家之流别及其学说大旨，两汉儒术之兴替，六朝以后佛教之概略，及宋、元以来理学之派别也。治史学者，应知历代政教之隆替，国势之消长，疆域之广狭，民族之强弱，及古今社会之情况也。治文学者，应知古今之词例，文章之法式，文体之流变，历代文人之事迹及其述作也。学者本此宏纲，整而理之，若网在纲，有条不紊。虽复范围广博，亦不滤其散漫无归。若部次不辨，条理不知，拉杂以求，将日陷于学惘，终莫得其指归。譬彼舟流，靡知所届焉。兹更就经、哲、史、文，分别论之。

（一）治经学应知家数

六经传自孔子，本无所谓今古也。秦火以后，博士传授，渐著竹帛。于是齐鲁两派，并立学官，此所谓今文也。今文者，盖以汉隶书之。迨鲁恭王坏孔子旧宅，发见壁中古文经，而民间亦往往有古文之传，学者多据此以难今师。刘歆等崇奉之，遂别立古文之帜。此今古文两大派，不特文字画然不同，章句训诂，亦多殊异，即典章制度，亦各立一说。今据廖平《古今学考》之一例，分别如下：

古文学家

封建之制，公方五百里，侯方四百里，伯方三百里，子方二百里，男方百里。凡五等。一甸出一车。六卿，大夫，士，员无定数。畿内不封国。世卿无选举。十二年一巡狩。天子下聘，不亲迎。禘天于郊，无祫祭。天子无太庙，有明堂。

今文学家

公侯方百里，伯方七十里，子男方五十里，凡三等。十井出一车。公，卿，大夫，士皆三，辅一。畿内封国。无世卿，有选举。五年一巡狩。天子不下聘，有亲迎。禘为时祭，有祫祭。天子有太庙，无明堂。

凡此皆古文典制之异于今文者也。陈钟凡论之曰：

学者能兼赅古今，区分异同，不相杂厕，固属上乘。否则笃守一家，不事迁就弥缝，自便私说，亦居其次。若左右采获，志在沟通，糅合古今，妄矜断制，则荆棘丛生，适以自扰。下焉者则尽失古今师说，妄逞臆谈，痴符横眩。无本之学，更不足语于学术之林矣。

学者知所取法矣。

（二）**治哲学应知流派**

古论周、秦诸子流派者，有庄、荀、淮南及司马氏，而莫详于刘歆。《庄子·天下篇》陈儒、墨、名、道、法、小说六家。《荀子·非十二子篇》去小说而易以陈仲、史鳅，陈、史似与杨朱之学同派者也。《史记·太史公自序篇》去小说而增阴阳。《淮南子·要略篇》则去名、小说，而增杂、纵横。刘歆《七略》乃入农家，而为十家。（参看《国学范围篇》）故推论先秦学派，大抵春秋之世，略别儒、道、墨三家。战国中叶，乃分为道、儒、墨、名、法、阴阳六家。末年乃更分为九流十家矣。流派既明，当斠异同，考变易。《韩非子·显学篇》曰："孔、墨之后，儒分为八，墨离为三。取舍相反不同，而皆自谓真孔、墨。"是同一师承，其立言未必一致也。然大同之中有不同，大异之中有不异。非决择精微，不足以识大同与小异，推知万物之毕同毕异也。诸子学不纯师，其流斯异。禽滑厘受业卜商而流为墨家。商鞅学于尸佼而流为法家。子产以儒兼法，其学又于名家。荀卿之徒有韩非、李斯，又援儒而入法。凡此皆思想变迁，学术沿革之彰著者，又学者所应注意者也。（略本陈钟凡之说）

宋儒理学，以安定、徂徕、明复之讲学为先导，自是而濂、洛之学，嗣之以起。太抵分为程朱、象山、浙东三派。二程师事濂溪，朱子宗仰二程。而濂溪之《太极图说》，实出自道家陈抟。是程、朱之学，实毗于道家者也。象山专宗心得，则毗于佛家者也。金华、永嘉，肇开浙东学风，则毗于儒家之功利主义者也。康节《皇极》，横渠《西铭》，虽各别立一帜，然未尝非导源于濂溪也。元代以后，大抵分为程朱派、陆派、朱陆调和派三者而已。明自姚江崛起，服膺象山，倡良知及知行合一之说，开有明一代学风，于是陆、王与程、朱并称矣。下逮乎清，虽异军蜂起，然大别之，要不外乎程朱、陆王及调和派、独立派四者而已。

佛教派别亦多，在印度时，已有“大乘”“小乘”二教之判别。所传乖违，争论甚烈。小乘至以大乘为非佛说，大乘之视小乘亦侪于外道。是为佛教第一大分化。小乘之中，又分“上座”“大众”二部。上座部又分为十一，曰：“有部”“雪山”“犊子”“法上”“贤胄”“正量”“密林山”“化地”“法藏”“饮光”“经量”；大众部又分为九，曰：“大众”“一说”“说出世”“杂乱”“多闻”“说假”“制多山”“西山住”“北山住”，合称小乘二十部。慈恩尝判二十部为六宗。曰：“我法俱有宗”，曰“法有我无宗”，曰“法无去来宗”，曰“现通假实宗”，曰“俗妄真实宗”，曰“诸法俱名宗”。此皆小乘教之判别也。大乘教自佛灭度后五百余年，马鸣菩萨出世，造《大乘起信》等论，复兴大乘，后有坚慧菩萨造《法界无差别论》，祖述马鸣之旨，后人谓为“如来藏缘起宗”。后之分派开宗，皆导源于此，而当时实无异见也。其分宗如下：曰“三论宗”，亦名“般若宗”，亦名“性宗”，或“空宗”；曰“唯识宗”，亦名“瑜伽宗”“法相宗”“慈恩宗”；曰“摄论宗”；曰“华严宗”，亦名“贤首宗”；曰“地论宗”；曰“涅槃宗”，曰“真言宗”，亦名“密宗”；曰“律宗”，曰“净土宗”。凡此诸宗，流传中土。而在中土所倡者，则有“天台宗”。因智者大师栖息天台山而得名也。其教外别传，则有“禅宗”，又名“佛心宗”，以直指本心，不立文字为尚。自达摩传至五祖，分为“南”“北”二派，而南派独传，又分“临济”“云门”“曹洞”“沩仰”“法眼”五宗。唐代以后，摄论宗并入唯识宗，地论宗并入华严宗，涅槃宗并入天台宗。而小乘教之有部，入中土而立“俱舍宗”，经部入中土而立“成实宗”。故中土今日流传之佛教，合大小二乘言之，共得十宗，即“成实宗”“俱舍宗”“禅宗”“律宗”“天台宗”“华严宗”“唯识宗”“三论宗”“密宗”“净土宗”也。

（三）**治史学应辨真妄**

应劭《风俗通义·皇伯篇》曰：

> 天地剖分，万物萌繁，非有典艺之文，坚基可据，推当今以览太古，自昭昭而本冥冥。乃欲审其事而建其论，

> 董其是非而综其详言也，实为难哉！故《易》纪三皇，《书》叙唐、虞，自是以来，载籍昭晰。然而立谈者人异，缀文者家舛。斯乃杨朱哭于歧路，墨翟悲于练素者也。

夫五帝、三王之记尚矣。文久而灭，节族久而绝，学者既不可得而详。即《诗》《书》所称述，《春秋》所纪录，儒者一家之言，亦岂可尽信哉！王充《论衡·正说篇》曰：

> 儒者说五经多失其实。前儒不见本末，空声虚说；后儒信前师之言，随旧述故，讲习辞语。苟名一师之学，趋为师教授。及时蚤仕，汲汲竞进。不暇留精用心，考实根核，故虚说传而不绝，实事没而不见，五行并失其实。

此孟轲所以有“尽信《书》不如无《书》，吾于《武成》，取二三策而已”之叹也。后世学者，不慎为审察，安有不为伪书所蒙蔽者哉！审察之道奈何？则不外谌正文字，区别文体，考核事实，搜罗证据而已。

（四）治文学当知变迁

我国最古典籍，其遗留至今而并可信者，不过《易》《书》《诗》三者而已。三书实为我国一切文体之源泉。盖《易》为骈文，韵文之源；《书》为散文，语体文之源；《诗》为诗歌之源。文体之大别，要亦不过散文、骈文、韵文、诗歌、语体文五者而已。

周代诸子之文，骈语、韵语与散句相间杂，初无文体之区别也。及秦则荀赋屈骚，开韵文之先声。而颂、赞、铭、箴，亦相继而起。两汉以赋称盛一时，六朝迄唐，韵文未衰。下逮宋、明，此风寝息矣。此韵文变迁之概略也。

三代以前，虽相传有古谣、谚、歌曲，如《拾遗记》有《皇娥》《白帝》等歌，《尚书》有《五子》《喜起》等歌，《尚书大传》有《卿云歌》，然多不足凭信。故诗歌之最古者，自当推《三百篇》。《三百篇》虽间杂一言九言句，而大体则为四言。西汉以后五言诗兴，而七言诗亦于是时滥觞。六朝崇尚俳俪，研究声病，始启五律法门。至初唐而七言律诗之体乃立。中晚唐间，词体肇兴，入宋大盛。元乃变为南北曲及杂剧，至明而有昆曲。今则诗歌词曲之音节，久已失传，所余者，唯后人摹仿之躯壳已耳。而昆曲、京调、杂剧、小曲、则音节流传，尚未衰歇云。此诗歌变迁之概略也。

周、秦古籍，间有俪辞。盖造化赋形，支体必双。神理为用，事不孤立，此实宇宙间自然之现象也。《易·文言传》中，若“水流湿，火就燥，云从龙，风从虎”等语，几不胜枚举。西京相如、子云，不无比对；王褒、谷永，渐近俪体。东京则崔瑗、蔡邕之伦，几于非对不发。晋、宋以降，至于永明之间，骈文之体，乃集大成。徐、庾嗣作，缛藻清声，遂蔑以复加矣。初唐四杰，仍沿六朝之旧。盛唐以后，厥体衰变。虽韩昌黎慨然复古，然中晚唐以讫五代，骈俪之风未衰歇也。特文体之敝，至五代而极矣。宋初承其余习，犹多冗滥之词，及欧、曾、苏、王起而振之，而其体乃一变。四六之称，盖亦始于是时。逮夫元、明之世，多用虚廓猥浅之词，以追时谐俗，骈体乃一落而千丈。清代汉学家出其多闻博识之绪余，而发为文章，典雅矞皇，沉博绝丽，其上焉者率驾唐、宋而追齐、梁，次焉者亦非元、明所能企及。故骈文至是时而大振。然咸、同以后，世变日亟，此风渐息，虽如饶汉祥辈犹有以骈俪文字撰邮电文告者，然几若空谷之足音矣。此骈文变迁之概略也。

西汉以前，本无骈散之称，亦无骈散之分。经典、诸子及史籍等，或全以散句行文，或篇中间杂偶句，原无定体也。自东汉下逮陈、隋，俪语盛行，骈体始立。虽姚察父子，振于隋末唐初，一扫肤词陈语，然终不能革骈俪之风。及韩退之出，厌弃魏、晋、六朝，一反之于六经、西汉，以古文相号召，而下下景从，此所谓文起八代之衰也。于是骈散两体，乃并辔而齐驱。同时如柳宗元、皇甫堤、李翱、孙樵之徒，皆以散文鸣者也。韩、柳与宋之欧阳、三苏、曾、王，后人称为八大家。下及明之高、刘、宋、方、唐、归，清之侯、魏、汪、姜、方、刘之徒，虽或兼作骈文，然并以散文擅长。自姚姬传近师海峰，远宗八家，归、方、管同、姚莹、梅曾亮、方东树等依附之，遂有桐城派之称。而恽子居、张皋文别树一帜，秦瀛、李兆洛、董士锡、陵继辂等同声附和，即所谓阳湖派也。第桐城深于法，为儒者之文；阳湖长于才，为策士之文，其面貌略有不同耳。此散文变迁之概略也。

言文之背驰，盖自三代已然。《尚书》中如《尧典》《皋陶谟》《高宗肜日》《西伯戡黎》《微子》《洪范》《康诰》《无逸》《君奭》《立政》《顾命》《文侯之命》诸篇，当日对语之文也，《大诰》《多方》《吕刑》诸篇，当日告示之文也。《甘誓》《汤誓》《盘庚》《牧誓》《多士》《费誓》《秦誓》诸篇，当众演说之辞也。《诗经》中如十五国风，采自民间歌谣，故皆为方言俚语。二雅、三颂，则撰自朝廷官吏，多为文言。是一书之中，已言文互见矣。要之《尚书·甘誓》诸篇，为后世白话文之始祖，而诗经十五国风为后世白话诗之始祖。唯言语不能不随时地而变迁，故后人读而不易通晓，遂觉为诘屈聱牙耳。《尔雅·释诂》《释言》《释训》三篇，是即以中古以来通用之文言，诠释《诗》《书》之古语者也。自老子著《道德经》五千言，孔子赞《易》作《文言传》，文言即兴，语体乃寝废矣。盖孔子三千弟子，所占国籍不少。当日国语既未统一，如使人人各操国语，则何以传授学术耶！孔子曰："辞达而已。"又曰："书同文。"又曰："言之无文，行之不远。"皆孔子提倡文言之语也。厥后《左传》《国语》《战国策》诸史，孟、荀、庄、墨诸子，尽用文言。秦、汉以后，唯经典之传注，乐府之歌诗，及《世说新语》一书，犹间杂白话而已。六朝以后，印度佛典输入，译者以文言不足以达意，故以浅近之文译之，其体已成白话。其后佛氏讲义、语录，尤多用白话为之，遂启语录体之始。唐人之诗，唯元轻白俗，近于语体，其他则间用方言而已。宋儒讲学，以白话为语录，遂成讲学文字正体。宋元以后，小说之演义体兴，仿于宋之《宣和遗事》，而《水浒》《西游》《三国》之属，盛扬其焰，或纯以白话为之，或以近于白话之文言为之，家弦户诵，于是白话又为说部文字正体。元、明、清之戏曲杂剧，亦多用白话，盖戏剧所重在唱演，非白话无以喻群众，于是白话又为剧本文字之正体。诗歌则如宋邵雍之《击壤集》，不避俗语俗字，遂别成一派。明代陈献章、庄泉等以讲学家自名者，大抵宗之。盖自宋代而后，我国之文言文与语体文遂中分天下，唯前则为缙绅所专利，后则普及一般平民而已。自清末科举废而白话一盛，普及教育之议起而白话更盛，日报、杂志，广载说部剧本，而白话全盛。比五四运动以来，胡适之、钱玄同、陈独秀、吴稚晖之俦，倡言文学革命之论。于是，白话侵入学校之教科书中，几欲夺文言之席而代之矣。夫佛典译而语录兴，欧学翻而白话盛，是白话之兴盛，必在外国学术侵入时代，殆我国之文言文，有不能曲折叙述异族思想之弊欤！此语体文变迁之概略也。

三、怀疑

怀疑为研究科学之不二法门，亦为研究国学之入门工夫。牛顿疑苹果何以坠地，于是有宇宙三定律之发明；瓦特疑壶盖何以上掀，于是有汽机之发明；达尔文疑《创世记》上帝造人之说，于是有《进化论》之著作；爱恩斯顿[①]疑以太之旧说，于是有《相对论》之著作。故怀疑为求信之途径，亦为启发真理之秘论也。吾人之治国学，何独不然。顾亭林疑叶韵之说，于是有古音之发明；阎百诗疑今古文《尚书》文句之不类，于是定梅颐作伪之信谳；崔述疑三皇以来传说之无稽，于是有《考信录》之编纂；康有为疑古文学之后出，于是有孔子改制之学说，此皆疑而有得者也。故吾人研究学术，决不可不具怀疑之态度。与其信而错，不如疑而错，犹为无流弊也。怀疑之道奈何？当分疑古、疑今两方面言之：

（一）**疑古**

古人之书，有全出伪撰者，如《连山》《归藏》诸书是；有真伪错出者，如《尚书》《管子》是；有出于寓言者，如《庄子》之《庚桑楚》《徐无鬼》是；有言过其实者，如《庄子》之《盗跖》《渔父》等篇是，凡可信者不过十二三也。杨朱曰：

> 太古之事灭矣，孰志之哉！三皇之事，若存若亡，五帝之事，若觉若梦。三王之事，或隐或显，亿不识一。当身之事，或闻或见，万不识一。目前之事，或存或废，千不识一。

① 即“爱因斯坦”。

诚哉斯言！即以最切身、最近今者之事言之，诸君试自回忆，父祖之事，能识者几何？曾高以上之事，能识者几何？即有家乘，不能悉载，所载亦恐非尽属真相。况数百千载以上之事乎？且也一事之发生，同时记载，言各异辞，吾谁适从？今姑举子贡赎人不受金一事，秦、汉之书载之有四，述孔子之语无一同者，而《淮南子》前后互见，其说亦详略不同。是可见古人记事，原无求真求确之观念也。

（甲）《吕氏春秋·察微篇》鲁国之法，鲁人为人臣妾于诸侯，有能赎之者，取金于府。子贡赎人于诸侯，来而让，不取其金。孔子曰：

> 赐失之矣！自今以往，鲁人不赎人矣！取其金，无损于行，不取其金，无损于行；不取其金，则不复赎人矣！

（乙）《淮南子·道应训》鲁国之法，鲁人为人妾于诸侯，有能赎之者，取金于府。子贡赎鲁人于诸侯，来而辞不受金。孔子曰：

> 赐失之矣！夫圣人之举事也，可以移风易俗；而受教顺可施后世，非独以适身之行也。今国之富者寡而贫者众，赎而受金，则不为不廉；不受金，则不复赎人。自今以来，鲁人不复赎于诸侯矣！

（丙）《淮南子·齐俗训》子贡赎人而不受金于府。孔子曰：

> 鲁国不复赎人矣。

（丁）《说苑·政理篇》鲁国之法，鲁人有赎臣妾于诸侯者，取金于府，子贡赎人于诸侯而还其金。孔子闻之曰：

> 赐失之矣！圣人之举事也，可以移风易俗，而教导可施于百姓，非适身之行也。今鲁国富者寡而贫者众，赎而受金，则不为不廉；不受，则后莫复赎。自今以来，鲁人不复赎矣！

观此，果何者真出孔子之口乎？则古人以为圣人之言，一字不可以移易，且议论不敢到者，适见其愚而已。

（二）疑今

青年经验缺乏，思想纯洁，往往对于近世学者，震于其名，由崇拜而起信仰，由信仰而入迷信。如今日学子对于梁启超、章太炎之国学，胡适之之文学，几极端信仰，无怀疑之余地。不知梁启超之校释《墨经》及论清代学术，尽有错误之处；章太炎不信钟鼎古文字及龟甲文字，以为皆属古董商人及刘鹗、罗振玉辈所伪造，《说文》以外，无可信之古文，亦太拘泥；胡适之著《哲学史大纲》，以惠施、公孙龙为别墨，牵率附会，似不可信。总之，吾人研究学术，当以求真求是为归，决不可稍容心于其间。古昔圣贤之偶像，固当推翻，今日名人博士，讵可奉为偶像乎！今更录曹聚仁序章太炎《国学概论》之说于下，以见彼亲炙者尚抱怀疑之态度，况吾辈读其书者欤！

> 历史给我们底警告：中国学术界最会变奇妙的把戏，就是偶像独尊。要说明这偶像独尊，最好用《墨子》“上之所是，必皆是之；上之所非，必皆非之”两语。统一的观念，印在群众底脑界。他们总想让一尊偶像来表率一切，来做至尊无上的主宰。我底推测，或许有人以为这书底话是很对的，因为这是太炎先生所讲演的。果真如此，便是自误自累，却又成为太炎先生底罪人。太炎先生这次讲演，有一种真精神，就是指导我们去怀疑。他自己怀疑古人尊经，怀疑古人训诂，怀疑朱子注释，怀疑……处处昭示治学问不可盲从之点。我们若是含糊地盲从地奉他为偶像，他不但是要笑，还且是可恶呢！

故吾甚盼诸君读此书之时，亦处处抱怀疑态度。错误者驳诘之，疏通者询问之，则吾与诸君同受其益矣！

（马瀛著《国学概论》，上海大华书局 1934 年版）

许啸天

（1886—1946），名家恩，字泽斋，号啸天，笔名有则华、黄帝子孙之嫡派等。浙江上虞人。早年追随徐锡麟等投身民主革命，并在章太炎主持的《苏报》上发表文章，为章太炎所赏识。辛亥革命后致力于戏剧，先后加入春柳社、春阳社等社团，撰写《拿破仑》《明末遗恨》《黑籍冤魂》等剧本。1914年与夫人高剑华共同创办《眉语》杂志，后又与人合创《黄花旬报》。五四运动后提倡新文化，致力于古代文化典籍和古典文学名著的点校和阐释工作。1946年任上海诚明文学院教授，并兼事写作。曾校点出版《黄梨洲集》《王阳明集》《朱舜水集》《王船山集》《顾亭林集》《颜习斋集》以及《红楼梦》《水浒传》等作品，又以白话注释《诗经》《战国策》《史记》《经史百家杂钞》《小仓山房尺牍》等，著有历史演义小说《唐宫十二朝演义》《明宫十六朝演义》《清宫十三朝演义》《满清奇侠大观》等，另有《啸天读书记》《流氓的哲学》《中国文学史解题》等著作，主编有《国故学讨论集》《名言大辞典》《梁任公语粹》等。

《国故学讨论集》新序

提起“国故学”三个字，便可以从这三个字里看出我中华大国民浪漫不羁的特性来。这一种国民性，适足以表示他粗陋、怠惰、缺乏科学精神、绝少进取观念的劣等气质！前年我听印度诗人泰戈尔说他幼年时候，住在恒河岸畔，偶然看到一面绣旗，又看到绣旗下面的流苏，随风飘荡着，便想起这流苏是丝做成的，丝是中国的特产品，看到流苏的飘荡，很可以看得出中国人浪漫的特性。因此他未到中国以前，便早已企慕中国人的浪漫生活；这浪漫生活，便是诗的生活。唉，泰戈尔先生，你错了！这浪漫性，并不是什么好名词，并没有使人可以企慕的意味。只可以叫人嘲骂，叫人鄙弃的劣等人种的贱性！你看人生在天地间，供求相需，谁许你浪漫？况生在如今生存竞争最剧烈的时代，一天不工作，便一天得不到衣食住，又谁许你浪漫？更生在如今科学精神极发达的时候，一天不发明，便一天得不到进步。你若不进步，便只好坐待着别人拿物质的势力来亡你的国，灭你的种，到那时候，且问你浪漫不浪漫了？在先生生长在富厚之家，又得天独厚，满脑筋充实了诗意。吃饱了饭，无事可做，便在恒河岸畔看看流苏，兴之所至，便吟几句诗，供天下人的玩赏，又有爵爷的头衔，挂起幌子，环游列国，到处受人热烈的欢迎，坐着头等火车，吃着精美大菜，这样子的浪漫生活，我也愿过。但回头看看贵国恒河岸畔的穷民，敝国江北路上的乞丐，他们终日蓬首垢面，胼手胝足，淌干了汗泪，喊破了喉咙，还得不到先生吃剩的面包皮，和穿破的绸衣角。到了这一步田地，我想他便是要浪漫也无从浪起了；要吟几句诗也毫无兴趣了；要看看风吹流苏也决没有这闲情别致了。再深刻的说一句，世界上之所以有穷民乞丐，也全是那班贵族式的诗人，浪漫派的惰民，饱食永日，无所事事，消灭了天地的生产力。却叫他们穷民乞丐，替你们加倍的工作，又加倍的替你们捱穷受饿害他的。印度之所以弄成亡国，中国之所以弄成不死不活的局面，也未始非这一点浪漫根性在那里作怪。

我的话说得过火了，谈起国故学，便无意中得罪了这位诗圣。“国故学”三个字，是一个极不彻底极无界限极浪漫、极浑乱的假定名词。中国的有国故学，便足以证明中国人绝无学问，又足以证明中国人虽有学问而不能用。这样的情性，这样的劣性，这不快快革除，却又去恭维他，说他是东方文化，又说他是大国的风度。我实在是羞死了，气死了！所以在不知不觉中说了几句过激的话。按到实在，这“国故学”三个字，还算是近来比较的头脑清晰的人所发明的。有的称“国学”，有的称“旧学”，有的称“国粹学”。在从前老前辈嘴里常常标榜的什么“经史之学”“文献之学”“汉学”“宋学”。那班穷秀才，也要自附风雅，把那烂调的时文诗赋，也硬派在“国粹学”的门下。种种名目，搜罗起来，便成了今日所谓的“国故学”。但是我试问，国学是什么东西？国故学是什么东西？柳诒徵在演讲《汉学与宋学》之先，加以一段声明道：

> 今日讲题，为《汉学与宋学》。实则汉学、宋学两名词，皆不成为学术之名。类如有人号称英学或德学，人必笑之。若曰吾所研究者，为英国人之文学，或德国之哲学（此亦有语病），方成一个名词。

此犹我序《王船山集》中有一段说道：

> 说也可怜！我们做中国人的，莫说受不到中国的学问，倘然有人问我们：“你们中国有些什么学问？”我简直的回答不出来。我若回答说“我们中国有六艺之学，有经史之学，还有那诸子百家之学”。这是滑稽的答语，也是一句笑话。试问：“所谓经史之学，诸子百家之学，是一个什么学问？”我依旧是回答不出来。所以老实说一句，我们中国，莫说没有一种有统系的学问，可怜，连那学问的名词也还不能成立！如今外面闹的什么国故学、国

学、国粹学，这种不合逻辑的名词，还是等于没有名词。试问国故是什么？国故学又是什么？况且立国在世界上，谁没有一个国故？谁没有一个历史？便是谁没有一个所谓国故学？谁没有一个所谓经史之学？这国故经史，是不是算一种学问？好似我姓许的能够背三代祖宗的名号履历，是不是算一种本领？是否算一种学问，是一个问题。这一种学问是否人类所需要，这又是一个问题。在我的见解，所谓学问者，须具有两种条件：一种是有统系有理知的方法。一种是拿这个方法可以实现在人生，或是解决人生的困难，或是增加人生的幸福。没有方法的，固然算不得是一种学术。这方法不能解决人生一部分问题的，也算不得是有用的学术。你看科学界上的天文地理数理化力等学问，上至哲学文学，谁不是各有他独立的名词？谁不是各具有学术条件上两种的效用？从没像中国这样笼统而无方法的国故学，可以在学术界上独立一科的。倘然国故可以成功一种学术，那全地球上的各国，每一国都有他自己的国故。为什么却不听得有英国故学、法国故学、德国故学的名称传说呢？所以国故实在算不得是一种学问。我们中国的有国故学三字发见，正是宣告我们中国学术界程度的浅薄，智识的破产，而是一个毫无学问的国家。

翻过来说：中国的国故学，何尝不是学问？中国的国故学，不但是中国的真学问，而且是全世界的真学问。那六经子史，我们一向认为是哲学文学的府库的，里面何尝没有科学？里面不但有科学，而且有最深最高最丰富的科学。不但是科学，那政治学、社会学、法学、军事学，以中国先进国家的资格，研究得格外周到，发明得格外在先。所以我说的国故学不是学问，是说国故学不能成功一种学问的名词。那国故里面，自有他的真学问在。倘然后代的学者，肯用一番苦功，加以整理，把一个囫囵的国故学，什么政治学、政治史、社会学、社会史、文学、文学史、哲学、哲学史，以及一切工业农业数理格物，一样一样的整理出来，再一样一样的归并在全世界的学术界里，把这虚无缥渺学术界上大耻辱的国故学名词取消。这样一做，不但中国的学术界上平添了无限的光荣，而且在全世界的学术上一定可以平添无上的助力。因为中国的文化，开辟在三千年以前，那六经全是中国文化的纪录，再加周秦时期思想的发展，种种发明，种种经历，都可以充得世界的导师，而与以无上的教训。虽然，这件工作，谈何容易？只因经史是最古文化的纪录，在他纪录的时候，因求一时代的适合，总有一大部分是芜杂的，诸子百家，是一时代环境造成的人生哲学，总有一大部分是简陋不完的。这个现象，不但是中国，凡是初期的记录，和初期的发明，都有这一点困难。希腊的文明，决不是如今的西洋文明，柏拉图的思想，决不便是如今德谟克拉西的思想。这其间几经整理，几经改造，才能得如今物质上精神上的两大成功。我们中国的学者，只因不肯整理，不肯改造，所以直到如今，六经依旧是六经，诸子百家依旧是诸子百家。那国故，是各种物质的原料；科学，是从国故原料里提出成分来制成的器皿。如今我们中国的学术界，白丢着这许多丰富而又宝贵的原料，空感受器物缺乏的痛苦，这全是一班中国学者的罪。做中国学问，本来不是一件容易的事，只因不曾经过整理，不但使后代学者找不出一个头绪来，便是找到了头绪，好似走进了一座凌乱芜杂的栈房里面，都是零碎的不适用的多。好不容易，用披沙淘金的工夫，整理出一点切于实用的学问来，学者仅仅拿他看作一种陶情适性的玩物，既没有公开的著作，也没有彻底的研究。前者摸过这一条黑巷，却不肯把黑巷里的走法告诉人，一任那后者再去费一番摸黑巷的工夫。因此，中国的学术界，常在这条循环线上来来往往的走，便永远没有进步，永远没有成功。我们倘然甘心永居于无学术国的地位，那便不用说了，倘然中国的学者，不甘自弃，还希望把中国的学术扶持出来，和世界的学术见面，非但见面，还要和世界的学术合并，使中国老前辈留下丰富而伟大的学术，使世界学术界得到一种伟大的帮助，那非努力于整理六经诸子的工作不可。这整理的目标，有两个：一是要精当而有统系，一是要适于人生实用。

因此，要把中国的国故学扶持出来，用精细勇往的工夫，整理分晰[①]，成了各项专门的科学，以与世界的各科学相见相并而使全世界得到他的实效，这决不是那种浪漫的态度可以成功的。要拿国故学整理分晰成了各科学以后，再勇猛精进，从旧的国故学里面研究发明出新的科学来，靠他改造世界现有的科学，这也决不是那种浪漫的态度可以成功的。所以，我劈头一句，便是反对中国人这浪漫的态度，紧接着便是反对这国故学浪漫的名词。

这样巨大的工作，也不是容易做的，这样巨大的耻辱，也不是容易恢复的。第一步，先要认清国故学里有些什么门类，又有些什么人。这一部《国故学讨论集》，还算不得在学术上的讨论，只可以算是在门类上的讨论。得了门径，才可以进而讨论学术。愿你们有志的人，努力做这第一步的工作！

（选自许啸天编辑《国故学讨论集》，上海群学社 1927 年版）

① 现写作“分析”。

钱玄同

（1887—1939），原名师黄，字德潜，后改名夏，别号中季，新文化运动时期（1916年）改名玄同，五四运动后自号疑古，又自称疑古玄同，浙江吴兴人，新文化运动的主要参与者，国语运动和语言文字工作的理论家。1906年赴日本留学，1908年起与鲁迅、周作人、许寿裳、黄侃等从章太炎学习国学。1913年起历任北京高等师范历史地理部和附中国文经学教员、高等师范国文部教授兼北京大学教授。1917年参加“国语研究会”。以后连任北平师范大学中文系教授、系主任，并继续在北京大学及清华大学、燕京大学等校教课，讲授音韵学。黎锦熙称他讲音韵学“本其师传，复运以科学方法，参以新获材料，卓然成当代大师”。著有《文字学音篇》《汉字改革与国语运动》等。今人整理其著作为《钱玄同文集》六册。

研究国学应该首先知道的事

我今天到《读书杂志》的编辑部去，看见新寄来的三篇文章：两篇是胡堇人和刘掞藜二君驳顾颉刚君论古史的；一篇是顾君答刘胡两君的信。他们辨驳的问题，我暂时不加入讨论；因为我对于这些问题还未曾仔细研究，虽然我是很赞同顾君的意见的。我现在所要说的，是因看了胡刘二君的文章而联想到现在研究国学的人有三件应该首先知道的事（应该首先知道的事不限于这三件，不过我现在只想到这三件罢了）。下面虽然借着胡刘二君的文章做个例，其实和胡刘二君所讨论的问题是没有关系的。

哪三件事？一、要注意前人辨伪的成绩。二、要敢于“疑古”。三、治古史不可存“考信于《六艺》”之见。

一

中国的伪书伪物很多，研究国学的第一步便是辨伪（但辨伪的工夫是常常要用着的，并不限于第一步）。前人辨订伪书伪物，有许多已有定论的，我们应该首先知道，一则可以免被伪书伪物所欺，二则也可以省却自己辨订的工夫。但现在研究国学的人太不注意这事了，所以常要误认已有定论的伪书伪物为真书真物。如胡堇人君相信岣嵝碑真是夏代之物便是一例。他不知道这是杨慎造的假古董。一般讲历史的人相信明人假造的《竹书纪年》为汲冢旧物；讲文学的人相信东晋伪古文《尚书》中的《五子之歌》真是夏代之诗；……都和胡君犯着同样的毛病。我以为胡应麟的《四部正讹》，姚际恒的《古今伪书考》，阎若璩的《尚书古文疏证》，孙志祖的《家语疏证》，崔述的《考信录》，康有为的《伪经考》，王国维的《今本竹书纪年疏证》等辨伪的名著，都是研究国学的人应该先看的书。

二

仅仅知道了前人辨伪的成绩还不够事，因为前人考订所未及或不敢认为伪造的书物还很不少。我们研究的时候应该常持怀疑的态度才是。我们要是发见了一部书的可疑之点，便不应该再去轻信它；尤其不应该替它设法弥缝。我看了刘掞藜君论《尧典》的话，觉得他是错误的。刘说全本梁启超君；我现在把梁说错误之处说明如下。梁君因《尧典》中有“蛮夷猾夏”一语是“时代错迕”而疑为伪作（《中国历史研究法》，再版，页一七五）；又因《尧典》所记中星在公历纪元前二千四五百年时确是如此而说，“《尧典》最少应有一部分为尧舜时代之真书”

（同书，再版，页一五九）。我以为“猾夏”一语确可认为伪书的证据（梁君此疑，本于其师康有为君的《孔子改制考》，中华民国九年重刻本，卷十二，页五）；而中星的问题却还不能认为真书的证据。

我们说《尧典》是战国时代的作品，尧舜是“无是公”“乌有先生”，或者大家不肯相信这话。现在姑且让步从旧说认《尧典》为古史，尧舜是有这两个人的。但尧舜是什么时代的人，我们实在无从知道；因为比较可信的旧史只有《史记》，《史记》的纪年始于周召共和元年，即公历纪元前八百四十一年，这以前的年代便绝无可考。尧舜的时代既无从知道，那就不能因《尧典》所记中星合于公历纪元前二千四五百年时的情形而认它是尧舜时代的真书了。其实《尧典》之不足为信史，梁君也很知道，他在《先秦政治思想史》中明明说《虞夏书》是周人所追述的（页二八及三七），只因被“弥缝”之一念所误，于是总想保存它一部分，认为尧舜时代的真书，而不顾立说之难通了。这个毛病，犯的人最多；所以《中庸》《礼运》《毛诗》《周礼》诸书常常有人揭穿它们可疑之点，而常常有人替它们弥缝。弥缝的原故便是“不敢疑古”。他们总觉得较后的书可以疑而较古的书不可疑，短书小记可以疑而高文典册（尤其是经）不可疑。殊不知学术之有进步全由于学者的善疑，而“赝鼎”最多的国学界尤非用极炽烈的怀疑精神去打扫一番不可。近来如梁启超君疑《老子》，胡适君和陆侃如君疑《屈赋》，顾颉刚君疑古史，这都是国学界很好的现象。我希望研究国学的人都要有他们这样怀疑的精神。

三

我觉得胡刘二君的文章中很有“信经”的色彩，因此联想到现在治古史的人仍旧不脱二千年来“考信于《六艺》”的传统见解。他们认经是最可信任的史料，我以为不然。我现在且不谈我的“离经叛道非圣无法的《六经》论”，姑照旧说讲，也不能说经是最可信任的史料。旧时说经，有“今文家”“古文家”“宋儒”三派，虽彼此立说不同，但总不出“受命改制”“王道圣功”这些话的范围；没有说到它在史料上的价值。到了近代，章学诚和章炳麟师都主张“《六经》皆史”，就是说孔丘作《六经》是修史。这话本有许多讲不通的地方，现在且不论。但我们即使完全让步，承认二章之说，我们又应该知道，这几部历史之信实的价值远在《史记》和《新唐书》之下；因为孔丘所得的史料远不及司马迁、宋祁、欧阳修诸人，“夏礼殷礼不足征”之语便是铁证。梁玉绳对于《史记》还要“志疑”，吴缜对于《新唐书》还要“纠谬”，则我们对于《六经》更应当持“志疑”“纠谬”的态度，断不可无条件的信任它的。

（选自曹聚仁编《古史讨论集》，梁溪图书馆 1925 年 6 月出版）

青年与古书

现在的青年，应不应该叫他们读古书，这是教育上一个很重要的问题。社会上对于这问题的意见，约有三派：

（甲）主张应该读的。这又可分为两派。A 派以为："古书中记着许多古圣先贤的懿训格言和丰功伟烈，我们应该遵照办理；古书的文章又是好到了不得的，我们应该拿它来句摹字拟。"这派算是较旧派。B 派对于 A 派的议论也以为然，不过还要加上几句话，便是什么"国于天地，必有与立，中国的道德文章是我们的国魂国粹，做了中国人便有保存它光大它的义务；这些国魂国粹存在于古书之中，所以古书是应该读的"这类话。这派自命为新派。

（乙）主张不应该读的。他们以为："中国过去的道德，是帝王愚民的工具；中国过去的文章，是贵族消遣的玩意儿。它们在过去时代即使适用，但现在时移世易，已经成为历史上的僵石了。我们自己受它的累真受够了，断不可再拿它来贻误青年。所以青年不应该再读古书。"这派中还有人以为：

“中国过去的文化，和辫子小脚是同等的东西。这些东西，赶快撇清它还来不及，把它扔到茅厕里去才是正办；怎么还可以叫青年去遵照办理呢！”

（丙）也主张应该读的，可是和甲派绝对不同。他们以为：“古书上记载的都是中国历史（广义的，后同）的材料。人类的思想是不断地演进的，决非凭空发生的，所以我们一切思想决不能不受旧文化的影响，决不能和我们的历史完全脱离关系。因为如此，所以不论我们的历史是光荣的或是耻辱的，我们都应该知道它。这是应该读古书的理由。”

我对于这三派的议论，是同意于丙派的。现在先把甲乙两派批评一下。

甲派之中，A 派的主张，完全不成话；用乙派的话，足以打倒它了。至于 B 派，虽然自命为新派，其实他那颟顸之态既无异于 A 派，而虚骄之气乃更甚于 A 派。国魂国粹是什么法宝，捧住了它，国家便不会倒霉了吗？那么，要请问，二千年来，天天捧住这法宝，并未失手，何以五胡、沙陀、契丹、女真、蒙古、满洲闯了进来，法宝竟不能显灵，而捧法宝的人对于闯入者，只好连忙双膝跪倒，摇尾乞怜，三呼万岁，希图苟延蚁命？这样还不够，他们又把这种法宝献给闯入者，闯入者便拿它来往他们头上一套，像唐僧给孙行者戴上观音菩萨送来的嵌金花帽那样；套好之后，闯入者也像唐僧那样，念起紧箍儿咒来，于是他们便扁扁服服地过那猪圈里的生活了。嘿！真好法宝！原来有这样的妙用！到了近年，帝国主义者用了机关枪大炮等等来轰射，把大门轰破了，有几个特殊的少数人溜到人家家里去望望，望见人家请了赛先生（Science）、德先生（Democracy）、穆姑娘（Moral）当家，把家道弄得非常的兴旺，觉得有些自惭形秽，于是恍然大悟，幡然改图，回来要想如法炮制。最高明的，主张“欧化全盘承受”；至不济的，也来说什么“西学为用”。这总要算大病之后有了一线生机。不意他们“猪油蒙了心”，还要从灰堆里扒出那件法宝来自欺欺人，要把这一线生机摧残夭阏，真可谓想入非非！说他虚骄，还是客气的话，老实说吧，这简直是发昏做梦，简直是不要脸！抱了这种谬见去叫青年读古书，真是把青年骗进“十绝阵”中去送死！

乙派的见解，我认为大致是对的。他们之中，有把旧文化看得与辫子小脚同等，说应该把它扔到茅厕里去。这话在温和派看来，自然要嫌他过火，批他为偏激；这或者也是对的。但是现在甲派的惑世诬民，方兴未艾，他们要“率兽食人”，则有心人焉能遏止其愤慨？我以为乙派措辞虽似偏激，而在现在是不可少。我们即使不作过情之论，也应该这样说：旧文化的价值虽不是都和辫子小脚同等，但现在的人不再去遵守它的决心却应该和不再留辫子不再缠小脚的决心一样；对待旧文化虽然不必一定把它的全数扔下茅厕，却总应该把它的绝大多数束之高阁！

可是无论说扔下茅厕还是束之高阁吧，这自然都是指应该有这样的精神而言，自然不是真把一部一部的古书扔下茅厕或束之高阁。那末，古书汗牛充栋，触目皆是，谁有遮眼法能够不给青年看见呢？有人说：遮眼法之说不过是戏谈，而禁止阅看或者可以办到。我说：禁止之法，乃是秦之嬴政与清之爱新觉罗·弘历这种独夫民贼干的把戏，我们可以效法吗？要是禁止了而他们偷看，难道可以大兴文字狱而坑他们吗？

据我看来，青年非不可读古书，而且为了解过去文化计，古书还是应该读它的。古书是古人思想、情感、行为的记录，它在现代，只是想得到旧文化的知识者之工具而已。工具本是给人们使用的东西，但使用必有其道。得其道，则工具定可利人；不得其道，则工具或将杀人。例如刀，工具也，会使的人，可以拿它来裁纸切肉；不会使的，不免要闹到割破手指头了。使用古书之道若何？曰：不管它是经是史是子是集（经史子集这种分类，本是不通之至的办法），一律都当它历史看；看它是为了要满足我们想知道历史的欲望，绝对不是要在此中找出我们应该遵守的道德的训条，行事的规范，文章的义法来。

若问为什么要知道历史，却有两种说法。一是人类本有求知的天性，无论什么东西，他都想知道，祖先的历史当然也在其中。这是为知道历史而知道历史，质言之，是无所为的。一是我们现在的境遇，不能不说是倒霉之至了。这倒霉之至的境遇是谁给我们的？是祖先给的呀。我常说，二千年来历代祖先所造的恶因，要我们现在来食此恶果。我们食恶果的痛苦是没法规避的，只有咬紧牙根忍受之一法。但我们还该查考明白，祖先究竟种了多少恶因；还有，祖先于恶因之外，是否也曾略种了些善因。查考明白了，对于甚多的恶因，应该尽力芟夷；对于不多的善因，更应该竭诚向邻家去借清水和肥料来尽力浇灌，竭力培植。凡此恶因或善因的账，记在古书上的很不少（自然不能说大全），要做查账委员的人，便有读古书之必要了。这是为除旧布新而知道历史，是有所为的。无论无所为或有所为，只要是用研究历史的态度来读古书，都是很正常的。

对于青年读古书，引纳于正轨而勿使走入迷途，这是知识阶级的责任。但是近来看见《京报·副刊》中知识阶级所开列“青年必读书”，有道理的固然也有，而离奇的选择，荒谬的说明，可真不少。我对于这班知识阶级，颇有几分不信任，觉得配得上做青年的导师的实在不多，而想把青年骗进“十绝阵”去的触目皆是。这实在是青年们的不幸。可是，这又有什么法想呢?

古书虽然可读，可是实在难读。怎样解决这难关，也是一个难于回答的问题。这个问题，浅陋的我，当然更没有解决的法子，不过或者有几句废话要说，这个，过些日子再谈吧。

1925 年 3 月 4 日

（选自《钱玄同文集》第二卷，

中国人民大学出版社 1999 年版）

随感录三则

（一六）

有人转述一位研究古学的某先生的话道："外国的新学，是不用研究的；我们中国人，只要研究本国的古学便得了。近来的人都说，'中国政治不好，社会不好，眼见得国就要亡了，青年学子非研究新学，改革旧污，不足以救亡'；这话是不对的。要知道就是中国给别国灭了，外国人来做中国的皇帝，我们本来不是中国的官吏，就称'外国大皇帝陛下'，也没有什么不可以；但是到那时候，还该研究我们的古学，不可转旁的念头。"我听了这话，觉得太奇了；便再转述给一个朋友听听。那朋友说："这又何足奇？你看满清入关的时候，一班读书人依旧高声朗诵他的《四书》《五经》、八股、试帖。那班人的意见，大概以为国可亡，种可奴，这祖宗传下来的国粹是不可抛弃的。"现在这位某先生，也不过是"率由旧章"，这又何足奇？我乃恍然大悟。——但是我要问问一班青年：你们对于某先生的话，究竟以为怎样呢？

（二九）

中华民国成立之后，有一班“大清国”的“伯夷、叔齐”在中华民国的“首阳山”里做那“养不食周粟”——他们确已食了民国之粟，而又不能无“义不食粟”之美名，所以我替他照着旧文，写一个“周”字，可以含糊一点——的“遗老”。这原是列朝“鼎革”以后的“谱”上写明白的，当然应该如此，本不足怪。但是此外又有一班二三十岁的“遗少”，大倡“保存国粹”之说。我且把他们保存国粹的成绩随便数他几件出来：——垂辫；缠脚；吸鸦片烟；叉麻雀，打扑克；磕头，打拱，请安；“夏历王子年——戊午年”；“上已修禊”；迎神，赛会；研究“灵学”，研究“丹田”；做骈文，“古文”，江西派的诗；临什么“黄太史”“陆殿撰”的“馆阁体”字；做“卿卿我我”派，或“某生者”派的小说；崇拜“隐寓褒贬”的“脸谱”；想做什么“老谭”“梅郎”的“话匣子”；提倡男人纳妾，以符体制；提倡女人贞节，可以“猗欤盛矣”。

有人说，“朋友！你这话讲得有些不对。辫发，鸦片烟，扑克牌之类，难道是国粹吗？”我说，“你知其一，未知其二。你要知道，凡是‘大清国宣统三年’以前支那社会上所有的东西，都是国粹。你如不信，可以去请教那班‘遗老’‘遗少’，看我这话对不对。”

国粹何以要保存呢？听说这是一国的根本命脉所在。“国于天地，必有与立”的，就是这国粹。要是没有了这国粹，便不像“大清国”的样子，“大清国”就不能保存了。

那么，我要请问先生们。先生们到今天还是如此保存国粹，想来在贵国“宣统三年”以前，先生们一定也是很保存国粹的了。但是中华民国七年二月十二日那一天，先生们为什么“独使至尊忧社稷”，忍令贵国大皇帝做那“唐虞禅让”的“盛德大业”，不应用这国粹来挽回贵国的“天命”呢？

（四四）

近见上海《时报》上有一个广告，其标题为“通信教授典故”，其下云：“……搜罗群书，编辑讲义，用通信教授；每星期教授一百，则每月可得四百余；……每月只须纳讲义费大洋四角，预缴三月只收一元。……”有个朋友和我说：“这一来，又不知道有多少青年学生的求学钱要被他们盘去了。”我答道：“一个月破四角钱的财，其害还小。要是买了他这本书来，竟把这四百多个典故熟读牢记，装满了一脑子，以致已学的正当知识被典故驱出脑外，或脑中被典故盘踞满了，容不下正当知识；这才是受害无穷哩！”

我要敬告青年学生：诸君是二十世纪的“人”，不是古人的“话匣子”。我们所以要做文章，并不是因为古文不够，要替他添上几篇；是因为要把我们的意思写他出来。所以应该用我们自己的话，写成我们自己的文章；我们的话怎样说，我们的文章就该怎样做。有时读那古人的文章，不过是拿他来做个参考；决不是要句摹字拟，和古人这文做得一模一样的。至于古人文中所说当时的实事，和假设一事来表示一种意思者，在他的文章里，原是很自然的。我们引了来当典故用，不是肤泛不切，就是索然寡味，或者竟是“驴头不对马嘴”，与事实全然不合。我们做文章，原是要表出我们的意思。现在用古人的事实来替代我们的意思：记忆事实，已经耗去许多光阴；引用时的斟酌，又要煞费苦心；辛辛苦苦做成了，和我们的意思竟不相合——或竟全然相反。请问，这光阴可不是白耗，苦心可不是白费，辛苦可不是白辛苦了吗？唉！少年光阴，最可宝贵，努力求正当知识，还恐怕来不及，乃竟如此浪费，其结果，不但不能得丝毫之益，反而受害——用典故做的文章，比不用典故的要不明白，所以说反而受害——我替诸君想想，实在有些不值得！

（选自《钱玄同文集》第二卷，
中国人民大学出版社 1999 年版）

钱基博

（1887—1957），字子泉，别号潜庐，又号老泉，江苏无锡人，钱锺书先生之父。出身于书香门第，自幼熟读中国经典。16岁时撰写长达4万字的《中国舆地大势论》，发表于梁启超主持的《新民丛报》。辛亥革命时曾短暂从军。“二次革命”失败后从事教育和著述，历任小学、中学、师范学校教员，后执教于清华大学、无锡国专、上海圣约翰大学、浙江大学、武昌华中大学等学校，曾任光华大学中文系主任、文学院院长，1949年后任华中师范学院教授。博学多才，在文学、文学史、经史诸子和文献学等领域均有建树。著有《经学通志》《古籍举要》《名家五种校读记》《文心雕龙校读记》《四书解题及其读法》《老子解题及其读法》《周易解题及其读法》《现代中国文学史》《明代文学》《中国文学史》《孙子章句训义》《近百年湖南学风》等。

国学历代变异的问题

我上一回讲国学分科研究的问题，这一回是讲国学历代变异的问题。就是上一回是研究国学的科别，这回是讨论国学的代殊；上一回是国学平面的解剖，这一回是国学纵断的视察。

现在人一提到“国学”两字，就不知不觉地得到一种暗示，说“这才算是我们中国几千年藏在家里的一件老古董”。轻薄少年，不消说是要笑他“腐臭不堪”！就是爱护国学的人，也只觉得“这件古董，好比夏鼎商彝，古色古香，煞是可爱”！不知我们“国学”这件古董，并不是像普通夏鼎商彝一般的古董，一成不变，终古如此；是与时俱新；我比他是件活宝贝，时时刻刻，会变新花样。所以一个时代，有一个时代特殊产生的国学。现在酝酿作势，又像要变花样；不过究竟怎样变？要变成一个什么东西？还在不可知之数。难道是像夏鼎商彝的古色古香，几千年老是这样的吗？话虽这样说，然而国学的变，也要经过相当时期才能成熟；不是说变就变。所以黄帝以来，尽管唐、虞、夏、商、周……一直到清朝，朝代换了近三十个，也不是代代能够产生一种特殊的国学。据我现在想把国学分做西周之学、东周之学、汉学、魏晋之学、唐学、宋学、清学七种。

讲到国学的起源：伏羲虽然画八卦，然而不过当他做一种符号用，并没有多大的意义。黄帝之书，著录于《汉书·艺文志》者二十余种，可称得“斐然有述作之志”了！然而班孟坚又一一说明是“依托”。现在流传的《素问》《内经》等书，就是其中的一种，这是靠不住的。到了大禹，治水成功始流传了两部大著作：一部是《禹贡》。纪山川，明土壤，辨贡赋，总算是四千年前世界最古的一部人文地理学。一部是《洪范》。虽然箕子所述，然称“传自神禹”，自然是神禹有著作权的，这部书说明天人相与的道理；这可算是世界最古的一部人生哲学。这两部书，比诸欧儒所称世界最古的书，像摩西的《旧约全书》，还要早五六百年。这可算是西周以前的两部国学大著！当得特笔的！

西周之学，就是文王、周公之学。文王演伏羲的八卦，成了六十四卦；从此成了一部《周易》。而武王克商，问箕子殷所以亡；就传了《洪范》之学。周公思兼三王，制作礼乐。大约黄帝以来，唐、虞、夏、商，一脉相传的国学，到此算结了一笔总账。因为周公之子伯禽封于鲁，所以鲁就传了西周之学。春秋时，晋韩宣子聘鲁，见《易象》和《鲁春秋》，便说：“周礼尽在鲁矣！”这可算是鲁传西周之学的一个铁证。后来孔子删《诗》《书》，订《礼》《乐》，赞《易》，修《春秋》；从新又把西周之学，整理一番；后人称做“六经”，古人也叫做“六艺”。我们现在要治西周之学，当然要治六艺（《易》《书》《诗》《礼》《乐》《春秋》）。不过太史公谈有句话：“六艺经传以千万数；累世不能通其学，当年不能究其礼。故曰‘博而寡要’。”这种“博而寡要”的六艺，要去治，实在令人头痛！那么我们用什么方法，能够从这个博的中间，得到西周之学的一个要呢？据我看：西周之学，只是根据现实人生的社会，说明两个观念：一个是“礼”，一个是“易”。他见到社会是有条不紊，所以说“礼者天地之序也”。他一方觉到社会的现象是变动不居，就说“天下之动”，“刚柔相推而生变化”。我讲到此地，我因想到我从前研究社会学，知道十九世纪，法国有位哲学者，叫做 Cornte，中国人译做孔德，是社会学的创始者。

这位孔德先生以为：“社会之有组织，是由物理上的平衡公例而成为一定的秩序。这种秩序，便是社会的静态。研究这种静态的，便是社会静学。但是这种社会秩序，依着他自然的趋势，常常会得变迁。这种变迁，就是社会的动态。研究这种动态的，就是社会动学。”照西周之学来讲，说“礼者天地之序”，便是孔德所说“社会的静态”。说“天下之动”，“刚柔相推而生变化”，便是“社会的动态”。那么，西周之学，研究社会静态的社会静学，便是三部礼书——《周礼》《仪礼》《礼记》。社会动学，就是“见天下之动”的一部《周易》。此外除《乐经》放佚不可考；再有《尚书》《诗经》《春秋》，这三部书，只算是“天下之动”的一个记录。话虽然这样说，不过孔德讲社会的动态，是一种进化的观念，西周之学的易，却是认定“无泰不否，剥复循环”讲，就是认定《周易》的一个“周”字——周而复始讲去。这是“西周之学”的一个大要。

东周之学，只是西周之学的分裂。《庄子 · 天下篇》，就是说明这种分裂的趋势。诸子之学，从此而起；其中最重要的是，就是儒、墨、阴阳、名、法、道六家。而太史公《论六家要旨》，说：“道家……因阴阳之大顺，采儒墨之善，撮名法之要。”照这句看，我们可以知道“道家实集诸子之大成而为一切东周之学所从出”。道家创于老子。老子与孔子同时。据《史记》(《孔子世家》《老子韩非列传》)，都载“孔子问礼老子”。现在人高唱老学，一面捧老子，一面又放不下孔子；就因此说“孔子之学出于老子”；我从前也说过。现在想来：孔子问礼老子，也不过一种“集思广益”的意思。论到学，孔子究竟与老子不同。孔子是西周之学的一个整理者；老子是西周之学的一个破坏者。老子说：“守静笃”“静为躁君”；已是对于“见天下之动”的《周易》下了一个总攻击；又说：“礼者忠信之薄而乱之首”，简直说“礼者天地之序”是要不得。后来老子为道家始祖；孔子为儒家的始祖。儒家和道家不同：就是一个努力做西周之学的整理工夫；一个努力做西周之学的破坏工夫。努力破坏的结果，就造成西周之学的分裂而为东周之学。我们要了解东周之学，当得要下一番研究诸子的工夫。必不得已而思其次：就是把《太史公自序》中间引其父谈《论六家要旨》，和《汉书·艺文志》两篇文字读读；也可明白其流别，晓得个大概。

到了秦始皇一统天下，听了丞相李斯的话："天下有藏诗书、百家语者，皆诣守尉杂烧之。有敢偶语诗书弃世。"从此西周之学，和东周之学，同付一炬！所以汉学，不过从灰烬中间，将西周之学，掇拾起来；下一番补订工夫。西汉之世，"言《诗》，于鲁则申培公，于齐则辕固生，于燕则韩太傅。言《尚书》自济南伏生。言《礼》自鲁高堂生。言《易》自菑川田生。言《春秋》，于齐鲁自胡毋生，于赵自董仲舒。"（据《史记·儒林传》）这是今文之学。什么叫做今文呢？只因为古人传经，口耳相明，并没有文字。到了汉儒，就把他用当日通行的文字记录下来，所以唤做"今文"。西汉经师诵习的经书，就是这种本子。到了西汉之末，又出了费直的《易》，孔安国的《书》，毛公的《诗》，和河间献王献的《周官》《左氏春秋》，说都是从山崖屋壁发见古人的原本，和通行的今文本子不同。所以又别称古文之学。从此西汉之学，经了汉儒一番掇拾补订之后，就分了今文、古文两派。西汉儒者，本信今文。到了东汉，古文占了最后的胜利！这是汉学的一个大概情形：不过汉承东周之后，倘使继续把东周之学，一线相传的研究下来，时代衔接，岂不顺当？为什么缘故拾了东周之学，倒转上去掇拾补订西周之学，做这种舍近图远的勾当呢？这其中也有一段历史：我们看到汉初将相，张良师黄石公欲从赤松子游。曹参听了盖公的话，用黄老术治齐。可见当日阔人，和东周之学有关系的不少！如果讲到西周之学：刘歆《移让太常博士书》，明明说："汉兴……时独有一叔孙通。……至孝文皇帝……在汉朝之儒唯贾生而已。"可见西周之学，在汉初衰极了！然而一般儒者——热心西周之学的人，并不因此灰心短气；还是抱残守缺，孜孜矻矻；这也难得！据《史记·儒林传》说：

> 汉兴……诸儒始得修其经艺。……然……孝惠吕后时，公卿皆武力有功之臣。孝文时颇征用。然孝文帝本好刑名之言。及至孝景，不任儒者。而窦太后又好黄老之术。……及今上（指武帝）即位；赵绾、王臧之属明儒学；而上亦乡之。……及窦太后崩；武安侯田蚡为丞相，绌黄老刑名百家之言，延文学儒者数百人。而……天下之学士靡然乡风。

从此东周之学转衰！照此看来：我们可以知道所谓汉学：最初是西周之学和东周之学争，结果西周之学占了胜利。后来是古文之学和今文之学争，结果古文之学占了胜利。总结一句话，可称做国学的还原。然古文之学，从此就占了我们国学的重镇！

汉学碎义逃难。刘歆说得好："缀学之士。……苟因陋就寡，分文析字，烦言碎辞；学者罢老，且不能究其一艺！"这固然是指西汉今文家说。然而西汉今文家，还知道讲究些微言大义。到了东汉，一般古文家，只讲讲训诂章句，没有湛深的思想；支离破碎，简直可厌得很！所以到了魏晋时候，老庄之学，又渐渐儿兴盛起来了！何晏、王弼，就是开风气的两个人。《晋书·王衍传》称："晏、弼祖述老庄：谓天地万物，皆以无为本。"老庄之学，是魏晋之学的一个重心，也就是东周之学的一个重心。换句话说：魏晋之学，就是西周之学的衰歇而东周之学的重兴。在魏晋时候，西周之学，只有一部《易经》，当日的学者，常常把他和老子并称。赞人家的学问，说"研精老易"，便了不得！王弼、韩康伯做《易经》的注解，中间用老子的话就不少。其实老子知常，《易经》观变；老子明天之道，《易经》察民之故；老子守"归根之静"，《易经》见"天下之动"；老子以"玄"言道，是绝对的。《易经》以"阴阳"言道，是相对的。根本既差，就有一二处相同，也是枝叶末节，怎样可把老、易并作一谈呢？所以魏晋人治《易》，只是老学的旁通。他们的易学，也自成其为魏晋之易学，并不能把他当做西周之易——文王、周公、孔子之易一例看。那时，佛法从西方输入，非相非法，谈空遣有，正和魏晋学者祖述老庄，忘形自得，超乎象外的脾胃适合。所以梁释僧佑辑《弘明集》其中所载的文，就多取佛法和老庄相引证。这是国学第一次的门户开放，结果就成了国学的印度化。

唐学虽没有多大的发明，然而继往开来，也尽有可以特笔的地方。据《唐书》称：唐太宗因为儒学多门，章句繁杂；诏国子祭酒孔颖达与诸儒撰定五经义疏，凡一百七十卷，名曰《五经正义》。这就是现在称做《十三经注疏》的底本。那时，一方面既注意整理西周之国学；一方面又尽量输入印度之佛学。贞观三年，玄奘三藏求法西行，只身遍历五印度，尽礼戒智诸论师；受法而归，在长安开了个译坛。佛学之大乘一派，从此就在中国兴盛起来了！

宋学也叫做“理学”。因为宋儒不欢喜和汉儒一样，做琐碎的考证工夫；专从“形而上”方面，探求宇宙和人生的原理，所以叫做“理学”。这个“理学”，实在是“印度之佛学”，和我们“西周之学”，妙合而凝，孕育的一个胎儿。中间又分朱、陆两派：朱熹上承程颐，还要“道问学”，尚带些汉学的色彩。陆九渊下开王守仁，便只“尊德性”，佛学的色彩愈来得浓了！不过宋儒只承认“理学”是文武周孔一脉相传下来的西周之学，不承认有佛学的成分掺在中间。这也可见我们中国学者一种故步自封、阳儒阴释的习气！其实这一回国学的印度化，好像替国学辟了一个新领域；宋儒的功绩着实不少。何必讳所从出呢？

南宋以后，朱学极盛。到了明朝，出了一个王守仁；陆王之学，渐渐儿压倒程朱了！所谓朱陆之分，从此成了学界一个大问题。这实在是宋学的一个余波。不必细谈。我们讲到清学，实在是数千年来国学的一种倒流运动；也可称做“国学第二次的还原”（汉学是国学第一次的还原，见前）。因为从明朝一班遗老，像孙奇逢、李二曲、黄宗羲讲陆王之学，一转而为康熙间陆陇其、李光地、张伯行一班人出来讲程朱之学，又一转而为乾嘉间惠栋、戴震一班人出来讲东汉古文之学；到嘉道间，庄方耕、刘申受、龚自珍、魏源一班人出来，索性主张西汉今文家言；连东汉之学，都不屑讲。从此久被东汉古文之学克灭的西汉今文之学，从新死灰复燃，站起来，和东汉古文之学，作一种对抗。一直到现在，国学界两个重镇：像章太炎先生，就是古文家的都头。梁任公先生，便是今文学的后劲。所以汉学——尤其是东汉之学，实在是占清学的一个中坚。不过清儒讲汉学，究竟和汉儒不同。

汉儒讲学，最谨师法家法；先师传授下来的学问，弟子一个字不敢易。而清儒却不主张墨守。不唯弟子对于先生，时时加以纠正；就是汉唐的旧注旧疏，也要驳难；甚至经文，也有勇气去改。这种精神，实在是宋儒一种“求是”的精神。不过宋儒虽然要想“求是”，然而没有考据的工夫，不免武断！到了清儒，就实事求是，把宋儒求是的精神，运用汉儒考据的方法。他们治学的成绩，就远胜宋儒。所以人说“清儒治汉学”这句话太笼统。只好说“清儒是用汉儒的考据工夫来治学”。若论他们“求是”的精神，几乎像宋朝的学者，不信传疏，驯至疑经，疑经不已，遂至改经删经一样，虽然不学宋儒的武断，然而比之汉儒牢守着师法家法，终是不同。这一点，或许也是现在一班讲清学者没有注意到。然而我这番话，也不是说清儒个个如此；只限于戴震一派。惠栋讲古文学，就不免墨守。嘉道以后一班人讲今文学，又嫌守凿附会。这是清学的大概。

我现在要结束了。现在人讲国学的时间性，总说汉学宋学。这句话实在不对。时代的国学，我虽然讲了七种，然而如果真正就国学的时间性而论：只有西周之学，东周之学，和宋学三种。汉学不过抱残守缺，把西周之学，掇拾整理一番罢了，并没有多大的时间性。倒不如宋学能把西周之学，和印度之学接合起来，成功一代特殊的国学。这也是我一种比较不同的见解。现在欧化东渐，又有个西方美人，要来和我这个东方古国举行一种学术结婚了。或者“枯杨生稊，老夫得其女妻”，竟会诞育一位宁馨儿，像从前宋学一样？或者也许因“老夫耄矣”，血气已衰，终至流胎？这且看罢！

（选自 1925 年 2 月 17 日至 3 月 1 日

《南通报·文艺附刊》）

国学之意义及治国学之方法评判

今天承欧阳校长招我来贵校演讲国学。我想诸位第一句先要问："什么叫'国学'呢？这'国学'两个字，究竟怎么样解释，才对？"我记得从前小时候，在蒙馆里读书，第一部《论语》，开篇第一句书就是："学而时习之。"从前老先生，照着"叠韵为训"的一个大例，下着注说："学，觉也。"换句话说："学"就是"觉悟"的意义。因为学的目标，要在能使得人觉悟。学的有效无效，就看这个人，得了一种学问以后，究竟得到一种觉悟没有？譬如学科学，就是要使人们觉悟到自然界和人生的关系。学政治社会学，就是使人们觉到人生的关系，不能离开群众的全体。其他文学、哲学、心理学，一切关到内心的研究和记录，是在要使得人能觉悟，更不必说。照这样说，"学"就是"觉悟"。"国学"的意义，就是"国性的自觉"。"国性的自觉"这句话，有两层意思：第一层意思，就是我们学了国学，我们可以觉到，这个国家和我们的关系，不仅是法律、政治等等能够保障我们生命财产一切权利；并且他的历史，他的文化，也很够惹我们的系恋，发生一种固结不解的爱。就像我们处在今日的中国情势之下，人人可以觉到法律政治，早已没有效力；生命财产，早已没有保障；然而我们的中国，还比一切大英、大美、大日本和苏俄无论世界何等的强国，来得可爱！就是我们中国数千年的文化和历史，系恋住我们的心，不忍得抛撇缘故！这是一层。第二，我们觉得中国数千年文化，古色古香，自然来得可爱！然而我们也要觉到中国的文化，经了数千年，好比一面古镜，搁了岁月，也许尘封生翳，当得加以磨拭，才能光可鉴人；万勿把镜子面上封了的尘，就当他镜面看，忍不得磨拭；那就千年尘封，愈古愈暗淡！这也是处在今日的中国情势之下，我们新得到的一种觉悟。所以“国学”的意义，就是“国性的自觉”；国学的任务，就是要促起我们“国性的自觉”；这是我的一番愚见。

怎样才能促进我们“国性的自觉”呢？那就要讲到“治国学的方法”：

讲到治国学的方法，就离不掉读书。怎样去读书呢？我就得提起我们国学老祖师孔老夫子一句话，叫做“博学于文，约之以礼”。这就是治国学颠扑不破的一个方法。所以他的高第弟子颜回，赞他的老夫子“循循然善诱人”，也不过说，“博我以文，约我以礼”。什么叫做礼呢？孟子道得好：“礼之实节文斯二者。”照他上文说：就是因人心之仁义而为之品秩，使各得其序，叫做“礼”。所谓“博学于文，约之以礼”，只是把“博文”所得到的学问，观其会通，归纳出一个条理。这种工夫，照现在说，就是西洋哲学家所常用的一种归纳方法。所以孔夫子的学问不可及，不在他的“多学而识之”，能够“博学于文”；还在他能“约之以礼”，观学问的会通。他还有一个学生，叫做子贡，竟老实当他的老师，是一个“多学而识”的学者；那就没有颜回来得高明，能够知道他的先生“博文”而后，还要做一番“约礼”的工夫；所以孔子就得提醒他，说道：“非也，予一以贯之”。然而从前宋儒读了这句书，竟误会做孔子不要“多学而识之”，这是大错！孔子“博学于文”，又自己称“默而识之”；孔子何尝不做“多学而识之”的工夫？不过“多学而识”之后，满肚皮学问，好像满地散钱，收拾不起，就得觅一条绳贯串他才行。所以“博学于文”，能够“多学而识”之后，还得要“约之以礼”，去做“一以贯之”的工夫，才得有归宿。然而假设有“博学于文”，做过“多学而识之”的工夫；好比一个钱都没有的穷人，就拽了条绳子，也无用！胡适之在他的《中国哲学史大纲》绪言里说：“宋儒注重贯通。汉学家注重校勘训诂。但是宋儒不明校勘训诂之学；故流于空疏，流于臆说。清代的汉学家，最精校勘训诂；但多不肯做贯通的工夫，故流于支离破碎。”这番话，最能发见汉学、宋学的症结。换句话讲：就是汉学家能够“多学”而不知道“贯一”，宋儒知道“贯一”而不能够“多学”。汉学家的学问，像散了满地底钱，没有绳贯串得起。宋儒拽了一条绳，又没有钱串。所以汉学家工夫没有彻底，宋儒又好像躐等；这都是“偏之为害”！

然而汉学宋学，都离不掉做读书工夫。不过一样做读书的工夫，汉学讲考据，重客观的外证。宋儒明义理，重主观的内证。现在一般新汉学家，要想应用西洋的科学精神来读书，自然主张做客观的外证工夫。有人问我“意见怎样”，我说：“不错！现在一般新汉学家，提倡客观读书，我很赞成！不过我还有一句话要问：‘你为什么要读书？’”这个人惘然不知所对。我就对他说：“读书者并不是为有了书要读，是为我自家受用要读。”如果读书的工夫，仅仅做到“客观的读书”而住，这个读书的究竟目的还没有达到。倘使说：“古人费了心著书，我们不可辜负他，所以要去读。”我觉得我对于古人，没有负这等义务！既然如此，就是“读书要我自家受用”。这个主观的读书工夫，哪可不讲？所以我讲到读书法，就是主张：读书第一步，须用客观的外证工夫；再进一步，就要讲到“主观的读书法”。倘使第一步读书的工夫做到，不想进一步做“主观的读书”工夫，这个读书的究竟目的，就没有达到！就是读书没有彻底！就使读书有得，也和我身心没干，所得不过是物——名物训诂之末，所谓“外铄我也，非求自得者也”！汉儒是也！倘使第一步“客观的读书”工夫没有做，就要做第二步“主观”的工夫，这个就叫“躐等”！这等人的读书意见，就是“武断”！就是以我诬古人！宋儒往往犯此毛病！不过宋儒教人读书，最喜欢说“切己体察”，这句话，是主观读书法最要紧的一层意思，很可以矫正现在一般读书人的流弊，我更得加以说明。

讲到“切己体察”四字，须晓得这个“己”，有“空间之己”，有“时间之己”。据我看现在许多读书人：有的没有切定自家这个“空间之己”去体察。有的没有知道切定“时间之己”去体察。就像一般“西洋化”者，读了许多西洋学者的著作，觉得西洋制度文物，色色比中国好。是不错！不过要想把西洋的一切制度文物，硬搬来中国做，就不成功了！为什么呢？就是因为他忘记了自家这个“空间之己”是“东洋大海中国之己”，不是“西洋之己”。但知道西洋的制度文物好，而没有切定这个“东洋大海中国之己”，下一番体察工夫的缘故！又像一般国粹老先生，欢喜讲唐虞三代，甚至说“忠君就是爱国”，要想复辟。我们看似好笑！他却自以为是！他也不想“中华民国”一块招牌既然竖起，万万没有恢复君主，老店新开之可能！这是什么缘故呢？就是因为他忘记了自家这个“时间之己”，不是“唐虞三代之己”，也不是“汉唐宋元明清之己”，是“中华民国纪元以后之己”；而没有切定这个“时间之己”体察一番缘故！这两等人，我说心地皆不坏！只是他读书没有知道“切己体察”这一种主观读书法，所以就失掉他们国性的自觉，不免“生于其心，害于其政，发于其政，害于其事”！

现在一般治国学者，讲到做客观的外证工夫，最有成绩；要算章太炎先生治《说文》和诸子，他不但能“多学而识之”，也能够“一以贯之”！这是人人知道的。至于做主观的内证工夫，虽然没有多大的成绩，然而正在十分努力的时候，我就佩服北京梁漱溟先生！我很祝颂他的成功！

治国学，是否就尽在“读书”中间？这个问题，将来诸位读书多，积理深的时候，自然能解决！不用我来繁絮！

（选自《清华周刊》第二十五卷第七期，1926年出版）

国学正名[①]

必先知“学”之含义，而后可与言国学。试条析而竟其义：

（一）**何谓“学”**

按，学之为言“觉”也。（《说文·教部》：“斅，觉悟也。从教，从冂。冂，尚朦也。臼声。学，篆文斅省。”《白虎通·辟雍篇》：“学之为言觉也。”）

> 所以疏神达思，怡情理性，圣人之上务也。民之初载，其朦未知；譬如宝在乎玄室，有所求而不见，白日昭焉，群物斯辨矣。学者心之白日也。人心必有明焉，必有悟焉，如火得风而炎炽，如水赴下而流速，斯大圣之学乎神明而发乎物类也。（采徐幹《中论·治学篇》）

> 君子博学而日三省乎己，则知明而行无过矣。（见荀子《劝学篇》）

① 节选自《今日之国学论》。本文共分三节，这里选的是第一节。

唯“觉”斯征“学”，唯“学”乃臻“觉”。是故言学者不可不知“义”“数”之辨；知之者觉；昧之者愚也！何以言其然？《荀子·劝学篇》曰：“学恶乎始？恶乎终？曰：其数则始乎诵经，终乎读礼；其义则始乎为士，终乎为圣人。”（古人言学以圣为归。圣者，大觉至通之称。《庄子·天运篇》曰：“圣也才，达于情而遂于命也。”《说文·耳部》：“圣，通也。”《白虎通·圣人篇》：“圣者，通也。”）真积力久则人，学至乎没而后止也！故学数有终；若其义则不可须臾舍也！为之，人也！舍之，禽兽也！此知“义”与“数”之辨者也。《汉书·艺文志》曰：

> 古之学者耕且养，三年而通一艺，存其大体，玩经文而已；是故用日少而畜德多，三十而五经立也！后世经传既已乖离，博学者又不思多闻阙疑之义，而务碎义逃难，便辞巧说，破坏形体，说五字之文，至于二三万言，后进弥以驰逐。故幼童而守一艺，白首而后能言，安其所习民，毁所不见，终以自蔽，此学者之大患！

此不知“义”与“数”之辨者也。於戏！让清乾嘉已还，学者方承惠栋、戴震诸老之遗风，袭为一种考据琐碎之学，辨物析名，梳文栉字，刺经典一二字，解说或至数千万言，繁称杂引，号曰汉学；群流和附，坚不可易；于是专求古人名物、制度、训诂、书数，以博为量，以窥隙攻难为巧；若舍是不足与于“学”者！庸讵知汉学之所谓名物、制度、训诂、书数者，荀子之所谓“学数有终”，而无当于“不可须臾舍”之“义”也乎？古人为学以畜德，贯其义也；后儒讲学以驰徒说，逐于数也。虽然，荀子不云乎：

> 君子之学也，入乎耳，著乎心，布乎四体，形乎动静，端而言，蠕而动，一可以为法则。小人之学也，入乎耳，出乎口，口耳之间则四寸耳！曷足以美七尺之躯哉！（《荀子·劝学篇》）

此“觉”与“不觉”之别，君子、小人之分也！不可不深察，不可不熟虑！

（二）何谓国学

国学之一名词，质言其义曰“国性之自觉”云尔！国于天地，必有与立。而人心风俗之所系，尤必先立乎其大，深造而自有得，相以维持于不敝。其取之它国者，譬之雨露之溉，土壤之壅，苟匪发荣滋长之自有具，安见不求自得而外铄我者之必以致隆治，扬国华也耶！是故国学之所为待振于今日，为能发国性之自觉，而俾吾人以毋自暴也！吾生四十年，遭逢时会，学术亦几变矣！言予小弱，士大夫好谈古谊，足己自封，其梯航重译通者，胥以夷狄遇之，而诩然自居为中国，以用夷变夏为大戒，于外事一不屑措意。此一时也。

> 风气渐通，士知弇陋为耻，西学之事，问途日多。然亦有一二巨子，訑然谓彼之所精，不外象数形下之末；彼之所务，不越功利之间；逞臆为谭，不咨其是。讨论国闻，审敌自镜之道，又断断乎不如是也！（采严复《天演论·序》）

此又一时也。既世变日亟，国人晓然于积弱，则又以为中国事事不如人，旧学浸以放废！于是“家肄右行之书，人诩专门之选，新词怪谊，柴口耳而滥简编；向所谓圣经贤传，纯粹精深，与夫通人硕德，穷精敝神，所仅得而幸有者，盖束阁而为鼠蠹之久居矣！”（采严复《涵芬楼古今文钞·序》）。然而行之二十年，厥效可睹：衡政，则民治徒为揭帜，而议士弄法不轨，武人为于大君；论教，则欧化袭其貌似，而上庠驰说不根，学生自名天骄。横流所极，纪纲何存！欲求片词支义，足以维系一国之人心者而渺不可得！国且不国，何有于治！於戏！古谚有之曰：“橘逾淮化为枳也”，况于谋人之国，敷政播教；将谓树一国之人文，而可以移植收其全功者乎！此必不可得之数也！其效则既可睹矣！此又一时也！大抵自予之稚以逮今日，睹记所及，其民情可得而言：其始足己而自多！后乃蔑己以徇人！然见异思迁者，徒见人之有可法，而不知国性之有不可蔑！而足己自多者，又昧人之有可法，而不知国性之有不尽适！二者之为蔽不同，而失之国性之不自觉则均！

是故言“国性之自觉”者，必涵二谛而义乃全：

一曰“必自觉国性之有不可蔑”。昔罗马大哲尝作诗歌以大诰于国曰：

> 前车非远，希腊所程猗！希腊之花，昔何荣猗！彼昏不知，狎侮老成猗！
>
> 黩其明神，薄其典型猗！万目异色，群耳无正声猗！纲绝纽解，人私自营猗！
>
> 累世之业，醃其沉冥猗！嗟我国人，能勿惩猗！（采梁启超译，见《庸言报》第一卷第一号《国性篇》）

嗟乎！吾每诵此而感不绝于予心也！倘一国之人，自上而下，不复自知我国历史久长之难能，文化发扬之可贵。本实已拨，人奋其知，自图私便，则国与民之所恃以抟系于不坏散者，仅法律权力之有强制，生命财产之受保障耳！于精神意志之契合何有！一旦敌国外患之强有力者临之，但使法律权力，足以相制，生命财产，足以相保，而蚩蚩者氓，只如驯羊叩狗，群帖焉趋伏于敌人之足下已耳！古今之亡国者，未或不由是也！倘有国之人焉，胚胎于前光，歌诵其历史，涵濡其文化，浃肌沦髓，深入人心。人心不同，而同于爱国；如物理学之摄力，抟捖一国之人，而不致有分崩离析之事也！如化学之化合力，熔冶国人，使自为一体，而示异于其他也！然后退之足以自固壁垒，一乃心，齐乃力，外御其侮，而进焉则发挥光大之。以被于全人类而为邦家之光！此国性自觉之第一义也。

一曰“必自觉国性之有不尽适”。吾国立国于大地者五千年，其与我并建之国代谢以尽者几何！而我乃如鲁灵光巍然独存！虽中间或被夷虏，为国大厉；而渐仆渐起，不旋踵而匡复故物，还我河山，歌斯哭斯以聚国族于斯，其国性养之久而积之厚也！其人人之深也！此不待言而自解也！然树艺积久而必萎，国性积久而有窳。时移势迁，有不适者！故曰：“文久而息，节族久而绝。守法数之有司极礼而褫。”（见《荀子·非相篇》）又曰：“礼时为大。”（见《礼记·礼器》）因时制宜，宁容墨守！非有所矫，不能图存，固也。如人性然，变化气质，增美释回；君子道在修身，何莫不然！然而不可不知者；国性可助长而不可创造也；可改良而不可蔑弃也。倘如“戕贼杞柳以为杯棬”（见《孟子·告子上》），杯棬未成而杞柳先戕，庸杞柳之所利为之乎！然则斫丧国性以致富强，富强未致而国性先坠，庸国人之所利为之乎！即中知，固知其不利矣！於戏！晚近以还，欧化东渐，国人相竞以诏；浅尝之士，于所学曾未深求，辄捃摭所闻西事以自矜诩；蕲欲措诸施行；而仁义道德之传自往昔，为人生所必繇，古今中外莫能易，操之则存，舍之则亡者；则或以其中国老生常谈，放言高论，务摧灭之以为快！人民不安于淡定，国事日征其蜩螗！贪冒淫侈以为文明，弱肉强食为公理。生心害政，以若所为，而曰“强国救群之道在是”，譬于饮鸩而救渴！吾见渴之未救而大命已倾！国之未强而人心先坏！安其危而利其灾，所谓“强国救群之道”，果如是乎！然则国学所为待振于今日者，为能发国性之自觉；而俾事人以毋自暴也！伯尔君子，尚顾名思义而知所从事焉！

（选自《国光》杂志第一卷第一期，1929 年出版）

陶孟和

（1887—1960），原名履恭，祖籍浙江绍兴，生于天津，著名社会学家和社会调查专家。少时就读于严修家塾（南开学校前身），1906年赴日本留学，在东京高等师范学校学习历史和地理，1910年入英国伦敦经济学院学习社会学和经济学，获经济学博士学位。1914年回国后，任北京大学教授、社会学系主任、文学院院长、教务长等职。1926年主持中华教育文化基金董事会社会调查部，1929年主持社会调查所的工作，1930年发起成立中国社会学社，1934年任中央研究院社会科学研究所所长，1948年当选中央研究院院士。1949年参加第一届中国人民政治协商会议，后任中国科学院副院长、哲学社会科学部学部委员、社会研究所所长、编译出版委员会主任、图书馆馆长、国务院科学规划委员会委员等职。注重社会实地调查，长期从事社会调查研究与教学，对中国社会学研究做出了很大贡献。著有《社会与教育》《孟和文存》等，与梁宇皋合编的《中国乡村与城镇生活》是我国社会学领域的开山之作。

国粹与西洋文化

近来关于中国文化发表了许多大文章。我因为时间的制限，惭愧得很，还没有机会细心的研究这些大作。本文所写的不过是我几点偶然的感想，并非对于任何文章有所批评或辩护，与任何文章可谓毫不相涉。因为没有读过那些文章的我，当然说不到袒护或者驳斥那一方面的。

一

前言已毕，话归正传。第一，我们要说明什么是文化。文化本是一个概念，一个总括的抽象名词，我们看不见文化自身，我们所能看见或理会的只是文化的某一部分，一些事物，如一把斧子，一个箭头，一架机器，乃至一个信仰，一个理论，一种科学。按这个广义的解释，凡是一个民族便有他的文化。不特历史的民族，即史前的民族，如我们的老祖宗“北京人”也有文化。不特所谓文明的民族，即所谓野蛮的民族也有文化。

文化最初创造的是一个人或几个人。但是一个人或几个人所以能创造，文化所以能继续，要靠着许多人。所以我们应该说文化是社会的产物，是民族的成绩。既然说文化是社会的或民族的，他当然不能离开人而独立。创造文化的与承受前人所造的文化而享用的全是人。讨论文化问题的时候，应该注意这个人与文化的关系，即文化是人造的，是为人享用的，是为便利人的生存与生活的。一种文化在创造了以后，能否为人所接受，要看他对于人的关系如何。如果他不适于人，妨害人的生存或生活，不是人们不肯接受那种文化，便是人们因为接受那种文化而自己流于灭亡了。有的时候，一种文化在最初成立的时候颇适于人，但因为情境变迁，而变为不适，这个不适的结果或者使这个文化消灭而代以新的文化，或者保存这个文化而使民族衰亡。古来多少民族，多少国家，大部分可以用这个文化失适的观点解释。所以我们每讨论到一种文化或文化的某一成分，必须考察他与人类生活的关系。若是只知崇拜一种文化的自身，而不从采用那个文化的人着眼，便与偶像的崇拜完全一样。

二

现在世界上各个社会的文化不相同，就是同一的文化，在不同的时代里，也不能完全相同。这种不相同情形可以分别为程度上的差异（例如近年女子的旗袍，身长由长变短，短到过膝，又由短变长，长到拖地，袖长由长变短，短到过肘，又由短变长，长到盖手）与种类上的差异（例如中西房屋构造的不同，或如女子装束由上衣与裙子改为旗袍）。关于这两种的差异，此处不必细讲。我们现在所要注意的就是因为各种文化之间发现了程度上的与种类上的差异，于是每个文化都自认自己的优越过其他的。用近来习见的名词来说，一个民族承认他有自己的国粹，或自己本位的文化，并且以此自豪。我们试一考察文化的性质，便知道这个国粹的观念缺乏确实的根据。在太古时代，人类分为若干隔离的不相往来的团体而生存（这是假定人类多源说，如果人类出于一源，这个推断便不能成），每个部落或种族或者可以说有自己的“族粹”。一旦部落间，种族间发生了接触，有意的或无意的模仿便开始进行，这时所谓“族粹”的本色便失去了。每个民族在长久历史的演化中，除了逐渐的多少改变了自己的文化型式以外，还不断的吸收了许多外来的文化。所谓中国的文化，如果从言语、生活方式、用具、思想，诸方面仔细考究，乃是一种混合物，乃是由汉族、苗族、西域、波斯、印度、蒙古族、通古斯族，还有间接的由希腊、罗马或者还有其他的民族所融化而成的文化。同样的，所谓英国的文化包含有盎格鲁人、撒逊人、诺斯人、希腊人、罗马人、犹太人、克尔特人，以及其他文化的传统（连中国的影响都有）。在现在世界大通的时代，没有一个国家可以自诩他有固有的国粹，最多只能说各国文化有独具的风格。假如说汉学乃中国的国粹，那么现在日本、法、荷、北欧的学者未尝不可以对于音韵、考古、历史，做出虽然我们犹且不及的贡献。假如说莎士比亚的戏剧是英国的国粹，德国的莎士比亚专家未尝不可以提出赛过英国专家的研究。在物质方面更显而易见的，日本已经在三四十年里吸收了“西洋文化粹”的工业，用他的廉价而未必精良的物品打倒了他的先生们的向来所独占的市场了。简单说来，中国的文化本来便不是固有的，乃是融合的。假使这个融合了的文化适于人类的生活，则不特我们要保存、发扬，旁的民族也要采用。假使他不适于人类的生活，不为现今生活条件所允许，无论他是否“国粹”也应该放弃，应该赶快把他投入垃圾桶里。一般盲目的保存国粹，不过是现代的狭隘的民族主义的表现罢了。

三

现代一切文化都是许多种文化的融合物，同时也是世界的，供任何民族的采取，让他采取后努力的发展。现在应该用世界的眼光，考察文化了。正如同每个文化在过去曾吸取与他不同的文化一样，现在各国，如果具有世界的眼光，具有全人类的文化的眼光，而不为狭隘的爱国心所囿，也可以大胆的吸取他国所发展的文化。现在的世界正在互相交换文化的时代。那么，现在中国追随他的历史的先例顺应现代的潮流而采取与他的不同的文化，并不是一个耻辱了。

现在大家所提倡的是采取西洋文化。所谓“西洋文化”是一个极含糊的名词，里面包含许多的事物。迷信西洋文化的要笼统的全部采纳，这种全部变更文化的企图，是否可能，我不敢说，是否应该，待在下面讨论。思想审慎的，则主张对于采取西洋文化应该有所取舍。我们如果仔细考察文化的性质，便知道有许多是不能有所取舍的。现在举浅近的例来说。电话是现代交通的利器，但是你如果要采用电话，如北方的散在四面的四合房便不适用，你便须同时也采用集中的洋房的建筑。工厂制度是现在最有效率的生产组织，但是这个工厂制度便要引起农人离村、家庭解散、都市人口拥挤、罪恶加增诸不良现象。在理论上，我们似乎对于某种文化有选择的自由，但文化的各方面常是相连的，所以在事实上这个自由常受极端的限制。例如我们只想接受西洋物质的科学，但是受物质科学的影响所发展的宇宙观、人生观，便也要慢慢的渗进来了。所以我说在理论上尽管有选择文化的自由，在实际上却应该慎重的考虑某种文化的连带事物与其联属的影响。主张全部变更文化的固然是囫囵吞枣，而主张自由选择文化的却又未免忽略了文化的联属性了。

社会学者采取演化的理论，以为文化有他演化的路线，而将西洋文化列为人类文化的极顶，好像“在我以后就是大洪水”似的。这种愚妄的自负的见解，现在就是沐在西洋文化的人也渐渐地觉得他的不通了。所谓西洋文化本是一个概括的名词，他包含许多方面。在几方面我们应该承认他已经发展了很高，比其他文化发展的高，但今后当然还可以有无限的发展。在有些方面，他还滞留在十七、十八世纪的时代，未能适应在其他方面已经变化了的人类。文化是要多少方面，差不多同速度的发展的，并且各方面都是差不多适于人类的。换句话说，文化的各方面相互的并且对于人类，应该时时维持着一个均衡的情况，这样的文化才可以称为完美的文化。再换句话说，必然那个文化可以使全社会，在现在应该说全人类——各方面的生活——两性的，阶级的，民族的，国际的，物质的，精神的——都有美满的生命，才可以说他是完美的。我不知道这种均衡的文化人类在历史上曾否经历过。但就我所知道的一点的希腊史，除了他们的奴隶制度与国际关系而外，希腊人或者可以说在第五世纪的短时期里，曾经经历了文化的均衡的发展。

根据以上所说的看法，现代西洋文化的根本的缺点就是缺乏这个均衡。一方面，他的知识的探险已经钻入了电子、核心、染色体，已经扩展到天边，星云的世界，膨胀的宇宙。他的知识的应用已经能够节省人力，缩短时间，缩小空间，出入气层界。但是他的社会组织、社会制度、国际关系，还保存着部落的形式，封建制度残留的色彩，民族主义初兴时代的褊狭的观念。换一种说法，西洋人所发展的知识已经将全世界的人类变为一家，并且应该按着这个新的情况计划共同生活的方法，但是他们生命上的关系，在最低限度说，还与一百二十年前维也纳大会议的时代无异。除了极少数的思想家以外，一般的见解，一般的理论，在在映出旧时代观念的化石。这是现代西洋文化的致命伤，除了苏俄在本国内有一番企图以外，其他各国还没有觉得应该将人类关系修正，对于整个的文化计划并实行均衡的发展。这样失去的均衡的西洋文明，将来有要将人类或至少一部分人类断送了的危险。这样的文化当然我们不能全部采取的。

从此看来，人类的前途不能专倚靠西洋文化，也不能如我们国粹论者，专在乎保存固有的文化。人类的运命全在乎各民族能否在短的时期内建设出一个各方面平衡发展的，适于全人类的新文化。中国民族是人类的一部分，应该尽他的责任。至于这个新文化的建设一方面要有无数的学者，包括一切研究自然界、人事界、思想界的人们，另一方面须有伟大的政治家、事务家，能够实行学者们工作的成绩，能够与各种具有人类文化眼光的学者合作。

廿四，五，十二

（选自《独立评论》第一五一期，1935年出版）

陆懋德

（1888—约 1961），字用仪，又字咏沂，山东历城县人，现代史学家。少年时曾在山东高等学堂师从姚永朴学习，后赴美留学，先后入威斯康星大学和俄亥俄大学学习，获教育学学士和政治学硕士学位。归国后曾任大总统府礼官，1921 年至 1922 年曾随中国代表团出席太平洋会议，归国后历任教育部视学、北京法政专门学校教授、清华大学历史系主任等。1927 年后历任北京师范大学、北京大学、西北联合大学、西北大学等校教授。1949 年后曾任北京师范大学教授，后调往东北文史研究所任研究员。在中国史学及史学方法领域建树很高，金毓黼曾称他为“精研古史名家”。著有《美法民政之比较》《中国史学史》《中国上古史》《周秦哲学史》《史学方法大纲》等。

论国学的正统

吾国旧有的国学，本是有体有用之学。昔人所谓“穷经致用”，所谓“经义治事”，皆指此而言，此实为正统的国学，历代各有其人。直至晚清之曾国藩、李鸿章，尚不能出此范围。不过自民国初年以来，一时学者忽倡“为学问而治学问”之说，由是全国风靡，群趋于考证名物，而轻视明体达用。真有如汉人所谓“讲说‘曰若稽古’四字而至数万言”者。此固是国学之一端，而究非国学之正统也。余昔年在北京时，深知其流弊，然言偶及“明体达用”之学，不但不为人所采用，而反为人所讥笑。三十年来，人才寥落，及乎国家有事，欲求一曾国藩、李鸿章之人物，亦不可得，斯即讲学之失有以致之也。

吾国昔有所谓“内圣外王”之学，此即正统的国学之最高目的。然所谓“内圣”，不过指修养而言；所谓“外王”，不过指致用而言。如是言之，亦非神妙不可几及之学也。譬如有人于此，在内有相当之修养，在外有致用之才能，斯何非一有用之人物？然二者皆不可偏重。西汉之人偏于致用，南宋之人偏于修养，而其末流均无全才。今世非无过人之人才，不过缺乏修养者，则用其智能于谋财利己之事；而不知致用者，则弊其精神于考据名物之中，斯其所以无全才也。南宋之末，谢翱羽谓彼时“欲求一瑕吕诒甥而不可得”。瑕吕乃《左传》中的人物，岂可易见？吾辈在今日，虽欲求一曾国藩、李鸿章而不可得矣。

国学本有道、儒、法三派。管、老之书，既无法能证为孔子以前之著作，则谓此三派之成为学派，皆在孔子以后，亦无不可。历代之人才，大约不出此三派，而实皆导源于孔子。例如曾子传子思，子思传孟子，在汉有董仲舒在唐有陆贽，至明而有王守仁，此所谓儒家者流也。子夏传荀卿，荀卿传韩非，在汉有诸葛亮，在唐有姚崇，至明而有张居正，此所谓法家者流也。子贡传田子方（据《吕氏春秋·当染篇》），子方之后，流而为庄周，在汉有张良，在唐有李泌，至明而有刘基，此所谓道家者流也。此等人才，代不乏人，凡此皆是“内圣外王”之学，亦即是“明体达用”之学，皆是国学正统所养成之全才也。

然则国学并非无用之学，而或偏于修养，偏于文艺，偏于考据，皆是国学之一端，而不能窥见其全体者也。孔门有四科，曰“德行、言语、政事、文学”。此皆指其专长而言，并非谓通德行者不通政事，通政事者不通德行也。试以四科言之，德行即指修养，政事即指致用，而言语文学皆指发表的技术而言，其实如德行不足，政事不达，则其言语文学，亦必无可贵的发表。试思子贡列在言语之科，而孔子又称“赐（子贡）也达，于从政乎何有”。仲弓列在德行之科，而孔子又称“雍（仲弓）也，可使南面”。此见子贡虽长于言语，仲弓虽长于德行，而同时又皆通政事，斯则吾所谓全才也。其实不止如前节所举诸名人而已，即如唐之房、杜，宋之韩、范，再如南宋之李纲、宗泽，明末之袁崇焕、孙承宗，以至晚清之曾、胡、左、李，亦无不如是。

西汉学者多由治经以达于政事，而其从政者，亦往往事师学经，斯盖深知经书之用者也。若余在今日而劝人读经，必为世人所笑。若余谓在国家或社会服务之人，必须具有相当的修养，而诵读古代经典，最有益于修养之用，殆人能反对之。盖凡有相当修养之人，遇事有虚心研究之态度，作[①]事有忠实尽力之精神，虽其智识才力有高下不同，而其于贪财肥己蠹国害民之行为，吾知无矣。斯正吾国人民每日希望于中央政府及地方政府而不可得之人物，又何必高谈管乐，远思伊吕？个人的修养，实为社会服务国家服务之首要条件，而舍读古书之外，殆无他法。余昔日讥评某政客不读诗书，胸无点墨，曾被人目为守旧之谈，次日余又易以英语，谓此人是unculturaled unprincipled，反被人称为精通之论。此虽可笑，而足见时人亦

① 本书“做”“作”的用法尊重当时的语言文字习惯，不按现行语言文字规范进行修改。

非完全不知修养之为重要矣。

前人称颂名儒，多用“通达经史”四字。经书之有益于修养，前已言之。盖经书皆代表古代基本文化之结晶，读之已久，自能修养浑厚。至于史书，尤为致用之学之先导。盖史书能阐明古今政治经济变化之原因结果，人能彻底了解史书，自能于古今变化得有正确的认识。吾人对于社会国家及世界，最怕不认识，或认识不正确。如能认识，及认识正确，则对于社会国家及世界，自能寻出支配之方法，及改良之途径。至于政治经济之学，固为重要。然此二学，实皆自史书之内研究而出，并非史书之外，别有政治经济之学也。本国史之外，外国史亦须研究。孔子曾读“百国春秋”，当然外国史在内。不读外国史，则不能认识本国之环境及世界之趋势。譬如有人于此，对于本国及世界之变化，有彻底的了解，及正确的认识，岂非一有用之才乎？昔有某政客问余，如何而能造成有用之才？余告以熟读中外近代史，中国近代史现无好书，故须读原料。西洋近代史，好书虽多，而译本殊无佳者，又非读原文不可也。

凡人的道德及才能，皆受先天的遗传之限制，亦无可讳言。然在中上之才，如能留心于修养及致用之学，皆能有所成就。及其成也，皆所谓“明体达用”之学，亦即所谓“内圣外王”之学，斯即正统的国学之所尚。约而言之，此即一方面注意修养，一方面注意致用之学也。修养固在克己力行，致用固在实地经验，而读书实为自修之基本。当然有人指导，则事半而功倍也。民国以来，治国学者，多循一时之尚，而入于琐碎考证之学，故三十年之结果，竟无全才可用。余故述其管见于此，愿与治国学者共勉之。

（选自《责善半月刊》1942 年第 22 期）

李大钊

（1889—1927），字守常，河北乐亭人。中国最早的马克思主义者和共产主义者，是中国共产党的主要创始人之一。无产阶级革命家、教育家，著名学者。1913 年赴日本留学，考入东京早稻田大学政治本科学习。1916 年参加留日学生反对“二十一条”的斗争，不久后回国，曾任北京《晨钟报》总编、北京大学教授兼图书馆主任、《新青年》编辑，是新文化运动的主要代表人物，五四运动前后发表了《法俄革命之比较观》《庶民的胜利》和《布尔什维主义的胜利》等极具影响力的文章和演说。1920 年 3 月在北京大学发起组织马克思学说研究会，同年 10 月创建北京共产主义小组。中共一大后，担任党的北京地方委员会负责人、中国劳动组合书记部北方分部主任，中共二大至四大均当选中央执行委员。著有《史学要论》《平民主义》等。主要文章和著作收入《李大钊选集》和《李大钊文集》。

《晨钟》之使命——青春中华之创造

一日有一日之黎明，一稘有一稘之黎明，个人有个人之青春，国家有国家之青春。今者，白发之中华垂亡，青春之中华未孕，旧稘之黄昏已去，新稘之黎明将来。际兹方死方生、方毁方成、方破坏方建设、方废落方开敷之会，吾侪振此“晨钟”，期与我慷慨悲壮之青年，活泼泼地之青年，日日迎黎明之朝气，尽二十稘黎明中当尽之努力，人人奋青春之元气，发新中华青春中应发之曙光，由是一一叩发一一声，一一声觉一一梦，俾吾民族之自我的自觉，自我之民族的自觉，一一彻底，急起直追，勇往奋进，径造自由神前，索我理想之中华，青春之中华，幸勿姑息迁延，韶光坐误。人已汲新泉，尝新炊，而我犹卧榻横陈，荒娱于白发中华、残年风烛之中，沉鼾于睡眠中华、黄粱酣梦之里也。

外人之诋吾者，辄曰：中华之国家，待亡之国家也；中华之民族，衰老之民族也。斯语一入吾有精神、有血气、有魂、有胆之青年耳中，鲜不勃然变色，思与四亿同胞发愤为雄，以雪斯言之奇辱者。顾吾以为宇宙大化之流行，盛衰起伏，循环无已，生者不能无死，毁者必有所成，健壮之前有衰颓，老大之后有青春，新生命之诞生，固常在累累坟墓之中也。吾之国家若民族，历数千年而巍然独存，往古来今，罕有其匹，由今论之，始云衰老，始云颓亡，斯何足讳，亦何足伤，更何足沮丧吾青年之精神，销[①]沉吾青年之意气！吾人须知吾之国家若民族，所以扬其光华于二十稘之世界者，不在陈腐中华之不死，而在新荣中华之再生；青年所以贡其精诚于吾之国家若民族者，不在白发中华之保存，而在青春中华之创造。《晨钟》所以效命于胎孕青春中华之青年之前者，不在惜恋龘龘就木之中华，而在欢迎呱呱坠地之中华。是故中华自身无所谓运命也，而以青年之运命为运命；《晨钟》自身无所谓使命也，而以青年之使命为使命。青年不死，即中华不亡，《晨钟》之声，即青年之舌，国家不可一日无青年，青年不可一日无觉醒，青春中华之克创造与否，当于青年之觉醒与否卜之，青年之克觉醒与否，当于《晨钟》之壮快与否卜之矣。

过去之中华，老辈所有之中华，历史之中华，坟墓中之中华也。未来之中华，青年所有之中华，理想之中华，胎孕中之中华也。坟墓中之中华，尽可视为老辈之纪录，而拱手以让之老辈，俾携以俱去。胎孕中之中华，则断不许老辈以其沉滞颓废、衰朽枯窘之血液，侵及其新生命。盖一切之新创造，新机

① 现写作“消沉”。

运，乃吾青年独有之特权，老辈之于社会，自其长于年龄、富于经验之点，吾人固可与以相当之敬礼，即令以此自重，而轻蔑吾青年，嘲骂吾青年，诽谤吾青年，凌辱吾青年，吾人亦皆能忍受，独至并此独有之特权而侵之，则毅然以用排除之手段，而无所于踌躇，无所于逊谢。须知吾青年之生，为自我而生，非为彼老辈而生，青春中华之创造，为青年而造，非为彼老辈而造也。

老辈之灵明，蔽翳于经验，而青年脑中无所谓经验也。老辈之精神，局牖于环境，而青年眼中无所谓环境也。老辈之文明，和解之文明也，与境遇和解，与时代和解，与经验和解。青年之文明，奋斗之文明也，与境遇奋斗，与时代奋斗，与经验奋斗。故青年者，人生之王，人生之春，人生之华也。青年之字典，无“困难”之字，青年之口头，无“障碍”之语；惟知跃进，惟知雄飞，惟知本其自由之精神，奇僻之思想，锐敏之直觉，活泼之生命，以创造环境，征服历史。老辈对于青年之道义，亦当尊重其精神，其思想，其直觉，其生命，而不可抑塞其精神，其思想，其直觉，其生命。苟老辈有以柔顺服从之义，规戒青年，以遏其迈往之气，豪放之才者，是无异于劝青年之自杀也。苟老辈有不知苏生，不知蜕化，而犹逆宇宙之进运，投青年于废墟之中者，吾青年有对于揭反抗之旗之权利也。

今日之中华，犹是老辈把持之中华也，古董陈列之中华也。今日中华之青年，犹是崇拜老辈之青年，崇拜古董之青年也。人先失其青春，则其人无元气；国家丧其青年，则其国无生机。举一国之青年，自沉于荒冢之内，自缚于偶像之前，破坏其理想，黯郁其灵光，遂令皓首皤皤之老翁，昂头阔步，以陟于社会枢要之地，据为首丘终老之所，而欲其国不为待亡之国，其族不为濒死之族，乌可得耶？吾尝稔究其故矣，此其咎不在老辈之不解青年心理，不与青年同情，而在青年之不能与老辈宣战，不能与老辈格斗。盖彼老辈之半体，已埋没于黄土一抔之中，更安有如许之精神气力，与青年交绥用武者。果或有之，吾青年亦乐引为良师益友，不敢侪之于一般老辈之列，而葬于荒冢之中矣。吾国所以演成今象者，非彼老辈之强，乃吾青年之弱，非彼旧人之勇，乃吾新人之怯，非吾国之多老辈多旧人，乃吾国之无青年无新人耳！非绝无青年，绝无新人，有之而乏慷慨悲壮之精神，起死回天之气力耳！此则不能不求青年之自觉与反省，不能不需《晨钟》之奋发与努力者矣。

由来新文明之诞生，必有新文艺为之先声，而新文艺之勃兴，尤必赖有一二哲人，犯当世之不韪，发挥其理想，振其自我之权威，为自我觉醒之绝叫，而后当时有众之沉梦，赖以惊破。欧人促于科学之进步，而为由耶教桎梏解放之运动者，起于路德一辈之声也。法兰西人冒革命之血潮，认得自我之光明，而开近世自由政治之轨者，起于孟德斯鸠、卢骚、福禄特尔诸子之声也。他如狄卡儿、培根、秀母、康德之徒，其于当世，亦皆在破坏者、怀疑主义者之列，而清新之哲学、艺术、法制、伦理，莫不胚孕于彼等之思潮。萨兰德、海尔特尔、冷新、乃至改得西尔列尔之流，其于当代，因亦尝见诋为异端，而德意志帝国之统一，殆即苞蕾于彼等热烈之想象力，彼其破丹败奥，摧法征俄，风靡巴尔干半岛与海王国。抗战不屈之德意志魂，非俾士麦、特赖克、白仑哈的之成绩，乃讴歌德意志文化先声之青年思想家、艺术家所造之基础也。世尝啧啧称海聂之名矣，然但知其为沉哀之诗人，而不知其为“青年德意志”弹奏之人也。所谓“青年德意志”运动者，以一八四八年之革命为中心，而德国国民绝叫人文改造□□□[①]也。彼等先俾斯麦、摩尔托克、维廉一世而起，于其国民之精神，与以痛烈之激刺。当是时，海聂、古秋阔、文巴古、门德、洛北诸子，实为其魁俊，各奋其颖新之笔，掊击时政，攻排旧制，否认偶像的道德，诅咒形式的信仰，冲决一切陈腐之历史，破坏一切固有之文明，扬布人生复活国家再造之声，而以使德意志民族回春，德意志帝国建于纯美青年之手为理想，此其孕育胚胎之世，距德意志之统一，才二十载，距今亦不过六十余年，而其民族之声威，文明之光彩，已足以震耀世界，征服世界，改造世界而有余。居今穷其因果，虽欲不归功于青年德意志之运动，青年文艺家、理想家之鼓吹，殆不可得。以视吾之文坛，堕落于男女兽欲之鬼窟，而罔克自拔，柔靡艳丽，驱青年

① 此处疑原稿缺字。

于妇人醇酒之中者，盖有人禽之殊，天渊之别矣。记者不敏，未擅海聂诸子之文才，窃慕青年德意志之运动，海内青年，其有闻风兴起者乎？甚愿执鞭以从之矣。

吾尝论之，欧战既起，德意志、勃牙利亦以崭新之民族爆发于烽火之中。环顾兹世，新民族遂无复存。故今后之问题，非新民族崛起之问题，乃旧民族复活之问题也。而是等旧民族之复活，非其民族中老辈之责任，乃其民族中青年之责任也。土尔其以老大帝国与吾并称，而其冥顽无伦之亚布他尔哈米德朝，颠覆于一夜之顷者，则青年土尔其党愤起之功也。印度民间革命之烽烟，直迷漫[①]于西马拉亚山[②]之巅者，则印度青年革命家努力之效也。吾国最近革命运动，亦能举清朝三百年来之历史而推翻之。袁氏逆命，谋危共和，未逾数月，义师勃兴，南天震动，而一世之奸雄，竟为护国义军穷迫以死。今虽不敢遽断改革之业，为告厥成功，而青春中华之创造，实已肇基于此。其胚种所由发，亦罔不在吾断头流血之青年也。长驱迈往之青年乎，其各百尺竿头，更进一步，取由来之历史，一举而摧焚之，取从前之文明，一举而沦葬之。变弱者之伦理为强者之人生，变庸人之哲学为天才之宗教，变“人”之文明为“我”之文明，变“求”之幸福为“取”之幸福。觅新国家，拓新世界，于欧洲战血余腥、炮焰灰烬之中，而以破坏与创

① 现写作“弥漫”。

② 即“喜马拉雅山”。

造，征服与奋斗为青年专擅之场，厚青年之修养，畅青年之精神，壮青年之意志，砺青年之气节，鼓舞青春中华之运动，培植青春中华之根基，吾乃高撞自由之钟，以助其进行之勇气。中华其睡狮乎？闻之当勃然兴；中华其病象乎？闻之当霍然起。盖青年者，国家之魂，《晨钟》者，青年之友。青年当努力为国家自重，《晨钟》当努力为青年自勉，而各以青春中华之创造为唯一之使命，此则《晨钟》出世之始，所当昭告于吾同胞之前者矣。

附言篇中所称老辈云者，非由年龄而言，乃由精神而言；非由个人而言，乃由社会而言。有老人而青年者，有青年而老人者。老当益壮者，固在吾人敬服之列，少年颓丧者，乃在吾人诟病之伦矣。

1916 年 8 月 15 日

（选自《李大钊文集》上册，人民出版社 1984 年版）

今与古

我今天所讲的题目，是《今与古》。今是现在，古是过去的时代。我们现在把今与古来对讲，是要考查现在的人与古来的人有什么不同之点？现在的人与古来的人有什么关系？这些问题，对于我们生活很是重要，所以来大略说一说。有人在文章上发表他的意思，常说："世道人心，今不如昔"；"人心不古"；"现在的风俗、道德、人心，不如古来的风俗、道德、人心"。讲这些话的人，大半都是"前辈""长者"。他不满意于青年，也不满意现在的一般人，于是发为感叹，而动其怀古的思想。但是我们想想，是不是今人真不如古人？是不是发这样感想的人错误？这是个很有趣味的问题。我们先考究他们所以怀古的原因：

（1）发此种感想的人，对于现在的人心、风俗、政治、道德，都不满意，感觉苦痛，因而厌倦现在，认现在都是黑暗的、没有光明的。这种厌倦现在的感想，并不是坏的感想，因为有了这种感想，对于各种事务，才都希望改进。有了希望改进的思想，才能向前进步，才能创造将来。若是不满意现在，而欲退回，把现在的世界回到百年千年以至万年前的世界，这不光是观念错误，并且是绝对不可能的事。这是伤时之人厌恶现在，而触动他怀旧之心的一个原因。

（2）人大半是羡慕古人之心太盛，如古人在当时不过是一斤八两的分量，到现在人看来就有了千斤万斤的分量，这是受时间距离太远的影响，因而在心理上发生一种暗示，这种暗示可以把古人变成过于实在的伟大，如同拿显微镜看物一样。例如火在人类史上有极大的关系，因自有火的发明，而人类生活遂发生很大的变动；又如农业，也是人类史上一个很大的发明。不过火同农业的发明，是社会的进化，并不是所谓神农、燧人一二人的功德。而旧史却不认为是社会的进步，而认为是少数神圣的发明，这是年代距离太远，传闻失实所致。又如黄帝，古代有无其人，尚不敢必，但是世人尊敬他的心，比他本人值得我们尊敬他的分量，高的多多。又如某校请一位本国教员，并不见得学生怎样信仰，怎样欢迎，要请一位有与本国教员同等学问的外国教员，就非常的尊敬欢迎，就是出洋留学的，也觉得比不出洋留学的好些。谚云“远来的和尚会念经”，这是普通的心理。推想起来，这又是因为受了空间距离太远的影响。过分的崇敬古人，其理亦与此同。我们的子孙对于我们，或现在一般的人，所发生的尊崇心，是我们想不到的高厚，也未可知。

（3）社会进化，是循环的，历史的演进，常是一盛一衰，一治一乱，一起一落。人若生当衰落时代，每易回思过去的昌明。其实人类历史演进，一盛之后，有一衰，一衰之后，尚可复盛，一起之后，有一落，一落之后，尚可复起，而且一盛一衰，一起一落之中，已经含着进步，如螺旋式的循环。世运每由昌明时代，转为衰落时代，甚而至于澌灭。因而许多人以为今不如昔，就发生怀古的思想，那里知道衰落之后，还有将来的昌明哩！

（4）随着家族制度，发生崇祀祖先之思想，也可以引起崇拜古人的观念。故崇拜祖先的礼俗，亦是使人发生怀古思想的一个原因。

（5）现在也有不如古来的，如艺术。艺术乃是有创造天才的人所造成的。艺术不分新旧，反有历时愈久，而愈见其好者，因此也可以使人发生怀古的观念。

怀古的思想，多发生于老年人之脑际，青年人正与相反。一派以为今不如古，总打算恢复三代以上的文物制度，一派以为古不如今，因此在学术史上就发生了争论。在十七世纪初期文艺复兴后，法兰西、意大利就有今古之争，于文艺（诗歌文学）上，此争尤烈。崇古派则崇拜荷马，崇今派则攻击荷马。这种争论，大众以为不过是文学上的枝叶问题。自孔德出，才以为这种争论，不光是在文学上如此，各种知识，都不能免，才把这种争论的关系，看得很大。这种争论，起于意大利，传至法兰西、英吉利，前后凡百余年。

在历史学上进化、退化的问题亦成争论。崇古派主张黄金时代说，以为人类初有历史的时期，叫做黄金时代，以后逐渐退落，而为银时代、铜时代、铁时代，世道人心，如江河之日下云云者以此。崇今派以为古代没有黄金时代，古时的人，几同禽兽，没有什么好的可说。现在是由那种状态慢慢的进化而来的，如有黄金时代，亦必在将来，现在或是银的时代，过去的时代，不过是铁时代、铜时代罢了。其说正与崇古派相反。布丹说："崇古派说古来是黄金时代，全然错误；他们所说的黄金时代，还不如他们所说的铁时代的现在；假使他们所说的黄金时代，可以召唤回来，和现在比一比，那个时代，反倒是铁，现在反倒是金亦未可知"。中国唐、虞时代，今人犹称羡不置，一般崇古的人，总是怀想黄、农、虞、夏、文、武、周、孔之盛世。但此是伪造，亦与西洋所谓黄金时代相同。他们已经打破黄金时代之说，我们也须把中国伪造的黄金时代说打破，才能创造将来，力图进步。这全靠我们的努力。这个责任我们都要负着。在中国古书里面，亦可以寻出许多今古的比论，如"后生可畏，焉知来者之不如今也"。其语气在古代，似有新的意味，且近似进化说。《书经》上说："人惟求旧，器非求旧，惟新"。这又是人是旧的好，器是新的好的意思。

中国人怀古的思想，比西洋人怀古的思想还要盛。因为西洋科学早已发明。科学是在自然界中找出一定的法则，有如何的因，便有如何的果。他们能用科学方法证其因果，又能就古来的，而发明古来所未有的。这样，古人的发明，都有明了的法则，都遗留给后人，而今人却能于古人的发明以外，用科学方法有所新发明。中国科学不发达，古人遗留下的多是艺术的，创造全靠个人特有的天才，非他人所能及。故中国人崇古的思想，格外的发达，中国人对于古人格外仰慕，对于古人的艺术格外爱恋。

怀古思想发生之原因，及中外怀古思想不同之点，即如上述。现在我发表我对于这种思想的批评。

古代自有古代相当之价值，但古虽好，也包含于今之内。人的生活，是不断的生命（连续的生活）。由古而今，是一线串联的一个大生命。我们看古是旧，将来看今也是古。刚才说的话，移时便成过去；便是现在，也是一个假定的名词。古人所创造的东西，都在今人生活之中包藏着，我们不要想他。例如现在的衣服，其形式、材料，及制造的方法，极其精致，古来次第发明的痕迹，都已包藏在内。像古人所取以蔽体御寒的树叶、兽皮，我们又何必去怀想他！

黄金时代说是错误的，因为人与自然有关系，如太阳光、空气等等。人离开自然，就不能生活。古时的自然产生孔子那样的伟人，现在的自然亦可以产生孔子那样的伟人。同一的太阳光，同一的空气，在古能生的人，在今又何尝不能生？古代生的人，如何能说是万世师表！崇古派所认为黄金时代产生之人，现在也可以产生出来，我们不必去怀古。怀古的思想，固可打破，但我们不能不以现在为阶梯，而向前追求，决不能认现在为天国。当时时有不满意现在的思想，厌倦现在的思想。有了这种思想，再求所以改进之方。如现在中国国势糟到此等地步，我们须要改造，不要学张勋因怀古而复辟，要拿新的来改造。他们是想过去的，我们只是想将来的。历史是人创造的，古时是古人创造的，今世是今人创造的。古时的艺术，固不为坏，但是我们也可以创造我们的艺术。古人的艺术，是以古人特有的天才创造的，固有我们不能及的地方，但我们凭我们的天才创造的艺术，古人也不见得能赶上。古人有古人的艺术，我们有我们的艺术。要知道历史是循环不断的，我们承古人的生活，而我们的子孙，再接续我们的生活。我们要利用现在的生活，而加创造，使后世子孙得有黄金时代，这是我们的责任。

（《李大钊文集》下册，人民出版社 1984 年版）

何炳松

（1890—1946），字伯臣，又字柏丞，浙江金华人，历史学家和历史教育家，被誉为“中国新史学派的领袖”。1912 年毕业于浙江高等学堂，同年以第一名的成绩考取公费赴美留学。1913 年考入威斯康星大学攻读历史学和政治学，获学士学位。1915 年考入普林斯顿研究所专攻史学，获硕士学位，期间曾被推为留美中国学生会副会长。1916 年归国后，历任浙江省府秘书兼省视学，北京大学历史系教授兼北京高等师范英语科教授、史地系主任，浙江省立第一师范学校校长，武昌师范大学校长。1926 年到上海商务印书馆工作，任史地部主任、编译所副所长等，并兼任上海私立光华大学、大夏大学、国民大学教授。1935 年起任暨南大学校长、国立英士大学校长等职。著有《中古欧洲史》《近世欧洲史》《历史研究法》《通史新议》《浙东学派溯源》《秦始皇帝》，译作有《美国教育制度》《新史学》《历史教学法》《西洋史学史》等，主编有《中国史学丛书》《社会科学小丛书》《社会科学名著选读》等。

论所谓“国学”

近年以来，国人对于所谓“国学”的研究，非常热心，这不能不说是一种好现象。因为我国既然有了二千多年的学术，在世界的学术上应该占有相当的地位。那末我们自己就得负起这种研究的责任，不应该专让西洋学者来代我们做整理的工夫，更不应该自己闭了眼睛，专去跟西洋学者来研究我们自己的学术。所以我以为我们热心研究国学，是一种正常的而且亦是应该做的工作。

但是我觉得近年来国人对于国学一个名词，或者误会他的意思，或者利用他的名义，来做许多腐化的事情。我以为如此下去，不但我国学术有永远陆沉无法整理的危险，而且由国学两个字生出的流弊层出不穷，将来一定要使得我国的文化永在混乱无望故步自封的境界里面。我因为见到这种情形，所以要仿现在时行的办法，提出一个口号来，这个口号就是：中国人一致起来推翻乌烟瘴气的国学！

现在让我把国学应该推翻的理由一一叙述出来，请大家加以平心的考虑。

第一，国学两个字的来历很有点不清。我常常自问国学两个字究竟从何而来？我在中国书中总是查考不出他的来历。后来我才想到他大概是由西文中翻译出来的。原来西洋学者近百年来对于我国民族、语言、文字、历史等，很有热心研究的人，终以我国书籍浩博，一时不容易理出头绪来，所以不得已只好暂时混而称之为“支那学”（Sinology）。据我个人的推测，西洋人所以造这个名词，恐怕有二层意思：第一因为中国的事事物物太广大了，太繁杂了，一时无法理清，而又不能没有一个名词去代表这种广大繁杂的研究，所以不得不造出一个名字来，便于称呼。第二因为中国的事事物物还在混乱的状态里面，他们隐约知道中国的民族、文字、语言和历史对于世界文化都有相当的贡献，但是恐怕一时整理不好，价值未定，所以混称为“支那学”，表明他还是一团糟。西洋人的意思无论他是好或者恶的，原来于他们没有什么关系。但是我们居在中国人的地位上讲，我们对于这个名词，就似乎应该有不同的感想。我以为就我们自己方面看去，这个名词，实在是西洋人给我们的一种耻辱！换句话说，就是我们的国耻。我们决不应该俯首的接受他，我们应该提出强硬的抗议。这是国学应该推翻的第一个理由。

其次，“国学”两个字的意义，我总觉得他广泛模糊，界限不清。孔老夫子说过：“名不正则言不顺；言不顺则事不成。”我以为国学两个字就犯了“名不正”的毛病。究竟“国学”是什么？现在谁能下一个合理的定义？试问国学的声浪闹了这许多年，我们所得的成绩究竟有多少？这不是“名不正则言不顺；言不顺则事不成”的例证么？西洋的学术无论他是属于哲学或者属于科学，没有不以论理学为依据的；而论理学上基本的必要的初步就是“正名”。我们对于中国学术上正名这一步基本的必要的工作还没有做好，就想要去研究中国的学术，我以为这是古今中外的学术界未曾有过的笑话。这是“国学”应该打倒的第二个理由。

其次，我觉得“国学”两个字犯了我国向来囫囵吞枣的大毛病。我们中国人向来最大的毛病就是人人想要做到“万事皆备于我”的圣人，结果往往弄得本身一物亦不备。这种精神最是违反现代科学的精神。现代科学的精神在事业上注重绝对的分工，在学术上注重绝对的分析。庄子所说的“吾生也有涯而知也无涯”，原是一句人类经验上的格言。我们中国人始终要以“有涯”去拼“无涯”，所以弄得始终在“殆矣”的境界里过活。我以为“国学”两个字，就是我们这种反科学精神的流露。我们到现在难道还不知道囫囵吞枣的毛病？还不知道分析工夫在现代学术上的重要？我常常看见许多很聪明的青年因为要维持国学家头衔的缘故，自己一个小小的脑袋里一定要把一部偌大的《四库全书》全部装进去，结果往往把自己弄得不经不史不子不集，自己亦不明白自己究竟是一个什么人，自己干的究竟是什么一回事，自己脑袋里装的究竟是一些什么东西。现在我国全国的青年差不多都变成移山的愚公了，很可宝贵的光阴都虚度在一大堆的故纸里面了，这不是国学两个字应该负的责任么？我们如果要取法西洋人的科学精神，非从分析研究分工进行入手不可。“国学”两个字是反分工的、反分析的，换句话说，就是反科学的。我们真要提倡科学的精神，非推翻他不可。这是国学应该推翻的第三个理由。

再次，我们大家都知道现代德国、法国、美国、英国和日本等国的学术都是很发达的，而且我们中国人都已经公然承认自己不及他们的。那末何以世界上并没有什么德国学、法国学、美国学、英国学和日本学？而我们中国独有所谓“国”学？我们知道德国对于世界学术上最大的贡献是科学和史学，法国对于世界学术上最大的贡献是文学和哲学，美国对于世界学术上最大的贡献是各种新的社会科学，英国对于世界学术上最大的贡献是文学、经济学和政治学，日本对于世界学术上最大的贡献是东洋的史地学。他们对于世界的学术都是各有贡献，但是他们都绝对没有什么国学！我们试问自己既然自命有一种国学，那末中国国学的特质是什么？他的真价值究竟怎样？他对于世界学术究竟曾经有过一种什么贡献？即使我们自问对于中国国学的特质、价值，和他对世界学术的贡献，我们都一点不知道，那末所谓“国学”究竟是什么东西？还不就是“一团糟”的别名么？还不就是广义的《经史百家杂钞》

么？所谓提倡国学或者研究国学不就是大吹大擂、自欺欺人的把戏么？我们要知道这种专挂金字招牌的办法，在现今科学昌明的时代，决不容许的了！我们试再想一想：我们有所谓“埃及学”，因为埃及早已亡国了，古代埃及人早已死完了。他们学术的内容怎样，价值怎样，对于世界的学术有什么贡献，都还在一团糟的状态里，所以西洋学者不得不代已亡国的埃及和已死完的埃及人负起越俎代庖的责任，来代他们发见埃及学术的内容，估定他的价值，而且明定他对于世界学术上有什么贡献。另外还有所谓“亚述学”，所谓“东方学”，他们的意义都是如此。我们中国现在依然是中国，中国民族依然是中国民族，为什么我们自己不能明白自己学术的内容？不能估定他的价值？不能明定他在世界学术上的地位？这不是我们读书人的奇耻大辱么？现在我们假使还要仿西洋学者对待埃及、亚述的学术的办法，厚起脸皮用国学两个字来对待本国的学术，掩饰自己的没出息，这不但是盲从，简直是毫无心肝了！这是国学应该推翻的第四个理由。

以上我所提出的四大理由：就是（一）来历不明，（二）界限不清，（三）违反现代科学的分析精神，（四）以一团糟的态度对待本国的学术。都还单就国学两个字本身而论，我们已经觉得国学这个名词，真不愧“乌烟瘴气”四个字的评语，我们已经应该竭力的去推翻他了，另外我觉得还有三个理由，虽然不属于国学的本身，却是和国学有极密切的关系，所以亦提出来说一说。

第一，就是我国近来“国”字的风靡一时，好像中国无论什么一种丑东西，只要加上了一个国字，就立刻一登龙门，身价十倍的样子。五更天、十八扯的调子，现在不叫做小调而叫做“国乐”了，卖狗皮膏药的勾当，现在不叫做走江湖而叫做“国医”了，甚至前一个月上海四马路上的馄饨铺，亦要叫做“国菜馆”了。这样类推下去，那末小脚、辫子、鸦片等等东西，亦都可以叫做“国脚”“国辫”或者“国烟”了。这不但弄得“斯文扫地”，而且“国”字竟变成一切妖魔鬼怪的护身符了，这不是国学这两个字所引出来的流弊么？我们要澄本清源，当然非先将谬种拔去不可，这亦是国学应该推翻的一个理由。

第二，就是现在我国凡百物事，只要加上一个国字，就好像完美异常，我们可以不再加以改良了。我们中国近百年来所以没有进步，最大的原因本来就是自大。现在的国字，岂不就是自大精神的表现么？我们还有一个不进步的原因就是缺少南宋史学家“无我”的精神，主观很强，往往自以为是。现在的国字岂不就是主观精神的表现么？一个人自大自是，他就永远没有进步的希望；一个民族自大自是，当然亦是如此。我们天天希望自己和民族能够有长足的进步，天天鼓吹西洋科学的精神和客观态度；而我们同时天天提倡什么国学，天天培养自夸自大的精神。这种南辕北辙的笑话，在二十世纪科学昌明的时代，恐怕只有我们中国人才闹得出！这不亦是国学两个字所引出来的流弊么？这又是国学应该推翻的一个理由。

第三，就是国学的国字，显然表出一种狭小的国家主义的精神。这不但违反我国先贤所主张的“大道之行也天下为公”这种大同的精神，而且亦违反西洋学者所主张的“知识无国界”那种学术公开的精神。学术是世界人类的公器。我们中国在国际地位上，常常以毫无贡献受人家责备，我们正应该急起直追。取学术公开的态度，把自己的学术整理起来，估定他的价值，公诸世界，这是很正大光明的态度。又何必高高标起国学两个字，一面表出我们据为私有的狭量，一面表出深闭固拒的态度？这亦是国学应该推翻的一个理由。

我们试再回头看一看：中国几千年来多少天才，因为要想做一个无所不通的“国学家”的缘故，往往弄得“毕生尽力，所得几何”。至于“白首穷经，毫无所得”的更是不知其数。这是我国民族的大损失！这亦是我国学术的大损失！我们试想朱熹这样天才，假使能够专心研究自古以来的理学，不要再去做史学和文学的工夫，他的造就要比他现在所做的加上几倍？我们试再想朱彝尊这样天才，他的造就要比他现在所做到的加上几倍？我们试再想章学诚这样天才，假使能够专心去发挥他的史学原理，不要再去做文学和经学的工夫，他的造就要比他现在所做到的加上几倍？我们大家为什么不屑分头去彻底研究中国学术上的一个小部分或者一个小问题？我们中国人为什么一定要听朱熹的话，一定要站在“大坛场”上，不愿走进“壁角”里面去？为什么我们都不愿听程颐的话，“一草一木都有理，皆须格”？我以为国学两个字正好比之朱熹所说的“大坛场”。我们应该先问什么是“大坛场”？“大坛场”究竟在什么地方？这不是空中的楼阁么？我们倘使再继续宣传什么国学，或者研究什么国学，那一定要和朱熹想站上“大坛场”一样，永远不成功，一定要弄到“书册埋头何日了，不如抛却去寻春”的地步。徒使得不主张读书的陆九渊在江西“闻之色喜”。所以我以为我们如果真真要想整理中国的学术，我们应该先把幻想中的“大坛场”一火烧掉了，换句话说，就是先把国学推翻了，同时大家分头去做程颐所说的“一草一木都有理，皆须格”的工夫，才是正当的办法！

我们要知道西洋学者虽然代中国的学术起了一个混名，叫做“支那学”，但是事实上他们着手研究的时候总是取分工进行和分析研究的办法。德国的雷赫特和芬（Reehthofen）和美国的威利斯（Willis）并不是中国的国学大家，但是他们以精于中国地文地理著名于全世界。这是什么缘故？比利时的多桑（Dohson）和英国的霍尔渥特（Horworth）并不是中国的国学大家，但是他们以精于中国元代史迹著名于全世界，这是什么缘故？英国的攸尔（Yule）和摩尔斯（Morse）并不是中国的国学大家，但是他们以精于中西交通史著名于全世界，这是什么缘故？美国的劳佛（Laufer）并不是中国的国学大家，但是他以研究西域植物传入中国考著名于全世界，这是什么缘故？

我们既自命为国学专家，为什么要让瑞典的安特生（Anderson）来代我们研究中国古代的石器？为什么要让美国的卡德（Carter）来代我们研究中国印刷术的西传？为什么要让法国的伯希和（Pelliot）来考订敦煌石室的古籍？为什么要让法国的考狄厄（Cordier）来代我们编《中国通史》？为什么要日本的桑原隲藏来代我们研究蒲寿庚，来替秦始皇帝伸冤？我们研究国学的人为什么要等到西洋人赏识《大唐西域记》，才去研究慈恩法师？为什么要等到西洋人赏识《诸番志》，才去研究赵汝适？我们既然自己有国学，为什么要从荷兰出版的《通报》（*ToungPao*）这类出版物中去翻译中国的史料？像这一类问题，真是可以无限的写下去，我们应该请求我国的国学家给我们解答。

我的意思以为这就是因为西洋人对于所谓支那学能够用分工的办法和分析的工夫来研究的缘故。我们中国人天天在那里提倡国学，却天天在那里翻译西洋学者研究支那学的作品！这种闭了大门打锣鼓的戏法，在现在世界上恐怕只有我们中国人才做得出来！

我因为想到上面所述的种种情形，所以我主张我们如果抱有整理本国学术的诚意，第一个大前提就是：

推翻国学！

现在再让我提出几个问题向国内学术界请教。

我们研究史学的人，为什么不愿专心去研究中国的史学，而要研究国学？我们研究文学的人，为什么不愿专心去研究中国的文学，而要研究国学？我们研究哲学的人，为什么不愿专心去研究中国的哲学，而研究国学？我们研究天算的人，为什么不愿专心去研究中国的天文和算学，而要研究国学？我们当现在分工制度和分析方法都极发达的时代，是否还想要做一个“大坛场”上的“万物皆备于我”的朱熹？中国的史学还不够我们的研究么？史学家我们不屑屈就么？中国的文学还不够我们的研究么？文学家我们不屑屈就么？中国的哲学还不够我们的研究么？哲学家我们不屑屈就么？中国的天文算学还不够我们的研究么？天文学家算学家我们不屑屈就么？

因为有上面的种种问题，所以我主张我们如果抱有整理本国学术的诚意，第二个大前提，就是：

请国学家降尊纡贵来做中国学术上一小部分的彻底研究工夫！

我已经把国学应该推翻，以及中国学术应该分工彻底去研究的理由，大致都说明了。现在再让我提出一点实际上进行的办法。

我的意思，我们对于中国学术的各流派如史学、文学、哲学、科学等等，都应该各加以三大步研究的工夫：第一步先研究某一科的特质怎样。第二步再用现代科学的眼光去估定他的价值。第三步再把他和世界学术中同一科作一个比较，来断定他对于世界的学术有何等程度的贡献。例如我们研究中国的史学，就中国史书的体裁讲，我们有编年体，有纪传体，有由纪传体旁支侧出的史表、志书和目录，有纪事本末体，有从司马迁到郑樵所主张的旧通史体，有章学诚所主张的新通史体。就史学原理的著作讲，我们有刘知幾对于编年、纪传两体下总批评的《史通》，有章学诚发挥他新通史主张的《文史通义》。再就自古至今的中国史籍讲，我们除《四库全书》中乙部的书籍外，还有从前误入经、子、集之部中的书，而共有这许多卷。我们假定这都是中国史学上的特质，我们再用现代新眼光来估定我国各种史籍体裁是否都宜于保存史料便利参考，应该全部继续维持；或者有几种太是陈腐不合用应该就此打倒；或者有几种义例很精，文章很富，保存材料很多，我们应该尽量保存他而且加以发挥。《史通》和《文史通义》中的史学原理，那几个是合于现代科学的精神？那几个是违反的？那几个是合于本国而不一定合于世界的史学？合科学的，我们应该提出来加以发挥；不合的就应该打倒。再就史籍的数量讲，我们中国的史籍是否较世界上无论那一国为多？是否多而且精，还是多而无用？于是我们再通盘把中国史学的价值估计一下，把他和西洋史学加以大体的比较。那末中国史学的长短利弊，和对己对人的贡献，就大体可以明白了。我以为这种办法，虽不敢说是最正当的办法，但是至少总要比从前妄想站上“大坛场”和现在跟西洋人走的支那学者来谈整理国学的那两个办法着实了一点。

我上面所举的不过是一例，而且一个范围较大的例。上面所说的，不过是进行步骤的大概，不是细目。但是我想我所主张的办法，大体可以略见一斑了。

我觉得近年来西洋学者在我们中国学术里面发见了不少的天才，平反了不少的冤狱。中国还没有灭亡，中国民族还没有灭种，但是中国学术界的天才要让西洋人来代我们发见！中国学术界中千古的沉冤要让西洋人来代我们平反！这真是中国学术的不幸，亦是中国民族的耻辱。我们从此以后应该服膺我们古代圣贤所说的“由博反约”的格言，取法南宋史学家“主敬”和“无我”的修养，用分析的工夫，打破了国界，放开了眼光，各人专心致志用第三者的客观态度分头去彻底研究各人性之所近的中国学术上一个小问题。换句话说：就是让我们大家赶快把那“大坛场”的金字招牌收下来，让我们大家分头都藏到“壁角”里去，老老实实做一点文学的、史学的、哲学的、科学的或者其他各种学术的小工作。让文学家、史学家、哲学家和科学家各人去研究出中国文学、史学、哲学和科学上的特质是什么？中国的文学、史学、哲学和科学等等本身有什么价值？衡以西洋科学的标准以后，是否还是有价值？把他们和世界全部的文学、史学、哲学和科学比较一下，他们在世界的学术上究竟有没有地位？假使有地位，他们的地位是否重要？我以为我们一定要这样办，我们才对得起我们自己，才对得起我国的学术，才对得起我国的先贤！亦一定要这样办，我们才对得起世界，对得起人类！不过我们要想办到这一层，第一步先得要：

推翻乌烟瘴气的国学！

（选自《小说月报》第二十卷第一号，1919年1月出版）

拟编中国旧籍索引例议

近来国内学者深知徒务西学之不足于用，吾国旧学之急宜发扬，于是整理国故之声，洋洋盈耳。然而至今尚无入手之良法也。或者谓整理国故，应辨粹渣。其说似当而实赘。世界各国各代之学术，类皆雅郑各趣，瑕瑜相形。谁无国渣，谁无国粹。求约于博有要存焉。得失是非，留待后世。故渣粹之说，与整理国故无关焉。

现今学者已有着手进行者矣。或抱疑古惑经之态度以互相争论；或用类别撮要之方法以广摭良材。用力甚勤，处心甚善。然不免流入枝节挂漏之一途，似非一劳永逸之良策也。

窃以为整理国故，索引为先。盖登高自卑，行远自迩之意耳。所谓索引，即将某书中所有专名、术语、惯词、异称分别提出，依笔画多寡为序附于全书之后，并注明其见于某卷某篇某页某行等，俾读者展阅之余，即或知某名、某语、某词、某称见于此书中者凡有几次，并在何地是也。

吾国旧日之硕学通儒，号称“腹笥”。聪明者一目十行，资钝者再三环诵。毕生尽力，所得几何。而在不学者观之，已如天上神仙，不可企及。实则所谓腹笥，即系无形之索引。所异者一书纸上，一记脑中耳。今若将吾国载籍，编成索引，则凡百学子，皆可予取予求。有裨探寻，岂止事半功倍。

或谓吾国《四库全书》，即已四部毕备，而且部再类分。若网在纲，探求已便。习经者有甲部，习史者有乙部，习子习集者有丙、丁二部。智者见智，求仁得仁。又何必叠屋架床，方称周备。殊不知经中有史，史中有经。子集有史有经，尤为牵连繁复。仅读一部，不但难窥全豹，亦且孤陋寡闻。此当就其大者而言。若论其细，则元明之史，每有上推《史汉》之言。子集之文，每有旁及经史之论。若编成索引，藉备探求，则上下古今，昭然满目。再就一书如《二十四史》而论。一史中各传相牵，经传互系。专名并见于书志，典章或丽于人名。错纵牵连，难以究诘。果能附以索引，岂不一望可知。

至于进行步骤，可得言焉。吾国旧书，汗牛充栋。尽编索引，旦夕难冀。由简及繁，方能成事。例如甲部先编《六经》。乙部先编《二十四史》。丙部先编《十五子》。丁部先编唐宋诸儒文集是也。而且《六经》之中可先编《诗》《书》《春秋》。《二十四史》之中可先编《史》《汉》。《十五子》之中可先编老、庄、荀、墨。文集之中可先编韩、欧、苏、曾。又如《二十四史》可先编《史记》而成《史记索引》，再编《汉书》而成《汉书索引》。以次类推，可得正史索引二十四卷。

再融而合之为《二十四史总索引》。依次扩充，并可得一宏大之《乙部索引》，再进而并得一完备之《四部索引》，并再进而及《四库》以外之著作。蔚成大观，而索引之能事毕矣。

索引果成，则昔日秘而难传之腹笥，至是宝藏毕露，任人取求。榛芜既开，坦途乃筑。发扬国粹，饷遗后人。其事甚劳，其功甚伟。世有同志，盍起而谋之。

（选自《史地学报》第三卷第八期，1925 年出版）

陈柱

（1890—1944），字柱尊，号守玄，广西北流人，近代著名国学家、教育家、翻译家、诗人。自幼博闻强记，打下扎实的国学功底。1905年赴日本留学，入日本弘文普通科学工。1909年归国后专治国学，曾师从国学大师唐文治、陈石遗和苏寓庸等国学前辈。曾加入过南社、中华学艺社等社团，是南社重要诗人，创作诗歌在万首以上。执教于无锡国学专修学校、上海暨南大学、交通大学、光华大学、大夏大学等校。著述颇多，据不完全统计，有120多种，其中主要以国学论著为主，有《老子集训》《公孙龙子集解》《中国学术讨论集》《墨子十论》《公羊家哲学》《朱子概论》《小学考据》等，另有诗集《待焚诗稿》《守玄阁诗集》，并曾搜集整理《粤西十四家诗钞》。此外，其《中国散文史》被誉为中国古代散文史的开山之作。

研究国学之门径（节录）

天下之人，能求学者多，而知求学者少，欲求学者多，而能成学者少。是何故？是无师法之故也。故欲研究国学者：第一，要在乎得师，得师则法明而学问乃可期于有成。唐人孙可之《与王秀才书》云：

> 樵尝得为文真诀于来无择，来无择得于皇甫持正，皇甫持正得于韩吏部退之。

其与他友人书亦尝举此言之。清儒王先谦讥之云：

> 昔尝病孙可之与友人论文书，称其所受真诀，自来无择、皇甫持正上溯昌黎，称举至再，如小儿得饼，矜衒不已。

孙氏于文中称举至再，不避重复，未免令人可厌。然学贵得师法，有真传。汉人传经，最重师法。故《史记》《汉书》等述经学之传授甚详。如《史记·儒林传》言《易》之传授云：

> 自鲁商瞿、子木受《易》孔子，以授鲁桥庇、子庸，子庸授江东、馯臂、子弓，子弓授燕周丑、子家，子家授东武、孙虞、子乘，子乘授齐田何、子装。

又如《汉书·儒林传》言古文《尚书》之传授云：

> 安国授都尉朝，而司马迁亦从安国问故，都尉朝授胶东庸生，庸生授清河胡常，常授虢徐敖王璜，平陵涂浑子真，子真授河南桑钦。

举此二例，可见师法传授之重要，经学如此，文学亦如此。孙可之之说，殆亦不能尽笑。推之一切学问，亦莫不如此，正不特国学为然也。自汉以后，治学成绩，以清儒为最著。清人皮锡瑞云：

> 国朝（指清朝，今引原文不能追改）经师，能绍承汉学者曰：传家法。如惠氏祖孙父子，江、戴、段师弟无论矣。惠栋弟子有余萧客、江声，声有孙沅，弟子有顾广

圻、江藩，藩又受学余萧客，王鸣盛、钱大昕、王昶皆尝执经于惠栋，钱大昕有弟大昭，从子塘、坫、东垣、绎侗，段玉裁有婿龚丽正，外孙自珍。金榜师江永，王念孙师戴震，传子引之。孔广森亦师戴震。具见《汉学师承记》。他如阳湖庄氏之公羊学传于刘逢禄、龚自珍、宋翔凤、陈寿祺，今《尚书》三家《诗》之学传子乔枞，皆渊源自有者。

皮氏所谓家法，即师法也。则清代诸国学大家所以能成就如此卓卓者，盖在乎得师之故，断可知矣。然则今之学者欲研究国学，期有精博之成就，不可不先以择师为务矣。

既得其师，则购书亦为急务。除与师同居，或学校图书馆与城乡图书馆，富有藏书，足以供给者外，倘不多购图籍，虽终日饫闻名师之言论，而无书可读，亦犹巧妇难为无米之炊也。且假借师友或公共之图书，止可以供参考之用耳。其有当日夜揣摩，如古人所谓韦编三绝者，至少亦不下数十百种，斯则必自备而无能求借于人者矣。读书欲得其精，然欲得其精，非先博览不可。汉儒扬雄有言曰：

多闻则守之以约，多见则守之以卓。寡闻，无约也。寡见，无卓也。

此言甚是。吾尝譬之如购物然，倘入小家商店，则拣来拣去，亦不过此数物，岂易得其称意者。若举足而入大公司则不然，种种色色，唯吾所择，则称心洽意，亦甚易易也。读书之多寡，所得亦岂异乎此。然吾尝见今之学者，丰衣美食之费则不惜，一言及购书，则委之曰贫，则亦不知权衡乎轻重之过矣。

既得其师，又得其书矣，则又当其有勤敏之性行。孔子言敏而好学，即勤敏之谓。而勤为尤要，古今成学之士，类多从勤苦得来。即灵敏之性，虽似本乎天赋，然亦可以勤学得之。今举清儒阎若璩为例。清人江藩《汉学师承记》云：

> 若璩生而口吃，读书千遍不能背诵。年十五，冬夜读书，扞格不通，愤悱不寐，漏四下寒甚，坚坐沈思，心忽开朗，自是颖悟异常。是年补学官弟子。一时名士，如李太虚、方止、王子一、杜于皇皆折辈行与交。若璩研究经史，寒暑弗彻，尝集陶贞白、皇甫士安语，题所居之柱云："一物不知，以为深耻；遭人而问，少有宁日。"其立志如此。

然而天性愚钝，亦可以勤苦使之颖悟。学者不患天才之不敏，而患用功之不勤耳。勤敏之性行既具，于是乎乃可以言研究之步骤。抑余言至此，有不能不特别声明者：吾上言学贵得师，倘师既得其人，则凡吾今之所言，皆师之所当教，吾言实可以作废。今复云云者，示略言无师者之步骤，以备已得师者之质正为耳。

第一步须分读阅两法：

曾国藩《与邓寅皆书》云："看者涉猎，宜多宜速。读者讽咏，宜熟宜专。看者日知其所亡，读者月无忘其所能。看者如商贾趋利，闻风即往，但求其多。读者如富人积钱，日夜摩挲，但求其久。看者如攻城拓地，读者如守土防隘。二者截然两事，不可阙，亦不可混。"

然则何者应阅乎？何者应读乎？日视乎学者之所专。所专者宜读宜熟，其余宜阅宜速。就所专之中，又当略分轻重，而读熟之程度，有高下焉。至于诗文之为纯文学者，则尤非时时习诵不可。盖文学非仅凭乎知识，要在优游涵养神而化之，故非多熟多读莫能为也。

第二步先求通大意：

陶渊明《五柳先生传》云："好读书，不求甚解。偶有会意，便欣然忘食。"

读书不求甚解，此语每为世人诟病。其实初学读书，亦是必经之阶级。倘初读书不求甚解，势必常有一大师在左右备质问而后可，否其事实有所不能。何者？初学读书尚少，根柢尚浅，识古义无多，岂能细心从事考证？是故势不能不先将所欲读所应读之书，暂略通大义，不必字字求其甚解，俟读毕十余种，然后再进而为精深之研究耳。求通大义之方法，最好是取名家评点之书籍，照点一次。明白洽心者熟读之，不识者置之，特别者笔而记之。否则字字苦索，力疲者不数页而止；志强者亦事倍功半，耗精神于无用也。

第三步深求法，此当分为三层：

（一）研究语言文字之学，以明形声训诂之大纲。盖积字成句，积句成篇。倘文字不明，何由明其句读，通其义理乎？语言文字之学，古称小学。盖古者八岁而入小学，即授以六书之义，诚读书之根本也。今欲略通小学，第一要书，为汉许慎所撰之《说文解字》及清人段玉裁之《说文解字注》。许氏之说文字，段氏之解《说文》，固不能无误。然吾人所借以知六书之义例，匡正许书者，亦赖许书。而段氏者，许君之功臣也。他书美者固多，然学者或非欲为小学专家，则研精于此，亦足以应用矣。

（二）阅注疏。古书之未易明者，古注疏已多所注明。如《十三经注疏》网罗尤富。其余子史集类诸注，亦均各有所长。学者均宜择要观览，以释疑解惑，而充根柢。

（三）博览清儒汉学家书。古书之难明，一在乎制度，二在乎古字古义，三在乎假字讹字。凡此三者，汉、唐诸儒已置力甚勤，大有成绩。然汉人之说，已多残缺不完，唐人亦尚多未备，五代以后，学尚空疏，言尠征实。清儒特起，考订之勤，超唐越汉。经学如正续《皇清经解》，大略已备。诸子之学，如王念孙之《读书杂志》，俞樾之《诸子平议》，孙诒让之

《札迻》，尤其卓卓者。自余史集诸书，亦均称是。学者宜择己之所专，与古注对勘，择其要者书于上方，以便研究。如是为之数年，读毕十数种，则考订之途径既明，而所得亦已不浅矣。夫如是而后可以语古注之得失，而后可以进于研究之域。

第四步研究法，此亦当分三层分述如下：

一、思辨。此颇近于今人所谓怀疑。唯怀疑则与尊信相反，而思辨则界乎两者之间。疑所当疑，信所当信，不似怀疑之易流于偏激耳。怀疑者，有时自信太过，反未及思辨，而自陷于武断。唯思辨者则纯粹客观之学，而其所思辨者，实已经过怀疑之观念，故怀疑不可以包括思辨，而思辨可以包括怀疑也。昔之成学能有新发明者，未有不始于怀疑，而终于思辨者也。《汉学师承记》载阎若璩云：

> 年二十，读《尚书》，至古文，即疑二十五篇之伪。沉潜二十余年，乃尽得其症结所在，作《古文尚书疏证》。

又述戴震事云：

> 君年十岁，乃能言，就傅读书，过目成诵。塾师授以《大学章句》右经一章，问其师曰："此何以知为孔子之言，而曾子述之？又何以知为曾子之意，而门人记之？"师曰："此子朱子云尔。"又问子朱子何时人？曰：

“南宋。”问曾子何时人？曰：“东周。”又问东周去宋几何时？曰：“几二千年。”曰：“然则子朱子何以知其然？”师不能答。

观此可以知二人思辨力之强，故能发明古学，卓然为国学大师也。盖学无思辨，则人云亦云，记诵虽博，亦犹一书店而已，于己何益乎？孔子曰：“博学之，审问之，慎思之，明辨之。”博学审问必继以慎思明辨，是不可不察者也。

二、考证。此是研究学问最不可少之功夫，而研究国学，则为尤要。盖实事求是之学，本当如此。不然，则妄思怀疑，凭空思辨，语无佐验，足以欺童蒙，未足以语高明也。考证学之重要，譬之于科学，殆如物理化学之有实验矣。理化之无实验，而谓其足以征信于人乎？

且古书传世既久，字音字义，往往今古悬殊，有今人以为难解，而疑其讹误，而其实为古人之常语，并未为误者。如《墨子·尚贤》中篇云：

古者圣王唯毋得贤人而使之。

清人毕沅改“毋”为“毌”，注云：

“毌”，读如贯习之贯。

至王念孙始知其非，王云：

> 毕改非也，“毋”，语词耳，本无意义。唯毋得贤人而使之者，唯得贤人而使之也。若读毋为贯习之贯，则文不成义矣。下篇曰：“今唯无以尚贤为政，其国家百姓，使国之为善者劝，为暴者沮。”又曰“然昔吾所以贵尧、舜、禹、汤、文、武之道者何故以哉？以其唯毋临众发政而治民，使天下之为善者可而劝也，为暴者可而沮也”。《尚同》中篇曰：上唯毋立而为政乎国家，为民正长，曰：人可赏吾将赏之。若苟上下不同义，上之所赏，则众之所非。上唯毋立而为政乎国家，为民正长，曰：人可罚，吾将罚之。若苟上下不同义，上之所罚，则众之所誉。（中略）其字或作毋，或作无，皆是语词，非有实也。

王说是也。然唯毋何以连用，则学者尚未言及也。吾以谓唯毋古双声，毋者唯之声转，长言为唯毋，短言为唯，或为无。凡《诗》之无念尔祖，无沦胥以败等无字，皆唯字之转音也。唯无声转义同而连用，犹既已声近义同而连用也。然则唯毋之毋非贯之讹也决矣。

又有在古人为本甚易解，而或文从假借，后人不知，转以深求而不得其解者。如《诗·东山篇》云：

有敦瓜苦，烝在栗薪。

《毛传》释之云：

敦，犹专专也。烝，众也。有敦瓜苦，烝在栗薪，言我心苦事又苦也。

《毛传》不释瓜字，于文未明。《郑笺》则释之云：

此又言妇人思其君子之居处专专，如瓜之系缀焉。瓜之瓣有苦者，以喻其心苦也。烝，尘；栗，析也。言君子久见使析薪，于是尤苦也。古者声栗裂同也。

清人焦循复为之申毛义云：

以栗为析，笺易传易也。瓜之苦喻心苦。烝在栗薪，何以喻事苦？《释文》引韩诗作蓼蓼，即蓼字。《周颂》“予又集于蓼。”《毛传》云：“言辛苦也。”蓼为辛苦之菜，而瓜系之于其上，故喻心苦事又苦。心苦谓瓜瓣之苦，事苦谓集于蓼之苦也。毛本当作烝在蓼薪，与韩诗同。

今观诸家之释，尽属牵强，费辞费解。盖皆于瓜字信之过甚，无暇思辨，无暇考证故也。以我考之，有与又通，此古文习见者也。敦即前文敦彼独宿之敦，彼笺云："敦然独宿于车下"，与本章《传》训专专之说相合。瓜当为孤之借字，孤从瓜声，一证也。《礼记·曲礼》注《释文》菰本作苽，又《内则》《释文》苽本菰，苽从瓜，菰从孤，苽菰通，明瓜孤亦通也，二证也。由是言之，瓜苦当即孤苦。烝即上章烝在桑野之蒸。毛传云："苴也。"有敦孤苦，即又敦孤苦；谓又复敦然孤苦，苴于栗薪之间也。即上章敦彼独宿，亦在车下之意也。上文言："洒扫穹室，我征聿至。"谓洒扫以待征人之遂至，而不知其又敦然孤苦，露宿于栗薪，而不能归。故下又接云："自我不见，于今三年。"重叹其久也。文义岂不甚明？此考证之功，所以不可忽也。

三、校订。此亦为治国学者所最不可少之法。盖古书传世已久，有无识之妄改，有无意之讹脱，有篆隶之讹变，有避讳之改省。以是之故，倘不严加考订，则郢书燕说，势必不免矣。自宋以后，此学久荒，至清而极盛，殆已成专门之学矣。今为初学者略示其途径焉。约而言之，盖有十端，分述如左：

（甲）据本书以订正之。

如《诗·大雅·假乐篇》云：干禄百福，子孙千亿。

此诗干字，解者多作干求之义，而俞樾则据本书《旱麓序》订正之云：

> 干字疑千字之误，何以明之?《旱麓序》曰："周祖之先世修后稷、公刘之业，大王王季申以百福千禄焉。"此干字明是千字之误。彼序正本此经。

今按俞据《旱麓》改干为千，则千禄百福，相对为文，义甚自在。

（乙）据注文以订正之。

如《荀子·乐论》云：使天下生民之属，皆知己之所愿欲之举在于是也，故其赏行。（扬注云：于是犹言是于。）皆知己之所恐畏之举在举是于也，故其罚威。

此文之于是，清儒卢文弨改正为是于，云：

> 是于旧本俱作于是，反将注文互易，误；今改正。

今按卢氏盖据注文即可以订正于是之当作是于，是于语不经见，故扬注云：是于犹言于是。若本作于是，于是本恒言，杨氏何必注释?且云于是犹言是于，是以不经见之语释恒言矣。有是理乎?考《说苑》亦作是于，则作是于者古本古语也。

（丙）据类书以订正之。古代类书，如《北堂书钞》《太平御览》之类，所引古书文句甚多。古书文句有在甲则误，而在乙则不误者。有在乙则夺，而在甲则不夺者。彼此对校，正误自明。如《墨子·非儒》下篇云：

其亲死列尸弗。

毕沅解弗与祓同。王念孙云：

丧礼无祓尸之事，毕说非也。此本作列尸弗敛，今本脱敛字耳。列者陈也，抄本《北堂书钞·地部二》，引此正作列尸弗敛。

此据《北堂书钞》增敛字，文甚明矣。

（丁）据古人节抄之书以订正之。如《群书治要》《意林》等所引古书文句亦多，均可引之订正。如《墨子·天志》下篇云：

是故庶人不得次己而为正，有士正之。

此次字，或疑为误字，或训为即。而孙诒让据《意林》所引以订正之云：《意林》引次并作恣，案次当依马读为恣。然则《墨子》之次或为恣之借字，或为恣之坏体，而其义则必当为恣明也。

（戊）据异本以订正之。如《墨子·明鬼》下篇云：

意欲死然。

毕沅云：

一本作使，孙诒让据《道藏》本吴抄本改死为使是也。

（己）据形似以订正之。

如《墨子·尚贤》下篇云：女何择言人？何敬不刑？何度不及？

此文言字无义，王引之订正之云：

言当为否，篆书否字为𠰧；言字作𧥢，二形相似。隶书否字或作𠮡，言字或作𠾃，亦相似，故否误为言。否与不古字通，故下句言何敬不刑，何度不及也。今书作何择非人，何敬非刑，何度非及，非否不义并同。

此以言否篆隶字形相似而订正之者也。

（庚）据声近以订正之。

如《墨子·明鬼》下篇云：

武王逐奔入宫，万年梓株，折封而系之赤环，载之白旗，以为天下诸侯戮。

此万年梓株四字，文义难晓，诸家均无敢下笔。然余按

《说文》年作秊，从千声；千作孕，从人声，故人年声近。年变为人，亦犹《节用》上篇子生可以为二三人，二三人即二三年之变也。梓，《说文》从木，宰省声。故梓借为宰。故《汉书·宣帝纪》损膳者宰注，宰，杀也，则宰有杀义。株诛同声之借，则万年梓株，本当作万人宰诛明矣。

（辛）据音韵以订之。如《墨子·非乐》上篇云：

> 将将铭苋磬以力。

此文讹脱难读，自毕沅、孙星衍、江声、俞樾均莫能订正，孙诒让以音韵及字体订正之云：

> 将将铭，疑当作将将喤喤。《诗·周颂·执竞》云：钟鼓喤喤，磬筦将将。《说文》金部，引《诗》喤喤，作锽锽。《毛传》曰：喤喤，和也。将，集也。《说文》足部，锵行貌，引《诗》管磬锵锵，则将亦锵之借字。此力虽与上食下翼式韵协，然义不可通，且下文酒野亦与力韵不合。窃疑此当作将将锽锽，筦磬以方。方与锽自为韵。力方形亦相近，《仪礼·乡射礼》郑注云：方犹并也，管磬以方，谓管磬并作。犹《诗》云，笙磬同音矣。

孙氏此校甚确切可用，盖通以音韵，证以形体，皆无不合矣。

（壬）据避讳以订正之。如《老子》五十四章云：

善建者不拔，善抱者不脱，子孙祭祀不辍。修之于身，其德乃真。修之于家，其德乃余。修之于乡，其德乃长。修之于国，其德乃丰。修之于天下，其德乃普。

苏时学云：

句皆用韵，独国与丰韵不叶，心窃疑之。及观《韩非·解老篇》乃作修之于邦，始恍然而悟。盖与东江通韵也。汉人避高祖讳而改之，故下文以邦观邦，亦改以国观国。

（癸）据文义以订正之。《墨子·尚同》下篇云：

然胡不审稽古之治为政之说乎？

此文治字于义不可通，俞樾云：

治字，乃始字之误。下文曰：古者天之始生民，未有正长也云云，是从古之始为政者说。故此云：胡不审稽古之始为政之说乎？

以文义论之，则始义既比治义为长，而治始亦形声相近易讹，则治之当为始，可无疑也。

此外金石及龟甲文字均足以为文字学及史学等考订之资料，学者皆不可忽者也。

然则研究国学之道，如是而已，可乎？未尽也。段玉裁《戴东原文集序》云：

> 先生之治经，凡故训音声算书天文地理制度，各物人事之善恶是非，以及阴阳气化道德性命，莫不究乎其实。盖由考核以通乎性与天道，既通乎性与天道矣，而考核益精，文章益盛。用则施政利民，舍则垂世立教而无弊。浅者乃求先生于一名一物一字一句之间，惑矣。先生之言曰："六书九数等事如轿夫然，所以舁轿中人也。以六书九数等事尽我，是犹误认轿夫为轿中人也。"

然则专从事于训诂考订之学而止，则是专以一名一字为学，而终身为轿夫也，其可乎？故继此以往，再有事焉。

第五步讲论条贯，明辨得失。

所谓讲论条贯，所读之书已经精心考授，文字训诂已无误，爰将其说分类研究，综合比校，其以求大旨之所在，而明学说之条贯，而后全书之义，乃可谓之尽明矣。

所谓明辨得失者，凡学说能卓然独立，成为一家者，必有其独到之处，亦必有其偏失之处。《荀子·解蔽篇》云：

> 墨子蔽于用而不知文，宋子蔽于欲而不知得，慎子蔽于法而不知贤，申子蔽于势而不知实，庄子蔽于天而不知人。故由用谓之道尽利矣，由俗谓之道尽嗛矣，由法谓之道尽数矣，由势谓之道尽便矣，由辞谓之道尽论矣，由天谓之道尽因矣。

诸子如此，其他之书亦莫不皆然，则明辨得失，不为所读之书所蔽，而后可获学问之益。此又凡求学者所当知，不仅研究国学为然矣。

（选自张少孙编《国学研究法》，上海大华书局 1937 年版）

胡适

（1891—1962），原名嗣穈，学名洪骍，字希疆，后改名适，字适之，安徽绩溪人，著名学者、诗人，在文学、哲学、史学、考据学、教育学、伦理学、红学等多个领域都有不凡的建树。1910年赴美国留学，入康乃尔大学习农业，后进哥伦比亚大学哲学系，师从哲学家约翰·杜威，获哥伦比亚大学博士学位。1917年7月回国后参加新文化运动，提倡白话文，宣扬个性解放、思想自由。曾历任北京大学及上海光华大学教授、中国公学校长兼文理学院院长、北京大学文学院院长、北京大学校长等职。抗日战争期间曾出任中国驻美大使。一生著作甚为丰富，其中以《中国哲学史大纲》（卷上）、《胡适文存》（共五集）、《白话文学史》（上卷）等较为著名。

研究国故的方法

研究国故，在现时确有这种需要。但是一般青年，对于中国本来的文化和学术，都缺乏研究的兴趣。讲到研究国故的人，真是很少，这原也怪不得他们，实有以下二种原因：(一)古今比较起来，旧有的东西就很易现出破绽。在中国科学一方面，当然是不足道的。就是道德和宗教，也都觉浅薄得很，这样当然不能引起青年们的研究兴趣。(二)中国的国故书籍，实在太没有系统了。历史书一本有系统的也找不到，哲学也是如此，就是文学一方面，《诗经》总算是世界文学上的宝贝，但假使我们去研究《诗经》，竟没有一本书能供给我们做研究的资料的。原来中国的书籍，都是为学者而设，非为普通人一般人的研究而作的。所以青年们要研究，也就无从研究起。我很望诸君对于国故，有些研究的兴趣，来下一番真实的工夫，使彼成为有系统的。对于国故，亟应起来整理，方能使人有研究的兴趣，并能使有研究兴趣的人容易去研究。

“国故”的名词，比“国粹”好得多。自从章太炎著了一本《国故论衡》之后，这“国故”的名词于是成立。如果讲是“国粹”，就有人讲是“国渣”，“国故”（National Past）这个名词是中立的。我们要明了现社会的情况，就得去研究国故。古人讲，知道过去才能知道现在。国故专讲国家过去的文化，要研究它，就不得不注意以下四种方法：

一、历史的观念

在一般青年，所以对于国故没有研究兴趣的缘故，就还没有历史的观念。我们看旧书，可当它作是历史看，清乾隆时，有个叫章学诚的，著了一本《文史通义》，上边说“六经皆史也”。我现在进一步来说：“一切旧书——古书——那是史也”。本了历史的观念，就不由然而然地生出兴趣了。如道家炼丹修命，确是很荒谬的，不值识者一笑。但本了历史的观念，看看它究竟荒谬到了什么田地，亦是很有趣的。把旧书当作历史看，知它好到什么地步，或是坏到什么地步，这是研究国故方法的起点，是叫“开宗明义”第一章。

二、疑古的态度

疑古的态度，简要言之，就是“宁可疑而错，不可信而错”十个字。譬如《书经》，有今文《尚书》和古文《尚书》之别。有人说，古文《尚书》是假的，今文《尚书》有一部分是真的，余外一部分，到了清时，才有人把它证明是假的。但是现在学校里边，并没把假的删去，仍旧读它全书，这是我们应该怀疑的。至于《诗经》，本有三千篇，被孔子删剩十分之一，只得了三百篇。《关雎》这一首诗，孔子把它列在第一首，这首诗是很好的。内容是一很好的女子，有一男子要伊做妻子，但这事不易办到，于是男子“寤寐求之”，连睡在床上都要想伊，更要“悠哉悠哉，辗转反侧”呢！这能表现一种很好的爱情，是一首爱情的相思诗。后人误会，生了许多误解，竟牵到旁的问题上去。所以疑古的态度有两方面好讲：（一）疑古书的真伪。（二）疑真书被那山东老学究弄伪的地方。我们疑古的目的，是在得其“真”，就是疑错了，亦没有什么要紧。我们知道，哪一个科学家是没有错误的？假使信而错，那就上当不浅了！自己固然一味迷信，情愿做古人的奴隶，但是还要引旁人亦入于迷途呢！我们一方面研究，一方向就要怀疑，庶能不上老当呢？如中国的历史，从盘古氏一直相传下来，年代都是有“表”的，“像煞有介事”，看来很是可信。但是我们要怀疑，这怎样来的呢？根据什么呢？我们总要“打破砂锅问到底”，究其来源怎样，要知道这年月的计算，有的是从伪书来的，大部分还是宋朝一个算命先生，用算盘打出来的呢。这哪能信呢！我们是不得不去打破它的。

在东周以前的历史，是没有一字可以信的。以后呢，大部分也是不可靠的。如《禹贡》这一章书，一般学者都承认是可靠的。据我用历史的眼光看来，也是不可靠的，我敢断定它是伪的。在夏禹时，中国难道竟有这般大的土地么？四部书里边的经、史、子三种，大多是不可靠的。我们总要有疑古的态度才好！

三、系统的研究

古时的书籍，没有一部书是“著”的。中国的书籍虽多，但有系统的著作，竟找不到十部。我们研究无论什么书籍，都宜要寻出它的脉络，研究它的系统。所以我们无论研究什么东西，就须从历史方面着手。要研究文学和哲学，就得先研究文学史和哲学史。政治亦然。研究社会制度，亦宜先研究其制度沿革史，寻出因果的关系，前后的关键，要从没有系统的文学、哲学、政治等等里边，去寻出系统来。

有人说，中国几千年来没有进步，这话荒谬得很，足妨害我们研究的兴趣。更有一外国人，著了一部世界史，说中国自从唐代以后，就没有进步了，这也不对。我们定要去打破这种思想的。总之，我们是要从从前没有系统的文学、哲学、政治里边，以客观的态度，去寻出系统来的。

四、整理

整理国故，能使后人研究起来，不感受痛苦。整理国故的目的，就是要使从前少数人懂得的，现在变为人人能解的。整理的条件，可分形式内容二方面讲：

（一）形式方面：加上标点和符号，替它分开段落来。

（二）内容方面：加上新的注解，折中旧有的注解。并且加上新的序跋和考证，还要讲明书的历史和价值。

我们研究国故，非但为学识起见，并为诸君起见，更为诸君的兄弟姊妹起见。国故的研究，于教育上实有很大的需要。我们虽不能做创造者，我们亦当做运输人——这是我们的责任，这种人是不可少的。

（选自《东方杂志》第 18 卷第 16 期，1921 年 8 月 25 日出版）

《国学季刊》发刊宣言

近年来，古学的大师渐渐死完了，新起的学者还不曾有什么大成绩表现出来。在这个青黄不接的时期，只有三五个老辈在那里支撑门面。古学界表面上的寂寞，遂使许多人发生无限的悲观。所以有许多老辈遂说，“古学要沦亡了！”“古书不久要无人能读了！”

在这个悲观呼声里，很自然的发出一种没气力的反动的运动来。有些人还以为西洋学术思想的输入是古学沦亡的原因；所以他们至今还在那里抗拒连他们自己也莫名其妙的西洋学术。有些人还以为孔教可以完全代表中国的古文化；所以他们至今还梦想孔教的复兴；甚至于有人竟想抄袭基督教的制度来光复孔教。有些人还以为古文古诗的保存就是古学的保存了；所以他们至今还想压语体文字的提倡与传播。至于那些静坐扶乩，逃向迷信里去自寻安慰的，更不用说了。

在我们看起来，这些反动都只是旧式学者破产的铁证；这些行为，不但不能挽救他们所忧虑的国学之沦亡，反可以增加国中少年人对于古学的藐视。如果这些举动可以代表国学，国学还是沦亡了更好！

我们平心静气地观察这三百年的古学发达史，再观察眼前国内和国外的学者研究中国学术的现状，我们不但不抱悲观，并且还抱无穷的乐观。我们深信，国学的将来，定能远胜国学的过去；过去的成绩虽然未可厚非，但将来的成绩一定还要更好无数倍。

自从明末到于今，这三百年，诚然可算是古学昌明时代。总括这三百年的成绩，可分这些方面：

（一）整理古书。在这方面，又可分三门。第一，本子的校勘；第二，文字的训诂；第三，真伪的考订。考订真伪一层，乾嘉的大师（除了极少数学者如崔述等之外）都不很注意；只有清初与晚清的学者还肯做这种研究，但方法还不很精密，考订的范围也不大。因此，这一方面的整理，成绩比较的就最少了。然而校勘与训诂两方面的成绩实在不少。戴震、段玉裁、王念孙、阮元、王引之们的治“经”；钱大昕、赵翼、王鸣盛、洪亮吉们的治“史”；王念孙、俞樾、孙诒让们的治“子”：戴震、王念孙、段玉裁、邵晋涵、郝懿行、钱绎、王筠、朱骏声们的治古词典；都有相当的成绩。重要的古书，经过这许多大师的整理，比三百年前就容易看的多了。我们试拿明刻本的《墨子》来比孙诒让的《墨子间诂》，或拿二徐的《说文》来比清儒的各种《说文》注，就可以量度这几百年整理古书的成绩了。

（二）发现古书。清朝一代所以能称为古学复兴时期，不单因为训诂校勘的发达，还因为古书发现和翻刻之多。清代中央政府，各省书局，都提倡刻书。私家刻的书更是重要：丛书与单行本，重刊本，精校本，摹刻本，近来的影印本。我们且举一个最微细的例。近三十年内发现与刻行的宋、元词集，给文学史家添了多少材料？清初朱彝尊们固然见着不少的词集；但我们今日购买词集之便易，却是清初词人没有享过的福气了。翻刻古书孤本之外，还有辑佚书一项，如《古经解钩沉》《小学钩沉》《玉函山房辑佚书》和《四库全书》里那几百种从《永乐大典》辑出的佚书，都是国学史上极重要的贡献。

（三）发现古物。清朝学者好古的风气不限于古书一项，风气所被，遂使古物的发现、记载、收藏，都成了时髦的嗜好。鼎彝、泉币、碑版、壁画、雕塑、古陶器之类；虽缺乏系统的整理，材料确是不少了。最近三十年来，甲骨文字的发现，竟使殷商一代的历史有了地底下的证据，并且给文字学添了无数的最古材料。最近辽阳、河南等处石器时代的文化的发现，也是一件极重要的事。

但这三百年的古学的研究，在今日估计起来，实在还有许多缺点。三百年的第一流学者的心思精力都用在这一方面，而究竟还只有这一点点结果，也正是因为有这些缺点的缘故。那些缺点，分开来说，也有三层：

（一）研究的范围太狭窄了。这三百年的古学，虽然也有整治史书的，虽然也有研究子书的，但大家的眼光与心力注射的焦点，究竟只在儒家的几部经书。古韵的研究，古词典的研究，古书旧注的研究，子书的研究，都不是为这些材料的本身价值而研究的。一切古学都只是经学的丫头！内中固然也有婢作夫人的；如古韵学之自成一种专门学问，如子书的研究之渐渐脱离经学的羁绊而独立。但学者的聪明才力被几部经书笼罩了三百年，那是不可讳的事实。况且在这个狭小的范围里，还有许多更狭小的门户界限。有汉学和宋学的分家，有今文和古文的分家；甚至于治一部《诗经》还要舍弃东汉的《郑笺》而专取西汉的《毛传》。专攻本是学术进步的一个条件；但清儒狭小研究的范围，却不是没有成见的分功。他们脱不了“儒书一尊”的成见，故用全力治经学，而只用余力去治他书。他们又脱不了“汉儒去古未远”的成见，故迷信汉人，而排除晚代的学者。他们不知道材料固是愈古愈可信，而见解则后人往往胜过前人；所以他们力排郑樵、朱熹而迷信毛公、郑玄。今文家稍稍能有独立的见解了；但他们打倒了东汉，只落得回到西汉的圈子里去。研究的范围的狭小是清代学术所以不能大发展的一个绝大原因。三五部古书，无论怎样绞来挤去，只有那点精华和糟粕。打倒宋朝的“道士《易》”固然是好事；但打倒了“道士《易》”，跳过了魏晋人的“道家《易》”，却回到两汉的“方士《易》”，那就是很不幸的了。《易》的故事如此；

《诗》《书》《春》《秋》《三礼》的故事也是如此。三百年的心思才力，始终不曾跳出这个狭小的圈子外去！

（二）太注重功力而忽略了理解。学问的进步有两个重要方面：一是材料的积聚与剖解；一是材料的组织与贯通。前者须靠精勤的功力，后者全靠综合的理解。清儒有鉴于宋、明学者专靠理解的危险，所以努力做朴实的功力而力避主观的见解。这三百年之中，几乎只有经师，而无思想家；只有校史者，而无史家；只有校注，而无著作。这三句话虽然很重，但我们试除去戴震、章学诚、崔述几个人，就不能不承认这三句话的真实了。章学诚生当乾隆盛时（乾隆，1736—1795；章学诚，1738—1800），大声疾呼的警告当日的学术界道：

> 今之博雅君子，疲精劳神于经传子史，而终身无得于学者，正坐……误执求知之功力，以为学即在是尔。学与功力实相似而不同。学不可以骤几，人当致攻乎功力，则可耳。指功力以为学，是犹指秫黍以为酒也。(《文史通义·博约篇》)

他又说：

> 近日学者风气，征实太多，发挥太少，有如蚕食叶而不能抽丝。(《章氏遗书·与汪辉祖书》)

古人说："鸳鸯绣取从君看，不把金针度与人。"单把绣成的鸳鸯给人看，而不肯把金针教人，那是不大度的行为。然而天下的人不是人人都能学绣鸳鸯的；多数人只爱看鸳鸯，而不想自己动手去学绣。清朝的学者只是天天一针一针的学绣，始终不肯绣鸳鸯。所以他们尽管辛苦殷勤的做去，而在社会的生活思想上几乎全不发生影响。他们自以为打倒了宋学，然而全国的学校里读的书仍旧是朱熹的《四书集注》《诗集传》《易本义》等书。他们自以为打倒了伪《古文尚书》，然而全国村学堂里的学究仍旧继续用蔡沈的《书集传》。三百年第一流的精力，二千四百三十卷的《经解》，仍旧不能替换朱熹一个人的几部启蒙的小书！这也可见单靠功力而不重理解的失败了。

（三）缺乏参考比较的材料。我们试问，这三百年的学者何以这样缺乏理解呢？我们推求这种现象的原因，不能不回到第一层缺点——研究的范围的过于狭小。宋、明的理学家所以富于理解，全因为六朝、唐以后佛家与道士的学说弥漫空气中，宋、明的理学家全都受了他们的影响，用他们的学说作一种参考比较的资料。宋、明的理学家，有了这种比较研究的材料，就像一个近视眼的人戴了近视眼镜一样；从前看不见的，现在都看见了；从前不明白的，现在都明白了。同是一篇《大学》，汉、魏的人不很注意他，宋、明的人忽然十分尊崇他，把他从《礼记》里抬出来，尊为《四书》之一，推为"初学入德之门"。《中庸》也是如此的。宋明的人戴了佛书的眼镜，望着《大学》《中庸》，便觉得“明明德”“诚”“正心诚意”“率性之谓道”等等话头都有哲学的意义了。清朝的学者深知戴眼镜的流弊，决意不配眼镜；却不知道近视而不戴眼镜，同瞎子相差有限。说《诗》的回到《诗序》，说《易》的回到“方士《易》”，说《春秋》的回到《公羊》，可谓“陋”之至了；然而我们试想这一班第一流才士，何以陋到这步田地，可不是因为他们没有高明的参考资料吗？他们排斥“异端”；他们得着一部《一切经音义》，只认得他有保存古韵书古词典的用处；他们拿着一部子书，也只认得他有旁证经文古义的功用。他们只向那几部儒书里兜圈子；兜来兜去，始终脱不了一个“陋”字！打破这个“陋”字，没有别的法子，只有旁搜博采，多寻参考比较的材料。

以上指出的这三百年的古学研究的缺点，不过是随便挑出了几桩重要的。我们的意思并不要菲薄这三百年的成绩；我们只想指出他们的成绩所以不过如此的原因。前人上了当，后人应该学点乖。我们借鉴于前辈学者的成功与失败，然后可以决定我们现在和将来研究国学的方针。我们不研究古学则已；如要想提倡古学的研究，应该注意这几点：

（1）扩大研究的范围。

（2）注意系统的整理。

（3）博采参考比较的资料。

（一）怎样扩大研究的范围呢？“国学”在我们的心眼

里，只是“国故学”的缩写。中国的一切过去的文化历史，都是我们的“国故”；研究这一切过去的历史文化的学问，就是“国故学”，省称为“国学”。“国故”这个名词，最为妥当；因为他是一个中立的名词，不含褒贬的意义。“国故”包含“国粹”；但他又包含“国渣”。我们若不了解“国渣”，如何懂得“国粹”？所以我们现在要扩充国学的领域，包括上下三四千年的过去文化，打破一切的门户成见：拿历史的眼光来整统一切，认清了“国故学”的使命是整理中国一切文化历史，便可以把一切狭陋的门户之见都扫空了。例如治经，郑玄、王肃在历史上固然占一个位置，王弼、何晏也占一个位置，王安石、朱熹也占一个位置，戴震、惠栋也占一个位置，刘逢禄、康有为也占一个位置。段玉裁曾说：

> 校经之法，必以贾还贾，以孔还孔，以陆还陆，以杜还杜，以郑还郑，各得其底本，而后判其理义之是非。……不先正《注》《疏》《释文》之底本，则多诬古人。不断其立说之是非，则多误今人。……（《经韵楼集·与诸同志书论校书之难》）

我们可借他论校书的话来总论国学；我们也可以说：

> 整治国故，必须以汉还汉，以魏晋还魏晋，以唐还

> 唐，以宋还宋，以明还明，以清还清；以古文还古文家，以今文还今文家；以程、朱还程、朱，以陆、王还陆、王，……各还他一个本来面目，然后评判各代各家各人的义理的是非。不还他们的本来面目，则多诬古人。不评判他们的是非，则多误今人。但不先弄明白了他们的本来面目，我们决不配评判他们的是非。

这还是专为经学哲学说法。在文学的方面，也有同样的需要。庙堂的文学固可以研究，但草野的文学也应该研究。在历史的眼光里，今日民间小儿女唱的歌谣，和《诗三百篇》有同等的位置；民间流传的小说，和高文典册有同等的位置，吴敬梓、曹霑和关汉卿、马东篱和杜甫、韩愈有同等的位置。故在文学方面，也应该把《三百篇》还给西周、东周之间的无名诗人，把《古乐府》还给汉、魏、六朝的无名诗人，把唐诗还给唐，把词还给五代、两宋，把小曲杂剧还给元朝，把明、清的小说还给明、清。每一个时代，还他那个时代的特长的文学，然后评判他们的文学的价值。不认明每一个时代的特殊文学，则多诬古人而多误今人。

近来颇有人注意戏曲和小说了；但他们的注意仍不能脱离古董家的习气。他们只看得起宋人的小说，而不知道在历史的眼光里，一本石印小字的《平妖传》和一部精刻的残本《五代史平话》有同样的价值，正如《道藏》里极荒谬的道教经典和

《尚书》《周易》有同等的研究价值。

总之，我们所谓“用历史的眼光来扩大国学研究的范围”，只是要我们大家认清国学是国故学，而国故学包括一切过去的文化历史。历史是多方面的：单记朝代兴亡，固不是历史；单有一宗一派，也不成历史。过去种种，上自思想学术之大，下至一个字，一只山歌之细，都是历史，都属于国学研究的范围。

（二）怎样才是“注意系统的整理”呢？学问的进步不单靠积聚材料，还须有系统的整理。系统的整理可分三部说：

（甲）索引式的整理。不曾整理的材料，没有条理，不容易检寻，最能消磨学者有用的精神才力，最足阻碍学术的进步。若想学问进步增加速度，我们须想出法子来解放学者的精力，使他们的精力用在最经济的方面。例如一部《说文解字》，是最没有条理系统的；向来的学者差不多全靠记忆的苦工夫，方才能用这部书。但这种苦工夫是最不经济的；如果有人能把《说文》重新编制一番（部首依笔画，每部的字也依笔画），再加上一个检字的索引（略如《说文通检》或《说文易检》），那就可省许多无谓的时间与记忆力了。又如一部《二十四史》，有了一部《史姓韵编》，可以省多少精力与时间？清代的学者也有见到这一层的；如章学诚说：

> 窃以典籍浩繁，闻见有限；在博雅者且不能悉究无遗，况其下乎？校雠之先，宜尽取四库之藏，中外之籍，

> 择其中之人名地名官阶书目，凡一切有名可治有数可稽者，略仿《佩文韵府》之例，悉编为韵；乃于本韵之下，注明原书出处及先后篇第；自一见再见，以至数千百，皆详注之；藏之馆中，以为群书之总类。至校书之时，遇有疑似之处，即名而求其编韵，因韵而检其本书，参互错综，即可得其至是。此则渊博之儒穷毕生年力而不可究殚者，今即中才校勘可坐收于几席之间，非校雠之良法欤？（《校雠通义》）

当日的学者如朱筠、戴震等，都有这个见解，但这件事不容易做到，直到阮元得势力的时候，方才集合许多学者，合力做成一部空前的《经籍籑诂》，“展一韵而众字毕备，检一字而诸训皆存，寻一训而原书可识”（王引之序）；“即字而审其义，依韵而类其字，有本训，有转训，次叙布列，若网在纲”（钱大昕序）。这种书的功用，在于节省学者的功力，使学者不疲于功力之细碎，而省出精力来做更有用的事业。后来这一类的书被科场士子用作夹带的东西，用作抄窃的工具，所以有许多学者竟以用这种书为可耻的事。这是大错的。这一类“索引”式的整理，乃是系统的整理的最低而最不可少的一步；没有这一步的预备，国学止限于少数有天才而又有闲空工夫的少数人；并且这些少数人也要因功力的掩累而减少他们的成绩。偌大的事业，应该有许多人分担去做的，却落在少数人的肩膀上：这是国学所以不能发达的一个重要原因。所以我们主张，国学的系统的整理的第一步要提倡这种“索引”式的整理，把一切大部的书或不容易检查的书，一概编成索引，使人人能用古书。人人能用古书，是提倡国学的第一步。

（乙）结账式的整理。商人开店，到了年底，总要把这一年的账结算一次，要晓得前一年的盈亏和年底的存货，然后继续进行，做明年的生意。一种学术到了一个时期，也有总结账的必要。学术上结账的用处有两层：一是把这一种学术里已经不成问题的部分整理出来，交给社会；二是把那不能解决的部分特别提出来，引起学者的注意，使学者知道何处有隙可乘，有功可立，有困难可以征服。结账是（1）结束从前的成绩，（2）预备将来努力的新方向。前者是预备普及的，后者是预备继长增高的。古代结账的书，如李鼎祚的《周易集解》，如陆德明的《经典释文》，如唐、宋的《十三经注疏》，如朱熹的《四书》《诗集传》《易本义》等，所以都在后世发生很大的影响，全是这个道理。三百年来，学者都不肯轻易做这种结账的事业。二千四百多卷的《清经解》，除了极少数之外，都只是一堆“流水”烂账，没有条理，没有系统；人人从“粤若稽古”“关关雎鸠”说起，人人做的都是杂记式的稿本！怪不得学者看了要“望洋兴叹”了；怪不得国学有沦亡之忧了。我们试看科举时代投机的书坊肯费整年的工夫来编一部《皇清经解》缩本编目，便可以明白索引式的整理的需要，我们又看那时代的书坊肯费几年的工夫来编一部“《皇清经解》分经汇纂”，便又可以明白结账式的整理的需要了。现在学问的途径多了，学者的时间与精力更有经济的必要了。例如《诗经》，二千年研究的结果，究竟到了什么田地，很少人说得出的，只因为二千年的《诗经》烂账至今不曾有一次的总结算。宋人驳了汉人，清人推翻了宋人，自以为回到汉人：至今《诗经》的研究，音韵自音韵，训诂自训诂，异文自异文，序说自序说，各不相关连。少年的学者想要研究《诗经》的，伸头望一望，只看见一屋子的烂账簿，吓得吐舌缩不进去，只好叹口气，“算了罢！”《诗经》在今日所以渐渐无人过问，是少年人的罪过呢？还是《诗经》的专家的罪过呢？我们以为，我们若想少年学者研究《诗经》，我们应该把《诗经》这笔烂账结算一遍，造成一笔总账。《诗经》的总账里应该包括这四大项：

（A）异文的校勘：总结王应麟以来，直到陈乔枞、李富孙等校勘异文的账。

（B）古韵的考究：总结吴棫、朱熹、陈第、顾炎武以来考证古音的账。

（C）训诂：总结毛公、郑玄以来直到胡承珙、马瑞辰、陈奂、二千多年训诂的账。

（D）见解（序说）：总结《诗序》《诗辨妄》《诗集传》《伪诗传》，姚际恒，崔述，龚橙，方玉润，……等二千年猜谜的账。

有了这一本总账，然后可以使大多数的学子容易踏进“《诗经》研究”之门：这是普及。入门之后，方才可以希望他们之中有些人出来继续研究那总账里未曾解决的悬账：这是提高。《诗经》如此，一切古书古学都是如此。我们试看前清用全力治经学，而经学的书不能流传于社会，倒是那几部用余力做的《墨子间诂》《荀子集解》《庄子集释》一类结账式的书流传最广。这不可以使我们觉悟结账式的整理的重要吗？

（丙）专史式的整理。索引式的整理是要使古书人人能用；结账式的整理是要使古书人人能读：这两项都只是提倡国学的设备。但我们在上文曾主张，国学的使命是要使大家懂得中国的过去的文化史；国学的方法是要用历史的眼光来整理一切过去文化的历史。国学的目的是要做成中国文化史。国学的系统的研究，要以此为归宿。一切国学的研究，无论时代古今，无论问题大小，都要朝着这一个大方向走。只有这个目的可以整统一切材料；只有这个任务可以容纳一切努力；只有这种眼光可以破除一切门户畛域。

我们理想中的国学研究，至少有这样的一个系统：

中国文化史：

（一）民族史

（二）语言文字史

（三）经济史

（四）政治史

（五）国际交通史

（六）思想学术史

（七）宗教史

（八）文艺史

（九）风俗史

（十）制度史

这是一个总系统。历史不是一件人人能做的事；历史家须要有两种必不可少的能力：一是精密的功力，一是高远的想象。没有精密的功力，不能做搜求和评判史料的工夫；没有高远的想象力，不能构造历史的系统。况且中国这么大，历史这么长，材料这么多，除了分工合作之外，更无他种方法可以达到这个大目的。但我们又觉得，国故的材料太纷繁了，若不先做一番历史的整理工夫，初学的人实在无从下手，无从入门。后来的材料也无所统属；材料无所统属，是国学纷乱烦碎的重要原因。所以我们主张，应该分这几个步骤：

第一，用现在力所能搜集考定的材料，因陋就简的先做成各种专史，如经济史、文学史、哲学史、数学史、宗教史……之类。这是一些大间架，他们的用处只是要使现在和将来的材料有一个附丽的地方。

第二，专史之中，自然还可分子目，如经济史可分时代，又可分区域；如文学史哲学史可分时代，又可分宗派，又可专治一人；如宗教史可分时代，可专治一教，或一宗派，或一派中的一人。这种子目的研究是学问进步必不可少的条件。治国学的人应该各就“性之所近而力之所能勉者”，用历史的方法与眼光担任一部分的研究。子目的研究是专史修正的唯一源头，也是通史修正的唯一源头。

（三）怎样“博采参考比较的资料”呢？向来的学者误认“国学”的“国”字是国界的表示，所以不承认“比较的研究”的功用。最浅陋的是用“附会”来代替“比较”。他们说基督教是墨教的绪余，墨家的“巨子”即是“矩子”。而“矩子”即是十字架！……附会是我们应该排斥的，但比较的研究是我们应该提倡的。有许多现象，孤立的说来说去，总说不通，总说不明白；一有了比较，竟不须解释，自然明白了。例如一个“之”字，古人说来说去，总不明白；现在我们懂得西洋文法学上的术语，只须说某种“之”字是内动词（由是而之焉），某种是介词（贼夫人之子），某种是指物形容词（之子于归），某种是代名词的第三身用在目的位（爱之能勿劳乎），就都明白分明了。又如封建制度，向来被那方块头的分封说欺骗了，所以说来说去，总不明白；现在我们用欧洲中古的封建制度和日本的封建制度来比较，就容易明白了。音韵学上，比较的研究最有功效。用广东音可以考“侵”“覃”各韵的古音，可以考古代入声各韵的区别。近时西洋学者如 Karlgren，如 Baron von Stael—Holstein，用梵文原本来对照汉文译音的文字，很可以帮助我们解决古音学上的许多困难问题。不但如此：日本语里，朝鲜语里，安南语里，都保存有中国古音可以供我们的参考比较。西藏文自唐朝以来，音读虽变了，而文字的拼法不曾变，更可以供我们的参考比较，也许可以帮助我们发现中国古音里有许多奇怪的复辅音呢。制度史上，这种比较的材料也极重要。懂得了西洋的议会制度史，我们更可以了解中国御史制度的性质与价值；懂得了欧美高等教育制度史，我们更能了解中国近一千年来的书院制度的性质与价值。哲学史上，这种比较的材料已发生很大的助力了。《墨子》里的《经上下》诸篇，若没有印度因明学和欧洲哲学作参考，恐怕至今还是几篇无人能解的奇书。韩非，王莽，王安石，李贽……一班人，若没有西洋思想作比较，恐怕至今还是沉冤莫白。看惯了近世国家注重财政的趋势，自然不觉得李觏、王安石的政治思想的可怪了。懂得了近世社会主义的政策，自然不能不佩服王莽、王安石的见解和魄力了。《易系辞传》里"易者，象也"的理论，得柏拉图的"法象论"的比较而更明白；荀卿书里"类不悖，虽久同理"的理论，得亚里士多德的"类不变论"的参考而更易懂。这都是明显的例。至于文学史上，小说戏曲近年忽然受学者的看重，民间俗歌近年渐渐引起学者的注意，都是和西洋文学接触比较的功效更不消说了。此外，如宗教的研究，民俗的研究，美术的研究，也都是不能不利用参考比较的材料的。

以上随便举的例，只是要说明比较参考的重要。我们现在治国学，必须要打破闭关孤立的态度，要存比较研究的虚心。

第一，方法上，西洋学者研究古学的方法早已影响日本的学术界了，而我们还在冥行索涂的时期。我们此时应该虚心采用他们的科学的方法，补救我们没有条理系统的习惯。第二，材料上，欧美日本学术界有无数的成绩可以供我们的参考比较，可以给我们开无数新法门，可以给我们添无数借鉴的镜子。学术的大仇敌是孤陋寡闻；孤陋寡闻的唯一良药是博采参考比较的材料。

我们观察这三百年的古学史，研究这三百年的学者的缺陷，知道他们的缺陷都是可以补救的；我们又返观现在古学研究的趋势，明白了世界学者供给我们参考比较的好机会，所以我们对于国学的前途，不但不抱悲观，并且还抱无穷的乐观。我们认清了国学前途的黑暗与光明全靠我们努力的方向对不对。因此，我们提出这三个方向来做我们一班同志互相督责勉励的条件：

第一，用历史的眼光来扩大国学研究的范围。

第二，用系统的整理来部署国学研究的资料。

第三，用比较的研究来帮助国学的材料的整理与解释。

（选自《国学季刊》第1卷第1号，1923年1月）

一个最低限度的国学书目

序言

这个书目是我答应清华学校胡君敦元等四个人拟的。他们都是将要往外国留学的少年。很想在短时期中得着国故学的常识。所以我拟这个书目的时候，并不为国学有根柢的人设想，只为普通青年人想得一点系统的国学知识的人设想。这是我要声明的第一点。

这虽是一个节目，却也是一个法门。这个法门可以叫做“历史的国学研究法”，这四五年来，我不知收到多少青年朋友询问“治国学有何门径”的信。我起初也学着老前辈们的派头，劝人从“小学”入手，劝人先通音韵训诂。我近来忏悔了！那种话是为专家说的，不是为初学人说的；是学者装门面的话，不是教育家引人入胜的法子。音韵训诂之学自身还不曾整理出个头绪系统来，如何可作初学人的入手工夫？十几年的经验使我不能不承认音韵训诂之学只可以作“学者”的工具，而不是“初学”的门径。老实说来，国学在今日还没有门径可说；那些国学有成绩的人大都是下死工夫笨干出来的。死工夫固是重要，但究竟不是初学的门径。对初学人说法，须先引起他的真兴趣，他然后肯下死工夫。在这个没有门径的时候，我曾想出一个下手方法来：就是用历史的线索做我们的天然系统，用这个天然继续演进的顺序做我们治国学的历程。这个书目便是依着这个观念做的。这个书目的顺序便是下手的法门。这是我要声明的第二点。

这个书目不单是为私人用的，还可以供一切中小学校图书馆及地方公共图书馆之用。所以每部书之下，如有最易得的版本，皆为注出。

（一）工具之部

《书目举要》（周贞亮，李之鼎） 南城宜秋馆本。这是书目的书目。

《书目答问》（张之洞） 刻本甚多，近上海朝记书庄有石印“增辑本”，最易得。

《四库全书总目提要》 附存目录、广东图书馆刻本，又点石斋石印本最方便。

《汇刻书目》（顾修） 顾氏原本已不适用，当用朱氏增订本，或上海、北京书店翻印本，北京有益堂翻本最廉。

《续汇刻书目》（罗振玉） 双鱼堂刻本。

《史姓韵编》（汪辉祖） 刻本稍贵，石印本有两种。此为《二十四史》的人名索引，最不可少。

《中国人名大辞典》 商务印书馆。

《历代名人年谱》（吴荣光） 北京晋华书局新印本。

《世界大事年表》（傅运森） 商务印书馆。

《历代地理韵编》，《清代舆地韵编》（李兆洛） 广东图书馆本，又坊刻《李氏五种》本。

《历代纪元编》（陆承如）《李氏五种》本。

《经籍纂诂》（阮元等） 点石斋石印本可用。读古书者，于寻常典外，应备此书。

《经传释词》（王引之） 通行本。

《佛学大辞典》（丁福保等译编） 上海医学书局。

（二）**思想史之部**

《中国哲学史大纲》上卷（胡适）商务印书馆。

二十二子：

《老子》《庄子》《管子》《列子》《墨子》《荀子》《尸子》《孙子》《孔子集语》《晏子春秋》《吕氏春秋》《贾谊新书》《春秋繁露》《扬子法言》《文子缵义》《黄帝内经》《竹书纪年》《商君书》《韩非子》《淮南子》《文中子》《山海经》，浙江公立图书馆（即浙江书局）刻本。上海有铅印本亦尚可用。汇刻子书，以此部为最佳。

四书（《论语》《大学》《中庸》《孟子》） 最好先看白文，或用朱熹集注本。

《墨子间诂》（孙诒让） 原刻本，商务印书馆影印本。

《庄子集释》（郭庆藩） 原刻本，石印本。

《荀子集注》（王先谦） 原刻本，石印本。

《淮南鸿烈集解》（刘文典） 商务印书馆出版。

《春秋繁露义证》（苏舆） 原刻本。

《周礼》 通行本。

《论衡》（王充） 通津草堂本（商务印书馆影印）；湖北崇文书局本。

《抱朴子》（葛洪）《平津馆丛书》本最佳，亦有单行的；湖北崇文书局本。

《四十二章经》 金陵刻经处本。以下略举佛教书。

《佛遗教经》 同上。

《异部宗轮论述记》（窥基） 江西刻经处本。

《大方广佛华严经》（东晋译本） 金陵刻经处。

《妙法莲华经》（鸠摩罗什译） 同上。

《船若纲要》（葛彗）《大般若经》 太繁，看此书很够了。扬州藏经院本。

《般若波罗密多心经》（玄奘译）

《金刚般若波罗密经》（鸠摩罗什译，菩提流支译，真谛译） 以上两书，流通本最多。

《阿弥陀经》（鸠摩罗什译） 此书译本与版本皆极多，金陵刻经处有《阿弥陀经要解》（智旭）最便。

《大方广圆觉了义经》（即《圆觉经》）（佛陀多罗译） 金

陵刻经处白文本最好。

《十二门论》(鸠摩罗什译) 金陵刻经处本。

《中论》(同上) 扬州藏经院本。

以上两种，为三论宗“三论”之二。

《三论玄义》(隋吉藏撰) 金陵刻经处本。

《大乘起信论》(伪书) 此虽是伪书，然影响甚大。版本甚多，金陵刻经处有沙门真界纂注本颇便用。

《大乘起信论考证》(梁启超) 此书介绍日本学者考订佛书真伪的方法，甚有益。商务印书馆将出版。

《小止观》(一名《童蒙止观》，智顗撰) 天台宗之书不易读，此书最便初学。金陵刻经处本。

《相宗八要直解》(智旭直解) 金陵刻经处本。

《因明入正理论疏》(窥基疏) 金陵刻经处本。

《大慈恩寺三藏法师传》(慧立撰) 玄奘为中国佛教史上第一伟大人物，此传为中国传记文学之大名著。常州天宁寺本。

《华严原人论》(宗密撰) 有正书局有合解本，价最廉。

《坛经》(法海录) 流通本甚多。

《古尊宿语录》 此为禅宗极重要之书，坊间现尚无单行刻本。

《大藏经》 缩刷本腾字四至六。

《宏明集》(梁僧祐集) 此书可考见佛教在晋宋齐梁士大夫间的情形。金陵刻经处本。

《韩昌黎集》（韩愈） 坊间流通本甚多。

《李文公集》（李翱） 三唐人集本。

《柳河东集》（柳宗元） 通行本。

《宋元学案》（黄宗羲，全祖望等） 冯云濠刻本，何绍基刻本，光绪五年长沙重刊本。坊间石印本不佳。

《明儒学案》（黄宗羲） 莫晋刻本最佳。坊间通行有江西本，不佳。

以上两书，保存原料不少，为宋、明哲学最重要又最方便之书。此下所列，乃是补充这两书之缺陷，或是提出几部不可不备的专家集子。

《直讲李先生集》（李觏） 商务印书馆印本。

《王临川集》（王安石） 通行本。商务印书馆影印本。

《二程全书》（程颢、程颐） 六安涂氏刻本。

《朱子全书》（朱熹） 六安涂氏刻本；商务印书馆影印本。

《朱子年谱》（王懋竑） 广东图书馆本，湖北书局本。此书为研究朱子最不可少之书。

《陆象山全集》（陆九渊） 上海江左书林铅印本很可用。

《陈龙川全集》（陈亮） 通行本。

《叶水心全集》（叶适） 通行本。

《王文成公全书》（王守仁） 浙江图书馆本。

《困知记》（罗钦顺） 嘉庆四年翻明刻本。正谊堂本。

《王心斋先生全集》（王艮） 近年东台袁氏编订排印本最

好，上海国学保存会寄售。

《罗文恭公全集》（罗洪先） 雍正间刻本，《四库全书》本与此本同。

《胡子衡齐》（胡直） 此书为明代哲学中一部最有条理又最有精彩之书。《豫章丛书》本。

《高子遗书》（高攀龙） 无锡刻本。

《学通辨》（陈建） 正谊堂本。

《正谊堂全书》（张伯行编） 这部丛书搜集程、朱一系的书最多，欲研究“正统派”的哲学的，应备一部，全书六百七十余卷，价约三十元。初刻本已不可得，现行者为同治间初刻本。

《清代学术概论》（梁启超） 商务印书馆。

《日知录》（顾炎武） 用黄汝成《集释》本。通行本。

《明夷待访录》（黄宗羲） 单行本。扫叶山房《梨洲遗著汇刊》本。

《张子正蒙注》（王夫之）《船山遗书》本。

《思问录内外篇》（王夫之） 同上。

《俟解》一卷，《噩梦》一卷（王夫之） 同上。

《颜李遗书》（颜元，李塨）《畿辅丛书》本可用。北京四存学会增补全书本。

《费氏遗书》（费密） 成都唐氏刻本。（北京大学出版部寄售）

《孟子字义疏证》（戴震）《戴氏遗书》本。国学保存会有铅印本，但已卖缺了。

《章氏遗书》（章学诚） 浙江图书馆排印本，上海刘翰怡新刻全书本。

《章实斋年谱》（胡适） 商务印书馆出版。

《崔东壁遗书》（崔述） 道光四年陈履和刻本；《畿辅丛书》本只有《考信录》，亦可够用了。全书现由亚东图书馆重印，不久可出版。

《汉学商兑》（方东树） 此书无甚价值，但可考见当日汉宋学之争。单行本，朱氏《槐庐丛书》本。

《汉学师承记》（江藩） 通行本，附《宋学师承记》。

《新学伪经考》（康有为） 光绪辛卯初印本；新刻本只增一序。

《史记探原》（崔适） 初刻本；北京大学出版部排印本。

《章氏丛书》（章炳麟） 康宝忠等排印本；浙江图书馆刻本。

（三）文学史之部

《诗经集传》（朱熹） 通行本。

《诗经通论》（姚际恒） 闻商务印书馆将重印。

《诗本谊》（龚橙） 浙江图书馆《半广丛书》本。

《诗经原始》（方玉润） 闻商务印书馆不久将有重印本。

《诗毛氏传疏》（陈奂）《清经解续编》卷七百七十八

以下。

《檀弓》《礼记》第二篇。

《春秋左氏传》 通行本。

《战国策》 商务印书馆有铅印补注本。

《楚辞集注》，附《辨证后语》（朱熹） 通行本；扫叶山房有石印本。

《全上古三代秦汉三国六朝文》（严可均编） 广雅书局本。此书搜集最富，远胜于张溥的《汉魏六朝百三家集》。

《全汉三国晋南北朝诗》（丁福保编） 上海医学书局出版。

《古文苑》（章樵注） 江苏书局本。

《续古文苑》（孙星衍编） 江苏书局本。

《文选》（萧统编） 上海会文堂有石印胡刻李善注本最方便。

《文心雕龙》（刘勰） 原刻本；通行本。

《乐府诗集》（郭茂倩编） 湖北书局刻本。

《唐文粹》（姚铉编） 江苏书局本。

《唐文粹补遗》（郭麟编） 同上。

《全唐诗》（康熙朝编） 扬州原刻本，广州本，石印本，五代词亦在此中。

《宋文鉴》（吕祖谦编） 江苏书局本。

《南宋文范》（庄仲方编） 同上。

《南宋文录》（董兆熊编） 同上。

《宋诗抄》（吕留良、吴之振等编） 商务印书馆本。

《宋诗抄补》（管庭芬等编） 商务印书馆本。

《宋六十家词》（毛晋编） 汲古阁本，广州刊本，上海博古斋石印本。

《四印斋王氏所刻宋元人词》（王鹏运编刻） 原刻本，板存北京南阳山房。

《疆邨所刻词》（朱祖谋编刻） 原刻本。王、朱两位刻的词集都很精，这是近人对于文学史料上的大贡献。

《太平乐府》（杨朝英编）（四部丛刊）本。

《阳春白雪》（杨朝英编） 南陵徐氏《随庵丛书》本。

以上两种为金元人曲子的选本。

《董解元弦索西厢》（董解元） 刘世衍《暖红室汇刻传奇》本。

《元曲选一百种》（臧晋叔编） 商务印书馆有影印本。

《金文最》（张金吾编） 江苏书局本。

《元文类》（苏天爵编） 同上。

《宋元戏曲史》（王国维） 商务印书馆本。

《京本通俗小说》 这是七种南宋的话本小说，上海蟫隐庐《烟画东堂小品》本。

《宣和遗事》《士礼居丛书》本；商务印书馆有排印本。

《五代史平话》 残本 董康刻本。

《明文在》（薛熙编） 江苏书局本。

《列朝诗集》（钱谦益编） 国学保存会排印本。

《明诗综》（朱彝尊编） 原刻本。

《六十种曲》（毛晋编刻） 汲古阁本。此书善本已不易得。

《盛明杂剧》（沈泰编） 董康刻本。

《暖红室汇刻传奇》（刘世珩编刻） 原刻本。

《笠翁十二种曲》（李渔） 原刻巾箱本。

《九种曲》（蒋士铨） 原刻本。

《桃花扇》（孔尚任） 通行本。

《长生殿》（洪昇） 通行本。

清代戏曲多不胜举；故举李蒋两集，孔、洪两种历史戏，作几个例而已。

《曲苑》 上海古书流通处编印本。此书汇集关于戏曲的书十四种，中如焦循《剧说》，如梁辰鱼《江东白苎》，皆不易得。石印本价亦廉，故存之。

《缀白裘》 这是一部传奇选本，虽多是零篇，但明末清初的戏曲名著都有代表的部分存在此中。在戏曲总集中，这也是一部重要书了。通行本。

《曲录》（王国维）《晨风阁丛书》本。

《湖海文传》（王昶编） 所选都是清朝极盛时代的文章，最可代表清朝“学者的文人”的文学。原刻本。

《湖海诗传》（王昶编） 原刻本。

《鲒埼亭集》（全祖望） 借树山房本。

《惜抱轩文集》（姚鼐） 通行本。

《大云山房文稿》（恽敬） 四川刻本，南昌刻本。

《文史通义》（章学诚） 贵阳刻本，浙江局本，铅印本。

《龚定庵全集》（龚自珍） 万本书堂刻本。国学扶轮社本。

《曾文正公文集》（曾国藩）《曾文正全集》本。

清代古文专集，不易选择；我经过很久的考虑，选出全，姚，恽，章，龚，曾六家来作例。

《吴梅村诗》（吴伟业）《梅村家藏稿》（董康刻本，商务印书馆影印本）本，无注；此外有靳荣藩《吴诗集览》本，有吴翌凤《梅村诗集笺注》本。

《瓯北诗钞》（赵翼）《瓯北全集》本，单行本。

《两当轩诗钞》（黄景仁） 光绪二年重刻本。

《巢经巢诗抄》（郑珍） 贵州刻本；北京有翻刻本，颇有误字。

《秋蟪吟馆诗钞》（金和） 铅印全本；家刻本略有删减。

《人境庐诗钞》（黄遵宪） 日本铅印本。

清代诗也很难选择。我选梅村代表初期，瓯北与仲则代表乾隆一期；郑子尹与金亚匏代表道、咸、同三期；黄公度代表末年的过渡时期。

明清两朝小说：

《水浒传》 亚东图书馆三版本。

《西游记》（吴承恩） 亚东图书馆再版本。

《三国志》 亚东图书馆本。

《儒林外史》（吴敬梓） 亚东图书馆四版本。

《红楼梦》（曹霑） 亚东图书馆三版本。

《水浒后传》（陈忱，自署古宋遗民） 此书借宋徽、钦二帝事来写明末遗民的感慨，是一部极有意义的小说。亚东图书馆《水浒续集》本。

《镜花缘》（李汝珍） 此书虽有“掉书袋”的毛病，但全篇为女子争平等的待遇，确是一部很难得的书。亚东图书馆本。

以上各种，均有胡适的考证或序，搜集了文学史的材料不少。《今古奇观》，通行本。可代表明代的短篇。

《三侠五义》此书后经俞樾修改，改名《七侠五义》。此书可代表北方的义侠小说。旧刻本《七侠五义》流通本较多。亚东图书馆不久将有重印本。

《儿女英雄传》（文康） 蜚英馆石印本最佳；流通本甚多。

《九命奇冤》（吴沃尧） 广智书局铅印本。

《恨海》（吴沃尧） 通行本甚多。

《老残游记》（刘鹗） 商务印书馆铅印本。

以上略举十三种，代表四五百年的小说。

《五十年来的中国文学》（胡适）本书卷二。

（跋）文学史一部，注重总集；无总集的时代，或总集不能包括的文人，始举别集。因为文集太多，不易收买，尤不易遍览，故为初学人及小图书馆计，皆宜先从总集下手。

附录一：《清华周刊》记者来书

适之先生：

在《努力周报》的增刊、《读书杂志》第七期上，我们看见先生为清华同学们拟的一个最低限度的国学书目。我们看完以后，心中便起了若干问题，现在愿说给先生听听，请先生赐教。

第一，我们以为先生这次所说的国学范围太窄了。先生在文中并未下国学的定义，但由先生所拟的书目推测起来，似乎只指中国思想史及文学史而言。思想史与文学史便是代表国学么？先生在《国学季刊》的发刊的宣言里，拟了一个中国文化史的系统，其中包括（一）民族史，（二）语言文字史，（三）经济史，（四）政治史，（五）国际交通史，（六）思想学术史，（七）宗教史，（八）文艺史，（九）风俗史，（十）制度史。中国文化史的研究，便是国学研究，这是先生在该宣言里指示我们的。既然如此，为什么先生不在国学书目文学史之部以后，加民族史之部，语言文学史之部，经济史之部……呢？

第二，我们一方面嫌先生所拟的书目范围不广；一方面又以为先生所谈的方面——思想史与文学史——谈得太深了，不合于“最低限度”四字，我们以为定清华学生的国学最低限度，应该顾到两种事实：第一是我们的时间，第二是我们的地位。我们清华学生，从中等科一年起，到大学一年止，求学的时间共八年。八年之内一个普通学生，于他必读的西文课程之外，如肯切实的去研究国学，可以达到一个什么程度，这是第一件应该考虑的。第二，清华学生都有留美的可能。教育家对于一班留学生，要求一个什么样的国学程度，这是第二件应该考虑的。先生现在所拟的书目，我们是无论如何读不完的，因为书目太多，时间太少。而且做留学生的，如没有读过《大方广圆觉了义经》或《元曲选一百种》，当代的教育家，不见得会非难他们，以为未满足国学最低的限度。

因此，我们希望先生替我们另外拟一个书目，一个实在最低的国学书目。那个书目中的书，无论学机械工程的，学应用化学的，学哲学文学的，学政治经济的，都应该念，都应该知道。我们希望读过那书目中所列的书籍以后，对于中国文化，能粗知大略。至于先生在《读书杂志》第七期所列的书目，似乎是为有志专攻哲学或文学的人作参考之用的，我们希望先生将来能继续发表民族史之部，制度史之部等的书目，让有志于该种学科的青年，有一个深造的途径。

敬祝先生康健。

《清华周刊》记者。十二年，三月，十一日。

附录二：答书

记者先生：

关于第一点，我要说，我暂认思想与文学两部为国学最低限度；其余民族史经济史等等，此时更无从下手，连这样一个门径书目都无法可拟。

第二，关于程度方面和时间方面，我也曾想过，这个书目动机虽是为清华的同学，但我动手之后就不知不觉的放高了，放宽了。我的意思是要用这书目的人，从这书目里自己去选择；有力的，多买些；有时间的，多读些；否则先买二三十部力所能及的，也不妨；以后还可以自己随时添备。若我此时先定一个最狭义的最低限度，那就太没有伸缩的余地了。先生以为是吗?

先生说："做留学生的，如有没读过《圆觉经》或《元曲选》，当代教育家不见得非难他们。"这一层，倒有讨论的余地。正因为当代教育家不非难留学生的国学程度，所以留学生也太自菲薄，不肯多读点国学书，所以他们在国外既不能代表中国，回国后也没有多大影响。我们这个书目的意思，一部分也正是要一班留学生或候补留学生知道《元曲选》等是应该知道的书。

如果先生们执意要我再拟一个"实在的最低限度的书

目”，我只好在原书目上加上一些圈；那些有圈的，真是不可少的了。此外还应加上一部《九种纪事本末》(铅印本)。

以下是加圈的书：

《书目答问》《法华经》《左传》《中国人名大辞典》《阿弥陀经》《文选》《九种纪事本末》《坛经》《乐府诗集》《中国哲学史大纲》《宋元学案》《全唐诗》《老子》《明儒学案》《宋诗钞》《四书》《王临川集》《宋六十家词》《墨子间诂》《朱子年谱》《元曲选一百种》《荀子集注》《王文成公全书》《宋元戏曲史》《韩非子》《清代学术概论》《缀白裘》《淮南鸿烈集解》《章实斋年谱》《水浒传》《周礼》《崔东壁遗书》《西游记》《论衡》《新学伪经考》《儒林外史》《佛遗教经》《诗集传》《红楼梦》

(选自《东方杂志》1923 年第四号)

再谈谈整理国故

鄙人前年曾在贵校的暑期学校讲演过一次整理国故，故今天的题名曰再谈谈整理国故。那时我重在破坏方面提倡疑古，今天要谈的却偏于建设方面了。我对人说：我国各种科学莫有一种比得上西洋各国，现在要办到比伦于欧美，实在不容易，但国故是我们自己的东西，总应该办来比世界各国好，这种责任，是放在贵校与北大的国学系，与有志整理国故者的肩上，盼望诸君努力！

"国故"二字为章太炎先生创出来的，比国粹、国华……名词要好得多，因为它没有含得有褒贬的意义。现在一般老先生们看见新文化的流行，读古书的人日少，总是叹息说："西风东渐，国粹将沦亡矣！"但是把古书试翻开一看，错误舛伪，佶屈聱牙，所在皆是，欲责一般青年皆能读之，实属不可能，即使"国粹沦亡"，亦非青年之过，乃老先生们不整理之过。故欲免"国粹沦亡"之祸，非整理国故，使一般青年能读不可！据我个人意见，整理之方式有四种：

（1）最低限度之整理——读本式的整理。

（2）索引式的整理。

（3）结账式的整理。

（4）专史式的整理。

一、读本式的整理

这种方式，即是整理所有最著名的古书，使成为普通读本，使一般人能读能解。现在一般青年不爱读古书，确是事实，但试思何以青年不爱读古书呢？因为科学发达的缘故吗？西洋文化输入的缘故吗？学校里课程繁重的缘故吗？我敢说都不是重要的原因，实因莫有人整理，不容易读懂的原故；我已于上文说过了，试举个例来证明；Shaksespeare（莎士比亚）的《莎氏乐府》与Milton（弥尔顿）的《失乐园》及现在的《圣经》（Bible）的原本不是很难懂的吗？何以现在英美人个个都能读呢？并不是英美人爱读古书，我国青年不爱读古书，实在因《莎氏乐府》《失乐园》《圣经》有很通俗最易解的译本罢了！但这种整理，要具有下列五种方法：

（1）校雠：古书中有许多本来是很易懂，往往因传写或印刻的错误，以致佶屈的，如《论语》中："君子耻其言而过其行"一句中的"而"字，很不易解，但依别本"而"字为"之"字，则明畅易懂了，故依据古本，或古书，引用的原文来校对，是整理国故中的最重要的方法。

（2）训诂：训诂即下注解，因从古至今，语言文字，经过许多变迁，故有些句子初学不易看懂，故注解亦是必需的；但注解不宜滥用，须有下列二条件，才下注解：（甲）必不可少——因为有许多书很明白，加了注解，反使读者不了然。（乙）要有根据——注解不能随个人主观的见解妄下，须根据古字典，或古注，或由上下文比较，始能得确凿的意义。

（3）标点：有许多书加上标点，它的意义、气态就完全明白了，不必加注解了！故标点亦是很重要的！

（4）分段：我国文章，多系一气写成，以致思想、意义，初学者不易看出，若一经分段，则于作者的思想、意义，极易看出，节省读者的精力不少。

（5）介绍：我们要彻底了解一部书，对于作者之历史、环境、地位……不能不知道，故宜于每部古书之前，作以上所说种种之简单介绍与批评，于初学者补助不小。

有以上五种方法来整理古书，则读本式的整理即成功了，恐怕青年人也爱读古书了！

二、索引式的整理

索引怎样解呢？如以绳索钱，使能提纲絜领也。西洋书籍，差不多每本都有索引（Index），检查非常便利，而我国的书没有一本有的，如问一个稍不著名的人为何时人，则非检查许多书不能览得，有时竟查不出，这是何等痛苦啊！后来汪辉祖著《姓氏韵编》，看起来很平常，然而后学者却受惠不少了！但很不完备，现在非有人出来作这工作不可，这种工作并不难，中等人材都可以干的。我很希望大家起来合作！

三、结账式的整理

怎么叫结账式的整理呢？譬如说：以前有许多学者说《尚书》中有许多篇为东晋梅颐所上的伪书；有些人又说不是；又古今文之争，至今亦未决，又如有人说《诗经》的小序是子夏作的，有人又反对，我们应当把自古迄今各家的聚讼结合起来，作一评断，好像商家在年底结账一样，所以叫做结账式。有这种整理，初学者就不至陷入迷途了！

四、专史式的整理

有以上三种方式之整理了，然后就各种性质类似的古书，纂集起来作为一种专史，如诗赋史、词曲史……等类是也，这种整理，能使初学者不耗几多脑力，即能知国学中各门之源流及其梗概了！

以上把各种方式及方法说完了，再来谈谈实际的整理：我既主张用以上几种方式整理国故，所以我就选了《诗经》来做第一种方式的整理——即读本式的整理——及至我把《诗经》看一遍后，才知数千年来许多大经师都没有把《诗经》弄明白；我并不是说我弄明白了，但我敢大胆说，至少要比古人多明白一点；譬如《诗经·大雅·公刘》章云："于'胥'斯原"的"胥"字，以前注《诗经》者都当作"相"字解，但实在讲不通，试问"于相斯原"又怎样讲呢？但我们用比较法观之，则一望而知"胥"为一地名，因其余两章有"于京斯依""于豳斯馆"同文法的句子，注云"京"，与"豳"皆地名，则"胥"为地名无疑了！又《召南·采蘋》章云："于以采蘋，南涧之滨，于以采藻，于彼行潦"一章，不知注解说些什么！但我们若将原文加上标点，成为"于以采蘋？南涧之滨；于以采藻？于彼行潦"，则为很明白的一问一答的句子了，意即一问：那里去采蘋呢？一答：到南涧之滨去采；又问：那里去采藻呢？一答：于彼行潦去采，由上二例，可见古人实在没有把《诗经》弄明白了！这种工作，在清代已经很发达了，如王念孙父子之《经传释词》，俞樾之《古书疑义举例》等书，都是用这种方法做成的，不过他们的方法还未十分精密，不能使人满意，如译某字为某词——如译"焉"为语助词——究竟某词又如何解呢？他们就答不出来了！

以上所讲几种整理国故的方式，都是很容易办到的，只要中材的人，有了国学常识，都可以做，希望诸君起来合作，把难读难解的古书，一部一部的整理出来，使人人能读，虽属平庸，但实嘉惠后学不少了！

（选自1924年2月25日《晨报副镌》）

整理国故与“打鬼”——给浩徐先生信

浩徐先生：

今天看见一〇六期的《现代》，读了你的《主客》，忍不住要写几句话寄给你批评。

你说整理国故的一种恶影响是造成一种“非驴非马”的白话文。此话却不尽然。今日的半文半白的白话文，有三种来源。第一是做惯古文的人，改做白话，往往不能脱胎换骨，所以弄成半古半今的文体。梁任公先生的白话文属于这一类，我的白话文有时候也不能免这种现状。缠小了的脚，骨头断了，不容易改成天足，只好塞点棉花，总算是“提倡”大脚的一番苦心，这是大家应该原谅的。

第二是有意夹点古文调子，添点风趣，加点滑稽意味。吴稚晖先生的文章（有时因为前一种原因）有时是有意开玩笑的。鲁迅先生的文章，有时是故意学日本人做汉文的文体，大概是打趣“《顺天时报》派”的；如他的《小说史》自序。钱玄同先生是这两方面都有一点的：他极赏识吴稚晖的文章，又极赏识鲁迅弟兄，所以他做的文章也往往走上这一条路。

第三是学时髦的不长进的少年。他们本没有什么自觉的主张，又没有文学的感觉，随笔乱写，既可省做文章的工力，又可以借吴老先生作幌子。这种懒鬼，本来不会走上文学的路去，由他们去自生自灭罢。

这三种来源都和“整理国故”无关。你看是吗？

平心说来，我们这一辈人都是从古文里滚出来的，一二十年的死工夫或二三十年的死工夫究竟还留下一点子鬼影，不容易完全脱胎换骨。即如我自己，必须全副精神贯注在修词造句上，方才可以做纯粹的白话文；偶一松懈（例如做“述学”的文字，如《章实斋年谱》之类），便成了“非驴非马”的文章了。

大概我们这一辈“半途出身”的作者都不是做纯粹国语文的人。新文学的创造者应该出在我们的儿女的一辈里。他们是“正途出身”的；国语是他们的第一语言；他们大概可以避免我们这一辈人的缺点了。

但是我总想对国内有志做好文章的少年们说两句忠告的话。第一，做文章是要用力气的。第二，在现时的作品里，应该拣选那些用气力做的文章做样子，不可挑那些一时游戏的作品。

其次，你说国故整理的运动总算有功劳，因为国故学者判断旧文化无用的结论可以使少年人一心一意地去寻求新知识与新道德。你这个结论，我也不敢承认。

国故整理的事业还在刚开始的时候，决不能说已到了“最后一刀”。我们这时候说东方文明是“懒惰不长进的文明”，这种断语未必能服人之心。六十岁上下的老少年如吴稚晖、高梦旦也许能赞成我的话。但是一班黑头老辈如曾慕韩、康洪章等诸位先生一定不肯表同意。

那“最后一刀”究竟还得让国故学者来下手。等他们用点真工夫，充分采用科学方法，把那几千年的烂账算清楚了，报告出来，叫人们知道儒是什么，墨是什么，道家与道教是什么，释迦达摩又是什么，理学是什么，骈文律诗是什么，那时候才是“最后的一刀”收效的日子。

近来想想，还得双管齐下。输入新知识与新思想固是要紧，然而“打鬼”更是要紧。宗杲和尚说得好：

> 我这里无法与人，只是据款结案。恰如将个琉璃瓶子来，护惜如什么，我一见便为你打破。你又将得摩尼珠来，我又夺了。见你恁地来时，我又和你两手截了。所以临济和尚道，“逢佛杀佛，逢祖杀祖，逢罗汉杀罗汉”。你且道，既称善知识，为什么却要杀人？你且看他是什么道理？

浩徐先生，你且道，清醒白醒的胡适之却为什么要钻到烂纸堆里去“白费劲儿”？为什么他到了巴黎不去参观巴斯德研究所，却在那敦煌烂纸堆里混了十六天的工夫？

我披肝沥胆地奉告人们：只为了我十分相信“烂纸堆”里有无数无数的老鬼，能吃人，能迷人，害人的厉害胜过巴斯德（Pasteur）发现的种种病菌。只为了我自己自信，虽然不能杀菌，却颇能“捉妖”“打鬼”。

这回到巴黎、伦敦跑了一趟，搜得不少“据款结案”的证据，可以把达摩、慧能，以至“西天二十八祖”的原形都给打出来。据款结案，即是“打鬼”。打出原形，即是“捉妖”。

这是整理国故的目的与功用。这是整理国故的好结果。

你说，“我们早知道在那方面做工夫是弄不出好结果来的”。那是你这聪明人的一时懵懂。这里面有绝好的结果。用精密的方法，考出古文化的真相；用明白晓畅的文字报告出来，叫有眼的都可以看见，有脑筋的都可以明白。这是化黑暗为光明，化神奇为臭腐，化玄妙为平常，化神圣为凡庸：这才是“重新估定一切价值”。他的功用可以解放人心，可以保护人们不受鬼怪迷惑。

西滢先生批评我的作品，单取我的《文存》，不取我的《哲学史》。西滢究竟是一个文人；以文章论，《文存》自然远胜《哲学史》。但我自信，中国治哲学史，我是开山的人，这一件事要算是中国一件大幸事。这一部书的功用能使中国哲学史变色。以后无论国内国外研究这一门学问的人都躲不了这一部书的影响。凡不能用这种方法和态度的，我可以断言，休想站得住。

梁漱溟先生在他的书里曾说，依胡先生的说法，中国哲学也不过如此而已（原文记不起了，大意如此）。老实说来，这正是我的大成绩。我所以要整理国故，只是要人明白这些东西原来“也不过如此”！本来“不过如此”，我所以还他一个“不过如此”。这叫作“化神奇为臭腐，化玄妙为平常”。

禅宗的大师说：“某甲只将花插香炉上，是和尚自疑别有什么事。”把戏千万般，说破了“也不过如此”。（下略）

附录一：西滢跋语

适之先生要我看完这信，转交给浩徐。这时浩徐不在北京，好在适之先生本预备发表，所以就在这里发表了。

适之先生说我批评他的作品，单取他的《文存》，不取他的《哲学史》，因此断定我“究竟是一个文人”。这话也许有部分的理由，因为正如适之先生所说，“以文章论，《文存》自然远胜《哲学史》”。可是我并不是单把文章好坏做我去取的标准。《文存》里大部分是提倡革命，扫除旧思想，建设新文学的文字。在那里适之先生引我们上了一条新路。可是在“革命尚未成功，同志还须努力”的当儿，胡先生忽然立停了脚，回过头去编他的《哲学史》了。固然不错，他做的还是破坏的功夫，“捉妖”“打鬼”的事业，只是他丢开了另一方面，在我们看来，更加重要的工作。没有走过的新路是不容易走的。前面得有披荆斩棘的先锋，熟识道途的引导者。适之先生的地位应当在那里。可是他杀回头去了，所以虽然还有些人在新路上往前觅道，大部分的人只得立住了脚，不知道怎样好。更不幸的，一般近视眼的先生，不知道胡先生是回去扫除邪孽，清算烂账的，只道连胡先生都回去了，他们更不可不回去了。于是一个个都钻到烂纸堆里去，“化臭腐为神奇，化平常为玄妙，化凡庸为神圣”，弄得乌烟瘴气，迷濛天地。吴稚晖先生说：“胡先生的《大纲》，杂有一部分浇块垒的话头，虽用意是要革命，也很是危险，容易发生流弊。果然引出了梁漱溟的文化哲学及梁启超的学术讲演。胡先生所发生的一点革命效果，不够他们消灭。”他的话真是说的入骨三分。所以对吴老先生的又一句话，线装书给胡先生看，他“是热烈赞同的”，我实在热烈的不赞同。我以为别人可以“整理国故”，适之先生却不应当“整理国故”。这怪他自己不好，谁叫他给自己创造出来一个特殊的地位呢？

老实说，我对于“整理国故”这个勾当，压根儿就不赞成。本来，一个人喜欢研究国故，犹之另一个人喜欢研究化学，第三人喜欢研究昆虫，他有绝对的自由，用不着我们来赞成或反对。可是研究化学的人，在试验室静悄悄地做他的试验。研究昆虫的人，不声不响地在田野中搜集他的标本。只有研究国故的人整日价地摇旗呐喊，金鼓震天，吵得我们这种无辜的人不能安居乐业，叫人不得不干涉。国故学者总以为研究国故是“匹夫有责”的；适之先生自己就给我们开了一个最低限度的国学书目；梁任公先生更进一步，说无论什么人没有读他开的书单，就“不能算中国的学人”；国立大学拿“整理国故”做入学试题；副刊杂志看国故文字为最时髦的题目。结果是线装书的价钱，十年以来，涨了二三倍。浩徐先生说：“国故整理运动倒也不是完全无益”，因为“国故整理家对国故所下的结论，才是在那半生不死的国故动物的喉咙里，杀进去的最后一刀，使以后的青年们能够毫无牵挂地一心一意地去寻求新道德新知识新艺术”。我们不能不说他实在看错了。那“最后一刀”的结论，适之先生已经不敢承认了，虽然他说“究竟还得让国故学者来下手”。可是，我们试问，除了适之先生自己和顾颉刚、唐擘黄、钱玄同等三四位先生外，哪一个国故学者在“磨刀霍霍”呢？唉，哪一个不是在进汤灌药，割肉补疮呢！哪一个不是在垃圾桶里掏宝，灰土堆中搜珍奇呢！青年们本来大都是“学时髦的不长进的少年”。“整理国故”既然这样时髦，也难怪他们随声附和了。

我觉得现在还没有到“整理国故”的时候。一座旧房子里的破烂家具，无论你怎样的清查，怎样的整理，怎样的搬动，怎样的烧劈老朽，怎样的重新估定价值，怎样的报告一个“不过如此”，弄来弄去，左不过还是那些破旧东西。而且，“入鲍鱼之肆，久而不觉其臭”。外国人登广告的目的，就利用人们对于常常耳闻目睹的东西认为自然良好的心理。所以一个人整天的钻在烂纸堆里，他也许就慢慢的觉得那也不是什么索然无味的事，甚而至于觉得那是人生最有趣味的事了。所以我们目前的急需，是要开新的窗户，装新地地板，电灯、自来水，造新的厨房，辟新的茅厕，添种种新的家具。新的有用的来了，旧的无用的自然而然的先被挤到一边去，再被挤到冷房子里去，末了换给打估的人了。所以只有一心一意地去寻求新道德、新知识、新艺术，然后才能“在那半生不死的国故动物的喉咙里”，杀最后的一刀。要是倒因为果地做起来，那一刀是万杀不进去的。这时候我们大伙儿一心一意地去寻求新道德新知识新艺术还嫌“力薄能疏，深惧陨越”，那里再有闲功夫去算什么旧账？

还有一层，我觉得现在的国故学者十九还不配去整理国故。他们大家打的旗帜是运用“科学方法”。可是什么是科学方法？离开了科学本身，那所说的“科学方法”究竟是什么呢？一个人不懂得什么是科学，他又怎样的能用科学方法呢？而且，用“科学方法”做工具，去整理国故，与用“外国文知识”做工具，去翻译西方的各种学识一样的可笑，一样的荒唐。一般人都以为一个人认识了几个洋字，就可以翻译爱斯坦①的《相对论》，佛洛伊德②的心理学，拜伦的诗，法郎士的小说，而且有人就这样做。不知道一个人学了几年物理，还不一

① 即爱因斯坦。

② 即弗洛伊德。

定懂得《相对论》；一个人没有细心研究过心理，断不能懂佛洛伊德的学说；一个人没有注意过英、法两国的人情风俗，思想潮流，也不能完全了解拜伦的诗，法郎士的小说。研究国故不也是这样的吗？什么是国故？是不是我们过去所有的成绩都包括在里面？适之先生似乎是这样想，因为他说过“中国的一切过去的文化历史，都是我们的国故”。那么，我们要问了，这种工作，是不是一个仅仅能读几本线装书的人，挟了“科学方法”所能够胜任的？还是要让经济学者去治经济史，政治学者去治政治史，宗教学者去治宗教史，文艺批评者去治文学史艺术史呢？上面已经说过了，我们要这些人都去研究经济、政治、宗教、文艺等种种方面的新思想、新知识、新艺术；我们要他们介绍种种欧、美各国已经研究了许久，已经有心得的新思想、新知识、新艺术给我们，没有时候去弄“国故”那玩意儿。再过几十年，他们也许有这样的余力了，这样的闲暇了。那么到那时再说“整理国故”不好吗？

附录二：主客答问

（客）民国十五年（1926 年）又快到尽头了。在这迎新送旧的时候，你有什么感想呢？或把问题缩小些，你对于中国的知识阶级有什么希望呢？

（主）希望多着哪！第一，希望大家别忙着整顿国故……

（客）对不起，让我插说一句，那“整顿国故”的工作，是近来一重要部分知识阶级的重要工作哪！

（主）但是整顿出来的结果呢？整顿了四五年之后，他们的结论仍然是："这样受物质环境的拘束与支配，不能跳出来，不能运用人的心思智力来改造环境改造现状的文明，是懒惰不长进的民族的文明，是真正唯物的文明。这种文明只可以过抑而决不能满足人类精神上的要求。"这是整顿国故的首功胡适之的结论。又比如唐擘黄虽然不昌言整顿国故，也是在国故里下过功夫的，他的结论是："可惜太聪明了！"倒是成长期中的白话文倒受了国故的影响，弄出来了现今这种"文言为体白话为用"的非驴非马的白话文，无怪乎章行严说白话文看不下去，现在这种白话文是古人读不通今人看不懂的。

（客）这话不错。整顿国故的工作，真是白费劲儿；要使把那些优秀的知识分子的有为的光阴，去认真输入西洋的各种科学艺术，那是多么有益，想起来真是可惜。

（主）国故整理运动倒也不是完全无益。说功劳他也是有功劳的。因为民国七八年那时候是中国人初次对于西洋文明开了眼睛的时候，那时候中国人虽然赞美西洋文明，但是还不曾从西洋文明的立脚点来看察过中国文明。就好像一个嫁了人的娘们，虽然对于夫妇生活觉得满足，总还对于娘家多少有点留恋。等到回到娘家过了一些日子之后，才能够觉到娘家的生活只是过去的生活，那新生活才是她真正应该生活的生活。要是没有那些人去干一阵整顿国故的工作，中国人一定对于他们的国故，还抱着多大的幻想，还以为那国故海上，一定还有虚无缥缈的仙山。要等那国故整顿舰队开进那海里去搜讨一番，然后大家才能相信那里头真正是空虚。所以国故整理家对国故所下的结论，才是在那半生不死的国故动物的喉咙里杀进去的最后一刀，使以后的青年们能够毫无牵挂地一心一意地去寻求新道德新知识新艺术。这就是国故整顿运动的功劳。不过在文化那建筑物上他不曾积极地加上一砖一瓦罢了。我们早知道在那方面做工夫是弄不出好结果来的。（下略）

（选自《现代评论》第4卷106期，1926年12月出版）

姚光

（1891—1945），名后超，字凤石，笔名有石子、复庐、佚史氏等，江苏金山（今上海金山区）人，近代学者、诗人、藏书家。出身于江南藏书世家姚氏，17岁考入上海震旦学校，后因身体原因退学，遂居家自学。辛亥革命前，创作了大量反清爱国的诗文，13岁时就发表了《为种流血文天祥传》，16岁开始编写《金山卫佚史》。1909年南社成立时，是加入的首批会员。研究国学，认为国学是“一国精神之所寄”，并参加了国学保存会、国学商兑会等研究组织。一生嗜书如命，自称“书淫”。著作有文集《复庐文稿》三编，史志著作《金山艺文志》《金山卫佚史》，诗集《荒江樵唱》《浮梅草》《续浮梅草》《倚剑吹箫楼诗集》等。

国学保存论

国于天地必有与立，国魂是也。《说文》以魂为阳气，故国之有魂，犹人之有精神。学术者一国精神之所寄，故学术即一国之国魂也。太古之时，由个人相群而成家族，家族相群而成社会，社会相群而成国。乃奠居一处，领有其土地、山川，演而为特别之语言、文字。由语言文字演而为特别之礼俗政教，为一国之粹，而后其国乃能久存。至于学术，乃语言、文字、礼俗、政教之所从出也。故一国必自有其学术，谓之国学。国学存，则语言、文字、礼俗、政教均存，而国亦能久存；国学亡，则语言、文字、礼俗、政教均随之而亡，而国亦不能独存。然则国学之不可不亟为之保存也明矣。且国存而学亡，则其国虽存，而亦必至灭亡；国亡而学存，则其国虽亡，而必能复兴。是以欲保国，必先保学也。

姚子曰：神州学术，起源多在黄帝之时而已。黄帝植民于黄河流域之上，四征八讨，东至于海，南至于江，西达空桐，北逐荤粥，战胜苗民，驱除异族，遂统一神州，乃制文字，定历象，作乐律，兴医药。神州特别之语言、文字、礼俗、政教，于是起矣。故黄帝之时，神州学术胚胎时代也。夏商之时，有大禹之制度，箕子之理想，政治、哲学均渐发生，然未全盛也。及至周代，诸子百家各发明新说，以与他说相竞。当时学术之竞争甚烈，故学术之发达亦以此时为最。而孔子则治六经，修六艺，能集学术之大成，神州之礼俗、政教，至此而大备矣。故孔学之正宗，即国学之真也。而其学之盛衰，与国势之强弱，世运之隆替，有极大之关系存焉。

夫暴秦无道，烧毁诗书，骊山一役，国学扫地，故传至二世而即亡。汉初尊儒术，武帝又罢黜百家，一宗孔子。然所尊者，非儒术之正，所宗者非孔学之真，惟欲假其名以尊时君而已。是以叔申通等，诚卖学之伪儒也。及后王莽篡汉，而颂莽功德者，至十余万人之多，皆因国学式微故也。光武鉴西汉之祸，极力表彰节义，及其季世，朝政昏乱，一二儒生能维持清议，遭党锢而不惧，使国学有一线之延。故东汉虽亡，而后汉能继起也。二晋六朝之时，士尚清淡，释老玄虚之学盛行，国学扫地无遗，以至五胡乱华，神州陆沉，岂不痛哉！唐鉴前代学风之坏，崇尚经术，究心于有用之学，一洗六朝浮靡空谈之弊，是以唐之国威，振于远域。宋虽科举盛行，然胡安定教授湖州时，立经义、治事二斋，以砥砺艺术，朱陆诸大儒，学派虽不同，而皆能以气节相励，以学问相敦，使国学赖以不绝，故胡元入主，而忠义之士前后相望也。有明一代，士皆趋于设科射策，学风极坏，所谓经学，非汉唐之专精性理，袭宋元之糟粕岂不然哉。然其季世，魏阉专政，杀戮禁锢，而东林诸君子能持大义以处世，临大节而不移，风雨如晦，不已鸡鸣，故其亡也，半壁江山，义旗相望，丧君有君，绵绵不绝，久而后亡。而王船山、顾亭林、黄梨洲诸先生，又能伸大义于天下，义不帝清，流风甚远。故天下虽亡，而国学尚未全亡也，岂非东林诸君子提倡之功哉！由此观之，我族之能久存于世，因有国学；而国学之盛衰，与国势之强弱，世运之隆替，有极大之关系。是以欲保国，必先保学，岂不然哉！

姚子曰：自秦以降，政体专制，而学术亦专制。时君欲滥用其权，知国学之不利于己也，乃抑之不遗余力。而伪儒复缘饰经术，以媚时君，遂至国学大失其真。然尚有一二儒生抱残守缺，使国学有一线之延。今日欧化东渐，新学诸子，以神州之不振，归咎于国学之无用，乃欲尽弃其学而学焉。以至祖国古籍，等诸刍狗，蟹行之书，充塞宇宙，学风之坏，莫坏于今日矣。不图国学之亡，不亡于学术专制之时，而亡于振兴教育之日，岂不大可悲哉！夫神州之不振，乃因伪儒之学盛行，而我国学固未尝大用于天下也。故当排斥者乃伪儒之学，而国学当竭力保存之也。学者不察其真伪，欲一扫而空之，则大惑矣。盖天下未有学亡而国不亡者。英之灭印度，俄之灭波兰，皆先灭其礼俗、政教。我国当宋之季世，人多好蒙古语，名蒙古名，而天下遂亡于蒙古。至于罗马强盛，在于古学复兴。日本振兴，基于保存国粹。前事不远，彰彰可考也。故今日欲保我种族，必先保存国学。而保存者，非固守不化之谓也，当光大之，发挥之。至于泰西学术，为我学所未及者，亦极多焉。

当取其精华，弃其糟粕，融会而贯通之，而后国学庶能复兴。我神州之旧民，黄炎之遗胄，亦能复振矣。嗟嗟，风雨如晦，嘐嘐不已，先有鸡鸣，后乃天曙。今日之世，其有黄冠草履，空山独居，抱残守缺，使天柱赖以不折，地维赖以不裂，而存国学于一线者乎？则我愿负笈以从之。

光素持保存国学主义，此五年前旧作也。惟往者专表彰孔子民族，孟子民权主义，盖为正本清源之计。岁己酉，友人陈子佩忍、高子天梅、柳子亚卢，发起南社，藉诗古文词以提倡革命，余亟赞成。今光复功成，民国建立，未始非提倡国学之结果，而明季诸先生之流风余韵所致也。惟旧邦重建，凡百更新，而国学万端，亦皆待理，发挥光大，愈不容缓，此“国学商兑会”之所以结也。巩固祖国基础，踔扬民族精神，将有赖焉。中华民国纪元七月，姚光自跋。

（选自姚昆群、昆田、昆遗编《姚光全集》，

社会科学文献出版社 2007 年版）

许地山

（1893—1941），名赞堃，字地山，笔名落花生，祖籍广东揭阳。现代作家、学者。1917 年考入燕京大学文学院，1922 年毕业。期间与瞿秋白、郑振铎等人联合主办《新社会》旬刊，五四运动前后开始从事文学创作。1923 年至 1926 年在美国哥伦比亚大学研究院和英国牛津大学研究宗教史、哲学、民俗学，归国途中在印度研究梵文及佛学。1927 年起任燕京大学教授及《燕京学报》编委，并在北京大学、清华大学兼课。1935 年赴港任香港大学文学院主任教授，期间曾兼任香港中英文化协会主席。主要著作有短篇小说集《缀网劳蛛》《危巢坠简》，散文集《空山灵雨》，小说、剧本集《解放者》，专著有《达衷集》《中国文学研究》《扶箕迷信底心理》《印度文学》《中国道教史》等。

国粹与国学

“国粹”这个名词原是不见于经传的。它是在戊戌政变后，当“中学为体，西学为用”的呼声嚷到声嘶力竭的时候所呼出来的一个怪口号。又因为《国粹学报》的刊行，这名词便广泛地流行起来。编辞源的先生们在“国粹”条下写着：“一国物质上，精神上，所有之特质。此由国民之特性及土地之情形，历史等，所养成者。”这解释未免太笼统，太不明了。国民的特性，地理的情形，历史的过程，乃至所谓物质上与精神上的特质，也许是产生国粹的条件，未必就是国粹。陆衣言先生在《中华国语大辞典》里解释说，“本国特有的优越的民族精神与文化”，就是国粹。这个比较好一点，不过还是不大明白。在重新解释国粹是什么之前，我们应当先问条件。

（一）一个民族所特有的事物不必是国粹。特有的事物无论是生理上的，或心理上的，或地理上的，只能显示那民族的特点，可是这特点，说不定连自己也不欢喜它。假如世间还有一个尾巴的民族，从生理上的特质，使他们的尾巴显出手或脚的功用，因而造成那民族的精神与文化。以后他们有了进化学的知识，知道自己身上的尾巴是连类人猿都没有了的，在知识与运动上也没有用尾巴的必要，他们必会厌恶自己的尾巴，因而试要改变从尾巴产出来的文化。用缺乏碘质的盐，使人现出粗颈的形态，是地理上及病理上的原因。由此颈腺肿的毛病，说话的声音，衣服的样式，甚至思想，都会受影响的。可是我们不能说这特别的事物是一种“粹”，认真说来，却是一种“病”。假如有个民族，个个身上都长了无毒无害的瘿瘤，忽然有个装饰瘿瘤的风气，渐次成为习俗，育为特殊文化，我们也不能用“国粹”的美名来加在这“爱瘿民族”的行为上。

（二）一个民族在久远时代所留下的遗风流俗不必是国粹。民族的遗物如石镞，雷斧；其风俗，如种种特殊的礼仪与好尚，都可以用物质的生活，社会制度，或知识程度来解释它们，并不是绝对神圣，也不必都是优越的。三代尚且不同礼，何况在三代以后的百代万世？那么，从久远时代所留下的遗风流俗，中间也曾经过千变万化，当我们说某种风俗是从远古时代祖先已是如此做到如今的时候，我们只是在感情上觉得是如此，并非理智上真能证明其为必然。我们对于古代事物的爱护并不一定是为“保存国粹”，乃是为知识，为知道自己的过去，和激发我们对于民族的爱情。我们所知与所爱的不必是“粹”，有时甚且是“渣”。古坟里的土俑，在葬时也许是一件不祥不美之物，可是千百年后会有人拿来当做宝贝，把它放在紫檀匣里，在人面前被夸耀起来。这是赛宝行为，不是保存国粹。在旧社会制度底下，一个大人物的丧事必要举行很长时间的仪礼，孝子如果是有官守的，必定要告“丁忧”，在家守三年之丧。现在的社会制度日日在变迁着，生活的压迫越来越重，试问有几个孝子能够真正度他们的“丁忧”日子呢？婚礼的变迁也是很急剧的。这个用不着多说，如到十字街头睁眼看看便知道了。

（三）一个民族所认为美丽的事物不必是国粹。许多人以为民族文化的优越处在多量地创造各种美丽的事物，如雕刻、绘画、诗歌、书法、装饰等。但是美或者有共同的标准，却不能说有绝对的标准的。美的标准寄在那民族对于某事物的形式，具体的或悬象的好尚。因好尚而发生感情，因感情的奋激更促成那民族公认他们所以为美的事物应该怎样。现代的中国人大概都不承认缠足是美，但在几十年前，“三寸金莲”是高贵美人的必要条件，所谓“小脚为娘，大脚为婢”，现在还萦回在年辈长些的人们的记忆里。在国人多数承认缠足为美的时候，我们也不能说这事是国粹，因为这所谓“美”，并不是全民族和全人类所能了解或承认的。中国人如没听过欧洲的音乐家歌咏，对于和声固然不了解，甚至对于高音部的女声也会认为像哭丧的声音，毫不觉得有什么趣味。同样地，欧洲人若不了解中国戏台上的歌曲，也会感觉到是看见穿怪样衣服的疯人在那里作不自然的呼嚷。我们尽可以说所谓“国粹”不一定是人人能了解的，但在美的共同标准上最少也得教人可以承认，才够得上说是有资格成为一种“粹”。

从以上三点，我们就可以看出所谓“国粹”必得在特别，久远，与美丽之上加上其他的要素。我想来想去，只能假定说：一个民族在物质上，精神上与思想上对于人类，最少是本民族，有过重要的贡献，而这种贡献是继续有功用，继续在发展的，才可以被称为国粹。我们假定的标准是很高的。若是不高，又怎能叫做“粹”呢？一般人所谓国粹，充其量只能说是“俗道”的一个形式（俗道是术语 Folk-Ways 的翻译，我从前译做“民彝”）。譬如在北平，如要做一个地道的北平人，同时又要合乎北平人所理想的北平人的标准的时候。他必要想到保存北平的“地方粹”，所谓标准北平人少不了的六样——天棚、鱼缸、石榴树、鸟笼、叭狗、大丫头——他必要具备。从一般人心目中的国粹看来，恐怕所“粹”的也像这“北平六粹”，但我只承认它为俗道而已。我们的国粹是很有限的，除了古人的书画与雕刻，丝织品、纸、筷子、豆腐，乃至精神上所寄托的神主等，恐怕不能再数出什么来。但是在这些中间已有几种是功用渐次丧失的了。像神主与丝织品是在趋向到没落的时期，我们是没法保存的。

这样“国粹沦亡”或“国粹有限”的感觉，不但是我个人有，我信得过凡放开眼界，能视察和比较别人的文化的人们都理会得出来。好些年前，我与张君劢先生好几次谈起这个国粹问题。有一次，我说过中国国粹是寄在高度发展的祖先崇拜上，从祖先崇拜可以找出国粹的种种。有一次，张先生很感叹地说："看来中国人只会写字作画而已。"张先生是政论家，他是太息政治人才的缺乏，士大夫都以清谈雅集相尚，好像大人物必得是大艺术家，以为这就是发扬国光，保存国粹。《国粹学报》所揭露的是自经典的训注或诗文字画的评论，乃至墓志铭一类的东西，好像所萃的只是这些。"粹"与"学"好像未曾弄清楚，以致现在还有许多人以为"国粹"便是"国学"。近几年来，"保存国粹"的呼声好像又集中在书画诗古文辞一类的努力上；于是国学家、国画家，乃至"科学书法家"，都像负着"神圣使命"，想到外国献宝去。古时候是外国到中国来进宝，现在的情形正是相反，想起来，岂不可痛！更可惜的，是这班保存国粹与发扬国光的文学家及艺术家们不想在既有的成就上继续努力，只会做做假骨董[①]，很低能地描三两幅宋元画稿，写四五条苏黄字帖，做一二章毫无内容的诗古文辞，反自诩为一国的优越成就都荟萃在自己身上。但一研究他们的作品，只会令人觉得比起古人有所不及，甚至有所诬蔑，而未曾超越过前人所走的路。"文化人"的最大罪过，制造假骨董来欺己欺人是其中之一。

我们应当规定"国粹"该是怎样才能够辨认，哪样应当保存，哪样应当改进或放弃。凡无进步与失功用的带"国"

---

① 现写作"古董"。

字头的事物，我们都要下工夫做澄清的工作，把渣滓淘汰掉，才能见得到“粹”。从我国往时对于世界文化的最大贡献看来，纸与丝不能不被承认为国粹。可是我们想想我们现在的造纸工业怎样了？我们一年中要向外国购买多量的印刷材料。我们日常所用的文具，试问多少是“国”字头的呢？可怜得很，连书画纸，现在制造的都不如从前。技艺只有退化，还够得上说什么国粹呢！讲到丝，也是过去的了。就使我们能把蚕虫养到一条虫可以吐出三条的丝量，化学的成就，已能使人造丝与乃伦丝夺取天然丝的地位。养蚕文化此后是绝对站不住的了。蚕虫要回到自然界去，蚕茧要到博物院，这在我们生存的期间内一定可以见得着底。

讲到精神文化更能令人伤心。现代化的物质生活直接和间接地影响到个个中国人身上。不会说洋话而能吃大菜、穿洋服、行洋礼底固不足为奇，连那仅能维系中国文化的宗族社会（这与宗法社会有点不同），因为生活的压迫，也渐渐消失了。虽然有些地方还能保存着多少形式，但它的精神已经不是那么一回事了。割股疗亲的事固然现在没人鼓励，纵然有，也不会被认为合理。所以精神文化不是简单地复现祖先所曾做、曾以为是天经地义的事，必得有个理性来维系它，批评它，才可以。民族所遗留下来的好精神，若离开理智的指导，结果必流入虚伪和夸张。古时没有报纸，交通方法也不完备，如须“俾众周知”的事，在文书的布告所不能用时，除掉举行大典礼、大宴会以外，没有更简便的方法。所以一个大人物的殡仪或婚礼，非得铺张扬厉不可。现在的人见闻广了，生活方式繁杂了，时间宝贵了，长时间的礼仪固然是浪费，就是在大街上吹吹打打，做着夸大的自我宣传，也没有人理会了。所谓遵守古礼的丧家，就此地说，雇了一班擦脂荡粉的尼姑来拜忏，到冥衣库去定做纸洋房、纸汽车乃至纸飞机；在丧期里，聚起亲朋大赌大吃，鼓乐喧天，夜以继日。试问这是保存国粹么？这简直是民族文化的渣滓，沉淀在知识落后与理智昏愦的社会里。在香港湾仔市场边，一到黄昏后，每见许多女人在那里“集团叫惊”，这也是文化的沉淀现象。有现代的治病方法，她们不会去用，偏要去用那无利益的俗道。评定一个地方的文化高低不在看那里的社会能够保存多少样国粹，只要看他们保留了多少外国的与本国的国渣便可以知道。屈原时代的楚国，在他看是醉了的，我们当前的中国在我看是疯了。疯狂是行为与思想回到祖先的不合理的生活、无系统的思想与无意识的行为的状态。疯狂的人没有批评自己的悟性，没有解决问题的能力，从天才说，他也许是个很好的艺术家或思想家，但决不是文化的保存者或创造者。

要清除文化的渣滓不能以感情或意气用事，须要用冷静的头脑去仔细评量我们民族的文化遗产。假如我们发现我们的文化是陈腐了，我们也不应当为它隐讳，愣说我们所有的一切都是优越的。好的固然要留，不好的就应当改进。翻造古人的遗物是极大的罪恶，如果我们认识这一点，才配谈保存国粹。国粹在许多进步的国家中也是很讲究的，不过他们不说是“粹”，只说是“国家的承继物”或“国家的遗产”而已（这两个辞的英文是 National Inheritance 及 Legacy of the Nation.）。文化学家把一国优越的遗制与思想述说出来给后辈的国民知道，目的并不在“赛宝”或“献宝”，像我们目前许多国粹保存家所做的，只是要把祖先的好的故事与遗物说出来与拿出来，使他们知道民族过去的成就，刺激他们更加努力向更成功的途程上迈步。所以知识与辨别是很需要的，如果我们知道唐诗，做诗就十足地仿少陵、拟香山，了解宋画，动笔就得意地摹北苑、法南宫，那有什么用处？纵然所拟的足以乱真，也不如真的好。所以我看这全是渣，全是无生命的尸体，全是有臭味的干屎橛。

我们认识古人的成就和遗留下来的优越事物，目的在温故知新，绝不是要我们守残复古。学术本无所谓新旧，只问其能否适应时代的需要。谈到这里，我们就检讨一下国学的价值与路向了。

钱宾四先生指出现代中国学者“以乱世之人而慕治世之业”，所学的结果便致“内部未能激发个人之真血性，外部未能针对时代之真问题”。这话，在现象方面是千真万确，但在解释方面，我却有些不同意见。我看中国“学术界无创辟新路之志趣与勇气”的原因，是自古以来我们就没有真学术。退一步讲，只有真学术的起头，而无真学术的成就。所谓“通经致用”只是“做官技术”的另一个说法，除了学做官以外，没有学问。做事人才与为学人才未尝被分别出来。“学而优则仕”，显然是鼓励为士大夫之学。这只是治人之学，谈不到是治事之学，更谈不到是治物之学。现代学问的精神是从治物之学出发的。从自然界各种现象的研究，把一切分出条理而成为各种科学，再用所谓科学方法去治事而成为严密的机构。知识基础既经稳固，社会机构日趋完密，用来对付人，没有不就范的。治人是很难的，人在知识理性之外还有自己的意志，与自己的感情意气，不像实验室里的研究者对付他的研究对象，可以随意处置的。所以如不从治物与治事之学做起，则治人之学必贵因循、仍旧贯、法先王。因循比变法维新来得更有把握，代表高度发展的祖先崇拜的儒家思想，尤其要鼓励这一层。所谓学问，每每是因袭前人而不敢另辟新途。因为新途径走得通与否，学者本身没有绝对的把握，纵然有，一般人的智慧、知识，乃至感情意气也未必能容忍，倒不如向着那已经有了权证而被承认的康庄大道走去，既不会碰钉，又可以生活得顺利些。这样一来，学问当然看不出是人格的结晶，而只为私人在社会上博名誉、占地位的凭借。被认为有学问的，不管他有的是否真学问或那一门的知识，便有资格做官。许多为学者写的传记或墓志，如果那文中的主人是未尝出仕的，作者必会做“可惜他未做官，不然必定是个廊庙之器”的感叹，好像一个人生平若没做过官就不算做过人似的。这是“学而优则仕”的理想的恶果。再看一般所谓文学家所做的诗文多是有形式无内容的“社交文艺”，和贵人的诗词，撰死人的墓志，题友朋或友朋所有的书画的签头跋尾。这样地做文辞才真是一种博名誉占地位的凭借。我们没有伟大的文学家，因为好话都给前人说尽了，作者只要写些成语，用些典故，再也没有可用的工夫了。这样情形，不产生“文抄公”与“誊文公”，难道还会笃生天才的文豪，诞降天纵的诗圣么？

学术原不怕分得细密，只问对于某种学术有分得这样细密的必要没有。学术界不能创辟新路，是因没有认识问题，在故纸堆里率尔拿起一两件不成问题而自己以为有趣味的事情便洋洋洒洒地做起“文章”来。学术上的问题不在新旧而在需要，需要是一切学问与发明的基础。如果为学而看不见所需要的在那里，他所求的便不会发生什么问题，也不会有什么用处。没有问题的学问就是死学问，就是不能创辟新途径的书本知识。没有用处的学问就不算是真学问，只能说是个人趣味，与养金鱼、栽盆景，一样地无关大旨，非人生日用所必需的。学术问题固然由于学者的知识的高低与悟力的大小而生，但在用途上与范围的大小上也有不同。“一只在园里爬行的龟，对于一块小石头便可以成为一个不可克服的障碍物，设计铁道线的工程师，只主要地注意到山谷广狭的轮廓；但对于想着用无线电来联络大西洋的马可尼，他的主要的考虑只是地球的曲度，因为从他的目的看来，地形上种种详细情形是可以被忽视的。”这是我最近在一本关于生物化学的书里头所谈到的一句话。同样的交通问题，因为知识与需要的不同便可以相差得那么远。钱先生所举出的“平世”与“乱世”之学的不同点，在前者注重学问本身，后者贵在能造就人才与事业者。其实前者为后者的根本，没有根本，枝干便无从生长出来。我们不必问平世与乱世，只问需要与不需要。如有需要，不妨把学术分门别类，讲到极窄狭处，讲到极精到处；如无所需，就是把问题提出来也嫌他多此一举。一到郊外走走，就看见有许多草木我们连名字都不知道，其中未必没有有用的植物，只因目前我们未感觉须要知道它们，对于它们毫无知识还可以原谅。如果我们是植物学家，那就有知道它们的需要了。在欧美有一种种草专家，知道用哪种草与哪种草配合着种便可以使草场更显得美观，和耐于践踏，易于管理，冬天还可以用方法教草不黄萎。这种专门学问在目前的中国当然是不需要，因为我们的生活程度还没达到那么高，稻粱还种不好，哪能讲究到草要怎样种呢？天文学是最老的学问，却也是最幼稚的和最新的学术。我们在天文学上的学识缺乏，也是因为我们还没曾需要到那么迫切。对于日中黑点的增减，云气变化的现象，虽然与我们有关系，因为生活方式未发展到与天文学发生密切关系的那步田地，便不觉得它有什么问题，也不觉得有研求的需要了。一旦我们在农业上，航海航空上，物理学上，乃至哲学上，需要涉及天文学的，我们便觉得需要，因为应用到日常生活上，那时，我们就不能说天文学是没有用的了。所以不需要就没有学问，没有学问就没有技术。“不需无学，不学无术”我想这八个字应为为学者的金言；但要注意后四个字的新解说是不学问就没有技术，不是骂人的话。

中国学术的支离破碎，一方面是由于“社交学问”的过度讲究，一方面是为学人才的无出路。我所谓社交学问就是钱先生所谓私人在社会博名誉占地位的学问。这样的“学者”对于学问多半没有真兴趣，也不求深入，说起来，样样都懂，门门都通，但一问起来，却只能作皮相之谈。这只能称为“为说说而学问”，还够不上说“为学问而学问”。我们到书坊去看看，太专门的书的滞销，与什么 ABC、易知、易通之类的书的格外旺市，便可以理会“讲专门窄狭之学者”太少了。为学人才与做事人才的分不开，弄到学与事都做不好。做事人才只须其人对于所事有基本学识，在操业的进程上随着经验去求改进，从那里也有达到高深学识的可能，但不必个个人都需要如此的。为学人才注重在一般事业上所不能解决或无暇解决的问题的探究。譬电子的探究、数理的追寻，乃至人类与宇宙的来源，是一般事业所谈不到的，若没有为学人才去做工夫，我们的知识是不完备的。欧美各国都有公私方面设立的研究所、学院；予学者以生活上相当的保障。各大学都有“学侣”的制度，使新进的学人能安心从事于学业，在中国呢？要研究学问，除非有钱、有闲，最低限度也得当上大学教授，才可说得上能够为学。在欧美的余剩学者最少还有教会可投；在中国，连大学教授也有吃不饱的忧虑。这样情形，繁难的学术当然研究不起，就是轻可的也得自寻方便，不知不觉地就会跑到所谓国学的途程上。这样的学者，因为吃不饱，身上是贫血的，怎能激发什么“真血性”；因为是温故不知新，知识上也是贫血的，又怎能针对什么“真问题”呢？今日中国学术界的弊在人人以为他可以治国学。为学的方法与目的还未弄清，便想写“不朽之作”，对于时下流行的研究题目，自己一以为有新发现或见解，不管对不对，便武断地写文章。在发掘安阳，发现许多真龟甲文字之后，章太炎老先生还愣说甲骨文都是假的！以章先生的博学多闻还有执着，别人更不足责了。还有，社交学问本来是为社交，做文章是得朋友们给作者一个大拇指看，称赞他几句，所以流行的学术问题他总得猎涉，以资谈助；讨论龟甲文的时候，他也来谈龟甲文，讨论中西文化的潮流高涨时，他也说说中西文化，人家谈佛学，他就吃起斋来，人家称赞中国画，他就来几笔松竹梅，这就是所谓“学风”的坏现象，这就是“社交学问”的特征。

钱先生所说“学者各榜门户，自命传统”，在国学界可以说相当地真。“学有师承”与“家学渊源”，是在印板书流行之前，学者不容易看到典籍，谁家有书他们便负笈前去拜门。

因为书的钞本不同，解释也随着歧异，随学的徒弟们从师傅所得的默记起来或加以疏说，由此互相传授成为一家一派的学问，这就是“师承”所由来。书籍流行不广的时代，家有藏书，自然容易传授给自己的子孙，某家传诗，某家传礼，成为独门学问，拥有的甚可引以为荣，因此为利，婚宦甚至可以占便宜，所以“家学渊源”的金字招牌，在当时是很可以挂得出来的。自印板书流行以后，典籍伸手可得，学问再不能由私家独占，只要有读书的兴趣，便可以多看比一家多至百倍千倍的书，对于从前治一经只凭数卷抄本甚至依于口授乃不能不有抱残守缺的感想。现在的学问是讲不清“师承”的，因为“师”太多了，承谁的为是呢？我在广州曾于韶舞讲习所从龙积之先生学，在随宦学堂受过龙伯纯先生的教，二位都是康有为先生的高足，但我不敢说我师承了康先生的学统。在大学里的洋师傅也有许多是直接或间接承传着西洋大学者的学问的，但我也不敢自称为哲姆斯、斯宾塞、柏格森、马克思、慕乐诸位的学裔。在尊师重道的时代，出身要老师推荐，婚姻要问家学，所以为学贵有师承和有渊源，现在的学者是学无常师，他向古今中外乃至自然界求学问，师傅只站在指导与介绍知识的地位，不能都像古时当做严君严父看。印板书籍流行以后，聚徒讲学容易，在学问上所需指导的不如在人格上所需熏陶的多，所以自程、朱以后，修身养性变为从师授徒的主要目标，格物致知退于次要地位。这一点，我觉得是很重要的。从师若不注意怎样做人的问题，纵然学有师承，也只能得到老师的死的知识，不能得到他的活的能力。我希望讲师承的学者们注意到这一层。

至于学问为个人私利主义，竞求温饱的话，我以为现在还是说得太早。在中国，社交学问除外，以真学问得温饱算起来还是极少数，而且这样的学者多数还是与“洋机关”有关系的。我们看高深学术的书籍的稀罕，以及研究风气的偏颇，便可理会竞求温饱的事实还有重新调查的余地。到外国去出卖中国文化的学者，若非社交的学问家便是新闻事业家。他们当然是为温饱而出卖关于中国的学问的。我们不要把外国人士对于中国文化的了解力估量得太高，他们所要的正是一般社交的学问家与新闻事业家所能供给的。一个多与欧美一般的人士接触的人，每理会到他们所要知道的中国文化不过是像缠足的起源、龙到底是什么动物、姨太太怎样娶法、风水怎样看法之类，只要你有话对他们说，他们便信以为真，便以为你是中国学者。许多人到中国来访这位、问那位，归根只是要买几件骨董或几幅旧画。多数人的意向并不在研究中国文化，只在带些中国东西回去可以炫耀于人。在外国批发中国文化的学者，他们的地位是和卖山东茧绸或汕头抽纱的商人差不多，不过斯文一点而已。

在欧美的学者可以收费讲学，但在中国，不收费的讲学会，来听讲还属寥寥，以学问求温饱简直是不容易谈。这样为学只求得过且过，只要社会承认他是学者，他便拿着这个当敲门砖，管什么人格的结晶与不结晶。这也许是中国学者在社会国家上多不能为国士国师而成为国贼国狗，在学问上多不能成为先觉先知而成为学棍学蠹的一个原因罢。我取的是“衣食足而后知礼义”的看法，所以要说，“得温饱才能讲人格”。中国学术界中许多人正在饥寒线底下挣扎着，要责备他们在人格上有什么好榜样，在学问上有什么新贡献，这要求未免太苛了。还有，得温饱并不见得就是食前方丈，广厦万间，只求学者在生活上有保障，研究材料的供给方便与充足就够了。须知极度满足的生活，也不是有识的学者所追求的。

学术除掉民族特有的经史之外是没有国界的。民族文化与思想的渊源，固然要由本国的经史中寻觅，但我们不能保证新学术绝对可以从其中产生出来。新学术要依学术上的问题的有无，与人间的需要的缓急而产生，决不是无端从天外飞来的。一个民族的文化的高低是看那民族能产生多少有用的知识与人物，而不是历史的久远与经典的充斥。牛津大学每年间所收的新刊图书可以排出几十里长，若说典籍的数量，我们现在更不如人家。钱先生假定自道咸而下，向使中国学术思想乃至政治制度社会风俗在与西洋潮流相接触之前先变成一个样子，则中国人可以立定脚跟，而对此新潮，加以辨认与选择，而分别迎拒与蓄泄。这话也有讨论的必要。我上头讲过现代学问的精神是从治物之学出发的，治物之学也可以说是格物之学，而中国学术一向是被社交学问、社交文艺，最多也不过是做人之学所盘据，所谓“朴学”不过为少数人所攻治，且不能保证其必为进身之阶。朴学家除掉典章制度的考据而外，还有多少人知道什么格物之学呢？医学是读不成书的人们所入的行；老农老圃之业为孔门弟子所不屑谈；建筑是梓人匠人的事，兵器自来是各人找与自己合适的去用；蚕桑纺织是妇人的本务；这衣、食、住、行、卫五种民族必要的知识，中国学者一向就没曾感觉到应当括入学术的范围，操知识与智慧源泉的纯粹科学更谈不到了。治物之学导源于求生活上安适的享受的理想和试要探求宇宙根源的谜。学者在实验室里用心去想，用手去做，才能有所成就。中国学术岂但与人生分成两截，与时代失却联系，甚至心不应手，因此，多半是纸上谈得好、场上栽筋斗的把戏。不动手做，就不能有新发见，就不能有新学术。假如中国的学术思想乃至政治制度社会风俗会自己变更的话，乾嘉以前有千多年的机会，乾嘉以后也不见得就绝对没有。

日本的维新怎么就能成功，中国的改革怎么就屡次失败呢？化学是从中国道家的炼丹术发展的，怎么在中国本土，会由外丹变成内丹了？对的思想落在不对的实验上，结果是造成神秘的迷信，不能产出利用厚生的学问。医学并不见得不行，可是所谓国医，多半未尝研究过《本草》里所载的药物，只读两三本汤头歌诀之类便挂起牌来。千年来，我们的医学在生理、药物、病理等学问上曾有什么贡献呢？近年来从事提炼中国药物的也是具有科学知识的西医的功劳。在学问的认识上，中国人还是倾向道家的。道家不重知与行，也不信进步，改革自然是谈不到的。我想乾嘉以后，中国学术纵然会变，也不会变到自己能站得住而能分别迎拒与蓄泄西洋学潮的地步，纵然会，也许会把人家的好处扔掉，把人家的坏处留起来。像明末的西洋教士介绍了科学知识和他们宗教制度，试问我们迎的是什么呢？中华文化，可怜得很，真是一泓死水呀！这话十年前我不这样说，五年前我不忍这样说，最近我真不能不这样说了。不过死水还不是绝可悲的，只要水不涸，还可以想方法增加水量，使之澄清，使之溢出。这工夫要靠学术界的治水者的努力才有希望。世间无不死之人，也无不变的文化，只要做出来的事物合乎国民的需要，能解决民生日用的问题的就是那民族的文化了。

要知道中国现在的境遇的真相和寻求解决中国目前的种种问题，归根还是要从中国历史与其社会组织、经济制度的研究入手。不过研究者必要有世界学术的常识，审慎择别，不可抱着“花子吃死蟹，只只好”的态度。那么，外国那几套把戏自然也能够辨认与选择，不至于随波逐流，终被狂涛怒浪所吞咽。中国学术不进步的原因，文字的障碍也是其中最大的一个。我提出这一点，许多国学大师必定要伸舌头的。但真理自是真理，稍微用冷静的头脑去思维一下便可以看出中国文字问题的严重。我们到现在用的还不是拼音文字，难学难记难速写，想用它来表达思想，非用上几十年的工夫不可。读三五年书，简直等于没读过。许多大学毕业生自从出来做事之后便不去摩书本。他们尚且如此，程度低些的更可知。繁难的文字束缚了思想，限制了读书人，所以中国文化最大的毒害便是自己的文字。一翻古籍便理会几十万言的书已很少见，百万千万言的书更属稀罕了。到现在，不说入学之门的百科全书没有，连一部比较完备的字典都没有。国人不理会这是文化低落的病根，反而自诩为简洁。不知道简洁文字只能表现简单思想，像用来做诗词，写游记是很够的。从前学问的范围有限，用简洁的文体，把许多不应当省掉的字眼省略掉还不觉得意义很晦涩，读者可用自己的理会来补足文中的意思。现代的科学记载把一个字错放了地位都不成，简省更不用说了。我们的命不加长，而所要知要学的东西太多，如果写作不从时间上节省是不成的。我们自己的文化担负已是够重的了，现在还要担负上欧美的文化，这就是钱先生所谓“两水斗啮”的现象，其实是中国人挣扎于两重文化的压迫底下的现象。欧美的文化，我们不能不担负，欧美人却不必要担负我们的文化，人家可以不学汉文而得所需的知识，我们不学外国文成么？这显然是我们的文化落后所给的刑罚，目前是没法摆脱的。要文化的水平线提高，非得采用易于学习的拼音文字不可。千字课或基本汉字不能解决这个严重问题，因为在学术上与思想表现上是须要创造新字的，如果到了思想繁杂的阶段，几千字终会不够用，结果还是要孳乳出很多很多的方块字。现在有人用“圕”表示“图书馆”，用“簙”表示“博物院”，一个字读成三个音，若是这类字多起来，中国六书的系统更要出乱子。拼音字的好处在以音达意，不是以形表意，有什么话就写出什么活，直截了当，不用计较某字该省，某句应缩，意思明白，头脑就可以训练得更缜密。虽然拼音文字中如英文法文等还不能算是真正拼音的，但我们须以拼音法则为归依，不是欧美文字为归依。表达思想的工具不好，自然不能很快地使国民的知识提高。人家做十年，我们非得加上五六倍的时间不可。日本维新的成功，好在他们有“假名”，教育普及得快，使他们的文化能追踪欧美。我们一向不理会这一点，因为我们对于汉字有很深切的敬爱，几十年来的拼音字母运动每被学者们所藐视与反对。许多人只看文字是用来做诗写文的，能摇头摆脚哼出百几十字便自以为满足了。改良文字对于这种人固然没有多大的益处，但为学术的进步着想，我们不能那么浪费时间来用难写难记的文字。古人惜寸阴分阴，现代的中国人更应当爱惜丝毫光阴。因为用高速度来成就事物是现代民族生存的必要条件。

德国这次向东方进兵，事实上是以血换油。油是使速度增进的重要材料。不但在战争上，即如在其他事业上，如果着手或成功稍微慢了些，便等于失败。所以人家以一切来换时间，我们现在还想以时间来换一切，这种守株待兔的精神是要不得的。国民智力的低下，中国文字要负很重的责任。智力的高低就是发见问题与解决问题的能力的速度的高低。我以为汉字不改革，则一切都是没有希望的。用文字记载思想本来和用针来缝布成衣服差不多，从前的针一端是针口，另一端是穿线的针鼻。缝纫的人一针一针地做，不觉得不方便。但是缝衣机发明了，许多不需要的劳动不但可以节省而且能很快地缝了许多衣服。缝衣机的成功只在将针鼻移到与针口同在一端上。拼音文字运动也是试要把音与义打成一片。不过要移动一下这“文字的针鼻”，虽然只是分寸的距离，若用的人不了悟，纵然经过千百年也不能成功。旧工具不适于创造新学术，就像旧式的针不能做更快更整齐的衣服一样。有使中国文化被西方民族吸收愿望的先当注意汉字的改革，然后去求学术上的新贡献，光靠残缺的骨董此后是卖不出去的。

中国目前的问题，不怕新学术呼不出，也不怕没人去做专门名家之业，所怕的是知识不普及。一般人的常识不足，凡有新来的吃的用的享受的，不管青红皂白，胡乱地赶时髦。读书人变成士大夫，把一般群众放在脑后，不但不肯帮助他们，反而压迫他们。从农村出来的读书人不肯回到农村去，弄到每个村都现出经济与精神破产的现象。在都市的人们，尤其是懂得吹洋号筒的官人贵女们，整个生活都沉在花天酒地里，批评家说他们是在“象牙之塔”里过日子。其实中国哪里来的“象牙之塔”？我所见的都是一幢幢的“牛骨之楼”罢了。我们希望于学术界的是在各部门里加紧努力，要做优等人而不厌恶劣等的温饱，切莫做劣等人而去享受优等的温饱。那么，平世之学与乱世之学就不必加以分别了。现在国内的大学教授，他们的薪俸还不如运输工人所得的多，我们当然不忍说他们是藏身一曲，做着与私人温饱相宜的名山事业。不用说生存上，即如生活上必须的温饱，是谁都有权利要求的。读书人将来会归入劳动阶级，成为“智力劳动者”，要恢复到四民之首的领导地位，除非现在正在膨胀着的资产制度被铲除，恐怕是不容易了。

（附言　六月二十四日某先生在《华字日报》写了一篇质问我的文章，题目是《国粹与国渣》，文中有些问题发得很幼稚，值不得一答。惟有问什么是“国粹”一点，使我在学问的良心上不能不回答一下。我因此又联想到六月八日钱穆先生在《大公报》发表的星期论文《新时代与新学术》，觉得其中几点也有提出来共同讨论的必要，所以写成这一篇，希望的是能抛砖引出宝玉来。文中大意是曾于六月二十八日对岭英中学高中毕业生讲过的。）

（选自《国粹与国学》，商务印书馆 1946 年版）

傅斯年

（1896—1950），字孟真，祖籍江西永丰，生于山东聊城，著名历史学家、教育家和学术领导人，五四运动学生领袖之一。1913年考入北京大学预科，1916年升入北京大学文科，期间曾师从黄侃研读国学，1918年与罗家伦等组织新潮社，创办《新潮》月刊，提倡新文化。1919年北大毕业后赴欧洲留学，先后入伦敦大学研究院、柏林大学哲学研究院。归国后于1927年春任中山大学教授兼文学院院长，历史系、中文系主任。1928年创办并长期主持中央研究院历史语言研究所，并为研究所主编《历史语言研究所集刊》。1929年研究所迁往北平，同年兼任北大教授。1937年春代理中央研究院总干事，抗战爆发后兼任西南联合大学教授。1946年代理北京大学校长，1949年任台湾大学校长。在学术上主张纯客观的科学研究，注重史料的发现与考订，曾多次去安阳指导殷墟发掘工作。主要著作有《东北史纲》（第一卷）、《古代文学史》《诗经讲义稿》《中国古代文学史讲义》《性命古训辨证》《民族与古代中国史》等。后人编有《傅孟真先生集》。

中国学术思想界之基本误谬

三年以前，英国杂志名《十九世纪与其后》者（*The Nineteenth Century and After*）载一推论东方民性之文，作者姓名与其标题，今俱不能记忆，末节厚非东方文明，印吾心识上者，历久不灭。今举其词，大旨谓：

> 东方学术，病痏生于根本；衡以亚利安人之文明，则前者为无机，后者为有机，前者为收敛，后者为进化。质言之，东方学术，自其胎性上言之，不能充量发展。傥喀郎（Chalons）之役，都尔（Tours）之军，条顿罗甸败北，匈奴或大食胜者，欧洲荣誉之历史，将随罗马帝国以覆亡。东方强族，纂承统绪，断不能若日耳曼人仪型先民，与之俱进。所谓近世文明者，永无望其出于亚细亚人之手；世间之上，更不能有优于希腊，超于罗马之政化。故亚利安族战胜异族，文明之战胜野蛮也，适宜文明战胜不适文明也。

遂录此言，以启斯篇。当日拘于情感，深愤其狂悖，及今思之，东方思想界病中根本之说，昭信不诬。缩东方之范围，但就中国立论：西洋学术，何尝不多小误，要不如中国之远离根本，弥漫皆是。在西洋谬义日就减削，伐谬义之真理，日兴不已；在中国则因仍往贯，未见斩除，就令稍有斩除，新误谬又将代兴于无穷。可知中国学术，一切误谬之上，必有基本误谬，为其创造者。凡一切误谬所由生成，实此基本误谬为之潜率，而一切误谬不能日就减削，亦惟此基本误谬为之保持也。今欲起中国学术思想界于较高之境，惟有先除此谬，然后认此基本误谬以生一切误谬，可以“神遇而不以目视”，欲探西洋学术思想界之真域，亦惟有先除此谬，然后有以相容；不致隔越。欲知历来以及现在中国学术思想界之状况何苦，亦惟有深察此弊之安在，然后得其实相也。

至于此种误谬，果为何物，非作者之陋所能尽量举答。故就一时觉察所及，说谈数端，与同趣者共商榷焉。

一、中国学术，以学为单位者至少，以人为单位者转多，前者谓之科学，后者谓之家学；家学者，所以学人，非所以学学也。历来号称学派者，无虑数百：其名其实，皆以人为基本，绝少以学科之分别，而分宗派者。纵有以学科不同，而立宗派，犹是以人为本，以学隶之，未尝以学为本，以人隶之。弟子之于师，私淑者之于前修，必尽其师或前修之所学，求其具体。师所不学，弟子亦不学；师学数科，弟子亦学数科；师学文学，则但就师所习之文学而学之，师外之文学不学也；师学玄学，则但就师所习之玄学而学之，师外之玄学不学也。无论何种学派，数传之后，必至黯然寡色，枯槁以死；诚以人为单位之学术，人存学举，人亡学息，万不能孳衍发展，求其进步。学术所以能致其深微者，端在分疆之清；分疆严明，然后造诣有独至。西洋近代学术，全以科学为单位，苟中国人本其“学人”之成心以习之，必若枘凿之不相容也。

二、中国学人，不认个性之存在，而以为人奴隶为其神圣之天职。每当辩论之会，辄引前代名家之言，以自矜重，以骇庸众，初不顾事理相违，言不相涉。西洋学术发展至今日地位者，全在折衷于良心，胸中独制标准；而以妄信古人依附前修为思想界莫大罪恶。中国历来学术思想界之主宰，概与此道相反，治理学则曰“纂承道统”“辅翼圣哲”，治文学则曰，“惧斯文之将坠，宣风声于不泯”，治朴学则曰，“功莫大于存古”。是其所学之目的，全在理古，理古之外，更无取于开新；全在依人，依人之外，更无许乎独断。于是陈陈相因，非非相衍，谬种流传，于今不沫。现于文学，则以仰纂古人为归宿；现于哲学，则以保持道统为职业；现于伦理，则忠为君奴，孝为亲奴，节为夫奴，亲亲为家族之奴。质而言之，中国学术思想界，不认有小己之存在，不许为个性之发展，但为地下陈死之人多造送葬之“俑”，更广为招致孝子贤孙，勉以“无改于父之道”。取物以譬之，犹之地下之隧宫，亦犹之地上之享庙，阴气森森，毫无生趣；导人于此黑暗世界，欲其自放光明，讵可得耶？

三、中国学人，不认时间之存在，不察形势之转移。每立一说，必谓行于百世，通于古今。持论不同，望空而谈，思想不宜放之无涯之域。欲言之有当，思之由轨，理宜深察四周之情形，详审时代之关系。与事实好合无间，亲切著明，然后免于漫汗之谈，诏人而信己。故学说愈真实者，所施之范围愈狭，所合之时代愈短。中国学者，专以“被之四海”“放之古今”为贵，殊不知世上不能有此类广被久延之学说，更不知为此学说之人，导人浮浅，贻害无穷也。

四、中国学人，每不解计学上分工原理（Division of Labour），“各思以其道易天下”。殊类学术，皆一群之中，所不可少，交相为用，不容相非。自中国多数学人眼光中观之，惟有己之所肆，卓尔高标，自余艺学，举无足采。宋儒谈伦理，清儒谈名物，以范围言，则不相侵凌，以关系言，则交互为用：宜乎各作各事，不相议讥；而世之号称汉学者，必斥宋学于学术之外，然后快意；为宋学者，反其道以待汉学；一若世上学术，仅此一家，惟此一家可易天下者。分工之理不明，流毒无有际涯。举其荦著者言之：则学人心境，造成褊浅之量，不容殊己，贱视异学。庄子谓之“各思以其道易天下”究之，天下终不可易，而学术从此支离。此一端也。其才气大者，不如生有涯而知无涯，以为举天下之学术，皆吾分内所应知，“一事不知，以为深耻。”所学之范围愈广，所肆之程度愈薄，求与日月合其明，其结果乃不能与爝火争光。清代学者，每有此妄作。惠栋、钱大昕诸人，造诣所及，诚不能泯灭；独其无书不读，无学不肄，真无意识之尤。傥缩其范围，所发明者，必远倍于当日。此又一端也。凡此两者，一褊狭而一庞大，要皆归于无当；不知分工之理，误之诚不浅也。

五、中国学人，好谈致用，其结果乃至一无所用，学术之用，非必施于有政，然后谓之用，凡所以博物广闻，利用成器，启迪智慧，熔陶德性，学术之真用存焉。中国学人，每以此类之大用为无用，而别求其用于政治之中。举例言之，细绎封建之理，评其得失，固史学家当务之急，若求封建之行于后世，则谬妄矣。发明古音，亦文学界之要举，若谓“圣人复起，必举今日之音反之醇古”，则不可通矣。历来所谓读书致用，每多此类拘滞之谈。既强执不能用者而用之，其能用者，又无术以用之，亦终归于不能用。盖汗漫之病，深入肌髓，一经论及致用之方，便不剀切，势必流入浮泛。他姑不论，但就政学言之，政学固全在乎致用者。历来谈政之士，多为庞大之词，绝少切时之论；宋之陈同甫叶水心，清之龚定盦魏默深，皆大言炎炎，凭空发抒，不问其果能见诸行事否也。今日最不可忽者：第一，宜知学问之用，强半在见于行事，而施于有政者尤希；第二，宜于致用之道，审之周详，勿复汗漫言之，变有用为无用也。

六、凡治学术，必有用以为学之器；学之得失，惟器之良劣足赖。西洋近世学术，发展至今日地步者，诚以逻辑家言，诣精致远，学术思想界为其率导，乃不流于左道也。名家之学，中土绝少，魏晋以后，全无言者；即当晚周之世，名家当涂，造诣所及，远不能比德于大秦，更无论于近世欧洲，中国学术思想界之沉沦，此其一大原因。举事实以言之：墨家名学“本之于古者圣王之事”，引古人之言以为重，逻辑所不许者。墨子立“辩”，意在信人，而间执反对者之口，故有取于此，立为“第一表”，用于辩论则可，用于求真理之所在，真理或为往古所囿。魏晋以后，印度因明之学入中国，宜乎为中国学术之助矣。然因明主旨，在护法，不在求知。所谓“世间相违”“自杀相违”者：逻辑不以为非，而因明悬为厉禁。旧义不许自破，世间不许相违，执此以求新知识，讵有得者？谈名学者，语焉不精，已至于此，若全不解名学之人，持论之无当，更无论矣。余尝谓中国学者之言，联想多而思想少，想象多而实验少，比喻多而推理少。持论之时，合于三段论法者绝鲜，出之于比喻者转繁。比喻之在中国，自成一种推理方式。如曰“天无二日，民无二王”。前辞为前提，后辞为结论。比喻乃其前提，心中所欲言乃其结论。天之二日，与民之二王，有何关系；说者之心，欲明无二王，而又无术以证之。遂取天之一日，以为譬况；一若民之所以无二王者，为天之无二日故也。此种“比代推理”宜若不出于学者之口，而晚，周子家持论，每有似此者。孟子与告子辩“生之为性”，代而取喻于“白羽”“白雪”之“白”，径执“白”之不为“白”，以断“生”之不为“性”，此其曲折旋转，虽与“天无二日”之直下者不同，而其借成于比喻，并无二道。操此术以为推理之具，终古与逻辑相违，学术思想，更从何道以求发展。后代论玄学者，论文学者，论政治者，以至乎论艺术者，无不远离名学，任意牵合，词穷则断之以联想，而词不可尽；理穷则济之以比喻，而理无际涯。凡操觚之士，洋洋洒洒，动成数千言者，皆应用此类全违名学之具，为其修学致思之术，以成其说，以立其身，以树其名。此真所谓病疴生于心脾，厉气遍于骨髓者。形容其心识思想界，直一不合实际，不成系统，汗漫支离，恍惚窈冥之浑沌体而已。

七、吾又见中国学术思想界中，实有一种无形而有形之空洞间架，到处应用。在政治上，固此空洞架子也；在学问上，犹此空洞架子也；在文章上，犹此空洞架子也；在宗教上犹此空洞架子也；在艺术上犹此空洞架子也。于是千篇一面，一同而无不同；惟其到处可合，故无处能切合也。此病所中，重形式而不管精神，有排场不顾实在；中国人所想所行，皆此类矣。

上来所说，中国学术思想界根本上受病诸端，乃一时感觉所及，率尔写出，未遑为系统之研究，举一遗万，在所不免。然余有敢于自信者，则此类病疴，确为中国学术界所具有，非余轻薄旧遗，醉心殊学，妄立恶名，以厚诬之者。余尤深察此种病魔之势力，实足以主宰思想界，而主宰之结果，则贻害于无穷。余尝谥中国政治宗教学术文学以恶号，闻者多怒其狂悖，就余良心裁判，虽不免措辞稍激，要非全无所谓。请道其谥，兼陈其恉，则“教皇政治”“方士宗教”“阴阳学术”“偈咒文学”是也。

何谓教皇政治？独夫高居于上，用神秘之幻术，自卫其身，而氓氓者流，还以神秘待之。政治神秘，如一词然，不可分解，曾无人揭迷发覆，破此神秘，任其称天而行，制人行为，兼梏人心理，如教皇然。于是一治一乱，互为因果，相衍于无穷，历史黯然寡色。自秦以还，二千年间，尽可缩为一日也。

何谓方士宗教？中国宗教，原非一宗，然任执一派，无不含有方士（即今之道士）浑沌支离恶浊之气。佛教来自外国，宜与方士不侔。学者所谈，固远非道士之义；而中流以下，社会所信仰之佛教，无不与方士教义相糅，臭味相杂。自普通社会观之，二教固无差别，但存名称之异；自学者断之，同为浑浑噩噩初民之宗教，教义互窃互杂，由来已久。今为之总称，惟有谥为方士之宗教，庶几名实相称也。

何谓阴阳学术？中国历史谈学术者，多含神秘之用。阴阳消息之语，五行生克之论，不绝于口。举其著者言之，郑玄为汉朝学术之代表，朱熹为宋朝学术之代表，郑氏深受纬书之化，朱氏坚信邵雍之言，自吾党观之，谈学术至京焦虞氏易说，皇极经世，潜虚诸书，可谓一文不值，全同梦呓。而历来学者，每于此大嚼不厌：哲学、伦理、政治（如“五帝德”“三统循环”之说是）、文学（如曾氏古文四象是）及夫一切学术，皆与五行家言，相为杂糅。于是堪舆星命之人，皆被学者儒士之号，而学者亦必用术士之具，以成其学术，以文其浅陋，以自致于无声无臭之境。世固有卓尔自立，不为世风所惑者，而历来相衍，惟阴阳之学术为盛也。

何谓偈咒文学？中国文人，每置文章根本之义于不论，但求之于语言文字之末；又不肯以切合人情之法求之，但出之以吊诡，骈文之晦涩者，声韵神情，更与和尚所诵偈辞咒语，全无分别。为碑志者，末缀四言韵语；为赞颂者亦然。其四言之作法，直可谓与偈辞咒语，异曲同工。又如当今某大名士之文，好为骈体，四字成言，字难意晦，生趣消乏，真偈咒之上选也。吾辈诚不宜执一派之文章，强加恶谥于中国文学；然中国文学中固有此一派，此一派又强有势力，则上荐高号，亦有由矣。（又如孔子、老子、子思，世所谓圣人也，而《易经》《老子》《中庸》，三书文辞浑沌，一字可作数种解法。《易经》《中庸》姑不具论，《老子》之书，使后人每托之以自树义，汉之“黄老”托之，晋之“老庄”托之，方士托之，浮屠亦托以为“化胡”之说，又有全不相干大野氏之子孙，“戏”谥为“元玄皇帝”。此固后人之不是，要亦《老子》之文，恍惚迷离，不可捉摸，有自敢之咎也。）凡此所说，焉能穷丑相于万一。又有心中欲言，口中不能举者；举一反三，可以推知受病之深矣。今试问果以何因受病至此，吾固将答曰，学术思想界中，基本误谬，运用潜行，陷于支离而不觉也。

今日修明中国学术之急务，非收容西洋思想界之精神乎？中国与西人交通以来，中西学术，固交战矣；战争结果，西土学术胜，而中国学术败矣。然惑古之徒，抱残守缺犹如彼，西来艺学，无济于中国又如此，推察其原，然后知中国思想界中，基本误谬，运用潜伏；本此误谬而行之，自与西洋思想扞格不入也。每见不求甚解之人，一方未能脱除中国思想界浑沌之劣质，一方勉强容纳西洋学说，而未能消化。二义相荡，势必至不能自身成统系，但及恍惚迷离之境，未臻亲切著明之域。有所持论，论至中间，即不解所谓，但闻不相联属之西洋人名学名，诘屈聱牙，自其口出，放之至于无穷，而辩论终归于无结果。此其致弊之由，岂非因中国思想界之病根，入于肌髓，牢不可破，浑沌之性，偕之以具成，浮泛之论，因之以生衍。此病不除，无论抱残守缺，全无是处，即托身西洋学术，亦复百无一当。操中国思想界之基本误谬，以研西土近世之科学哲学文学，则西方学理，顿为东方误谬所同化，数年以来，“甚嚣尘上”之政论，无不借重于泰西学者之言，严格衡之，自少数明达积学者外，能解西洋学说真趣者几希。是其所思所言，与其所以腾诸简墨者，犹是帖括之遗腔，策论之思想，质而言之，犹是笼统之旧脑筋也。此笼统旧脑筋者，若干基本误谬活动之结果；凡此基本误谬，造成中国思想界之所以为中国思想界者也，亦所以区别中国思想界与西洋思想界者也。惟此基本误谬为中国思想界不良之特质，又为最有势力之特质，则欲澄清中国思想界：宜自去此基本误谬始。且惟此基本误谬分别中西思想界之根本精神，则欲收容西洋学术思想以为我用，宜先去此基本误谬，然后有以不相左耳。

（选自《新青年》第四卷第四号，1918 年 4 月出版）

毛子水《国故和科学的精神》识语

两三个月以前，我就想做篇《国故论》，大旨是：

（1）研究国故有两种手段：

一、整理国故；

二、追摹国故。

由前一说，是我所最佩服的：把我中国已往的学术、政治、社会等等做材料，研究出些有系统的事物来，不特有益于中国学问界，或者有补于“世界的”科学。中国是个很长的历史文化的民族，所以中华国故在“世界的”人类学、考古学、社会学、言语学等等的材料上，占个重要的部分。或者因为中华国故的整理的发明，“世界的”学问界上，生一小部分新彩色——如梵文的发明，使得欧洲言语学上得个新生命，婆罗门经典入欧洲，便有叔本华派的哲学，澳洲生物界的发明，进化论的原理上得些切实的证据等等—亦未可知。我不是说中华国故里面有若干完全的系统，为近代欧洲所不及的；我是说中华国故里面或者有几项可以提醒我（Suggestions）。至于追摹国故，忘了理性，忘了自己，真所谓“其愚不可及”了。

（2）所以国故的研究是学术上的事，不是文学上的事；国故是材料，不是主义。若是本着“大国故主义”行下去——一切以古义为断——在社会上有非常的危险。

（3）国粹不成一个名词（请问国而且粹的有几），实在不如国故妥协。至于保存国粹，尤其可笑。凡是一件事物，讲到保存两字，就把往博物院去的运命和盘托出了。我们若真要做古人的肖子，也当创造国粹（就是我们自己发明点新事物），不当保存国粹。天地间事，不进就退，没有可以保存得住的。

（4）研究国故必须用科学的主义和方法，决不是“抱残守缺”的人所能办到的。

（5）研究国故好像和输入新知立于对待的地位。其实两件事的范围，分量需要，是一和百的比例。

现在有毛君这篇文章，意思固然是妥当万分，就是文章也极畅快。我佩服得很，自己的文章大可不做了。

（选自《新潮》第一卷第五号，1919 年 5 月出版）

历史语言研究所工作之旨趣

历史学和语言学在欧洲都是很近才发达的。历史学不是著史；著史每多多少少带点古世中世的意味，且每取伦理家的手段，作文章家的本事。近代的历史学只是史料学，利用自然科学供给我们的一切工具，整理一切可逢着的史料，所以近代史学所达到的范域，自地质学以至目下新闻纸，而史学外的达尔文论，正是历史方法之大成。欧洲近代的语言学，在梵文的发见影响了两种古典语学以后才降生，正当十八、十九世纪之交。经几个大家的手，印度日耳曼系的语言学已经成了近代学问最光荣的成就之一个，别个如赛米的系、芬匈系，也都有相当的成就，即在印度支那语系也有有意味的揣测。十九世纪下半的人们又注意到些个和欧洲语言全不相同的语言，如黑人的话等等，“审音之功”更大进步，成就了甚细密的实验语音学。而一语里面方言研究之发达，更使学者知道语言流变的因缘，所以以前比较言语学尚不过是和动物植物分类学或比较解剖学在一列的，最近一世语言学所达到的地步，已经是生物发生学、环境学、生理学了。无论综比的系族语学，如印度日耳曼族语学等等，或各种的专语学，如日耳曼语学、芬兰语学、伊斯兰语学等等，在现在都成大国。本来语言即是思想，一个民族的语言即是这一个民族精神上的富有，所以语言学总是一个大题目，而直到现在的语言学的成就也很能副这一个大题目。在历史学和语言学发达甚后的欧洲是如此，难道在这些学问发达甚早的中国，必须看着它荒废，我们不能制造别人的原料，便是自己的原料也让别人制造吗？

论到语言学和历史学在中国的发达是很引人寻思的。西历纪元前两世纪的司马迁，能那样子传信存疑以别史料，能作八书，能排比列国的纪年，能有若干观念比十九世纪的大名家还近代些。北宋的欧阳修一面修《五代史》，纯粹不是客况的史学，一面却作《集古录》，下手研究直接材料，是近代史学的真功夫。北南宋的人虽然有欧阳修的《五代史》，朱熹的《纲目》，是代表中世古世的思想的，但如司马光作《通鉴》（遍阅旧史，旁采小说），他和刘攽、刘恕、范祖禹诸人能利用无限的史料，考定旧记，凡《通鉴》和所谓正史不同的地方，每多是详细考定的结果。可惜《长篇》不存在，我们不得详细看他们的方法，然尚有《通鉴考异》说明史料的异同。宋朝晚年一切史料的利用，及考定辨疑的精审，有些很使人更惊异的。照这样进化到明朝，应可以有当代欧洲的局面了，不幸胡元之乱，明朝人之浮夸，不特不进步，或者退步了。明清之交，浙东的史学派又发了一个好端涯，但康熙以后渐渐地熄灭，无论官书和私著，都未见得开新趋向，这乃由于外族政府最忌真史学发达之故。言语学中，中国虽然没有普日尼，但中国语本不使中国出普日尼，而中国文字也出了《说文解字》，这书虽然现在看来只是一部没有时代观念，不自知说何文解何字的系统哲学，但当年总是金声玉振的书，何况还有认识方言的輶轩使者？古代的故事且少论，论近代：顾炎武搜求直接的史料订史文，以因时因地的音变观念为语学，阎若璩以实在地理订古记载，以一切比核辨证伪孔，不注经而提出经的题目，并解决了它，不著史而成就了可以永远为法式的辨史料法。亭林、百诗这样对付历史学和语言学，是最近代的：这样立足便是不朽的遗训。不幸三百年前虽然已经成就了这样近代的一个遗训，一百多年前更有了循这遗训的形迹而出的好成就，而到了现在，除零零星星几个例外以外，不特不因和西洋人接触，能够借用新工具，扩张新材料，反要坐看修元史修清史的做那样官样形式文章，又坐看章炳麟君一流人口学问上的大权威。章氏在文字学以外是个文人，在文字学以内做了一部《文始》，一步倒退过孙诒让，再步倒退过吴大澂，三步倒退过阮元，不特自己不能用新材料，即是别人已经开头用了的新材料，他还抹杀着。至于那部《新方言》，东西南北的猜去，何尝寻杨雄就一字因地变异作观察？这么竟倒退过二千多年了。

推绎说去，为什么在中国的历史学和语言学开了一个好的端绪以后，不能随时发展，到了现在这样落后呢？这原故本来显然，我们可以把一句很平实的话作一个很概括的标准：（一）凡能直接研究材料，便进步。凡间接地研究前人所研究或前人所创造之系统，而不繁丰细密地参照所包含的事实，便退步。上项正是所谓科学的研究，下项正是所谓书院学究的研究。在自然科学是这样，在语言学和历史学亦何尝不然？举例说，以《说文》为本体，为究竟，去作研究的文字学，是书院学究的作为。仅以《说文》为材料之一种，能充量地辨别着去用一切材料，如金文、甲骨文等，因而成就的文字学，乃是科学的研究。照着司马子长的旧公式，去写纪表书传，是化石的史学。能利用各地各时的直接材料，大如地方志书，小如私人的日记，远如石器时代的发掘，近如某个洋行的贸易册，去把史事无论巨者或细者，单者或综合者，条理出来，是科学的本事。科学研究中的题目是事实之汇集，因事实之研究而更产生别个题目。所以有些从前世传来的题目经过若干时期，不是被解决了，乃是被解散了，因为新的事实证明了旧来问题不成问题，这样的问题不管它困了多少年的学者，一经为后来发现的事实所不许之后，自然失了它的成为问题的地位。破坏了遗传的问题，解决了事实逼出来的问题，这学问自然进步。譬如两《皇清经解》其中的问题是很多的，如果我们这些以外不再成题目，这些以内不肯捐弃任何题目，自然这学问是静止的，是不进步的。一种学问中的题目能够新陈代谢，则所得结果是可以层层堆积上去，即使年代久远，堆积众多，究竟不觉得累赘，还可以到处出来新路，例如很发达的天文、物理、化学、生物等科目；如果永远盘桓于传留的问题，旧题不下世，新题不出生，则结果直是旋风舞而已，例如中国的所谓经学中甚多题目，如西洋的哲学。所以中国各地零零碎碎致力于历史或语言范围内事的人也本不少，还有些所谓整理国故的工作，不过每每因为所持住的一些题目不在关键中，换言之，无后世的题目，或者是自缚的题目，遂至于这些学问不见奔驰的发展，只表昏黄的残缺。（二）凡一种学问能扩张它研究的材料便进步，不能的便退步。西洋人研究中国或牵连中国的事物，本来没有很多的成绩，因为他们读中国书不能亲切，认中国事实不能严辨，所以关于一切文字审求、文籍考订、史事辨别，等等，在他们永远一筹莫展。但他们却有些地方比我们范围来得宽些。我们中国人多是不会解决史籍上的四裔问题的，丁谦君的《诸史外国传考证》，远不如沙万君之译外国传，玉连之解《大唐西域记》，高几耶之注《马哥博罗游记》，米勒之发读回纥文书，这都不是中国人现在已经办到的。凡中国人所忽略，如匈奴、鲜卑、突厥、回纥、契丹、女真、蒙古、满洲等问题，在欧洲人却施格外的注意。说句笑话，假如中国学是汉学，为此学者是汉学家，则西洋人治这些匈奴以来的问题岂不是虏学，治这学者岂不是虏学家吗？然而也许汉学之发达有些地方正借重虏学呢！又如最有趣的一些材料，如神祇崇拜、歌谣、民俗，各地各时雕刻文式之差别，中国人把他们忽略了千百年，还是欧洲人开头为规模的注意。零星注意，中国向来有的。西洋人作学问不是去读书，是动手动脚到处寻找新材料，随时扩大旧范围，所以这学问才有四方的发展，向上的增高。中国文字学之进步，正因为《说文》之研究消灭了汗简，阮、吴诸人金文之研究识破了《说文》，近年孙诒让、王国维等之殷文研究更能继续金文之研究。材料愈扩充，学问愈进步，利用了档案，然后可以订史，利用了别国的记载，然后可以考四裔史事。在中国史学的盛时，材料用得还是广的，地方上求材料，刻文上抄材料，档库中出材料，传说中辨材料。到了现在，不特不能去扩张材料，去学曹操设“发冢校尉”，求出一部古史于地下遗物，就是“自然”送给我们的出土的物事，以及敦煌石藏，内阁档案，还由它毁坏了好多，剩下的流传海外，京师图书馆所存摩尼经典等等良籍，还复任其搁置，一面则谈整理国故者人多如鲫，这样焉能进步。（三）凡一种学问能扩充它作研究时应用的工具的，则进步；不能的，则退步。实验学家之相竞如斗宝一般，不得其器，不成其事，语言学和历史学亦复如此。中国历来的音韵学者审不了音，所以把一部《切韵》始终弄不甚明白，一切古音研究仅仅以统计的方法分类。因为几个字的牵连，使得分类上各家不同，即令这些分类有的对了，也不过能举其数，不能举其实，知其然不知其所以然。如钱大昕论轻唇、舌上古来无之，乃自重唇舌头出，此言全是，然可以重唇分出一类为轻唇，舌头分出一类为上，竟不是全部的变迁，这层道理非现在审音的人不能明白，钱君固说不出。若把一个熟习语音学的人和这样一个无工具的研究者比长短，是没法子竞争的。又如解释隋唐音，西洋人之知道梵音的，自然按照译名容易下手，在中国人本没有这个工具，又没有法子。又如西藏、缅甸、暹罗等语，实在和汉语出于一语族，将来以比较言语学的方法来建设中国古代言语学，取资于这些语言中的印证处至多，没有这些工具不能成这些学问。又如现代的历史学研究，已经成了一个各种科学的方法之汇集。地质、地理、考古、生物、气象、天文等学，无一不供给研究历史问题者之工具。顾亭林研究历史事迹时自己观察地形，这意思虽然至好，但如果他能有我们现在可以向西洋人借来的一切自然科学的工具，成绩岂不更卓越呢？若干历史学的问题非有自然科学之资助无从下手，无从解决。譬如《春秋经》是不是终于获麟，《左氏经》后一段是不是刘歆所造补，我们正可以算算哀公十四年之日食是不是对的，如不对，自然是伪作，如对了，自然是和获麟前春秋文同出史所记。又譬如我们要掘地去，没有科学资助的人一铲子下去，损坏了无数古事物，且正不知掘准了没有，何如先有几种必要科学的训练，可以一层一层地自然发现，不特得宝，并且得知当年入土的踪迹，这每每比所得物更是重大的智识。所以古史学在现在之需用测量本领及地质气象常识，并不少于航海家。中国史学者先没有这些工具，哪能使得史学进步，无非靠天帮忙，这里那里现些出土物，又靠西洋人的腿，然而却又不一定是他们的胸袋，找到些新材料而已。整理自己的物事的工具尚不够，更说不上整理别人的物事，如希拉（希腊）艺术如何影响中国佛教艺术，中央亚细亚的文化成分如何影响到中国的物事，中国文化成分如何由安西西去，等等，西洋的东方学者之拿手好戏，日本近年也有竟敢去干的，中国人目前只好拱手谢之而已。

由上列的三项看来，除几个例外算，近几世中中国语言学和历史学实不大进步，其所以如此自是必然的事实。在中国的语言学和历史学当年之有光荣的历史，正因为能开拓的用材料，后来之衰歇，正因为题目固定了，材料不大扩充了，工具不添新的了。不过在中国境内语言学和历史学的材料是最多的，欧洲人求之尚难得，我们却坐看它毁坏亡失。我们着实不满这个状态，着实不服气，就是物质的原料以外，即便学问的原料，也被欧洲人搬了去乃至偷了去。我们很想借几个不陈的工具，处治些新获见的材料，所以才有这历史语言研究所之设置。

我们宗旨第一条是保持亭林、百诗的遗训。这不是因为我们震慑于大权威，也不是因为我们发什么“怀古之幽情”，正因为我们觉得亭林、百诗在很早的时代已经使用最近代的手段，他们的历史学和语言学都是照着材料的分量出货物的。他们搜寻金石刻文以考证史事，亲看地势以察古地名。亭林以语言按照时和地变迁的这一个观念看得颇清楚，百诗于文籍考订上成那末一个伟大的模范著作，都是能利用旧的新的材料，客观地处理实在问题，因解决之问题更生新问题，因问题之解决更要求多项的材料。这种精神在语言学和历史学里是必要的，是充足的。本这精神，因行功扩充材料，因时代扩充工具，便是唯一的正当路径。

宗旨第二条是扩张研究的材料。

第三条是扩张研究的工具。这两层的理由上文中已叙说，不再重复了。这三件实在是一句话，没有客观的地理史学或语言学的题目之精神，即所谓亭林、百诗的遗训者，是不感觉着扩充材料之必要，且正也扩充不了，若不扩张工具，也不能实现这精神，处置这材料。

关于我们宗旨的负面还有几句话要说。

（一）我们反对“国故”一个观念。如果我们所去研究的材料多半是在中国的，这并不是由于我们专要研究“国”的东西，乃是因为在中国的材料到我们的手中方便些，因为我们前前后后对于这些材料或已经有了些研究，以后堆积上研究去方便些，好比在中国的地质或地理研究所所致力的，总多是些中国地质地理问题，在中国的生物研究所所致力的，总多是些中国生物问题，在中国的气象研究所所致力的，总多是些中国各地气象观察。世界中无论哪一种历史学或哪一种语言学，要想做科学的研究，只得用同一的方法，所以这学问断不以国别成逻辑的分别，不过是因地域的方便成分工。国故本来即是国粹，不过说来客气一点儿，而所谓国学院也恐怕是一个改良的存古学堂。原来“国学”“中国学”等等名词，说来都甚不详，西洋人造了支那学“新诺逻辑”一个名词，本是和埃及脱逻辑亚西里亚逻辑同等看的，难道我们自己也要如此看吗？果然中国还有将来，为什么算学、天文、物理、化学等等不都成了国学，为什么国学之下都仅仅是些言语、历史、民俗等等题目？且这名词还不通达，取所谓国学的大题目在语言学或历史学的范围中的而论，因为求这些题目的解决与推进，如我们上文所叙的，扩充材料，扩充工具，势必至于弄到不国了，或不故了，或且不国不故了。这层并不是名词的争执，实在是精神的差异的表显。（二）我们反对疏通，我们只是要把材料整理好，则事实自然显明了。一分材料出一分货，十分材料出十分货，没有材料便不出货。两件事实之间，隔着一大段，把我们联络起来的一切涉想，自然有些也是多多少少可以容许的，但推论是危险的事，以假设可能为当然是不诚信的事。所以我们存而不补，这是我们对于材料的态度；我们证而不疏，这是我们处置材料的手段。材料之内使它发见无遗，材料之外我们一点也不越过去说。果然我们同人中也有些在别处发挥历史哲学或语言泛想，这些都仅可以当作私人的事，不是研究所的工作。（三）我们不做或者反对所谓普及哪一行中的工作。近百年中，拉丁文和希腊文在欧洲一般教育中之退步，和他们在学问上之进步，恰恰成正比例，我们希望在中国也是如此。现在中国希望制造一个新将来，取用材料自然最重要的是欧美的物质文明，即物质以外的东西也应该取精神于未衰败的外国。历史学和语言学之发达，自然于教育上也有相当的关系，但这都不见得即是什么经国之大业不朽之盛事，只要有十几个书院的学究肯把他们的一生消耗到这些不生利的事物上，也就足以点缀国家之崇尚学术了——这一行的学术。这个反正没有一般的用处，自然用不着去引诱别人也好这个。如果一旦引了，不特有时免不了致人于无用，且爱好的主观过于我们的人进来时，带进了些乌烟瘴气，又怎么办？

这个历史语言研究所，本是大学院院长蔡先生委托在广州的三人筹备的，现在正计划和接洽应举的事，已有些条随着人的所在小小动手，却还没有把研究所的大体设定。稍过些时，北伐定功，破虏收京之后，这研究所的所在或者一部分在广州一部分在北京，位置的方便供给我们许多工作进行的方便。我们最要注意的是求新材料。第一步想沿京汉路，安阳至易州，安阳殷墟以前盗出之物并非彻底发掘，易州、邯郸又是燕赵故都，这一带又是卫邶故域。这些地方我们既颇知其富有，又容易达到的，现在已着手调查及布置，河南军事少静止，便结队前去。第二步是洛阳一带，将来一步一步的西去，到中央亚细亚各地，就脱了纯中国材料之范围了。为这一些工作及随时搜集之方便，我们想在洛阳或西安、敦煌或吐鲁番、疏勒，设几个工作站，“有志者事竟成！”因为广州的地理位置，我们将要设置的研究所要有一半在广州。在广州的四方是最富于语言学和人类学的材料，汉语将来之大成全靠各种方言之研究，广东省内及邻省有很多种的方言，可以每种每种的细细研究，并制定表式，用语言学帮助，作比较的调查。至于人类学的材料，则汉族以外还有几个小民族，汉族以内，有几个不同的式和部居，这些最可宝贵的材料怕要渐渐以开化和交通的缘故而消灭，我们想赶紧着手采集。我们又希望数年以后能在广州发达南洋学：南洋之富于地质生物的材料，是早已著名的了；南洋之富于人类学材料，现在已渐渐为人公认。南洋学应该是中国人的学问，因为南洋在一切意义上是“汉广”。总而言之，我们不是读书的人，我们只是上穷碧落下黄泉，动手动脚找东西！

现因我们研究所之要求及同人之祈向，想次第在两年以内设立下列各组：各组之旨趣及计划，以后分列刊印。

一、文籍考订；

二、史料征集；

三、考古；

四、人类及民物；

五、比较艺术。

以上历史范围。

六、汉语；

七、西南语；

八、中央亚细亚语；

九、语言学。

以上语言范围。

历史学和语言学发展到现在，已经不容易由个人作孤立的研究了，它既靠图书馆或学会供给它材料，靠团体为它寻材料，并且须得在一个研究的环境中，才能大家互相补其所不能，互相引会，互相订正，于是乎孤立的制作渐渐地难，渐渐地无意谓，集众的工作渐渐地成一切工作的样式了。这集众的工作中有的不过是几个人就一题目之合作，有的可就是有规模的系统研究。无论范围大小，只要其中步步都是作研究功夫的，便不会流成“官书”的无聊。所有这些集众工作的题目及附带的计划，后来随时布白。希望社会上欣赏这些问题，并同情这样工作的人，多多加以助力！果然我们动手动脚得有结果，因而更改了“读书就是学问”的风气，虽然比不得自然科学上的贡献较为有益于民生国计，也或者可以免于妄自生事之讥诮罢？我们高呼：

一、把些传统的或自造的“仁义礼智”和其他主观，同历史学和语言学混在一气的人，绝对不是我们的同志！

二、要把历史学语言学建设得和生物学地质学等同样，乃是我们的同志！

三、我们要科学的东方学之正统在中国！

（选自《国立中央研究院历史语言研究所集刊》第一期，1928年出版）

郑振铎

（1898—1958），字西谛，原籍福建长乐，生于浙江温州。1917年入北京铁路管理学校学习，1919年参加五四运动，与瞿秋白等创办《新社会》杂志，1920年与沈雁冰等发起成立“文学研究会”，主编《文学旬刊》。曾任上海商务印书馆编辑、《小说月报》主编、《公理日报》主编，燕京大学、清华大学、上海暨南大学教授等。1937年参加文化界救亡协会，与胡愈之等人组织复社，出版《鲁迅全集》，主编《民主周刊》等。1949年后历任文化部文物局局长、文化部副部长等职，是全国政协委员，全国文联全委、主席团委员，全国文协常委，中国作家协会理事。著有《文学大纲》《俄国文学史略》《中国文学论集》《中国俗文学史》《近百年古城古墓发掘史》《基本建设及古文物保护工作》《域外所藏中国古画集》《中国历史参考图谱》《伟大的艺术传统图录》《插图本中国文学史》《中国版画史图录》等。主编《世界文库》《北平笺谱》（与鲁迅合编）等。

新文学之建设与国故之新研究

我主张在新文学运动的热潮里，应有整理国故的一种举动。

我所持的理由有二：

第一，我觉得新文学的运动，不仅要在创作与翻译方面努力，而对于一般社会的文艺观念，尤须彻底的把他们改革过。因为旧的文艺观念不打翻，则他们对于新的文学，必定要持反对的态度，或是竟把新文学误解了。譬如他们先存一个凡是诗必是五七言的，或必是协韵的传统观念在心中，则对于现在的新诗，必定要反对要攻击了。或是他们先存一个凡新出之物，古代都已有之的意见，把我们作的及译进来的东西都误解了；把《魔侠传》（即 *Don Quixote*）当做《笑林广记》看了，把莫柏桑之性欲描写的作品，当做《金瓶梅》等类的书看了，或是以为白话诗古已有之，把汉高祖、贾宝玉的说话也都当做白话诗看了。这是何等不幸的事！但我们要打翻这种旧的文艺观念，一方面固然要把什么是文学，什么是诗，以及其他等等的文学原理介绍进来，一方面却更要指出旧的文学的真面目与弊病之所在，把他们所崇信的传统的信条，都一个个的打翻了。譬如他们相信《毛诗序》的美刺主义，把苏东坡的“缺月挂疏桐”一词，也句句都解成“刺明微也”“幽人不得志也”；又相信“文以载道”的主张，以为文章不能离经义以独存，把所谓周汉经师的传授表也都列入文学史里。我们拿了抽象的几个文学定义和他们说，是决说不通的；必须根本的把《毛诗序》打倒，或把汉儒传经的性质辩白出来，使他们失了根据地，他们的主张才会摇动，他们的旧观念才会破除。正如马丁·路德之宗教改革；旧教中人借托《圣经》以愚蒙世人，路德便抉《圣经》的真义，以攻击他们。路德之成功，即在于此。我们现在的整理国故，也是这种意思。“擒贼先擒王”，我们把他们的中心论点打破了，他们的旧观念自然会冰消瓦解了。这是我的理由之一。

第二，我以为我们所谓新文学运动，并不是要完全推翻一切中国的故有的文艺作品。这种运动的真意义，一方面在建设我们的新文学观，创作新的作品，一方面却要重新估定或发现中国文学的价值，把金石从瓦砾堆中搜找出来，把传统的灰尘，从光润的镜子上拂拭下去。譬如元明的杂剧传奇，与宋的词集，许多编书目的人都以他们为小道，为不足录的；而实则它们的真价值，却远在《四库书目》上所著录的元明人诗文集以上。又如《水浒传》《西游记》《镜花缘》《红楼梦》诸书，也是被所谓正统派的文人所不齿的，而它们的真价值，也远在无聊的经解及子部杂家小说家及史部各书以上。又如向来无人知道方玉润，他的《诗经原始》，见解极为超卓，其价值也远在朱熹、魏源、毛奇龄之上，而知者却极少。这都是我们所不能不把他们从瓦砾堆中找出来的。还有如言诗者必宗宋，言文者必宗桐城与唐宋八家。而中国诗文的真假，乃为宋与桐城的灰尘掩蔽得看不见了；又有以《红楼梦》为影射某人某人的，以《西游记》为修养炼丹之书等类的主张，而《红楼梦》《西游记》的本来面目，遂也被他们幕上一层黑布了。这又是我们所不能不把它们的光耀从灰尘底下恢复出来的。而这种工作，都需要一种新的研究。我们现在的"整理国故"的呼声，所要做的，便是这种事。这是我的理由之二。

我这二个理由，似乎已把国故在现在有重新研究的必要与国故之整理与新文学建设的关系说得很明白了，底下且略谈我们的国故的新研究之必要的条件。

近来我在日报和杂志上看到许多谈论国故的文字，但能得到满意的，不过二三篇而已。他们的通病有三：一，没有新的见解；二，太空疏而无切实的研究态度；三，喜引欧美的言论以相附会。

我以为我们的国故新研究，非矫正这种通病，决不能有成功的希望。所以——

我们须有切实的研究，无谓的空疏的言论，可以不说。我们须以诚挚求真的态度，去发见没有人开发过的文学的旧园地。我们应以采用已公认的文学原理与关于文学批评的有力言论，来研究中国文学的源流与发展；但影响附会的论调，如所谓史格德的文笔似太史公或以陶渊明为中国的托尔斯泰之类，我们必须绝对避免。

总之，我的整理国故的新精神便是“无征不信”，以科学的方法，来研究前人未开发的文学园地。

我们怀疑，我们超出一切传统的观念——汉宋儒乃至孔子及其同时人——但我们的言论，必须立在极稳固的根据地上。

（选自《小说月报》第十四卷第一号，1923 年 1 月出版）

且慢谈所谓“国学”

一

所谓“国学”，虽然经过了好几次的厄运，经过了好几次的似若“沦亡”的危境，然而它终于在如今又抬头起来了。所谓国学要籍的宝库，如《四部丛刊》《四部备要》之类，每个中上等的家庭里，几乎都各有一部；而《古今图书集成》也有了资格和《英国百科全书》一同陈列于某一种“学贯中西”的先生们的书架上。几种关于“国学”的小丛书，其流传之盛，更百倍于所谓“科学小丛书”。向来只买皮脊金字的洋装书的人，如今也要搜集所谓线装的古书了。做了几任的“刚白度”的人，如今也要集集宋金元本的名著了。每一个大学开了门，总有一个所谓“国学系”；每一个图书馆建立起来，总要在书架上安置一大批的“国学必读书”；每一位国学大师也总有他的许多信徒与群众。自《国学书目》开列出来以后，总算是“旗开得胜，马到成功”了。

当然的，这并不是什么意外的一个收获，意外的一种奇迹；反之，如果开列了《国学书目》而没有这种收获，那才可算是一种意外，那才可算是一种奇迹呢！二三千年来的根深蒂固的传统的思想，又加之以人人所有的近乎天性的爱护乡产国物的狂热，当然的，只要有人提倡，便会蓬蓬勃勃的如硫磺棍的头上一触上小火星似的熊熊的大放光明了。当着国学爱护者在高唤着“国学沦亡”时，其实“国学”并没有真的“沦亡”，不过一时被忙碌者所忽视，有若冬虫之暂蛰而已，到了春雷一震，“制礼作乐”的时代一来到，百虫万兽，当然的一切皆要苏生了。

我们且研究这样的一种“国学”的苏生，究竟是不是一种的“文艺复兴”，是不是今日中国所最需要的一种举动；究竟所谓“国学”的一种东西，是不是如今每个人所必要研究的学问；是不是每个要替中国办事的专门家必要涉猎的门径书。

开《国学书目》的先生们当然都要回答一声“是”！他们还要反复叮嘱的说，出洋研究工程机械，或飞机驾驶的人，都不能不读读“十三经、廿四史、九通”，但我们却要直捷的回答它一个、两个、三个的“不是”！“不是”什么理由？且让我们先来分析一下所谓“国学”的一种东西的内容。

二

大众都知道所谓“国学”便是欧洲人所谓“中国学”。欧洲人的所谓“中国学”，虽仅含有一种的意义，即总括一切中国学问与事物的研究；而他们所指的“中国学”研究者或“中国学者”却有了两种不同的人物，一种是识得中国文字的领事牧师们，一种是未见得懂中文，却是深通某一种专门学问而去研究中国某一种事物的专门家。“中国学”的这个名称，原是极为含混的。为什么没有所谓“希腊学”“罗马学”“印度学”“法兰西学”，而独有所谓“中国学”“埃及学”“巴比伦学”呢？第一点，大约是因为中国与埃及诸古国的艰深的文字，非欧洲人人所能懂，所以研究中国埃及文字的人，也成了一种的专门家；第二点，大约是因为研究中国埃及事物的人很少很少，这种研究，尚未至于扩大与普及之境，所以将这些研究姑且混而称之曰：“中国学”“埃及学”“巴比伦学”。就第一点而观之，当然一切牧师、领事，只要请教过秀才举人们，读过《四书》的都可称为中国学者。所以像英国 H.A. Giles 诸人，便对于中国无论什么事都要谈说，文学、艺术、宗教、哲学、历史、地理，以及一切，而大众便也异口同声称之曰“中国学者”。然而这一批人的时代，现在仿佛已经过去了。现代已经进入第二个时代了，便是以专门家去研究关于中国的某一事物的时代。凡一切史前的考古学者到蒙古去发掘，动植学的教授到闽广浙江去采集标本，中央亚细亚的史地研究者去考察中西交通的史实等等，都是属于这一类，这一类的研究者都是以所研究的事物为主的，不是以懂得中国文字为主的。——懂得当然更好。将他们混而称之为“中国学者”，实为不该。所以“中国学”的内容，一加分析，却是什么都没有，且是不能成立的。

与“中国学”同意义的“国学”，其内容当然也不外于此。

一部分的植物学者，应用了植物学的知识，去研究中国植物分布的情形，或某一个地方的植物或某一个种类的植物；一部分的矿物学者，应用了矿物学的原理，去研究中国各地方的矿产，或某一种矿物的产量与产地，或某一省某一县的矿产的情况；一部分天文历算的专家，应用了天文历算的最新方法，去推定中国古代的某一次日食或某一种天象，或某一类的天文上的问题；一部分的化学家，应用了现代最新的化学理论去研究中国所谓方士炼丹的秘密；……这些，研究的虽是中国的东西，他们本身却不承认自己是“国学家”，我们也不该承认他们是“国学家”。他们只是植物学家、矿物学家、天文学家、化学家，而独不是“国学家”！而我们今日之所谓“国学家”者，则是有异乎他们的另一类的人。

“国学”成一个专门的学问，“国学系”成了一个专门的学系，“国学家”成了一个专家的称号。然而“国学”其实却不是一种专门的学问；他不能与植物学、动物学、矿物学、天文学、化学……相比肩；“国学”其实却不能成为一个专门的学系；他没有与植物学系、动物学系、矿物学系、天文学系、化学系相对立的资格。“国学家”其实更不是一个专门的学者，他不配与植物学家、动物学家、矿物学家、天文学家、化学家，同立在一个讲坛上。

浅而言之，“国学”乃是中学校的“国文”一课的扩大，“国学家”乃是中学校的“国文教师”的抬高。他们是研究中国的事物名理的，然而却没有关于事物名理的一般的、正确的、基本的知识；他们是讨论一切关于中国的大小问题的，然而他们却没有对于这一切问题有过一番普遍的、精密的考察；他们会讲上古期的中国哲学，中古期的中国文学，近百年来的中国史，然而他们对于所谓“哲学”“文学”“历史”的根本要点却并没有握捉到手；他们谈治水开河，他们谈制礼作乐，他们谈“立法三章”的事，他们谈中国教育的问题，然而他们却不是水道工程的技师，却不是音乐家、制谱家，却不是法律家，却不是教育家。总之，他们是无所不能的国学家，却不是专精一家言的专门学者。他们是认识世界最难认识的中国文字者。他们的唯一工具是中国文字。他们的唯一宝库是古旧的书本。他们的唯一能事是名物训诂，是章句解释，是寻章摘句，是发阐古圣贤之道。他们脱逃不出佛祖的手掌心之外，这只手掌心便是书本——古旧的书本。

平心而论，我们的“国学家”的中国文字的知识，当然要比仅仅认识几个中国字的一部分西方的“中国学者”高明了不少。

然而在常识上也许还要远逊于他们；有的时候，即在对于古书的理解力上也许还要让他们——西方的中国学者——高出一头地。

就我们在上文分析的结果，我们知道：“国学”乃是包罗万有而其实一无所有的一种中国特有的“学问”，“国学家”乃是无所不知——而其实一无所知除了古书的训诂之外——的一种中国特有的专门学者。

三

然而，像这样的一种“国学”，像这样的一种“国学家”，却不是现代的产物，也不是从天上落下来的时代的宠儿。他们在中国几千年的历史上便已屡屡的演着他们的把戏了。原来，他们的前身，便是所谓“士大夫”的一种特殊的阶级，即为君王的家奴，而去帮助他治理天下的一种特殊的“帮治者阶级”。这个阶级，“肩不能挑担，手不能提篮”，既不能耕田种地，又不能买卖经营，更不能执锯握斧，垒砖涂泥。然而却俨然的居于“四民”之首，为他们的统治者、管理者、责罚者、公断者。他们从拜了“开蒙师”，读了“人之初”“大学之道”取了一个学名——或者官名——之后，便已准备着要做“腰金衣紫”“治国平天下”的“官”“宰”了。他们学会了做赋，做诗，做八股文，做策论。习练熟了“敲门砖”，把做官的门敲开了之后，从此便一帆风顺。

永远不失其为“治人阶级”的身份了。从此，他们便抛弃了敲门砖，摇身一变，变成为教育家、政治家、法官、财政官、工程师、外交官、带兵的统将等等。总之，自从抛却了敲门砖之后，他们却成为一位无所不能的士大夫了，一位无所不知的治者阶级了。刚刚脱下了蓝衫，放下了做八股文的笔的士大夫，便翻起了“大清律”去坐堂判案，或匆匆的读了几篇治河疏，便去督责工役防河。有的时候，他们竟还知道选日看地，竟还知道抚切手脉，开出药方医案来。真是天下的学问备于一身——这也难怪现代的某种半殖民地的东方城市里，还有东西方人以外交官而兼做法官的怪物在着呢——也难怪天子要将天下的任何要务责立于其身了。

我们的“国学家”，便是这样的一种士大夫阶级的嫡系子孙。

“士大夫阶级”有幸而生于数十百年前，便做了宰天下的高官，我们的“国学家”不幸而生于百十年后的今日，便只好没落而做了一种“蒙馆先生”变相的“国学大师”。像这样的历史上传统的人物，要一时消灭了他们，是很困难的。他们如今虽然没落了，也许更会“回光返照”了一次二次也难说。然而为了中国的民族前途计，我们却希望这一个特殊的阶级，能够早日由没落而趋于死灭——愈快愈好。

四

“国学”与“国学家”的历史上的背景与其内容既然如此，那末，我们很可以知道他们在今日的中国是一无所用的废物了。——不仅无用，且还有阻碍于中国民族的进步与发展。

第一点，他们使一般志趣不坚定的少年受了煤毒似的古书的诱害，使他们沉醉于作《诗经研究》《李白的诗》《白香山诗中所表现的人生观》或《唐律研究》《孙子兵法》等等的浅薄论文而自以为满足，甚且以作已经死去了的词曲、古文、诗，乃至研究所谓书法、刻印法为自得。即使他们目中只看了些“古色斑斓”的破旧古物，却忘记了他们自己是一位现代的人，有他们的现代使命与工作，有他们的现代的需要与努力，有他们的现代的精神与思想。换一句话，即把他们拘禁于一所暗室之中，黑漆漆的不使之见到一点光明。我们失去了一部分有作为的青年，便失去了社会上的一部分的工作能力。将所谓“国学”的好听的——一个名辞[①]，使青年们“目迷五色，耳纷八声”，“入焉而不能自出”，使他们“玩物丧志”，成了一个社会上的“废人”，这是如何可痛的一种盲目的举动呢！——我说他是盲目，因为知道他们提倡的人，并不是有意的要危害他们。青年们要是人人都去整理、研究、保存所谓“国故”“国学”，则恐怕国将不国，“故”与“学”也将“皮之不存，毛将焉附”了。

第二点，将所谓“国学”的那末一种包罗万有的观念，灌输到社会去，最容易使这个向来便不曾有过清清楚楚的概念而今日方才有些觉醒的社会，重复走入迷途。我们人人都要明

① 现写作“名词”。

白，我们个人决不是一个万能的人，也决没有从事于万能的一种学问的可能。我们懂得不妨多，研究的门径却必须要专，要精，要深入。

像《空城计》里诸葛亮口说的“上知天文，下识地理”的时代，现在是早已过去的了。

第三点，人群社会的进化，其主因及诱因，都在于外来的思想事物的输入与采用。所以每逢一次战争，每有了几次的交通贸易之后，本国的文化便有了变化、进展。亚历山大的东征，使希腊文化生了不同的面目，汉武帝的开发西域，也使中国的文化大受影响，日本的欧化与其长足的进步，更是一个显明而最近的例子。但是我们如果提倡“国学”，保存“国故”，其结果便会使我们的社会充满了复古的空气而拒却一切外来的影响。这种的阻拒，在文化与国家的生长上是极有妨害的。且现代的中国还充满着中古世纪的迷信与习惯，生活与见解，即用全力去廓清他们还来不及，那里还该去提倡他们呢。一面去提倡“国故”“国学”，一面要廓清旧思想、旧习惯，真是“添薪以止沸”“南辕而北辙”，决无可能性的。

第四点，我们即使要整理古书，研究古代哲学、中代文学、近代历史，却也非有外来的基本知识，非参考外国文的书籍不可。他们至少可以启发你一条研究的新路。我从前曾告诉几位朋友说，你要先学会了英德法日或至少其中的二国以上的文字，然后你才能对于古书有比较正确新颖的见解与研究；你要先明白了现代的一二种基本学问与知识，然后你才能对于古书有左右逢源、迥不犹人的见解。居现在而仍抱了“白首穷经”的态度，仍逃不出古书圈子范围以外去研究古书，则这种研究不会有什么好结果，不会得到什么惊人的成绩，是可断言的。

不必再多说了，仅就这四点而论，已可知所谓“国学”，所谓“国学家”，于中国国力及文化的发展有如何巨大的阻碍。

所以我的本文的标题与标语，是劝大家：且慢谈所谓“国学”！古书少了几个人谈谈，并不是什么损失。古书不于现在加以整理、研究，也不算什么一回事。现在我们不去研究，不去整理，等到一百年一千年后再加以整理、研究，也并没有什么关系。宋版元版的精本，流入异国，由他们代为保存，也并不是什么可叹息的事。在今日的中国而不去获得世界的知识，研究现代的科学，做一个现代的人，有工作能力的人，那才是可叹息的事。在今日的中国而不去尽力设法输入采用西方的文化与思想，以期彻底的扫荡了我们的中古期的迷雾与山瘴，那才是可叹息的事。在今日的中国而不去介绍研究西方的事物，努力求中国的生存建设与发展，那才是可叹息的事。

总之，我们如要求中国的生存，建设与发展，则除了全盘的输入与容纳西方的文化之外，简直没有第二条可走。在思想上是如此，在文艺上是如此，在社会上也是如此，我们要求生存，要求新的生活，要求新的生命力，我们便应当毫不迟疑的去接受西方的文化与思想，便应当毫不迟疑的抛弃中古期的迷恋心理与古代的书本，而去取得西方的科学与文明。

我们不妨抛弃了对于古书的研究，我们不妨高叫着：打倒“国故”“国学”，不知道“国故”“国学”并不是可羞耻的事；没有一种专门的学问，没有一种专门的工作能力，那才是可羞耻的事。科学家，工程师，本不应去读什么浩瀚的《九通》《十三经》《二十四史》，这对于他们是毫无用处的。植物学家，矿物学家，化学家，也可以完全不读过某一种《国学必读书》中的任何一种，这些书对于他们也是毫无关系的。（如果他们要读王维白居易诗集似的去欣赏他们，那是他们的自由，我们必不去过问。）

五

总结上文的意思是：

第一，打倒所谓“国学家”。

第二，且慢谈所谓“国学”。

第三，古书与古代文化的整理与研究，是最少数的最专门的工作，不必责之于一般人，于一般青年。

第四，即研究或整理古书与古代思想文化的人，也不可不懂得基本的科学知识与方法。

第五，全盘输入，采用西方的事物名理，以建设新的中国，新的社会，以改造个人的生活。

所以目前的急务，是：

第一，建设巨大的外国文书图书馆。

第二，建设各种科学的专门研究院、实验室。

第三，用印行四部什么，四部什么的印刷力，来翻印或译印科学的基本要籍与名著。

且慢谈所谓“国学”！我再三的说。我们的生路是西方科学，与文化的输入与追求。我们的工作，是西方科学与文化的介绍与研究。我们不要浪费了有用的工作力。我们且慢谈所谓“国学”！

（选自《小说月报》第二十卷第一号，1929年1月出版）

朱自清

（1898—1948），原名自华，号秋实，后改名自清，字佩弦，笔名有余捷、柏香、白水、知白等。原籍浙江绍兴，生于江苏东海，后定居扬州，现代散文家、诗人、古典文学学者和语文教育家。1916年考入北京大学预科，1920年毕业于北京大学哲学系，期间参加五四运动，并受五四思潮的影响走上文学道路。1925年到清华大学任教，1931年留学英国，进修语言学和英国文学，次年归国后任清华大学中国文学系主任。抗日战争时期南下昆明，任西南联合大学中国文学系主任，并当选为中华全国文艺界抗敌协会理事。一生致力于中国古典文学研究和散文创作。著作有散文集《背影》《欧游杂记》《你我》《伦敦杂记》等，论文集《国文教学》《经典常谈》《语文拾零》等，诗论《诗言志辨》《新诗杂话》等。主要著作编为《朱自清全集》。

现代生活的学术价值

近来在《北京大学国学门研究所周刊》上，看到顾颉刚先生的《一九二六年始刊词》，又在《晨报副刊》上看到他的论小戏转变的杂记，又在《现代评论》上看到杨金甫先生论国学的文字，我也引起了一些感想。我的感想与他们二位的主旨无甚关涉，只是由他们的话引起了端绪而已。

可惜三篇文只有一篇在我手边，我所要用的话，有些已不能确忆；现在只略述大意，以资发凡。顾先生说，我们研究学问，不一定要向旧书堆里去找；我们若愿留意，可以在每日所闻所见里寻到许多研究的材料。可是一向无人注意这种材料，他们以不平等的眼光看待古代和现代的东西。敦煌石室出来的物事，谁都当做珍物秘玩；但是北大国学门研究所风俗室里的弓鞋和玩具，便有人摇头了。

顾先生在那篇《一九二六年始刊词》的第二节里，记这种"势利"的情形，最是有趣。杨先生《从红毛鬼子说到北大国学周刊》的时候，很谦虚地说，他最喜欢《周刊》上搜集的歌谣和民间故事，其余是不大懂得的。若我不猜错，他是喜欢现代的东西的。

《一九二六年始刊词》的第三节里，论学术平等，真是十分透彻；顾先生说：

> 凡是真实的学问，都是不受制于时代的古今，阶级的尊卑，价格的贵贱，应用的好坏的。

下面举了许多有力的例，来说明这条原则。我现在所要说的，大致仍不出顾先生的范围，但我想专注重“时代的古今”一种限制上。我们生活在现代，自然与现代最有密切关系，但实际上最容易忘记的也是现代。庄子说，“鱼相忘于江湖”，可以断章取义地用来说明这种情形。因此人或梦想过去，或梦想将来；“梦想过去”或“梦想将来”的价值相等或不等，且不用问；而忘记了现在，失去自己的立场，至多也只是“聊以快意”而已，什么也得不着！

我们中国人一直是“回顾”的民族，我们的黄金世界是在古代。“梦想过去”的空气笼罩了全民族，于是乎觉得凡古必好，凡古必粹，而现在是“江河日下”了。我不敢说中国人是最鄙弃“现在”的民族，我敢说我们是最鄙弃“现在”的民族之一。过去有过去的价值，并非全不值得回顾，有时还有回顾的必要；我所不以为可的，是一直的梦想，仅仅乎一直的梦想！他们只抱残守缺地依靠着若干种传统，以为是引他们上黄金世界的路。他们绝不在传统外去找事实，因此“最容易上古人的当”。上当而不自知，永远在错路上走，他们将永不认识过去的真价值。他们一心贯注的过去，尚且不能了了，他们鄙夷不屑的现在，自然更是茫然。于是他们失去了自己，只麻木地一切按着传统而行；直到被传统压得不能喘气而死。

要知道单只凭着若干种传统，固不足以知今，亦不足以知古。偶读《论衡·谢短篇》，有一节很可以说明这层意思：

> 夫儒生之业五经也，南面为师，旦夕讲授章句，滑习义理，究备于五经可也。五经之后，秦汉之事，无不能知者（此句疑有衍文），短也。夫知古不知今，谓之陆沉；然则儒生，所谓“陆沉”者也。五经之前，至于天地始开，帝王初立者，主名为谁，儒生又不知也。夫知今不知古，谓之盲瞽。五经比于上古，犹为今也；徒能说经，不晓上古，然则儒生所谓盲瞽者也。
>
> ……
>
> 儒不能都晓古今，欲各别说其经，经事义类，乃以不知为贵也，事不晓，不以为短，请复别问儒生。各以其经旦夕之所讲说……
>
> 夫总问儒生以古今之义，儒生不能知；别名以其经事问之，又不能晓；斯则坐守信师法（依《论衡·举正》

改），不颇博览之咎也。

王充的目的在劝人博览，与本篇主旨无甚关涉；但他说知今与知古同样重要，泥古的“儒生”不但不知今，实也不知古，不但不知广义的古，连他们所泥那一点儿古，其实也不曾能明白：这却是他的卓见。他骂他们是“陆沉”，是“盲瞽”，真是快人快语。只可惜王充死了快二千年了，到现在，“儒生”——而且何止“儒生”！——的情形还是一样！

你只看近年来国学的复兴，便可知道个中的消息。我并不来附和吴稚晖先生，要将线装书扔到茅厕里去；我只觉得复兴后的国学所走的“大路”，并不曾比旧日宽放多少，这是令人遗憾的！胡适之先生在《北大国学季刊》的发刊辞里，说起清代三百年的学问家，只在几部经书里打圈子，不肯将研究的范围扩大；所以成功虽有，到底太狭窄了，不能有真正的通学（大意如此）。但这也是时代使然。那时是闭关时代，参考比较的资料不多，无以启发一般人的新思想；所以只想做补苴罅漏的工夫，不能做融会贯通的事业。现在的时代可不同了，我们受了“外国的影响”，已历有年所；外国的影响可以给我们许多好处，但有一点最重要的，就是：现代生活的学术价值！使我们知道，不仅古代载籍及器物等，配做学术研究的材料，现代载籍及器物等也配的！不仅载籍及庄严的器物等配做学术的资料，就是一支山歌之微，一双弓鞋之细，也配的。这种平等的观念，中国从前虽有人略略提起（如王充），但早被传统的空气压下去了；近来的复活，却全是外国的影响。不过所谓外国的影响，也就可怜得很！据我所知，只在国语文学运动和五四运动以后数年间，现代的精神略一活跃而已。这时期一般人多或少承认了现代生活的价值，他们多或少从事于现代生活的研究。研究舶来的新的“文化科学”的，足以遮没了研究国学的人；于是乎兴了“国粹沦亡”之叹。但这种叹息，实在大可不必；因为不久国学就复兴了，而且仍是老样子——有几个“旁逸斜出，舍大道而弗由”的是例外。其实有几个肯“旁逸斜出”，敢“旁逸斜出”呢！所谓老样子者：一，国学外无学；二，古史料外无国学。在这两个条件之下，现代生活的学术价值等于零！

本篇系就中国立论，我所谓现代生活的学术价值，就是以现代生活的材料，加入国学的研究，使它更为充足、完备；而且因为增多比较的事例，使它更能得着明确的结论。不过“国学”这个名字，极为含混；似乎文化科学、自然科学、哲学、文学，都可包罗在内——我想将来还是分别立名的好。我说以现代生活的材料加入国学，现在一般研究——实在应该说迷信！——国学的人，决不肯如此想。大约是由于“傲慢”，或婉转些说，是由于“学者的偏见”，他们总以为只有自己所从事的国学是学问的极峰——不，应该说只有他们自己的国学可以称得起正宗的学问！他们自己的国学是些什么呢？我，十足的外行，敢代他们回答：经史之学，只有经史之学！你看，他们所走的“大路”，比清代诸老先生所曾走的，又宽放了多少？左右是在些古史料里打圈儿！不想研究了这么些年的国学，还只在老路上留恋着！我不是说在这条老路上走的，一些没有进步；但是我们所要的是更长足的进步，是广开新路！

即如我们所敬服的王静安先生，他早年的确是一个开新路的人；他在《宋元戏曲史》的序里说戏曲史这种学问，古人没有做过，是由他创始的。这种“创新”的精神（虽然并非以现代生活为材料），是值得珍贵的。而且他还研究西洋哲学呢。但他后来渐渐改变态度，似乎以为这种东西究竟是俚俗，是小道，不值得费多大的气力；他于是乎仍走上了那条“大路”，便是经史之学！自然，他的走上这条“大路”，决不算我们的损失；他根据了他的新材料，发明了许多新见解——所给予我们的已经很厚了。他虽不再开新路，但在老路旁，给我们栽了许多新鲜的树木和花草，他的工作确是值得珍贵的。假使我们只有少数学者如此，我们不但不觉得不好，而且觉得是必要的；因为我们需要经史之学的专家，正和需要别的专家一样。但同时得承认，他们是有偏见的。他们的偏见若变成一般研究国学者的意见，如今日一样，那却是妨碍国学的长足的发展的；大家挤在一条路上，最是不经济！所以为一般研究者计，我们现在非打破“正统国学”的观念不可。我们得走两条路：一是认识经史以外的材料（即使是弓鞋和俗曲）的学术价值，二就是认识现代生活的学术价值。

实在，我们现在不怕没有人研究那难研究的古史料，只怕没有人研究这较易研究的现代生活——现在的也是将来的史料。我常想一般研究国学者轻今而重古的原因，除“黄金世界在古代”一条根本信仰外——这个信仰或自觉或不自觉——不外“难得”与“新异”两端。“物稀为贵”，敦煌石室的片纸只字失了就完了，从此不能再有，况发现也是偶然碰着机会，不是能随心所欲的。因此行市便大了。而且东西是古代的，非我们所素习，使我们感着一种新鲜的异代的趣味，正和到新国土感着异域的趣味一样。因此行市便大了。但这两端儿竟所关不巨，所关最巨者，厥惟那个根本信仰；此经史之学所以为正统也。但我们得知道：“后之视今，犹今之视昔”；无论传统的精神变化如何，我们的子孙必有人努力研究我们，和我们研究“先民”一样。他们所有的困难，也将和我们现在所有的大同小异。我们上古的先民，大概还不知道怎样研究自己，所以只有若干简陋的材料（恕我大胆，“六经”也在其中！）留给我们；中古近古的先民却又研究古人，远过于研究自己，所以也没有完备的材料，记载或解释他们自己生活的，留给我们。我们的困难便由此而生；我们现在所知于我们的先民的，实在是极少极少的！我们是没法的了，我们的子孙难道还有受这种困难的必要么！我们得给他们预备一条平坦的路，而这实在也有我们自己的好处。

我们谁都有求知欲不是？我们谁都要求满足不是？而且我们谁都愿意别人明白我们，愈多愈好。这就得了！试问若只有人研究古代史，而却没有人提纲挈领地告诉我们民国十五年来的政治、经济、学术、文艺迁变之迹，我们能满足么？若只有人研究《诗经》，而却没有人告诉我们现在孟姜女歌曲的本末，我们能满足么？有人听见说到元代的杂剧，明代的传奇，便肃然起敬（其实在正宗的国学家看来，这些也只是小道），听见说到皮黄或顾先生说的小戏，便鄙夷道，“这有什么道理”！是的，这有什么道理！有人研究小学，研究《说文》，研究金文，研究甲骨文，至矣，尽矣；至于破体俗字，那当然是不登大雅之堂，不值通人一笑的。但破体俗字在一般社会生活里，倒也有些重要，似非全无理由可言；而且据魏建功先生说，这些字也并非全无条例，如“歡”省作“欢”，“觀”省作“观”，“權”省作“权”，“勸”省作“劝”，是很整齐的，颇值得加以研究。是的，在小学家看来，这又有什么道理！然而我相信张东荪先生的话，他说：“凡文明都是有价值的；凡价值都是有时代性的。”我们且不管价值的时代性，我们只要知道，古史料只是古代生活的遗迹；现代生活是现代生活的自身，为甚反该被人鄙夷呢？我并不劝大家都来研究现代生活，我没有那么功利；我只说应该有些人来专门地或附带地研究现代生活，不要像现在这般寂寞便好了。因为我们既要懂得古代，也一样地——即使不是更迫切地——要懂得现代。而且人有“自表”

的本能，我们将我们自己表白于异国人和后世人，不但是我们的责任，而且是我们的快乐；这自然也非先懂得现代不可。至于将现代与古代打成一片，那更是我们所切望；但这种通学是不容易得的。

“自知”诚哉是极难的；以现代人研究现代生活，“当局者迷”的毛病，或者是难免的。但我不相信局外的人会比局中的人强；与其让外国人或后世人研究我们，还不如我们自己研究好。我们即使不能完全了解我们自己和时代，但所了解的总一定比别人多；因为我们有许多的活证，外国人不懂得用，后世人得不着用。所以现代人研究现代生活，比较地实在最为适宜；所以为真理的缘故，我们也应该有些人负这个责任。至于研究的方法，不用说我是相信科学方法的。研究的途径，我也说了：一是专门就现代生活作种种的研究，如宗教、政治、经济、文学等；搜集现存的歌谣和民间故事，也便是这种研究的一面。一是以现代生活的材料，加入旧有的材料里共同研究，一面可以完成各种学术专史，一面可以完成各种独立的中国学问，如中国社会学、中国宗教学、中国哲学——现在中国地质的研究颇有成绩，这种通常不算入国学之内，但我想若将国学一名变为广义，也未尝不可算入。这两种工作都须以现代生活为出发点；现在从事的人似以乎都很少。——传统的和正宗的空气压得实在太厉害了！但现代这一块肥土，我们老是荒弃不耕，总未免有些可惜吧！或者有人要说，“国学”一名，本只限于历史，考古一方面，正和“埃及学”一样，原可不必勉强牵入现代的材料。但无论历史、考古等学问的完成，一部分仍非依赖现代的材料不可，而“国学”一名，意味也与“埃及学”绝不相同——埃及是已亡的国家，故“埃及学”所涵，有一定的范围；中国是生存的国家，“中国学”所指，何能限定呢！话又说回来了，我想“国学”这个名字，实在太含混，绝不便于实际的应用；你看英国有“英国学”否？日本有“日本学”否？据我所知，现存的国家没有一国有“国学”这个名称，除了中国是例外。但这只是“国学”这个笼统的名字存废的问题，事实上中国学问应包含现代的材料，则是无庸置疑的。因为我们是现代的人，即使研究古史料，也还脱不了现代的立场；我们既要做现代的人，又怎能全然抹杀了现代，任其茫昧不可知呢？现在研究史料的人，似乎已经不少；我盼望最近的将来多出些现代研究的专家，这是我们最不可少的！而更要紧的，先要打破那“正统国学”的观念，改变那崇古轻今的风气；空冒无益，要有人先做出几个沉重的例子看看才行！有“现代的嗜好”的人努力吧！

（选自朱乔森编《朱自清全集》第四卷，

江苏教育出版社 1990 年版）

国学是我的职业[①]

活在这时代的中国里的，总该比四万万还多——Bourgeoisie与Petty Bourgeoisie的人数，总该也不少。他们这些人怎么活着？他们走的是哪些路呢？我想那些不自觉的，暂时还在跟着老路走。他们或是迷信着老路，如遗老、绅士等；或是还没有发现新路，只盲目地照传统做着，如穷乡僻壤的农工等——时代的波浪还没有猛烈地向他们冲去，他们是不会意识着什么新的需要的。但遗老、绅士等的日子不多，而时代的洪流终于要泛滥到淹没了地上每一个细孔；所以这两种在我看都只是暂时的。我现在所要提出的，却是除此以外的人；这些人大半是住在都市里的。他们的第一种生活是政治，革命的或反革命的。这相反的两面实以阶级为背景，我想不用讳言。以现在的形势论：一方面虽还只在零碎Struggle，却有一个整齐战线；另一方面呢，虽说是总动员，却是分裂了旗帜各自拿着一块走，多

① 节选自朱自清《那里走》，全文共四节，分别是：呈萍郢火栗四君、三个印象、时代与我、我们的路，这里节选的是第四节，标题是编者加的。

少仍带着封建的精神的。他们战线的散漫参差，已渐渐显现出来了。暂时的成败，我固然不敢说；但最后的运命，似乎是已经决定了的，如上文所论。

我所要申述的，是这些人的另一种生活——文化。这文化不用说是都市的。说到现在中国的都市，我觉得最热闹的，最重要的，是广州、汉口、上海、北京四处，南京虽是新都，却是直到现在，似乎还单调得很；上海实在比南京重要得多，即以政治论，也是如此，看几月来的南方政局可知。若容我粗枝大叶地区分，我想说广州、汉口是这时代的政治都市；上海、北京虽也是政治都市，但同时却代表着这时代的文化，便与广州、汉口不同。它们是这时代的两个文化中心。我不想论政治，故也不想论广州、汉口；况且我也不熟悉这两个都市，足迹都还不曾一到呢。北京是我两年来住居的地方，见闻自然较近些。上海的新气象，我虽还没有看见，但从报纸、杂志上，从南来的友人的口中，也零零碎碎知道了一点儿。我便想就这两处，指出我说的那些人在走着那些路。我并不是板起脸来裁判，只申述自己的感想而已；所知的虽然简陋，或者也还不妨的。

在旧时代正在崩坏，新局面尚未到来的时候，衰颓与骚动使得大家惶惶然。革命者是无意或有意造成这惶惶然的人，自然是例外。只有参加革命或反革命，才能解决这惶惶然。不能或不愿参加这种实际行动时，便只有暂时逃避的一法。这是要了平和的假装，遮掩住那惶惶然，使自己麻醉着忘记了去。享乐是最有效的麻醉剂；学术，文学，艺术，也是足以消灭精力的场所。所以那些没法奈何的人，我想都将向这三条路里躲了进去。这样，对于实际政治，便好落得个不闻理乱。虽然这只是暂时的，到了究竟，理乱总有使你不能不闻的一天；但总结账的日子既还没有到来，徒然地惶惶然，白白地耽搁着，又算什么呢？乐得暂时忘记，做些自己爱做的事业；就是将来轮着灭亡，也总算有过称心的日子，不白活了一生。这种情形是历史的事实；我想我们现在多少是在给这件历史的事实，提供一个新例子。不过我得指出，学术，文学，艺术，在一个兴盛的时代，也有长足的发展的，那是个顺势，不足为奇；在现在这样一个衰颓或交替的时代，我们却有这样畸形的发展，是值得想一想的。

上海本是享乐的地方；所谓“十里洋场”，常为人所艳称。它因商业繁盛，成了资本集中的所在，可以说是 Bourgeoisie 的中国本部；一面因国际交通的关系，输入西方的物质文明也最多。所以享乐的要求比别处都迫切，而享乐的方法也日新月异。这是向来的情形。可是在这号为兵连祸结，民穷财尽的今日，上海又如何？据我所知，革命似乎还不曾革掉了什么；只有踵事增华，较前更甚罢了。如大华饭店和云裳公司等处的生涯鼎盛，可见 Bourgeoisie 与 Petty Bourgeoisie 的疯狂；而且，假使我所闻的不错，云裳公司还是由几个 Petty Bourgeoisie 的名士主持着，在这回革命后才开起来的。他们似乎在提供着这种享乐的风气。假使衣食住可以说是文化的一部分，大华饭店与云裳公司等，足可代表上海文化的一面。你说这是美化的人生。但懂得这道理的，能有几人？还不是及时行乐，得过且过的多！况且如此的美化人生，是不是带着阶级味？然而无论如何，在最近的将来，这种情形怕只有蒸蒸日上的。我想，这也许是我们的时代的回光返照吧？北京没有上海的经济环境，自然也没有她的繁华。但近年来南化与欧化——南化其实就是上海化，上海化又多半是欧化；总之，可说是 Bourgeoisie 化——一天比一天流行。虽还只跟着上海走，究竟也跟着了；将来的运命在，这一点上，怕与上海多少相同。

但上海的文化，还有另外重要的一面，那是文学。新文学的作家，有许多住在上海；重要的文学集团，也多在上海——现在更如此。近年又开了几家书店，北新，开明，光华，新月等——出的文学书真不少，可称一时之盛。北京呢，算是新文学的策源地，作家原也很多；两三年来，有现代评论，语丝，可作重要的代表。而北新总局本在北京；她又介绍了不少的新作家。所以颇有兴旺之象。不料去年现代评论，语丝先后南迁，北新被封闭，作家们也纷纷南下观光，一时顿觉寂寞起来。现在只剩未名、古城等几种刊物及古城书店，暂时支撑这个场面。我想，北京这样一个“古城”，这样一个大都会，在这样的时代，断不会长远寂寞下去的。

新文学的诞生，引起了思想的革命；这是近十年来这新时代的起头——所以特别有着广大长远的势力。直到两三年前，社会革命的火焰渐渐燃烧起来，一般青年都预想着革命的趣味；这时候所有的是忙碌和紧张，欣赏的闲情，只好暂时搁起。他们要的是实行的参考书；社会革命的书籍的流行，一时超过了文学；直到这时候，文学的风起云涌的声势，才被盖了下去。记得前年夏天在上海，《我们的六月》刚在亚东出版。郢有一天问我销得如何？他接着说，现在怕没有多少人要看这种东西了吧？这可见当时风气的一斑了。但是很奇怪，在革命后的这一年间，文学却不但没有更加衰落下去，反像有了复兴的样子。只看一看北新，开明等几书店新出版的书籍目录，你就知道我的话不是无稽之谈。更奇怪的，社会革命烧起了火焰以后，文学因为是非革命的，是不急之务，所以被搁置着；但一面便有人提供革命文学。革命文学的呼声一天比一天高，同着热情与切望。直到现在，算已是革命的时代，这种文学在理在势，都该出现了；而我们何以还没有看见呢？我的见闻浅陋，是不用说的；但有熟悉近年文坛的朋友与我说起，也以千呼万唤的革命文学还不出来为奇。一面文学的复兴却已成了事实；这复兴后的文学又如何呢？据说还是跟着从前 Petty Bourgeoisie 的系统，一贯地发展着的。直到最近，才有了描写，分析这时代革命生活的小说；但似乎也只能算是所谓同行者的情调罢了。真正的革命文学是，还没有一些影儿，不，还没有一些信儿呢！

这自然也有辩解。真正革命的阶级是只知道革命的：他们的眼，见的是革命，他们的手，做的是革命；他们忙碌着，紧张着，革命是他们的全世界。文学在现在的他们，还只是不相干的东西。再则，他们将来虽势所必至地需要一种文学——许是一种宣传的文学——但现在的他们的趣味还浮浅得很，他们的喉舌也还笨拙得很，他们是不能创作出什么来的。因此，在这上面暂时留下了一段空白。而 Petty Bourgeoisie，在革命的前夜，原有很多人甘心丢了他们的学术、文学、艺术，想去一试身手的；但到了革命开始以后，真正去的是那些有充足的力量，有浓厚的兴趣的。此外的大概观望一些时，感到自己的缺乏，便废然而返了。他们的精神既无所依据，自然只有回到学术、文学、艺术的老路上去，以避免那惶惶然的袭来。所以文学的复兴，也是一种当然。一面革命的书籍似乎已不如前几年的流行；这大约因为革命的已去革命，不革命的也已不革命了的缘故吧。因而文学书的需要的增加，也正是意中事。但时代潮流所激荡，加以文坛上革命文学的绝叫，描写革命气氛的作品，现在虽然才有端倪，此后总该渐渐地多起来的吧。至于真正的革命文学，怕不到革命成功时，不会成为风气。在相反的方向，因期待过切，忍耐过久而失望，绝望，因而诅咒革命的文学，我想也不免会有的，虽然不至于太多。总之，无论怎样发展，这时代的文学里以惶惶然的心情做骨子的，Petty

Bourgeoisie 的气氛，是将愈过愈显然的。

胡适之先生真是个开风气的人；他提倡了新文学，又提倡新国学。陈西滢先生在他的《闲话》里，深以他正向前走着，忽又走了回去为可惜。但我以为这不过是思想解放的两面，都是疑古与贵我的精神的表现。国学成为一个新运动，是在文学后一两年。但这原是我们这爿老店里最富裕的货色，而且一向就有许多人捧着；现在虽加入些西法，但国学到底是国法，所以极合一般人的脾胃。我说“一般人”，因为从前的国学还只是一部分人的专业，这一来却成为普遍的风气，青年们也纷纷加入，算是时髦的东西了。这一层胡先生后来似颇不以为然。他前年在北大研究所国学门恳亲会的席上，曾说研究国学，只是要知道“此路不通”，并不是要找出新路；而一般青年丢了要紧的工夫不做，都来拥挤在这条死路上，真是很可惜的。但直到现在，我们知道，研究学术原不必计较什么死活的；所以胡先生虽是不以为然，风气还是一直推移下去。这种新国学运动的方向，我想可以胡先生的“历史癖与考据癖”一语括之。不过现在这种“历史癖与考据癖”要用在一切国故上，决不容许前人尊经重史的偏见。顾颉刚先生在《北京大学研究所国学门周刊》的《一九二六年始刊词》里，说这个意思最是明白。这是一个大解放，大扩展。参加者之多，这怕也是一个重要原因。这运动盛于北京，但在上海也有不小的势力。它虽然比新文学运动起来得晚些，而因了固有的优势与新增的范围，不久也就赶上前去，骎骎乎与后者并驾齐驱了。新文学消沉的时候，它也以相同的理由消沉着，但现在似乎又同样地复兴起来了——看年来新出版的书目，也就可以知道的。国学比文学更远于现实；担心着政治风的袭来的，这是个更安全的逃避所。所以我猜，此后的参加者或者还要多起来的。

此外还有一件比较小的事，这两年住在北京的人，不论留心与否，总该觉着的。这就是绘画展览会，特别是国画展览会。你只要常看报，或常走过中山公园，就会一次两次地看见这种展览会的记载或广告的。由一而再再而三的展览，我推想高兴去看的人大约很多。而国画的售值不断地增高，也是另一面的证据。上海虽不及北京热闹，但似乎也常有这种展览会，不过不偏重国画罢了。最近我知道，就有陶元庆先生，刘海粟先生两个展览会，可以作例。艺术与文学，可以说同是象牙塔中的货色；而艺术对于政治、经济的影响，是更为间接些，因之，更为安静些。所以这条路将来也不会冷落的。但是艺术中的绘画何以独盛？国画又何以比洋画盛？我想，国画与国学一样，在社会里是有根柢的，是合于一般人脾胃的。可是洋画经多年的提倡与传习，现在也渐能引起人的注意。所以这回“海粟画展”，竟有人买他的洋画去收藏的。（见北京《晨报·星期画报》）至于同是艺术的音乐、戏剧，则因人才、设备都欠缺，故无甚进展可言。国乐、国剧虽有多大的势力，但当作艺术而加以研究的，直到现在，也还极少。

这或者等待着比较的研究，也未可知。

这是我所知的，上海、北京的Bourgeoisie，与Petty Bourgeoisie里的非革命者——特别是这种人——现在所走的路。自然、科学、艺术的范围极广，将来的路也许会多起来。不过在这样扰攘的时代，那些在我们社会里根柢较浅，又需要浩大的设备的，如自然科学、戏剧等，怕暂时总还难成为风气吧？——我说的虽是上海、北京，但相信可以代表这时代精神的一面——文化。我们若可以说广州，汉口是偏在革命的一面，上海、北京便偏在非革命的一面了。这种大都市的生活样式，正如高屋建瓴水，它的影响会迅速地伸张到各处。你若承认从前京式的靴鞋，现在上海式装束的势力，你就明白现在上海，北京的风气，将会并且已经怎样弥漫到别的地方了。

在这三条路里，我将选择哪一条呢？我惭愧自己是个“爱博而情不专”的人；虽老想着只选定一条路，却总丢不下别的。我从前本是学哲学的，而同时舍不下文学。后来因为自己的科学根柢太差，索性丢开了哲学，走向文学方面来。但是文学的范围又怎样大！我是一直随随便便、零零碎碎地读些，写些，不曾认真做过什么工夫。结果是只有一点儿——一点儿都没有！驳杂与因循是我的大敌人。现在年龄是加长了，又遇着这样“动摇”的时代，我既不能参加革命或反革命，总得找一个依据，才可姑作安心地过日子。我是想找一件事，钻了进去，消磨了这一生。我终于在国学里找着了一个题目，开始像小儿的学步。这正是望“死路”上走；但我乐意这么走，也就没有法子。不过我又是个乐意弄弄笔头的人；虽是当此危局，还不能认真地严格地专走一条路——我还得要写些，写些我自己的阶级，我自己的过、现、未三时代。一劲儿闷着，我是活不了的。胡适之先生在《我的歧路》里说：“哲学是我的职业，文学是我的娱乐”；我想套着他的调子说：“国学是我的职业，文学是我的娱乐。”这便是现在我走着的路。至于究竟能够走到何处，是全然不知道，全然没有把握的。我的才力短，那不过走得近些罢了；但革命期的破坏若积极进行，报纸所载的远方可怕的事实，若由运命的指挥，渐渐地逼到我住的所在，那么，我的身家性命还不知是谁的，还说什么路不路！即使身家性命保全了，而因生计窘迫的关系，也许让你不得不把全部的精力专用在衣食住上，那却是真的“死路”。实在也说不上什么路不路！此外，革命若出乎意表地迅速地成了功，我们全阶级的没落就将开始，那是更用不着说什么路的！但这一层究竟还是“出乎意表”的事，暂可不论；以上两层却并不是渺茫不可把捉的，浪漫的将来，是从现在的事实看，说来就“来了”的。所以我虽定下了自己好走的路，却依旧要虑到“哪里走？”“哪里走！”两个问题上去！我也知道这种忧虑没有一点用，但禁不住它时时地袭来；只要有些余暇，它就来盘踞心头，挥也挥不去。若许我用一个过了时的名字，这大约就是所谓“烦闷”吧。不过前几年的烦闷是理想的、浪漫的，多少可以温馨着的；这时代的是，加以我的年龄，更为实际的、纠纷的。我说过阴影，这也就是我的阴影。我想，便是这个，也该是向着灭亡走的我们的运命吧？

1928 年 2 月 7 日作

（选自朱乔森编《朱自清全集》第四卷，江苏教育出版社 1990 年版）

闻一多

（1899—1946），原名家骅，后改名多、亦多，笔名一多，字友三、友山。湖北浠水人。1912年考入清华留美预备学校，期间积极为《清华周刊》和《清华学报》撰稿，后任过这两个刊物的总编辑和编委。1922年留学美国，先后在芝加哥美术学院、珂泉罗拉大学学美术，同时研究文学、戏剧。1925年回国，历任北京艺术专科学校教务长、南京国立中山大学外文系主任、青岛大学教授、武汉大学文学院院长兼国文系主任、清华大学中文系主任等职。抗日战争爆发后赴昆明任西南联大教授，1945年任中国民主同盟中央执行委员、民盟云南支部宣传委员兼《民主周刊》社社长。致力于古典文学研究，著有《神话与诗》《唐诗杂论》《楚辞校补》等。1946年7月15日被暗杀，著作由朱自清等编为《闻一多全集》。

论振兴国学

国于天地，必有与立，文字是也。文字者，文明之所寄，而国粹之所凭也。希腊之兴以文，及文之衰也，而国亦随之。罗马之强在粤开斯吞时代，及文气萳敝，礼沦乐弛，而铁骑遂得肆其蹂躏焉！吾国汉唐之际，文章彪炳，而郅治跻于咸五登三之盛。晋宋以还，文风不振，国势披靡。洎乎晚近，日趋而伪，亦日趋而微。维新之士，醉心狄䟦，幺么古学。学校之有国文一科，只如告朔之饩羊耳。致有心之士，三五晨星，欲作中流之柱，而亦以杯水车薪，多寡殊势，卒莫可如何焉。呜呼！痛孰甚哉！痛孰甚哉！

吾国以幅员廖廓，人物骈阗之邦。而因循苟且，廓庐自大，政治窳黜能是，工艺薛暴若是者，职是故也。夫赋一诗不能退虏，撰一文不能送穷，恒年矻矻，心瘁肌瘦。而所谓诵《诗》三百，使于四方，不能专对者，遍于天下，斯诚然矣。顾《礼》以节人，《乐》以发和，《书》以道事，《诗》以达意，《易》以道化，《春秋》以道义。江河行地，日月经天，亘万世而不渝，胪万事而一理者，古学之为用，亦既广且大矣。苟披天地之纯，阐古人之真，俾内圣外王之道，昭然若日月之揭，且使天下咸知圣人之学在实行，而戒多言。葆吾国粹，扬吾菁华，则斯文不终丧，而五帝不足六矣。尤有进者，以吾国文字，发明新学，俾不娴呿庐文字者，咸得窥其堂奥，则讵第新学日进，新理日昌而已耶？

即科斗之文，亦将渡太平洋而西行矣。顾不盛欤？今乃管蠡自私，执新病旧，斥鷃笑鹏，泽鲵嗤鲲。新学浸盛而古学浸衰，古学浸衰而国势浸危。呜呼！是岂首倡维新诸哲之初心耶？《易》曰："硕果不食。"《诗》曰："风雨如晦，鸡鸣不已。"吾言及吾国古学，吾不禁怒焉而悲。虽然，亡羊补牢，未为迟也。今之所谓胜朝遗逸，友麋鹿以终岁；骨鲠耆儒，似中风而狂走者，已无能为矣。而惟新学是骛者，既已习于新务，目不识丁，则振兴国学，尤非若辈之责。惟吾清华以预备游美之校，似不遑注重国学者。乃能不忘其旧，刻自濯磨，故晨鸡始唱，踞阜高吟，其惟吾辈之责乎！诸君勉旃。

（选自《清华周刊》第 77 期，1916 年出版）

复古的空气

近来在思想和文学艺术诸方面，复古的空气颇为活跃，这是值得注意的一个现象。就一般民众讲，文化是有惰性的，而农业社会尤其如此。几千年积下来的习惯和观念，几乎成了第二天性，骤然改动，是不舒服的，其实就这群浑浑噩噩的大众说，他们始终是在“古”中没有动过，他们未曾维新，还谈得到什么复古！我们所谓复古空气，自然是专指知识和领导阶级说的。不过农民既几乎占我们人口百分之八十，少数的知识和领导阶级，不会不受他们的影响，所以谈到少数人的复古空气，首先不能不指出那作为他们的背景的大众。至于少数人之间所以发生这种空气，其原因与动机，可以分作四个类型来讲。

（一）一般说来，复古倾向是一种心理上的自卫机能。自从与外人接触，在物质生活方面，发现事事不如人，这种发现所给予民族精神生活的担负，实在太重了。少数先天脆弱的心灵确乎给它压瘪了，压死了。多数人在这时，自卫机能便发生了作用。本来文学艺术以及哲学就有逃避现实的趋势，而中国的文学艺术与哲学尤其如此。

中国人现实方面的痛苦，这时正好利用它们来补偿。一想到至少在这些方面我们不弱于人，于是便有了安慰。说坏了，这是“鱼处于陆，相濡以湿，相嘘以沫”的自慰的办法。说好了，人就全靠这点不肯绝望的刚强性，才能够活下去，活着奋斗下去。这是紧急关头的一帖定心剂。虽不彻底，却也有些暂时的效用。代表这种心理的人，虽不太强，也不太弱，唯其自知是弱，所以要设法“自卫”，但也没有弱到连“自卫”意志都没有，所以还算相当的强，平情而论，这一类型的复古倾向，是未可厚非的。

（二）另一类型是带有报复意味的自尊心理，凡是与外人直接接触较多，自然也就是饱尝屈辱经验的人，一方面因近代知识较丰富，而能虚心承认自己落后；另一方面，因为往往是社会各部门的领袖，所以有他们应有的骄傲和自尊心，然责任又教他们不能不忍重负辱，那种矛盾心理的压迫是够他们受的。压迫愈大，反抗也愈大。一旦机会来了，久经屈辱的自尊心是知道图报复的；于是紧跟着以抗战换来的民族荣誉和国家地位，便是甚嚣尘上的复古空气。前一类型的心理说我们也有不弱于人的地方，这一类型的简直说我们比他们高。这些人本来是强者，自大是强者的本色，民族荣誉和国家地位也实在来得太突然，教人不能不迷惑。依强者们看来，一种自然的解释，是本来我们就不是不如人，荣誉和地位我们是应得的。诚然——但是那种趾高气扬的神情总嫌有些不够大方罢！

（三）第三个类型的复古，与其说是自尊，无宁说是自卑，不少的外国朋友捧起中国来，直使我们茫然。要晓得西洋的人本性是浪漫好奇的，甚至是怪僻的，不料真有人盲从别人来捧自己，因而也大干起复古的勾当来，实在是这种复古以媚外的心理也并不少见。

（四）如果第三种人是完全没有自己，第四种人便是完全为自己打算的。有的是以复古来掩饰自己不懂近代知识，多半的老先生们属于这一类，虽则其中少年老成的分子也不在少数。有的正相反，又以复古来掩饰自己不大懂线装书的内容，暴发户的“二毛子”属于这一类，虽则只读洋装书的堂堂学者们也有时未能免俗。至于有人专门搬弄些“假古董”在国际市场上吸收外汇，因而为对外推销的广告作用，不得不响应国内的复古运动，那就不好批评了。

复古的心理是分析不完的，大致说来，最显著的不外上述四类型。其中有比较可取的，有居心完全不可问的。纯粹属于某一类型的大概很少，通常是几种糅合错综起来的一个复杂体。说复古空气是最近新兴的现象，也不合事实。趋势早已在酝酿，不过最近似乎更表面化了一点。为什么最近才表面化？当然与抗战有关。历史在转向，转向时的心理是不会有平静。转得愈急，波动愈大，所以在这抗战期间，一面近代化的呼声最高，一面复古的空气也最浓厚。

就一般的人说，心理的波动，不足怪，但少数的知识和领导分子，却应该早已认清历史，拿定主意，游移虽不致改变历史，但是会延缓历史的进展，须知我们的时间和精力却不容浪费。

我们的民族和文化所以能存在到今天，自然有其生存的道理在，这道理并不像你所想的，在能保存古的，而是正相反，在能吸收新的。历史告诉我们，中国文化并不是一个单纯的，一成不变的文化（如果是那样的，它就早完了）。最初东西夷夏两民族，分明代表着两个不同的文化。

如果你站在东方，以夷（殷人及东夷）为本位，那便是夷吸收了夏；如果站在西方，以夏（夏、周）为本位，那便是夏吸收了夷。但是这两个文化早已融合到一种程度，使得我们分辨不出谁是主，谁是客来。在血缘上，楚与北方夷夏两族的关系，究竟如何，现在还不知道。无论如何，在文化上，直至战国，他们还是被视为外国人的。逐渐的这一支文化也被吸收了，到了汉朝，南北又成了一家，分不出主客来。究竟谁是我们的“古”？严格的讲，殷的后裔孔子若要复古，文武周公就得除外，屈原若要复古，就得否认《三百篇》。从西周到战国，无疑是我们文化史中最光荣的一段，但从没有听说那时的人站在民族的立场上讲复古的。即依你的说法，先秦北方的夷夏和南方的楚，在民族上还是一家，文化也不过是大同小异，不能和今天的情形相比。那么，打汉末开始的一整部佛教史又怎样呢？宋明人要讲复古，会有他们那“儒表佛里”的理学吗？会有他们那《西厢》《水浒》吗？还有一部清代的朴学史，也不能不承认是耶稣教士带来的西洋科学精神的赐予。以上都是极显而易见的历史事实，文化史上每放一次光，都是受了外来的刺激，而不是因为死抓着自己固有的东西。

不但中国如此，世界上多少文化都曾经因接触而交流，而放出异彩。凡是限于天然环境，不能与旁人接触，或有接触，而自己太傻太笨，不能，因此就不愿学习旁人的民族，没有不归于灭亡的。天然环境的限制，只要有决心，有勇气，还可以用人力来打开（例如我们的法显、玄奘、义净诸人的故事），怕的是自己一味固执，不肯虚怀受善。其实哪里是不肯，恐怕还是不能、不会罢！如果是这种情形，那就惨了。我深信我们今天的情形，不属于这一类，然而我仍然有点不放心。佛教思想与老庄本就有些相近，让我们接受佛教思想，比较容易。今天来的西洋思想确乎离我们太远，是不是有人因望而生畏，索性就提倡复古以资抵抗呢？幸而今天喜欢嚷嚷孔学和哼哼歪诗的人，究竟不算太多，而青年人尤其少。

我们强调的声明，民族主义我们是要的，而且深信是我们复兴的根本。但民族主义不该是文化的闭关主义。我甚至相信正因我们要民族主义，才不应该复古。老实说，民族主义是西洋的产物，我们的所谓“古”里，并没有这东西。谈谈孔学，做做歪诗，结果只有把今天这点民族主义的萌芽整个毁掉完事。其实一个民族的“古”是在他们的血液里，像中国这样一个有悠久历史的民族，要取消它的“古”的成分，并不太容易。难的倒是怎样学习新的。因为在上文我们已经提过，文化是有惰性的，而愈老的文化，惰性也愈大。克服惰性是一件难事啊！

有人说，你太傻了，你忘了“儒表佛里”的理学家的道统是从文武周公算起的，而不从释迦牟尼算起，接受西洋科学精神的朴学，仍旧称为汉学，而不称西学。内容无妨接受人家，外表还得是自己的。这是面子问题，而面子也不能不顾。今天的复古，也可以作如是观。我但愿自己太傻，然而我又担心拥护复古的人们和我一样的傻。傻到真正言行一致。

（选自朱自清等编辑《闻一多全集》第三卷，
开明书店 1948 年版）

刘治平

（1904—1942），又名刘英、刘胤，曾化名李麦麦、李建芳，湖北竹山县人。少时在家乡接受私塾教育，后考入武昌商业学校，期间得到施洋、董必武等人的帮助与教育。1925年加入共产主义青年团，后转入中国共产党，从事革命活动。1927年受组织委派赴苏联莫斯科东方大学学习，次年转入莫斯科中山大学。1929年秋回国，1935年化名李麦麦，被聘为上海复旦大学史地系教授。著有《中国文化问题导言》《中国古代政治哲学批判》《目前文化运动的性质》等，译作有《法兰西阶级斗争》《哲学底根本问题》等。

论“五四”整理国故运动之意义

一

“五四”运动，是中国第三阶级的思想文化运动。“五四”运动在消极方面，是反对封建思想、封建伦理、孔孟精神、贵族文学等等，在积极方面，他更请出赛先生（Science）和德先生（Democracy）。这两位先生之出现，确是一切第三阶级历史运动之指标。

但是，当时的思想文化中，除了赛德两先生外，确还有一位国故先生，并且正因为有了这位国故先生，才把整个的“五四”运动，化为“介绍新潮，整理国故”的运动。这不是当时的人主观地想分裂这种运动，而是客观地反映出“五四”运动自身是两个历史运动之携手。

“五四”运动，始终是中国的“文艺复兴”（Renaissance）运动和“开明”（Enlightenment）运动之合流。不管就中国近代历史运动的程序说，或就“五四”的思想分派说，都应当如此认识。文艺复兴运动和开明运动，在欧洲因各民族经济发展速度之不同，或相隔至数世纪，或相隔仅几十年，在中国因为是在二十世纪高度文明促进之下和大战期内中国资本主义一时有长足的发展，遂使这绝然不同时代的运动，携手并进了。

会合的历史运动是很易混淆人们的视力的。一切尊视“五四”运动历史意义的人而又同时对当时的整理国故运动发生不满者，最大的原因，还是由于这些人对“五四”思想文化运动的分析欠充分之故。

我们现在重提出下一问题：“五四”整理国故运动是复古么？是反动么？

形式的文化批评者，当然是认整理国故，就是复古，复古就是反动。但我们决然反对这种意见。

历史告诉我们，复古有反动和进步之分。譬如欧洲的文艺复兴运动是不是复古运动？是复古运动。是不是反动？非但不是反动的运动，而且是绝然进步的运动。很明显的，文艺复兴运动是近代一切进步运动之母，没有文艺复兴运动，便没有近代欧洲文明，这是可以断言的。为什么复古的文艺复兴运动是进步运动？因为文艺复兴，是复活高于中古的古希腊罗马时代的思想文化生活，这是使十五世纪的历史对中古开端时剪断了的希腊罗马的历史线索系上一个结儿的表示。原来，欧洲有过两次复古运动：一是中古之开端，是复活希腊罗马以前的社会，即是回复到《荷马史诗》时代，这是反动的复古。另一次是文艺复兴时期的复古，是使希腊罗马文化再生，是进步的复古。

中国历史上也恰有这两种复古运动。一次是汉朝的复古运动，一次是清代的复古运动。前一复古运动是在复兴西周时代的文物典章，是反动的复古。后一复古运动，是在复兴春秋战国时代的文化生活，是进步的复古。作者在别处，曾把中国的春秋战国比希腊罗马共和国时代，把秦汉两代比罗马帝国时代，把魏晋五胡乱华，比日耳曼人攻破帝国时代，即封建制度再生时代。作者自信这种比拟是有历史根据，是受得住批评的。中国封建制度之再生虽始于五胡乱华时代，但封建精神之复活却始于汉朝。

当汉朝第一次复古运动发生时，思想界曾起一番极大的波浪，这就是今古文学之争。今文学派根据实际历史，认中国历史的黄金时代是春秋战国，古文学派则凭借伪著，高颂三代，特别认西周为中国历史上的黄金时代。这伟大的争论，当时虽因儒家一尊而暂时收场，不料到了千余多年后的满清，思想界忽然来个反攻，这就是清代的学术运动。这自然是有经济原因的。清代学术运动的精神，一句话可以说完：志在复古——复兴春秋战国时代的思想文化。这是很有进步意义的历史运动。

清代学者的考据运动，与文艺复兴时期的欧洲人翻译希腊哲学和罗马法是具有同等的历史性质和意义。他们在实事求是这一旗帜之下，不仅把千余年来儒家托古改制的伪著悉数加以推翻，而且把为孔孟一尊思想埋没了一千多年的战国的诸子哲学尽数加以校订和考证，使其重现于思想界，得与孔孟思想相抗衡，这确是一潜伏的思想革命运动。清代学者的压镇人物，如康有为、章太炎、梁启超等或走上君主立宪，或走上共和运动不是无远因的。

清代学者，在实际上，虽已推倒了孔子一尊思想，但他们到底为时代所束缚，他们都不敢公开的侮辱孔子这个偶像。这一来是因为运动还未达于成熟阶段，二来也是因在专制淫威之下，人民没有发表意见的自由。满清几次文字狱，其残暴情形，等于旧欧洲之对于异教徒尽过之无不及。但成熟的革命运动非公开不可。满清学者所不敢明目张胆反对的孔子，到“五四”时代，陈独秀、吴虞、胡适等却可以明目张胆地反对他了。战国以后，这是孔子第一次受到重大的打击。不管现在的人是怎样努力来提倡孔子思想，要想再复活“五四”以前的孔子，是万万不能了。

二

假使我们对“五四”时代的胡适如有所不满，那不能是因为他提倡整理国故运动，而是因为他不理解思想批判运动与革命之关系，“五四”时代的整理国故运动，是近代中国的第三阶级复活春秋战国时代工商业的哲学表示，是近代中国的第三阶级对于汉以来封建伦理之打破和对于传统历史之批判表示“五四”的国故整理工作，不外以下三点：

（一）战国时代的哲学；

（二）元明清各代的文学作品；

（三）封建历史之批判。

我们现在来讨论讨论这三项整理工作与中国第三阶级的思想文化运动之关系。知道这种关系，便不会疑我说整理国故是有进步意义的了。

思想之出现于社会，一如商品之出现于市场。商品出现市场，是以市场需要为前提，而思想之出现于社会，也是以社会需要为前提。为什么“五四”时代的思想家要爬进几千年以前故纸堆中去呢？这只能以“几千年前的故纸堆中有他所需要的东西”来说明。这种说明比胡适本人说的“为了要证明他的治学方法”要确切得多。举例说，罗马法为什么为十五世纪以后的欧洲所欢迎？其理由就是因为十五世纪以后的欧洲有了罗马时代的社会关系，更明白的说，就是当时的欧洲又出现了罗马时代的财产关系，这种财产关系需要罗马法，罗马法便从故纸堆中再跃进人们的生活中。反之，当中古时代的社会关系，财产关系与罗马法背道而驰的时候，罗马法便完全不为人们所注意了。“五四”时代，对战国哲学之所以发生整理兴趣者，原因即在战国哲学是古代城市文化的产物，他里面有为近代第三阶级所需要的东西。为什么由维新运动的大师到新文化运动的大师们都勤奋地来阐发战国哲学？这是偶然的表现么？

当我说，战国哲学是城市文化的产物，这不仅是说战国时的城市是其哲学的摇篮，而且是说，哲学之发生只能包含在商业的经验中。人类的智慧只是到了高度的商业发展以后始达于较高阶段，这是不能否认的。任何民族智力发展的过程，都是先诗人而后哲学家，假如说，在纪元前七世纪希腊还是诗人时代，到纪元六世纪以后便是哲人时代。中世亦然。中世在十四世纪以前，重要的精神生产还是骑士诗歌，到十五世纪，因商业城市的发展，才开辟出哲学发展的地盘。古代的中国亦完全如此。春秋以前是诗的时代，到春秋，因商业的发展，才发展出先秦哲学。

我们现在不能来研究哲学与商业之内在原因。我们现在只问：哲学与商业既有如此密切的关联，哲学与有产阶级的关系可怎样呢？在我们看来，不管是希腊哲学抑是战国哲学，他们里面都包含有近代有产阶级的思想和自然观点，那是不容讳言的。我们不来讨论战国时代的各家哲学，我们出来讨论一下与孔孟对立的杨墨哲学和法家哲学，我们便可以看到，这些哲学之近代精神是极明白的。那杨朱的为我思想，翻译成近代语就是个人主义。墨子的兼爱，不必经过翻译，大家都知道是近代博爱主义。至于老庄的放任思想，《吕氏春秋》中重欲思想，商韩的法治思想，不消说，简直都可以作有产阶级时代的哲学看待。如果说到战国时代的哲人给予“五四”时代的大师们的启示，那也是至为明显。胡适的“丧礼改良”意见，不是墨子的“节葬论”之再版么？“五四”时代的非孔运动，不是战国的哲人非孔运动之继续么？

我这样来解说“五四”运动，人将讥我太看重战国哲学的影响，而轻视西洋文化外铄之力。不，西洋文化当然比战国哲学重要，但是思想运动不管是怎样为外铄文化所影响，可是他在一开始时，总不得不把固有的先存的思想当作自己的出发点，不能不在自己固有的历史中找出自己的谱系来。即使“五四”运动是完全的人工的“接生”，但此接生仍不能不借助于先存的思想之根。

一般的“五四”的批评家，只知胡适整理国故是复古，但他从不对胡适整理国故的立场和方法加以考虑。胡适等整理国故，不是用东方文化派的精神，不是用中学为体西学为用的精神，而是用的资产阶级的自由精神。至于他所使用的方法，虽有时不免犯形而上学的错误，但一般的说，仍然是唯物的。不过，不是近代唯物论，而是自然哲学的唯物论。此外，当然还有他的市侩的实验主义的方法论。至于反对胡适整理国故的，如吴稚晖、鲁迅等的思想怎样？他们在这一点，却完全只犯了十几世纪的唯物论者的短处，即是说，他们和十几世纪唯物论者一样，只是不加分析地朴素地否定过去全部历史价值。他们不知黑格尔所说：“哲学史的总和不是一种人类的理智的错乱现象的展览室，宁可比之为‘众神的殿堂’。”至于这种否定的态度，与以发现人类历史过程之法则为职责的近代唯物论毫无共同之点，那是更不必说。

三

前进吧，讨论“五四”时代对于元明清各代文学作品之整理吧。

上面分析哲学发生的意见，少加补充，即可用来分析小说之发生，小说与商品经济的关系比哲学和商品经济的关系更密切。不过小说之出现还要印刷术出现才行。为什么希腊和战国有极发达的哲学，而不知有小说？这是因为希腊和战国时代没有印刷术之故。

我们要知道，在印刷术未发明以前，著作之传世是非常困难的。在印刷业未出现以前，一种著作如果不是极有关于人类经济生活、政治生活、伦理生活或宗教生活，是不容易得到保存和传播机会的。就是极有关于以上种种生活，如果文字不是简而又简，恐怕仍少传播机会。至于小说之类的作品，其意义在当时的人看来，并不如哲学和历史之重要，但他所需要的却是篇幅。因为小说是状事状物的，是以形态来表达思想的，所以在没有印刷术以前，小说不易发达。

但为什么说中国的长篇章回小说是商品经济的产物？要解答这一问题，第一，只须一看中国小说发达史和中国商品经济发达史的关系，第二，只须一看中国长篇小说所反映的发达的复杂的社会关系。

中国近古经济发达史是以唐代为起点的。因为在唐以前，六朝的时代，正是中国由高度的商品经济回到自然经济时代。唐以来，中国又走上经济繁荣之途。唐至宋，商品经济，在大江南北，都有长足的进展。到元朝，中国成为世界上商业最发达的国家了。至明代，因西方通商孔道的破坏，曾数次想发展东南海上贸易，并派遣远征队。清代更不用说，是中国商业经济之登峰造极时代。

我们再来一看中国的小说发达史，可巧他与中国经济发达史完全符合。唐以来，中国长篇小说出生之时间大致如次：

（一）唐代小说

一、《海山记》；二、《迷楼记》；三、《游仙窟》；四、《虬髯客传》；五、《柳毅传》；六、《南柯记》。

（二）宋代小说

一、《宣和遗事》；二、《京本通俗小说》；三、《大唐三藏法师取经记》。

（三）元代小说

一、《水浒传》；二、《三国志演义》。

（四）明代小说

一、《西游记》；二、《金瓶梅》；三、《今古奇观》；四、《东周列国志》。

（五）清代小说

一、《红楼梦》；二、《儿女英雄传》；三、《儒林外史》；四、《镜花缘》；五、《老残游记》；六、《官场现形记》。

从中国的长篇小说出生时代上，我们完全可以看出小说与商品经济之关系。其实，小说是什么，黑格尔一句话已说得很清楚。他说：小说是资产阶级的叙事诗。我国的名作家茅盾，也说中国的武侠小说，是市民小说，与黑格尔的意见正接近。实际上，小说之出现确是资产阶级的社会经济和文化生活的产物。这没有别的原因，这是因为资产阶级的宽无涯际复杂的社会生活非单纯的自然经济时代的诗歌所能反映。就是诗歌，如果不经过音韵解放，仍然不能用来歌咏近代社会的复杂感情。至于小说的特长，那完全为诗歌散文所不及。宇宙之大，苍蝇之微，小说都能胜任。任何庞大的社会范围，任何复杂的社会情景，任何繁复的人物、情节、现象、感情、心灵，总之，举凡一切哲学、经济学、形而上学所不进去的，小说都能进去。至于中国的长篇小说所表现的社会内容，当然更非诗歌所能及。如《水浒》里面所反映的社会分解现象，《镜花缘》《西游记》所反映的中国与外国的通商关系，《金瓶梅》所反映的有产阶级的性的生活，《红楼梦》所描写的建筑，这都非简单的自然经济社会所能产生的。小说是资产阶级的叙事诗这句话，是十分中肯的。

如果我们再一看中国长篇小说的意识，那也是资产阶级的意识。譬如《水浒》是写官逼民变，《红楼梦》写婚姻不自由，《镜花缘》提倡女权，《官场现形记》等暴露统治黑暗，《儒林外史》反对科举。凡这一切都可以说是有产阶级的意识。在王权统治时代，市民是被压迫阶级，他们的社会要求当时既不能直接由政治斗争来表现，其不满的情绪，自然只好假小说以寄怀，于是新形态的文艺运动便成为新兴阶级的社会运动之前驱。

中国的新文艺运动，虽然自唐以来，已达到可观的程度，但因为政治上封建统治之存在，却不为士大夫阶级正人君子之流所承认。正人君子总是把小说当作卑劣下等淫秽不过的东西。士大夫阶级之卑视小说，可全由士大夫阶级之卑视商人阶级来说明。这完全是一种阶级的偏见表现。商人在当时是下贱的，自然他们所爱好的文艺也是下流的。因此，中国的白话小说，在贵族文学之统治时代，简直没有获得他所应得的地位。虽然是一般国民的读物，但他的地位实甚微小。

这样的不平等，文艺界能不激起革命么？文学革命到底来了。胡适、陈独秀等就是文学革命的产婆。“五四”时代整理国故运动最重大的任务之一，就是把几百年以来，为封建文学所压迫的白话文学解放出来，同时并宣布他是今后文学的正统。从此以后，真如法国的左拉所说，“时代之文学的王子是小说家”了。

白话小说被宣告为文学正统，诗歌亦从封建的束缚中解放出来，有产阶级的文艺运动成立了。

这样看来，元明清各代的小说整理是有伟大的意义，为什么许多批评家要说整理国故是反动呢？

四

最后，我们要说到第三项，“五四”整理国故和对封建历史之批评。

每个阶级，有他自己对历史的态度。资产阶级有资产阶级的对历史的态度。不过，资产阶级对历史的态度不到资产阶级的社会形态达于成熟阶段，是不易看出的。就某一点说，清代整个考据运动，都可以视为中国的第三阶级对封建历史之批判运动。虽然和第三阶级的文学运动一样，只有到了“五四”时代才能公开举起反封建的旗帜。

老实说，“五四”整理国故所发起的古史讨论，其意义之重大并不亚于当时的科玄论战。当时即使是很进步的教授，有不畏这种讨论“影响人心”么？虽然当时的历史家一直到现在还未给我们做出一部可看的历史来，但他们对封建历史公然举出革命旗帜，其功绩，总不能完全否认。

人们虽能创造自己的新历史，但他们却没有选择历史环境之自由。死去的遗体总是和泰山一样压着人们的脑袋，因此，当人们正要创造新事物，正要使自己的时代生气化时，他们是不能不把他们要借助的亡灵，从地层下唤起，为自己壮观瞻，同时对他们一向憎恶的故物，又不能不拿到新的理性的王座之前，加以审判。

这就是“五四”整理国故之历史意义！

（选自《文化建设》第1卷第8期，1935年5月出版）

倪羲抱

（？—1937），名中轸，字羲抱，号无斋，笔名心石，别署剑天，以字行，浙江上虞人。清末秀才，专攻国学，是中国同盟会会员和南社社员，清末在无锡创办《锡金五日新闻》，倡导维新，曾参加反清革命和反对袁世凯的斗争。1915年在上海创办国学昌明社，编辑发行《国学杂志》和《双星杂志》（后改名《文星杂志》），民国初年创办上海文治大学并自任校长，聘请陈去病、胡朴安、顾实等南社同仁任教，积极支持革命活动。“九一八”事变后，由于校舍被驻军占领，大学停办，乃从事反蒋抗日活动，1937年7月14日病逝。

爱国为研究国学之本

呜呼！天下事大难逆料，兴亡之故，匹夫焉逃其责。此昔日狂愚之言，宜为邦人君子，屏绝而吐弃之矣。今是编之续，不能考订圣经贤传之章句，搜讨天渠石禄之秘藏，而又剌剌向人曰：爱国！爱国！呜呼！吾其能无罪耶。

学之不讲也久矣，国之不竞也甚矣。顷者夷夏之防，阒矣无闻，自甲午庚子而后，益不堪言。然而忧时之士，往往危言深论，警以国亡种灭之至，证于事实，尚去百步。若今何如哉？若十年数年以前与一月半月之间，又何如哉？疆域则与敌共之矣，政教则不能自持矣。国之未亡，悬于一发。于此而诏人以学，若徒曰正心也，修身也，抱残而守阙也，不流于清谈之误国，必致以曲说为害人，是恶乎可。

尝论学说源流，其旨万千，明体达用，则无异道。尧以是传诸舜，舜以是传诸禹，禹以是传诸汤，汤以是传诸文武周公。至于孔子生而祖述宪章，继往开来。孟子私淑诸人，更为七篇。道用益彰，考其微言大义，有偏于爱己者乎？古者圣贤之心，无非救国与天下之心。古者圣贤之学，无非救国与天下之学。其亟亟乎治学也，非专治一己以求为愉快也。惧己之不明不恕，为国与天下之蟊贼，而必学以免于过也。己既免矣，见人之学有未至，德有未周，则又戚戚焉。悯之而不能不为之治，不为之教，使各得其所也。呜呼！

此何道也哉！此何道也哉！

是必有一本者矣。所谓本者，爱而已矣。爱之事，有爱人者矣，有爱己者矣。夫爱己则必求于己，爱人则必求于人，而人与己皆何所统乎？则非国末由。以爱己爱人两言之故，不如为爱国，以爱其国之故，知不能自弛其责任，则爱深矣。又以爱其国之故，知不能自残其同类，则爱又深矣。世之人，往往自暴自弃。其贤士大夫，苟图富贵，专肥其私而不顾，若以爱己之道例之，未可为非礼也。然爱于己，则损于国矣，此岂可为训焉者乎？爱人者，又持大道既行，天下为公。以号于人曰，国家之念重，则世界之识轻，古者大同之治，不可不望于今日。于是而爱人之利未见，则爱人之害又彰。盖爱无差等，施由亲始。孟子所以告墨者夷之而辟其谬，兼爱之道，祸不止于无父，而必底于无国焉。人之能爱其朋友者，必能爱其兄弟，自有兄弟而不知爱之，其所以称爱其朋友者，非有所慕焉，必利于其身者也。然则不愿闻爱国而主兼爱天下之说，其用心得毋相同。尝论古之称天下者，所谓天下犹今之国也。古之时，中国之九州，国者以万数。至于春秋，可以名焉者，且二百有四十，其政教种族，非有别焉。故充其爱，必自国而推于天下。然《大学》亦言古之欲明明德于天下者，先治其国，以序言，则国近而天下远也；以效言，则国易而天下难也；以理言，则国亲而天下疏也。且礼执干戈以卫社稷，虽童子必殇，国君为社稷死，则死之，以同戴一尊，同处一国，而仅仅有界域及职守之分。古之圣贤，其教人一致不忘爱国犹如是。

今五洲交通，聚至不齐之种族而为天下，则其国之厕于其间，靡强与弱，殆皆为忧患之时，图之则存，不图之则亡。而其为国也，非仅为昔日之专倚一人，其民皆可出作入息，耕田凿井，老死而不问国事也。起视世界，秣马厉兵，铁黑之弹大如斗，飞行之舰，来于天上，风云千变其间，曾不容发。

苟欲免于死亡，不能待敌国外患，有萌芽之著，朕兆之见，而后起振臂以高呼也。必也人人于国之无事，详察而明审其利害，各以国势时事，往来于心，念兹在兹。凡其国之所留遗，与所缺憾焉，可振者振之，可求者求之。以一己力所不足者，或群聚而议处之，或会合而发明之，务使国无废学，人无废民，既足以自守而有余矣。于是大其心以为高瞻远瞩，充其量以为仁民及物，夫岂非天理所当然者乎？故行事而不以爱国为心，则其事为无益之事；立言而不以爱国为心，则其言为无益之言；为学而不以爱国为心，则其学为无益之学。

呜呼！孰谓时至今日，而可以讳言爱国乎哉。若夫故旧之学，其取之无间，而论之必笃。此亦于残编断简之中，为求其可以为发挥光大，不欲自毁而尊人。苟于其故者日亲日近，则新者之益致其精，庶乎有同功焉。为是论以俟君子。

（1915 年《国学杂志》第 2 期）

编后记

当今中国，“国学热”方兴未艾。2006年1月10日，《光明日报·国学版》创刊号上发表了一则简短的《告读者》，文中说：“国学是中国人的精神家园。这个‘家’很大，它不仅凝聚了五千年的文明历史，也将承载十三亿人的未来。”这段概括是很准确的。在这股热潮中，我们要学习国学、弘扬国学，首先应该认清什么是国学，以免像一些学者担心的那样，让“国学热”成为一种“虚热”，甚至沦为赚钱的噱头。因此，我们编辑了这本《国学的盛宴》，帮助读者从“根”上认识国学。

现在我们说的“国学”一词，本是一个舶来品，源于日本学者的创造，意指研究日本典籍，阐扬日本固有文化。19世纪末期，一批致力于救国救民的中国志士东渡日本，或留学，或因被追捕而流亡。他们把“国学”一词直接拿来，为我所用，代指研究中国传统文化，从此有了中国版的“国学”。同时，还有一批中国知识分子用“国粹”一词来代指中国传统文化的精华；民国初年，胡适等人提出了“整理国故”

的口号，“国故”一词应运而生。这三个词所指虽不尽相同，但大致相似。

本书文章是从我国学者对国学、国粹、国故的含义进行阐扬或论战的代表性文章中选辑出来的，时间段是19世纪末到20世纪30年代初（此后由于深重的民族危机，对国学的讨论很少了）。它们主要回答什么是国学（国粹、国故）、如何看待国学（国粹、国故）、如何研究国学（国粹、国故）等问题。当然，如果只有这些内容，本书是不完整的，因此书中还选辑了一些对国学的批评文章，帮助我们更加全面地认识国学。本书力求整体上保持作品的原貌，以便读者阅读到原汁原味的大师之作。